Der überforderte Computer

Campus Forschung
Band 716

Nina Degele, Dr. phil., geb. 1963, ist freie EDV-Fachjournalistin und wissenschaftliche Assistentin am Institut für Soziologie der Universität München.

Nina Degele

Der überforderte Computer

Zur Soziologie menschlicher und künstlicher Intelligenz

Campus Verlag
Frankfurt/New York

2. Auflage, unveränderter Nachdruck 2021
Druck und Bindung: Books on Demand

Die Deutsche Bibliothek – CIP-Einheitsaufnahme

Direkte Demokratie in Theorie und kommunaler Praxis /
Theo Schiller (Hg.). – Frankfurt/Main; New York:
Campus Verlag, 1999
(Studien zur Demokratieforschung; Bd. 2)
ISBN 3-593-36322-4

Umschlaggestaltung: Atelier Warminski, Büdingen
Druck und Bindung: Digital Druck, Frensdorf
Gedruckt auf säurefreiem und chlorfrei gebleichtem Papier.
Printed in Germany

Inhalt

Einleitung

Expertensysteme sind kommerziell nutzbare Abkömmlinge der KI-Forschung. Ihr wohl berühmtester Vertreter ist XCON. Das Programm befindet sich seit 1980 bei dem Computerhersteller DEC im kommerziellen Einsatz und konfiguriert Rechner des Typs VAX-11/780. Dafür benötigt es etwa sieben Minuten Rechenzeit, während die gleiche Tätigkeit früher zwei volle Tage eines Konfigurationsingenieurs in Anspruch nahm. Weltweit gilt es als das erfolgreichste Expertensystem. DEC zufolge spart es dem Unternehmen jährlich 18 Millionen US-Dollar. XCON - eine Erfolgsstory?

Gingen anfängliche Hoffnungen dahin, das System bräuchte irgendwann kaum noch gewartet zu werden, vergingen drei Jahre, bis es die für den kommerziellen Einsatz erforderlichen 90-95% korrekter Ergebnisse erzielte. Um die Fehlerquote unter 5% zu drücken, waren Tests in über 500 000 Fällen nötig. Für DEC wuchs sich die Zuverlässigkeit des maschinellen Experten zunehmend zu einer Überlebensfrage aus. Schließlich holte das Unternehmen dessen Entwickler John McDermott von der Carnegie-Mellon-Universität ins Haus, um ihm die Wartung zu übertragen. Durch das beständige Erweitern nicht mehr überschaubar, mußte er das mit der betrieblichen Praxis überforderte XCON 1987 re-implementieren. Wie kam es dazu? Entgegen der Auffassung, XCON verfüge 1979 über nahezu das gesamte notwendige Wissen, mußten sehr viele Regeln hinzugefügt werden. Dies bezieht sich vor allem darauf, daß der abzudeckende Problembereich immer weiter wächst - die Entwicklung gelangt nie zu einem Ende. Müssen innerhalb eines Jahres 40% der implementierten Regeln geändert werden, avanciert die Pflegefreundlichkeit zum entscheidenden Erfolgsfaktor. Daran hatte anfangs niemand gedacht.

Der Einsatz eines Expertensystems wie XCON ist als komplexes Problem zu bewältigen, weil nicht nur technische, sondern auch wirtschaftliche, organisatorische und andere Faktoren in ein Wechselverhältnis treten und deshalb schnell außer Kontrolle geraten. In einem solchen Fall spreche ich von systemhaften Merkmalen. Weil eine Kybernetik der technischen Regelkreise mit dem leitenden Paradigma der negativen Rückkopplungen eine solche Komplexität nicht angemessen zu erfassen in der Lage ist, erfordert ihre Untersuchung vielmehr einen Abschied der bislang vorherrschenden Dichotomisierung natürlicher und sozialer Systeme. Letztere reißt Gräben auf, die im Zeitalter der Verarbeitung von Wissen und Information wenig zum Verständnis nicht-trivial operierender Maschinen beitragen. Ein solches Verständnis möchte ich in der vorliegenden Arbeit entfalten, indem ich die drei Dimensionen von Mensch, Maschine und Organisation zu einem techniksoziologischen Analyseansatz verbinde.

Vor diesem Hintergrund befaßt sich Teil 1 mit der maschinellen Dimension von Expertensystemen. Zur Bewertung ihrer Performanz, Relevanz und Grenzen ist ein systemtheoretischer Bezugsrahmen erforderlich, den ich am Leitfaden komplexer Systemeigenschaften entwickle. Er wird als Maßstab dienen, um die Systemhaftigkeit von Expertensystemen soziokybernetisch zu verorten. Während ich im ersten Teil die Entwicklung von Expertensystemen disziplinimmanent, also aus der Sicht der Informatik nachzeichne und einer Kritik unterziehe, geht es im zweiten Teil um eine sozialwissenschaftlich motivierte Konzeption der Dialogfähigkeit digital operierender Maschinen. Dabei vertrete ich die These, daß auf technischem und formalem Weg kein zureichend tiefes Verständnis der Interaktion zwischen Mensch und Maschine zu gewinnen ist. Bemüht sich die KI-Forschung um einen natürlichsprachlichen Zugang zu Computerprogrammen, heißt das keineswegs, daß bislang entwickelte Dialogkomponenten den Anforderungen an Natürlichsprachlichkeit genügen. Um zu zeigen, warum dies nicht gelingen kann, werde ich aus soziologischer Perspektive einen ebenen- und dimensionenübergreifenden Rahmen präsentieren, mit dessen Hilfe ich die Grenzen der Formalisierbarkeit von Sprache theoretisch begründe und in ihrer empirischen Relevanz darlege. Damit kommt dem dialogtheoretischen Teil die strategisch wichtige Rolle einer Verbindung zwischen Theorie und Empirie zu.

Dem praktischen Aspekt nun widmet sich der dritte Teil. Er dokumentiert den betrieblichen Einsatz und das Scheitern von Expertensystemen anhand von drei empirisch durchgeführten Fallbeispielen: Das Geldanlageberatungssystem "ALEXIS" der Postbank wurde nach der Erprobungsphase eingestellt, das diagnoseunterstützende Anamnesesystem für Patienten mit dem Leitsymptom Gelenkschmerz "RHEUMA" wird in einer Rheumaambulanz - von einem routinemäßigen Einsatz noch weit entfernt - seit mehreren Jahren getestet, und das von der Telekom seit 1990 bundesweit eingeführte Expertensystem zur Konfiguration von Telefonanlagen "ExTel" sollte die Beratung in

Telefonläden unterstützen - wird aber von den meisten der über 200 Läden mehr oder weniger systematisch boykottiert.

Warum diesen Systemen so wenig Erfolg beschieden war, erläutere ich im empirischen dritten Teil. Wie darüber hinaus die drei Dimensionen von Maschine, Mensch und Organisation aufeinander bezogen werden können, ist Gegenstand des abschließenden vierten Teils. Dort verbinde ich theoretisch abgeleitete und empirisch ermittelte Befunde zu einem techniksoziologischen Mehrebenenansatz. Eine solche Soziologie von Expertensystemen stellt sich den Problemen, die in einer reduzierten technischen Perspektive nicht zur Kenntnis genommen, verdrängt oder falsch interpretiert werden. Dazu zählen:

- eine realistische Einschätzung der Leistungsgrenzen von Expertensystemen,
- die nicht-technischen Gründe des Scheiterns von Expertensystemprojekten,
- der Nutzen, den auch und gerade fehlgeschlagene Expertensystementwicklungen zu stiften imstande sind.

Die konstruktive Rolle einer Soziologie von Expertensystemen besteht nicht darin, der Expertensystementwicklung auf die Sprünge zu helfen. Sie liefert aber den Schlüssel, die zur Verfügung stehenden Gestaltungsmöglichkeiten zu erkennen, zu benennen und auszuschöpfen.

Teil I

Der Aspekt der Maschine

Sind Expertensysteme komplexe Systeme?

Kapitel 1

Die Entwicklung von Expertensystemen

1 Zur Systemhaftigkeit von Expertensystemen

Um welche Art von System handelt es sich bei einem Expertensystem? XCON[1] verfügt in rudimentärer Form über Eigenschaften, die mit dem Begriff der Komplexität belegt werden können. Rudimentär deshalb, weil der gegenwärtige Stand der KI-Forschung die Komplexitätsschwelle nicht überschreitet. Dennoch gehören die Implikationen der im folgenden aufgeführten Merkmale zu einem durchaus realistischen Einsatzszenario von Expertensystemen - mit der entscheidenden Einschränkung, daß die beobachtete Komplexität nicht der Operationsweise eines isolierten Computerprogramms entspringt, sondern dessen Einbindung in einen - Wechselwirkungen verursachenden - organisatorischen Kontext. Von welchen Komplexitätsmerkmalen innerhalb eines solchermaßen systemisch gezeichneten Zusammenhangs ist die Rede?

Zunächst einmal von *Emergenz*; d.h., die Zusammenhänge der Systemelemente dominieren über die Eigenschaften der einzelnen Teile (Forrester 1971; Krohn/Küppers 1992). Diese Eigenschaft macht das Systemverhalten in toto unvorhersagbar, weil nicht jede mögliche Interaktion a priori getestet werden kann. XCON's mangelnde Prognostizierbarkeit wurzelt aber auch in der Eigendynamik der einzelnen Komponenten. Bringt der gleiche Input bei kontinuierlicher Erweiterung der Regelanzahl zunächst den gleichen Output, kann er sich nach Überschreiten eines bestimmten Schwellenwerts plötzlich ändern. Der Systemoutput verhält sich disproportional zum Stimulus, also *nichtlinear*. Ebenso beeinflussen sich eigentlich unverknüpfte Variablen wechselseitig. Änderungen im System an der Stelle X zeitigen Auswirkungen an der Stelle Y. Solche zirkulären Verknüpfungen heißen *Vernetztheit*. Sind ursprüngliche Zustände nicht mehr wiederholbar oder auch nur nicht wieder

1 Bachant/McDermott 1984; Liebowitz 1990; Polit 1985; Schieferle 1985; DEC 1986

erreichbar, kommt der temporale Aspekt der *Irreversibilität* mit ins Spiel. Zustände sind nicht mehr identisch, wenn sie zu unterschiedlichen Zeitpunkten auftreten. Konfiguriert XCON einen VAX-Computer eine Zeitspanne aufgrund identischer Vorgaben, kann bei sich ändernden Rahmenbedingungen (z.B. bei Produktinnovationen) diese VAX auch mit anderen Elementen zusammengestellt werden. Schließlich kann das System nicht mehr punktuell kontrolliert werden - stets sind die gesamten möglichen Interaktionen der Systemelemente mit in Betracht zu ziehen. Eingriffe am Output scheitern, weil die erforderliche Kontrolle sehr viel früher und breiter, nämlich bereits in der Entwicklung und an den Rahmenbedingungen, beim Entwurf eines fehlertoleranten und wartungsfreundlichen Systems ansetzen muß. Dieser Modus der Kontrolle heißt *Kontextsteuerung*.

Die kaum mögliche Prognostizierbarkeit des Systemverhaltens, die schwierige Dekomposition der Subsysteme, das unerwartete Zusammenwirken korrekter Daten, die Zeit- bzw. Änderungssensibilität des Programms, die einerseits ausgezeichnete Leistungsfähigkeit beim Großteil der zu lösenden Probleme wie gleichzeitigem rapidem Performanzabfall bei vielen neuen und/ oder seltenen Fällen qualifizieren XCON zu einem typischen Vertreter jener Spielart der KI, die sich deren kommerzieller Vermarktung verschrieben hat. Hier werden technische Produkte entwickelt, verkauft und eingesetzt, über deren Verhalten und Auswirkungen bislang noch wenig Gesichertes ausgesagt werden kann. Reagieren Systemkomponenten unabhängig voneinander, wird es schwer, ein durchgreifendes Organisationsprinzip für die Funktionsweise eines Systems zu postulieren (DeGreen 1990: 162f): Lineares Denken setzt auf eindimensionale Kausalität und Determinismus, fixiert Entitäten und Attribute, reduziert Komplexität durch Abstraktion und Selektion und behauptet strukturelle Konstanz in Unabhängigkeit von Umweltfaktoren. Wird lineares Denken auf nichtlineare Situationen angewendet, reduziert es ein Ganzes auf wenige Aspekte. Dies äußert sich beispielsweise im Vertrauen auf die ausreichende Wirkung sequentieller Handlungsabfolgen (was einer Konzeption von Pflege eines Expertensystems als bloßer Erweiterung der Wissens- und Regelbasis entspricht) und im Versuch, organisatorische und soziale Probleme technisch lösen zu wollen (mangelhafter Akzeptanz wird mit verstärkter Kontrolle begegnet).

Auch bei einem unterstellten hierarchischen Aufbau der Welt ist nur eine begrenzte Möglichkeit der Vorhersage von mechanischen, natürlichen und sozialen Prozessen gegeben. Deshalb wird bei der zunehmenden Komplexität von Entscheidungsprozessen Unsicherheit immer mehr die Regel. Dies legt die Einbeziehung dynamischer Konzepte nahe, wie sie beispielsweise die naturwissenschaftlich inspirierte Chaosforschung zur Verfügung stellt (Gleick

1990; Krohn/Küppers 1989). Ihr liegt die Prämisse zugrunde, daß natürliche Gegenstände nicht linear, sondern nur fraktal, und ihre Funktionsweise nicht durch Kausalketten, sondern nur durch Wirkungsgefüge beschreibbar sind. Verhalten sich Phänomene auf der Mikroebene variabel, auf der Makroebene aber stabil (Serra/Zanarini 1987: 113), weil Vorhersagen aufgrund inhärenter Grenzen nur relativ zur Präzision getroffen werden können (Dyke 1990: 117), sind Makroprozesse eher prognostizierbar als Mikroprozesse. Das macht die Suche nach Ordnungsbedingungen nicht überflüssig. Zu Prozessen, denen nicht mechanisch, aber statistisch beizukommen ist, zählen beispielsweise Phänomene wie das Wetter oder Turbulenzen in Gewässern. Sie sind nicht allein linear zu beschreiben und zu simulieren, verfügen aber dennoch über Struktur. Über welche? Daß scheinbar chaotisches Verhalten Ordnungsbedingungen unterliegt, versucht die fraktale Geometrie[2] zu belegen. Fraktale verfügen über die Eigenschaften der Selbstähnlichkeit (Ordnung), Granularität und Nichtlinearität (Chaos) und fußen auf dem Prinzip der Rekursion. Trotz immer wiederkehrender Muster sind sie nie identisch, sie besitzen eine prinzipiell unbegrenzte Möglichkeit der Auflösung (Granularität) und können mathematisch nicht als Steigerung dargestellt werden.

Die Fruchtbarkeit dieses Ansatzes besteht nun nicht in der Übertragung des Modells chaotischer wie gleichermaßen deterministischer Prozesse auf nicht-naturwissenschaftliche Zusammenhänge. Für den vorliegenden Zusammenhang liegt die sozialwissenschaftliche Relevanz vielmehr darin, die Prinzipien der Nichtlinearität, Dynamik und Unvorhersagbarkeit als konstitutive Merkmale geordneter Prozesse zu reflektieren (Bühl 1992). Zeichnen sich Systeme, die aus den Komponenten Mensch, Maschine und (betriebliche) Organisation bestehen, neben den Merkmalen der Emergenz und Vernetztheit auch durch Nichtlinearität und Irreversibilität aus, können diese Komplexitätsmerkmale mit der Idee der Planung, Steuerung und Kontrolle verbunden werden: "Wenn Planungen Eingriffe in rekursive Systeme sind, dann ist der Ausgang dieser Planungen allemal ungewiß." (Krohn/Küppers 1989: 80)

Dazu einige methodologische Bemerkungen: Nicht nur die naturwissenschaftlich ausgerichtete Chaosforschung meldet Kritik an traditionellen systemtheoretischen Annahmen der Lösbarkeit von Problemen anhand von Modellen an. Jede Lösung wirft neue Probleme auf; Problemlösung ist ein unendlicher, meist auch inkrementeller Prozeß. Weil nun keine optimale Lö-

2 Die fraktale Geometrie basiert auf den Arbeiten Mandelbrots. Fraktale decken die gebrochenzahligen Dimensionen zwischen den Zahlen 2 und 3 ab und liefern den mathematischen Beweis, "daß der Grad der Unregelmäßigkeit über verschiedene Maßstäbe hinweg stets konstant bleibt." (Gleick 1990: 146)

sung existiert, werden dafür Optionen maximiert und/oder Kosten bei Fehlern minimiert. Dieses pragmatisch motivierte Vorgehen entspricht einem "Genüge leisten", der Bescheidung auf das Erreichen eines erforderlichen Schwellenwerts und wird als "satisficing" bezeichnet (Perlstadt 1981: 1257). Dieser Begriff trägt dem Gedanken Rechnung, daß Fehler nicht zu vermeiden, aber eventuell zu reduzieren und zu kontrollieren sind. Damit steigen die Anforderungen an Analyseansätze und -instrumente. Weil das Verharren auf einer Erklärungsebene Fehlschlüsse in Form von Einebenenprojektionen produziert, müssen Erklärungen querlaufen, zwischen Mikro- und Makroebene vermitteln (Esser 1989: 70). Ein alternativer Mehrebenenansatz dagegen operiert flexibler. Er stellt beispielsweise die Frage nach der Pflegerelevanz nicht nur auf der Ebene einer technischen Entwicklungsmethode, sondern gleichzeitig vor dem Hintergrund organisatorischer Systemanforderungen, interpersoneller Handlungsoptionen und sozialer Erfordernisse der Mensch-Maschine-Interaktion.

Für die Untersuchung von Expertensystemen erweisen sich nun neuere Einsichten der Systemtheorie als hilfreich, indem zunächst einmal soziale und technische Systeme unterschieden werden (Ulrich/Probst 1990: 101). Funktional geht es bei sozialen Systemen um gestaltbare Kreisläufe menschlichen Zusammenwirkens, bei technischen dagegen um zielgerichtete, zusammengebaute Mechanismen. Materiell bestehen soziale Systeme aus Menschen und deren Interaktionen, technische Systeme sind konstruiert. Nun sind Expertensysteme sicherlich technische Systeme, hinter deren Konzeption konkrete menschliche Absichten stehen und nicht beispielsweise ein natürlicher Selbstwert. Im Gegensatz zu lebenden Systemen unterliegen sie dem zweiten Hauptsatz der Thermodynamik (Entropiegesetz), was von Bertalanffy (1976: 152) zum entscheidenden Abgrenzungscharakteristikum gegenüber physikalischen Systemen erklärt. Damit kann der gewählte methodische Zugang konkretisiert werden: Die Kybernetik identifiziert auf einer abstrakteren Ebene die gemeinsamen Eigenschaften mechanischer, biologischer und sozialer Systeme und ermöglicht damit die Überprüfung der jeweiligen Kenntnisse im Hinblick auf einen Transfer.

Indem die Merkmale der Nichtlinearität, Irreversibilität, Emergenz, Vernetztheit und indirekten Kontrollierbarkeit aus der Beobachtung sozialer und lebender Systeme gewonnen werden, dienen sie im vorliegenden Zusammenhang als Maßstäbe der Systemhaftigkeit von Expertensystemen. Sie werden ihrer Operationsweise hypothetisch unterstellt. Auf diese Weise sollen die Ergebnisse der KI an ihren eigenen Ansprüchen gemessen werden.

Im Zentrum einer Soziokybernetik als einem Teil der Systemtheorie steht die Kontrolle bzw. Kontrollierbarkeit und damit die Benennung von Kontrollparametern vor einem komplexen Hintergrund (Dyke 1990: 120). Kontrollrelevante Parameter bei der Entwicklung von Expertensystemen sind der zeitlichen Abfolge des Entwicklungsprozesses gemäß Problemauswahl, Wissensakquisition, Dialogkomponente, Evaluierung und Pflege. Sie werden in den folgenden Schritten zu den Systemeigenschaften der Computerprogramme in Beziehung gesetzt (vgl. Abb. 1 als grafischen Überblick und Gliederung für die weitere Vorgehensweise im Text). Zuvor allerdings soll der von der Informatik abgesteckte Rahmen von konventioneller Datenverarbeitung (DV) bis zur KI sozialwissenschaftlich problematisiert werden.

Was zeichnet Vorstellungen der KI-Forschung zufolge Expertensysteme gegenüber konventionellen DV-Programmen aus, was das Attribut "nichttrivial" rechtfertigen könnte? Letztere basieren auf der Quantifizierbarkeit und Vollständigkeit der Eingaben. Ein "intelligentes" System dagegen verfügt über "self-contained" (Buckner/Shaw 1990: 20), also selbständig agierende Mechanismen zur Speicherung, Manipulation, zum Wiederfinden von Informationen, kurz: es verfügt über kommunikationsrelevantes Wissen und agiert deshalb autonomer. Wissen besteht aus mehr als isolierten Fakten, weil deren Beziehungen untereinander ein entscheidender Stellenwert zukommt. Dominiert Rechnen die klassische DV, wagen sich Expertensysteme auf das Terrain des Schließens und Entscheidens vor. Mit jeder nachfolgenden Generation wird versucht, zunehmend "tieferes", d.h. allgemeineres Wissen zu implementieren. Expertensysteme ergänzen die Prinzipien der traditionellen DV um Komponenten, die nicht vorher, sondern erst mit oder nach dem Eintritt in das System in einen algorithmisch zu verarbeitenden Input transformiert werden (z.B. Heuristiken, Objektstrukturen mit Wissen um ihre interne Abhängigkeiten) (Jih 1990). Damit gewännen interne Verschaltungen, die zielfindende und zielsuchende Systeme der Kybernetik II und III auszeichnen, an Bedeutung (vgl. Abb. 2 und dazu I.1.3). Während traditionelle DV-Systeme über den Modus von Informationsflüssen Aufschluß geben, sollen Expertensysteme spezifische Probleme lösen. Ihre Effektivität wird unter dem Aspekt der Flexibilität gemessen. Können Daten bei konventioneller DV allgemeiner genutzt werden, sind Wissensbasen nur für bestimmte, isolierte Anwendungen brauchbar. Weil sie auf einer geringeren Informationsdichte basieren, sieht das Kosten-Nutzen-Verhältnis schlechter aus. Dafür enthält die Wissensbasis eines Expertensystems Wissen auf einer höheren Abstraktionsebene und kann gezielter manipuliert werden.

Komplexitätsmerkmale		**Parameter** **Problemauswahl** **Komplexitätsreduktion**
Emergenz	Lerneffekt unbeabsichtigte Nebenfolgen Problemlösungsmethode	Problemdurchdringung Wissensreorganisation Planungsdisziplin
Nichtlinearität	sich ändernder Kontext	unvollständiges Wissen Halbwertszeit d. Wissens
Vernetztheit	Ebenenwechsel unbeabsichtigte Nebenfolgen	Reorganisation d. Wissens
Irreversibilität	geforderte Zeitsensibilität kein Zurück zum Urzustand	neue Sichtweise des Problems
Komplexitäts-merkmale/Expertensystem	Effizienz vs Flexibilität Komplexitätserhöhung vs Reduktion	Strukturierung des Problembereichs
Kontrolle **Methodologie**	Methodenmangel - Interdisziplinarität - Ganzheitlichkeit	Suche nach Erfolgsfaktor - strukturiert vs unstrukturiert - einfach, kompliziert, komplex - Prioritätenlisten
Komplexitäts-bewältigung durch	**- Erhöhung (+)** **- Reduktion (-)**	(-) Problemstrukturierung
Transparenz durch		Projektmanagement: Rollenverteilung
Kontextsteuerung		negative Bestimmung der Erfolgsfaktoren Einbindung Wissenstechniker
Fehlerbewältigung **/-minimierung**		sichere Arbeitsumgebung Fehlertoleranz

Abbildung 1: Zur Systemhaftigkeit von Expertensystemen

Wissensakquisition **Konstruktion**	**Dialogbewältigung** **Adaption**	**Evaluation** **Dynamik**	**Pflege** **Komplexitäts-** **bewältigung**
Expertise - nicht reduzierbar - sozial konstruiert	wechselseitiges Mensch- -Maschine-Wissen	begrenzte Dekomponierbarkeit Gefahr im System, nicht in Komponenten	
Intuition	Akzeptanz nicht vorhersagbar	Schwellenwerte der Systemgröße backward dependencies: Markov-Ketten	
Intuition = quergekoppelt	Erklärungen	Eingebundenheit d. Fehler Explikation des Impliziten	Wiederverwendung von Software
Veränderung d. Expertise Reorganisation d. Wissens	Anpassung an Nutzer Gedächtnis/Lernen	Abnahmezeitpunkt / Zyklizität dynamischer statt statischer Test	
Knowledge-Engineering- Paradoxon, Konstruktion statt Extraktion	Lernen	prinzipielle Unvollständigkeit des Systems exponentielle Zunahme von Fehlern sich ändernder Kontext	
ausgeklammerte Dynamik	Nutzerprofil Technikfolgen- abschätzung	Organisatorischer Rahmen: Beteiligung Evaluierung: Validierung statt Verifikation	
(+) Expertise (-) Modellbildung (-) Prototyping	(+) inkompetente Nutzer (+/-) Nutzermodell (-) Erklärung	(-) Bestimmung der Komplexitätsgröße (-) Transparenz	(+) Flexibilisierung
verteilte Architektur Prototyping	wechselseitiges Mensch- Maschine-Wissen	Dekomposition: - lockere Koppelung - metrische Erfolgsfaktoren	Komplexitätserhöhung: - Lernen - mehrere Ebenen
Einbindung Wissenstechniker	frühe Nutzerpartizipation	duale Kontrolle Akzeptanz als Erfolgsmaßstab Komplexitätsbewältigung als satisficing	
Expertenbias aus Fehlern lernen	Fehlertoleranz reversible Prozesse	fehlertolerante Anwendungen Anerkennung der Komplexität	

In der Praxis können nur wenige Expertensysteme als "running systems" bezeichnet werden, weil viele Projekte an typischen Faktoren scheitern (Kurbel 1989: 196; Schutzer 1990: 20; Bullinger 1990): Der benötigte Aufwand für die Wissenspflege wird nicht mehr akzeptiert, für die Wartung steht nicht genügend oder nicht ausreichend qualifiziertes Personal zur Verfügung, verantwortliche Promotoren fluktuieren, Integrationsschwierigkeiten (Expertensysteme als Insellösung) treten auf, oder die Antwortzeiten sind zu lang. Trotz des anfänglichen Forschungselans kommen viele Prototypen nie zur kommerziellen Anwendung, weil der Nutzen sehr schwer bestimmbar ist und sich eine Kostenabschätzung als kompliziert und unzuverlässig erweist. Wird das zu bearbeitende Problemgebiet nicht ausreichend spezifiziert, können nur wenige typische, unzulässig vereinfachte oder künstliche "Spiel-"Fälle gelöst werden. Sind in das System keine Kontrollmöglichkeiten eingebaut, kann der Nutzer die Systemlösungen nicht nachvollziehen, wird verunsichert und setzt das System nicht mehr ein. Auch kann sich herausstellen, daß das ursprüngliche Problem mit konventioneller DV lösbar ist. Dies ist vor allem dann der Fall, wenn die Anwendungen auf veralteten und zu komplizierten Forschungsansätzen beruhen. Einfachheit wird also noch immer als Erfolgskriterium unterschätzt. Vor diesem Hintergrund soll folgende Hypothese formuliert werden:

> Erfolgreiche Expertensystem-Anwendungen profitieren vom evaluierten Nutzen der klassischen DV.[3] Bei XCON treten beispielsweise nicht die sonst bei Expertensystemen typischen Probleme einer mangelhaften Erklärungskomponente und des unscharfen Nutzerprofils auf. Mißerfolge wurzeln dagegen in Problemen, die in der KI-Forschung noch nicht gelöst wurden oder aber nicht-technische Ursachen haben. Dazu zählen ein adäquates Modell des Problembereichs, eine ausgereifte Entwicklungsmethode, eine zufriedenstellende Mensch-Maschine-Interaktion, plausible wie auch operationalisierbare Evaluierungsmaßstäbe und die Handhabung des laufenden Systems - die Pflege.

3 Auch in Expertensystem-Anwendungen liegt der Anteil an "klassischer" Programmierung bei ca. 80% (Schieferle 1985: 343).

Expertensystem-Parameter	Kybernetik I: DV	Kybernetik II: Expertensysteme	Kybernetik III: KI-Forschung
Zielzustand	Zweckprogrammierung	Zielfindung	Zielsuche
Rückkoppelung	negativ feedback: re-establishment	negativ und positiv feedforward: re-organisation	negativ und positiv alternierend feedwithin: Neuorganisation
Systemdynamik			
Handlungsmodus	reaktiv	prospektiv	intern
Veränderung	additiv	inkrementell	inkrementell, reorganisierend
Scheitern	Absturz	Absturz oder Verlangsamung	Reorganisation
Zuverlässigkeit	Effizienz statt Flexibilität Fehler nicht bearbeitbar	Effizienz oder Flexibilität prinzipielle Fehlerbehaftetheit	Effizienz und Flexibilität Reflexion und Lernen
Informationsverarbeitung			
Verarbeitungsstelle	vor Eintritt ins System	an Systemgrenze	im System
möglicher Input	Ordnung, binär	unscharfe Grenzen	Lärm, unscharfe Grenzen
Verarbeitung von	syntaktische Symbole	Semantik	Semantik und Pragmatik
Bearbeitbare Probleme	einfache und komplizierte	komplizierte	komplexe Problemkonstellationen
Umwelt- als Nutzerbezug	reaktiv (Umwelt egal)	reorganisierend (Nutzermodell)	wechselseitiger Bezug (Lernen)
Zeitbezug	linear; invariant reversibel	noch linear; noch nicht zeitsensibel inkrementell, prozeßorientiert	nichtlinear; vernetzt irreversibel; prozeßorientiert
Kontrolle			
Kontrollierbarkeit	extern; direkt	interaktiv: Vorgabe/ Eigendynamik	intern; indirekt
Kontrollziel	Optimierung	Konsistenz; Akzeptanz; Satisficing	Konsistenz; Akzeptanz; Satisficing
Evaluationskriterien	richtig/falsch	angemessen/nicht angemessen	angemessen/nicht angemessen
Transparenz	hierarchisch dekomponierbar	bedingt dekomponierbar	nicht dekomponierbar

Abbildung 2: Expertensysteme als zielfindende Systeme

2 Erhoffte und tatsächliche Nutzeffekte

An die Entwicklung eines Expertensystems knüpfen sich spezifische Rollen, deren zweifelsohne wichtigste die des Wissenstechnikers darstellt (Kurbel 1989: 27-29; 65-68; Coy/Bonsiepen 1989: 29f).[4] Im Rahmen seiner Interaktion mit dem Experten erstellt er auf programmtechnischer Ebene erstens die Wissensbasis (Fakten und Methoden). Die Problemlösungskomponente (oder Inferenzmaschine) führt als zweiter grundlegender Bestandteil eines Expertensystems logische Ableitungen durch. Daneben existiert eine Dialogkomponente, welche die Kommunikation zwischen Endnutzer und Programm ermöglicht. Im Idealfall vermittelt eine Erklärungskomponente dem Nutzer die Systemprozeduren und -lösungen in verständlicher Form. Der damit angesprochene Akzeptanzkomplex bildet einen wesentlichen Teil der Pflegedimension. Den organisatorischen Rahmen schließlich deckt das Projektmanagement ab.

Vor der Erstellung eines Expertensystems liegt normalerweise ein problematischer Sachverhalt. Unabhängig vom gestifteten Nutzen oder Unfrieden eingesetzter Expertensysteme kann ein Pluspunkt festgehalten werden, der ein bislang kaum beachtetes Abfallprodukt darstellt - die gründliche Durchdringung und damit das bessere Verständnis eines Problems (Leonard-Barton/Sviokla 1988). Diese Wirkung tritt häufig bei der Abgrenzung der Domäne und der Suche nach einem passenden Anwendungsgebiet auf. Sie ist nicht unbedingt an die Anwendung von Computern gebunden, aber ein typischer "emergenter" Effekt beim geplanten Einsatz von Expertensystemen. Dies zeigt sich z.B. in der Entwicklung der Expertensystem-Schale (oder "shell" als ein "formales" Expertensystem in dem Sinn, daß es über kein Domänenwissen verfügt) NEXPERT. Ihr Nutzungsschwerpunkt stellte entgegen den ursprünglichen Absichten nicht das Endprodukt Expertensystem dar. Der Wert bestand vielmehr darin, sich selbst überflüssig zu machen - früher unlösbar scheinende Probleme konnten plötzlich mit konventioneller Programmierung gelöst werden (Coy/Bonsiepen 1989: 76). So dient auch das Prototyping, ein typischer Entwicklungsschritt beim Bau von Expertensystemen, der Strukturierung von Problemen. Systemtheoretisch gesehen entspricht dies einer nicht zu unterschätzenden Bewältigung von Komplexität; fokussiert es doch weniger das Lösen als das Auffinden und Formulieren von Problemen. Weil sich der Nutzen laufender Expertensystemprojekte oftmals auf den Aspekt der Problemstrukturierung reduziert, kann aus diesem Sachverhalt

4 In der Literatur wird der Wissenstechniker meist als "Knowledge Engineer" bezeichnet. Wissenstechnik entspricht demgemäß dem "Knowledge Enginering". Zur inhaltlichen Konkretisierung der damit verbundenen Tätigkeiten vgl. I.3.2.

auf den oftmals überhasteten und unreflektierten, damit in letzter Konsequenz auch überflüssigen Einsatz von Computern geschlossen werden. Die Explikation von Expertise, eine logische und konsistente Informationsausnutzung, die Quantifizierung inhärenter Unsicherheiten und die Bildung objektiver Kriterien für die Auswahl der richtigen Lösung ist in vielen Fällen auch unabhängig von einer Implementierung möglich.

Tauchen Nutzeffekte um den Komplex der Problemdurchdringung eher auf theoretischer Ebene bzw. im Vorfeld von Expertensystemanwendungen auf, konzentrieren sich erhoffte Vorteile eines praktischen Einsatzes auf - Rationalisierung. Dazu gehören eine erwartete Produktivitätssteigerung auf der positiven Bilanzseite; negativ schlagen Dequalifizierung und verstärkte Kontrolle zu Buche (Mertens 1989; Wiig 1988; Kurz u.a. 1989; Lutz/Moldaschl 1989). Zu einer Produktivitätssteigerung führen z.B. Personaleinsparungen durch verminderten Schulungsbedarf, die Verkürzung von Durchlauf- und Reaktionszeiten oder auch ein rationalisiertes Informations- und Wissensmanagement.

Die bisherige Akzeptanzforschung (vgl. IV.1.1) berücksichtigt solche Wirkungen in ihrer Vernetzung nur unvollständig. Deshalb fallen vorliegende Ergebnisse bruchstückhaft, verkürzt und auch widersprüchlich aus: Eine empirische Studie stellte fest, daß etwa ein Drittel der befragten Manager Systeme mit entscheidungsunterstützenden Funktionen nutzt (Heilmann 1987), eine andere konstatiert vor allem bei Managern mangelnde Akzeptanz und überzeugte Nichtbenutzung (Müller-Böling 1987), und eine weitere Befragung führt immense Verhaltensbarrieren bei gleichzeitig zu hohen Erwartungen gegenüber KI-Projekten seitens des Managements zutage (Pickett/Case 1990). Bei Ärzten wird eine vor allem aufgrund risikobeladener Aspekte wachsende Unsicherheit bei der Nutzung von Expertensystemen konstatiert (Lipscombe 1989). Eine andere Untersuchung vermutet einen weiteren kritischen Akzeptanzparameter in der Erklärungskomponente (Klee 1989). Sehr unterschiedliche Auswirkungen führt eine im britischen Raum durchgeführte Fallstudie in bezug auf die Arbeitsbedingungen und Anforderungen von Angestellten vor (Senker u.a. 1989): In einem Fall (Optimierung einer verfahrenstechnischen Steuerung in einer chemischen Fabrik) fühlten sich die Operateure dequalifiziert, da sie nur noch mit der Kontrolle des Systems betraut waren. Das zweite System (rechnerunterstützte Reparaturanleitung für elektronische Platinen) wirkte sich arbeitserleichternd aus (keine Arbeit im Außendienst mehr nötig). Die Nutzer standen weniger unter Druck und wurden auch nicht ihrer Kontrollmöglichkeiten beraubt, da die Erklärungskomponente gut funktionierte und Verbesserungsvorschläge eingebracht werden konnten. Im dritten Fall diente das Expertensystem als Schulungswerkzeug für die

Bonitätsprüfung in einer Versicherung, was zu einer enormen Entlastung des verantwortlichen Experten führte. Die 50-60 Benutzer erfuhren ihren Job als interessanter, weil weniger Qualifizierte nun die Arbeit von Höherqualifizierten ausüben können.[5] Expertensysteme wirken sich also nicht nur uneinheitlich auf die Arbeitssituation aus. Sie funktionieren auch nicht unbedingt so, wie sich das Management dies wünscht. Dieser Hinweis auf den Stellenwert unbeabsichtigter Nebenfolgen wird im dritten Teil eine wesentliche Rolle spielen.

3 Prototyping als Antwort auf die Software-Krise

Was beim bisherigen Forschungs- und Diffusionsstadium von Expertensystemen einzelne Studien noch nicht zu leisten in der Lage sind, betrifft nicht nur die Identifikation der relevanten Parameter und jeweiligen Randbedingungen (z.B. Qualifikation, Problemauswahl), sondern auch und vor allem das Zusammenwirken der jeweiligen Komponenten. Dies ist aber (kontroll-)entscheidend. Welches sind die sensiblen Stellen? An welchen Punkten kann Einfluß auf die Akzeptanz genommen werden? Um negative wie auch positive Folgen des Einsatzes von Expertensystemen zuverlässiger prognostizieren zu können, müssen ihre bis dato offensichtlichen Mängel und Defizite behoben werden. Daß die Forschung zu Expertensystemen jedoch unreflektiert betrieben wird, wenn Defizite der ersten Generation nicht systematisch aufgearbeitet werden, macht die Forderung nach "protogetypten" Expertensystemen der zweiten Generation deutlich. Was ist damit gemeint?

Der ersten Generation von Expertensystemen (1972-1981) mit der Trennung von Wissensbasis und Inferenzmaschine und Prototyping als grundlegenden Merkmalen wird oft vorgeworfen, es seien nur flache Methoden der Repräsentation und Inferenz eingegangen. Deshalb gebe es Probleme beim Umgang mit neuen Aufgaben wie auch bei der Erkennung der Problemlösungsgrenzen (Steels 1990: 30-34). Unter "flachem Wissen" versteht man explizites Regel- und Faktenwissen, während "tiefes Wissen" darüber hinaus Heuristiken und Alltagswissen mit einschließt. Bei tiefem Wissen kann sowohl flach geschlossen, wie auch zur Begründung auf darunter liegende Domänenmodelle zugegriffen werden. Auch ließen - so die zweite Beanstandung

5 Coy/Bonsiepen warnen in diesem Zusammenhang davor, "daß das maschinell neu erschlossene Fachwissen weniger zu einer Anreicherung der intellektuellen Kompetenz führt, sondern eher zu einer nicht wirklich verstandenen und nur schlecht handhabbaren Performanzerweiterung" (1989: 153).

- uniforme Regelmechanismen nur eine Repräsentationsform zu. Verschiedene Wissensarten werden dann in derselben Regelstruktur abgebildet, was zu einer schlechten Wartbarkeit des Systems führt. Mitverantwortlich dafür seien Universalschalen, die unterschiedlichen Anwendungen unreflektiert übergestülpt werden. Dagegen steht die These, daß die festgestellten Verhaltensmängel nicht auf einem Mangel an tieferen Methoden beruhen (damit wird bereits in der ersten Generation gearbeitet). Ursache sei vielmehr ein Mangel an Wissen, was auch in der zweiten Generation ein ungelöstes Problem darstellt. Als Gründe werden angeführt, das systemische Verhalten sei so schwach definiert, daß es auch mit neuen Techniken nicht verifiziert oder falsifiziert werden könne; seine Verbindung zur Darstellungs- und Arbeitstechnik sei nicht nachgewiesen und schließlich seien die neuen Techniken von den alten kaum unterscheidbar (Karp/Wilkins 1989: 18). Auch könne bereits aus methodischen Gründen die These, daß die tiefen Systeme der zweiten Generation Probleme von größerer Komplexität bewältigen können, nicht bewiesen werden, weil es der KI grundsätzlich an Komplexitätsmaßen fehle.[6]

Bei der Benennung erwünschter Eigenschaften eines Expertensystems herrscht bislang nur darüber Einigkeit, daß es über eine Lernkomponente verfügen sollte.[7] Sie gestatte eine größere Flexibilität in der Wissensrepräsentation, Problemlösung wie auch der Interaktion mit dem Nutzer, versehe das System also mit mehr "Tiefe". Die Benennung expliziter Kriterien, welche ein Expertensystem rechtmäßig mit dem Etikett der zweiten Generation ausstatten, gestaltet sich dagegen ungleich schwieriger. Weil "Tiefe" nicht einfach definiert werden kann, sondern eine Beziehung mit mehreren Variablen darstellt, müssen geeignete Parameter und Variablen mittels eines mehrdimensionalen Vergleichs zwischen vorhandenen Systemen und den dabei festgestellten Mängeln gefunden werden. Die Schwierigkeit der Benennung von Kriterien an Expertensysteme der zweiten Generation, das Problem des Lernens und der mangelnden Tiefe, die unterschätzte Brisanz der Pflege infolge fehlender Evaluationskriterien und einer unbefriedigenden Dialogstruktur sind Grund genug, Expertensysteme in ihrer Systemhaftigkeit zu betrachten. Bevor dazu einzelne Faktorenbündel voneinander isoliert werden, um sie dann in ihrer wechselseitigen Wirkungsweise zu untersuchen, sollen aber die Spezifika der Expertensystementwicklung im Gegensatz zur Erstellung konventioneller Software-Produkte noch genauer ausgeleuchtet werden.

---

6 Annäherungen zur Messung der Komplexität eines Expertensystems stehen der KI lediglich mit der Bestimmung der Wissensgröße, des Lösungsraums und der durchschnittlichen Inferenzkapazität zur Verfügung (vgl. I.6.1).

7 Keravnou/Washbrook 1989: 224; Wexelblatt 1989: 76; Fischer 1986: 23

Expertensysteme als zweckprogrammierte Servomechanismen unterliegen ingenieurmäßigen Entwicklungsanforderungen. Die Suche nach einem passenden Entwicklungsmodell setzt dagegen mit dem Eingeständnis eines Scheiterns ein: "Software führt zu den kompliziertesten technischen Produkten, die je hergestellt wurden, und wir sind nicht in der Lage, diese Komplexität hinreichend sicher zu beherrschen." (Bonsiepen/Coy 1990: 5) Die daraus resultierende Software-Krise - sie bezeichnet den Mangel an einer Methodologie für eine ingenieurmäßige Erstellung von Software-Produkten - ist kein technisches Problem, sondern eines der Komplexität. Wie macht sich dies bemerkbar? Beim Betriebssystem OS/360 zum Beispiel war eine Fehlerbereinigung zwischen den einzelnen Versionen nicht mehr möglich, da mit jedem identifizierten Fehler immer mehr Fehler auftauchten.

Aber nicht nur technische Gründe, sondern auch massiver wirtschaftlicher Problemdruck machen eine zuverlässige und vor allem praxisrelevante Entwicklungsmethodik, welche den gesamten Software-Lebenszyklus erfaßt, bei Expertensystemen immer dringlicher. Mit einer brauchbaren Entwicklungsmethodologie ist es nun nicht weit her. Gängige Phasenmodelle beschreiben eher spezifische Tätigkeiten als Phasen im eigentlichen Sinn oder liefern lediglich Anwenderberichte, sind zu praxisfremd oder vermengen Entwicklungsstufen mit Phasen der Projektdurchführung (Kurbel 1989: 104-109; Jih 1990: 23f). Schwierigkeiten bereitet aufgrund der spezifischen Domänen- und Anwendungsabhängigkeit auch das adäquate Abstraktionsniveau. Um ein Expertensystem strukturiert zu erstellen, sollten aber zumindest - eine keineswegs selbstverständliche Forderung - die Rollen der Beteiligten, Projektaktivitäten und Systemzustände unterschieden werden.

Bewährte Techniken des Software-Engineerings[8] können wegen der spezifischen Systemeigenschaften von Expertensystemen nicht unreflektiert in ein Phasenmodell für deren Entwicklung übernommen werden. So hört sich die Forderung nach einer strengen und ingenieurmäßigen Vorgehensweise, welche ein strukturiertes Vorgehen in sequentiellen Phasen sicherstellt, recht plausibel an. Aufgrund der beim Software-Engineering erforderlichen frühen

---

8 Unter Software-Engineering versteht man eine teils technische, teils managementorientierte Disziplin, die Prinzipien und Methoden zur ökonomischen Produktion von Software planmäßig entwickelt und praktisch anwendet (König/Behrendt 1989: 97). Neben der systematischen Erstellung einer Dokumentation gehört dazu auch die Definition prognostizierbarer Meilensteine, möglichst in Form von Intervallen (Alonso u.a. 1990). Expert System Engineering (ESE), die planmäßige und strukturierte Vorgehensweise zur Entwicklung von Expertensystemen, wird dabei ablauftheoretisch als Teil und inhaltlich als Erweiterung des Software-Engineerings betrachtet.

Anforderungsspezifikationen werden früh gemachte Fehler aber erst spät, nämlich in der am Schluß stattfindenden Testphase, entdeckt. Im Zweifelsfall muß dann das gesamte Programm neu geschrieben werden. Die jeweiligen Probleme müßten aber ex ante spezifiziert werden. Das ist bei den halbstrukturierten Aufgabengebieten von Expertensystemen per definitionem nicht möglich. Ob eine solchermaßen additive Erweiterung einer als strikt sequentiellen und nur einmal zu durchlaufenden Phasenabfolge (Wasserfallmodell) ausreicht, ist also zweifelhaft. Was ist daraus zu schließen?

Expertensysteme zielen auf die maschinelle Bewältigung diffuser, noch nicht strukturierter und formalisierter Aufgaben. Im Gegensatz zum Software-Engineering liegt der Schwerpunkt nicht beim ausführenden Modellieren, sondern beim "tastenden" Beschreiben. Dabei wird die anvisierte Flexibilität mit Unvollständigkeit bezahlt. Versucht die KI, komplexe Probleme mit den klassischen Mitteln der Software-Erstellung zu lösen, müssen sich deren Defizite und Fehler bei der Entwicklung von Expertensystemen potenzieren.

Dazu gesellt sich ein nicht-technisches Defizit, das beide Disziplinen teilen. Klassische Phasenmodelle kranken an einer chronischen Unterbelichtung der Pflegedimension: Die "inhaltlichen und methodischen Anforderungen an die Wartung und Pflege von Expertensystemen sind bislang noch weitgehend unbearbeitet. Es gibt weder eine gesicherte methodische Basis der Entwicklung von Expertensystemen - eine Knowledge-Engineering-Methode - noch eine Methode für die Wartung und Pflege von Expertensystemen." (Behrendt 1987: 106) Die Expertensystem-Methodologie begegnet diesem Sachverhalt, indem sie auf *Prototyping* setzt. Der Prototyp gilt als reduziertes Zielsystem, das einige typische Fälle bearbeiten kann, aber noch nicht über einen breiteren Wissensumfang verfügt (Johnson 1989; Felgentreu u.a. 1989: 40f). Der Vorteil liegt darin, daß eine interaktive und inkrementelle Vorgehensweise als evolutionärer Ansatz in die Entwicklung von Expertensystemen gebracht werden kann. Das Prototyping stellt gegenüber dem Wasserfallmodell mit den klar abgegrenzten Phasen der Wissenserhebung, Modellierung und Implementierung die entscheidende Modifikation dar, weil jeder Schritt ein ablauffähiges Programm als Ergebnis vorweist. Damit beschreibt Prototyping die sukzessive Verfeinerung testbarer Modelle.

Die Vorgehensweisen des Prototypings und des sequentiellen Phasenmodells müssen sich nicht ausschließen. Je nach Grad der Projektunsicherheit und Komplexität des Aufgabengebiets kann das Prototyping beispielsweise zur anfänglichen Strukturierung und Durchdringung von Problemen eingesetzt werden. Wissenstechnik kann in diesem Sinn als Erweiterung des Software-Engineerings begriffen werden und fungiert damit als "Überbegriff für alle Tätigkeiten, die zur Lösung anwendungsspezifischer Probleme beim Aufbau von wissensbasierten Systemen notwendig sind" (Coy/Bonsiepen 1989: 18). Die beim Software-Engineering bekannten und bewährten Dokumentationstechniken tragen zu einer Transparenz der Programme und damit zu einer erleichterten Wartbarkeit bei: Weil Gemeinsamkeiten in der geforderten Qualität (Korrektheit, Zuverlässigkeit, Performanz) der Software-Produkte liegen, können die beiden Ansätze voneinander profitieren. Die Entwicklung eines Expertensystems vollzieht sich dann als "prozeßorientiertes Modell" (Keil-Slawik 1988: 213) "in inkrementellen Schritten und kann als fortlaufende Pflege eines stabilen Ausgangsmodells definiert werden (Behrendt 1987: 105). Daß die Entwicklung damit nicht abgeschlossen ist, sondern der eigentlich praktische Teil erst beginnt, sollte das Beispiel XCON deutlich gemacht haben.

Das gesamte Modell von Anfang an immer wieder durchlaufen zu müssen, bedeutet einen enormen Aufwand. Sinnvoller ist es, an konkret zum Problem werdenden Stellen erneut anzusetzen und nur einzelne Phasen zu iterieren. So kann das Projekt in kleinere Einheiten unterteilt und allmählich an den Nutzer übergeben werden. Entscheidend ist dann die Möglichkeit der Rückkoppelung in jeder Phase der Identifikation (der beteiligten Rollen, des Problems, der Ressourcen und Ziele), Konzeption (erforderlicher Granularitäts- und Atomisierungsgrad des Wissens, Beschreibung des Problemlösungswissens, Prototyping), Formalisierung (Wissensmodell und Überführung der Konzepte in formale Darstellung), Implementierung (Überführung in Programm, weiteres Prototyping), Test (Validierung statt Verifikation) in Form einer Verfeinerung (der Implementierung), Revision des Entwurfs (Formalisierung) oder Revision der Grundkonzepte (Konzeption und Identifikation). Schwierigkeiten bereitet diese Flexibilisierung freilich insofern, als die in bezug auf die Lösungsstrategie und den Wissensumfang geforderte Offenheit des Systems zu ex ante nicht überschaubaren Wechselwirkungen führen kann. Diese Erweiterungen und Veränderungen heißen bei Behrendt "evolutionäres Prototyping" (1987: 105); Kurbel spricht von einer "evolutionären statt linearen Vorgehensweise" (1989: 93); Coy/Bonsiepen ersetzen die gängigen Phasen durch den "unentfalteten Begriff der inkrementellen oder explorativen Programmierung" (1989: 122f). Die "Pflege" entspricht also der zyklischen Wiederholung nicht nur der Wissensakquisition, sondern des gesamten Entwicklungsprozesses. Was bedeutet das für den Systemstatus solcher Programme?

Expertensysteme als mit einem negativen Rückkoppelungsmechanismus ausgestattete zielgerichtete Trivialmaschinen sollten systematisch und strukturiert erstellt werden können. Der konstatierte Mangel einer entsprechenden Entwicklungsmethodologie legt dagegen ein Überdenken der kybernetischen Standortbestimmung von Expertensystemen nahe. Bereits zu Anfang müssen nämlich Überlegungen einfließen, welche bei traditionellen Software-Produkten eine weniger gewichtige Rolle spielen. So z.B. das Abnahmedatum: Gängige Anwendungssoftware wird spätestens mit dem Verkaufsdatum als abgeschlossen erachtet. In unregelmäßigen Abständen kommt eine neue Release-Version auf den Markt, die bis zu ihrer Ersetzung nicht mehr verändert wird. Anders verhält es sich bei Expertensystemen. Aufgrund ihres a priori nicht formal spezifizierbaren Gegenstandes nähert sich die Entwicklung dem Zielzustand iterativ an. Was das eigentliche Problem war, weiß man meist erst hinterher - wenn man es gelöst hat. Was folgt daraus?

Ein Expertensystem fungiert nicht "lediglich" als Problemlöser, sondern ebenso als Problemlösungsmethode. Daß damit Weg und Ziel zusammenfallen und/oder unterschiedlich gewichtet werden können, wurde weder von der Forschung, noch der Praxis zu Expertensystemanwendungen auch nur in Ansätzen reflektiert. Reduziert man nämlich die Entwicklung und den Einsatz von Expertensystemen auf technische Paramter, ist ein Vordringen zu deren komplexem Kern konzeptionell ausgeschlossen - wurzelt letzterer doch nicht im technischen Zusammenspiel, sondern in der spezifischen organisatorischen Einbettung der Komponenten.

Auch die im Zusammenhang mit dem Einsatz von XCON aufgetretenen Schwierigkeiten indizieren die Notwendigkeit eines weitaus breiter als bisher angelegten Entwicklungsvorgehens, in welches die Möglichkeit einer kontinuierlichen Modifizierbarkeit bereits konstitutiv, d.h. in einer möglichst frühen Phase, eingeht. Dem liegt die im traditionellen Software-Engineering selbstverständlich erhobene Forderung nach Transparenz (Lesbarkeit und Einfachheit der Programme) zugrunde. Auf der Forschungsebene ergibt sich daraus ein Bedarf nach einer tieferen Ausleuchtung des Entwicklungsprozesses, um flexiblere und praxisnähere Phasenmodelle mit klarer Terminologie und Strategie zu schaffen.

Komplexitätsmerkmale spielen bei der Diskussion um die Systemhaftigkeit von Expertensystemen eine mehr als nur marginale Rolle (vgl. XCON). Solche Symptome sprechen für eine kybernetische Perspektive, welche die Rückkoppelungsstruktur (die Art der spezifischen Verschaltungen) berücksichtigt. Nimmt man die Ansprüche der KI ernst, muß der temporale Aspekt einbezogen werden; denn die "Wissenselemente werden zu sich im Zeitlauf ändernden Schlußfolgerungszwecken jeweils neu, d.h. dynamisch, verkettet. Expertensysteme sind entsprechend durch einen logisch-parallelen und ergebnisorientierten Kontrollfluß gekennzeichnet." (König/Behrendt 1989: 96) Werden dem System keine eindeutig formulierten Ziele als Input vorgegeben, muß es über mehr als reaktive Verhaltensmöglichkeiten verfügen. Zusätzliche Verkoppelungen ergeben sich im Gegensatz zu konventionellen DV-Systemen daraus, daß das Systemverhalten davon abhängt,

- wer das System nutzt: Experte oder Laie; Entwickler oder Endnutzer;
- in welchem Entwicklungsstadium das System eingesetzt wird: Prototyp; intensiv, wenig, nicht gepflegtes System; vor oder nach Erweiterungen;
- welches Problem zu bearbeiten ist: häufig oder selten auftretendes Problem; klares oder diffuses Problem;
- wie das System Lösungen sucht/findet: heuristisch oder sequentiell; fall- oder regelbasiert (vgl. II.1.5).

Wie sehen die unterschiedlichen Rückkoppelungsmechanismen nun aus, wie sind Expertensysteme im Spannungsfeld zwischen konventioneller DV und KI-Forschung zu verorten? Um brauchbare Maßstäbe eines erweiterten Entwicklungskonzepts zu gewinnen, wird den folgenden Kapiteln die Unterscheidung der Kybernetiken I-III mit der Zuordnung folgender Idealtypen unterlegt:[9] Die DV entspricht der Kybernetik I der zielgerichteten Trivialmaschinen, die Expertensystementwicklung der Kybernetik II der adaptionsfähigen Systeme, die KI-Forschung der Kybernetik III der symbolverarbeitenden Systeme (vgl. Abb. 2). Gleichzeitig soll eine sozialwissenschaftliche Perspektive entwickelt werden, welche die Implikationen, die über technische Paramter hinausreichen, angemessen zu identifizieren und zu bewerten imstande ist. Für den KI-Anspruch "intelligenter" Systeme ist ein kritischer Maßstab erforderlich. Ihn liefert die kybernetisch angeleitete Unterscheidung der drei Idealtypen. Mit diesem Instrumentarium - als gleichsam im Hintergrund wirkenden Leitfaden - wird im weiteren Verlauf auf die im Komplexitätsmodell (Abb. 1) vorgestellten Merkmale und Paramteter systematisch Bezug genommen.

---

9 Die Soziokybernetik (oder Kybernetik IV) spielt im gegenwärtigen Forschungsstadium noch eine untergeordnete Rolle (vgl. Busch 1979; Busch/Busch 1984; Geyer/van der Zouwen 1991; Laszlo 1972: 38-46; Maruyama 1963; Taschdjian 1976; zu einer soziokybernetischen Perspektive vgl. IV.2.1).

Kapitel 2

Problemauswahl als komplexitätsreduzierender Prozeß

Einerlei, ob sich Unternehmen aus Prestigegründen oder aufgrund wirtschaftlichen Konkurrenzdrucks zur Auseinandersetzung mit innovativen Lösungsstrategien gezwungen sehen - die Einführung von Expertensystemen erfordert allein schon wegen des darin implizierten spezifischen Lebenszyklus' ein detailliertes Management der Problembewältigung. Zum einen berührt es die Frage, was eine Problemsituation als einfach, kompliziert oder komplex qualifiziert (1). Ebenso geht es um die Identifikation von Strategien, welche Manager und Systementwickler zur Bewältigung solcher Konstellationen heranziehen (2).

1 Komplexe Probleme

Ein Unternehmen kann systemtheoretisch als Ganzes mit vielen untereinander vernetzten Komponenten begriffen werden. Sollen Manager anfallende Komplexität mit maschineller Unterstützung bewältigen, müssen relevante Komplexitätsmerkmale zu Parametern der Problemauswahl in Beziehung gesetzt werden. Die Rahmenbedingungen des Managements sind durch Vielfältigkeit und zeitliche Dynamik gekennzeichnet. Daraus erwachsen wenig strukturierte Aufgaben und Zielkonflikte. Sie zeichnen sich durch unvollständiges Wissen in einer Situation, große Suchräume, nichtquantifizierbare Daten und signifikante Unsicherheit aus. Das Komplexitätsmerkmal der Nichtlinearität schlägt sich - bedingt durch einen sich dynamisch ändernden Kontext - in einer geringen Halbwertszeit und prinzipieller Unvollständigkeit des Wissens nieder. Die Quelle der Unstrukturiertheit liegt nun nicht in den situationalen Komponenten selbst, sondern darin, daß Situationen so komplex sind, wie der Entscheidende sie wahrnimmt. Komplexität ist also nicht eine Eigenschaft des Objekts, sondern der Wahrnehmung.[10] Komplexe Problemlösungssituationen zeichnen sich durch einen komplizierten Aufbau (viele Elemente und Verknüpfungen), hohe zeitliche Dynamik (was den Einmaligkeitscharakter ihrer Ausprägungen verstärkt), Unsicherheit und Risiko aus. Eine große Zahl unterschiedlicher Elemente ist stark vernetzt und weist viele verschiedene Verhaltensmöglichkeiten und Wirkungsverläufe auf. Solche Situationen sind aufgrund ihrer starken Veränderbarkeit nur begrenzt analysier- und noch weniger quantifizierbar. Damit handelt es sich um einen nicht-trivialen, nur beschränkt gestalt- und lenkbaren Systemtyp, dem mit Heuristiken eher als mit Algorithmen beizukommen ist.

Den Zusammenhang von Komplexität und Dynamik faßt Dörner (1989) individualpsychologisch unter dem Stichwort einer informationellen Situation zusammen, in welcher kein vollständiges Wissen möglich ist. Eine mangelnde Verarbeitungskapazität des menschlichen Geistes für einströmende Informationen und (psychologischer) Selbstschutz sind zentrale Bedingungen für Denk- und Handlungsfehler. Sie bestehen im Verkennen zeitlicher Dynamik, Ignorieren von Nebenwirkungen, Schwellenwerten und Umkippunkten, Denken in Kausalketten statt in Netzwerken und Zirkularitäten, in der übertriebenen Berücksichtigung von Details und Nächstliegendem statt von größeren Zusammenhängen sowie in einem "Alles-oder-nichts"-Denken, das zu überhasteten Radikallösungen führt. Gute Problemlöser dagegen analysieren Ziele intensiv, strukturieren Probleme durch aufeinander bezogene Teilentscheidungen, steuern den Problemlösungsprozeß selbst und reflektieren ihn.

Zur kognitiven Bewältigung komplexer Probleme ist die situationsspezifische Relationierung bedeutungsvoller Elemente nötig. Das Individuum bildet Situationen nicht ab, sondern konstruiert sie. Mittels Versuch und Irrtum testet es Handlungsalternativen aus - was nicht unbedingt in der Realität, sondern auch gedanklich geschehen kann. Dann löst es Probleme anhand eines Modells und simuliert auf diese Weise Handlungsalternativen. Die menschliche Entscheidungsfindung besteht aus dem Vergleich von Lösungen und einer bestimmten Bandbreite von Kriterien und basiert auf der Prämisse einer unvollständigen Informationslage. Das Treffen von Entscheidungen gehört nun zu den wichtigsten Managementaufgaben. Neuere Forschungen deuten darauf hin, daß sich Manager nicht immer zweckrational verhalten; nicht immer im Sinn des Gesamtunternehmens entscheiden, weil sie mit komplexen Entscheidungssituationen überfordert sind. Entscheidungsfindungsprozesse bestehen nämlich ebenso aus nicht-rationalen Optimierungsstrategien (Perlstadt 1981: 1257f; Kharbanda/Stallworthy 1990). Zu ihnen zählen Experimen-

---

10 Waller 1982; Mackinnon/Wearing 1980; Woods/Hollnagel 1988

tieren (jede Rückkoppelung führt zu Änderungen der Vorgehensweise), Simplifizieren (ignoriert Rückkoppelungen), inkrementelles (selektiert Rückkoppelungen in einem engen Rahmen) und "Genüge leistendes" Vorgehen (dieses "Satisficing" untersucht alle Rückkoppelungen, bis eine minimal akzeptierbare Alternative gefunden wird). Eine in diesem Sinn begrenzte Rationaliät ("bounded rationality") ist nicht mit Irrationalität gleichzusetzen, sondern eher als approximative oder intentionale Rationalität beschreibbar.

Zum souveränen Umgang mit Problemfeldern gehören nicht nur die Schritte der Problemidentifikation, Problemdefinition, die Evaluation unterschiedlicher Lösungsansätze, das Agieren nach einem Lösungsplan und Ableitung von Konsequenzen. Daß unbewußte Verarbeitungsprozesse eine maßgebliche Rolle spielen, wird vor allem bei Lösungen in Form von unvermittelten, eruptiven Gedankenblitzen deutlich, denen ein zeitlich und inhaltlich nicht fixierbares Stadium des "Ausbrütens" vorausgeht. Bei einem solchermaßen schöpferisch-kreativen Problemlösen können die vier Phasen der Vorbereitung, Inkubation, Illumination/Erleuchtung und Überprüfung unterschieden werden, von denen nur zur letzten ein systematischer Zugang möglich ist (Becker 1992: 186-189). Auf eben diesen Ausschnitt des Problemlösens zielen nun Bemühungen zur Entwicklung maschineller Entscheidungsunterstützung. Plaziert man vor diesem Hintergrund die einzelnen Handlungsstationen der Zielausarbeitung, Informationssammlung und -integration, Vorausschau und Prognose, Planung, Entscheidung und Selbstorganisation (Dörner 1989: 11-35), können daraus Maßstäbe für das Design von Expertensystemen abgeleitet werden.

Zielausarbeitung: Die Konkretisierung eines Ziels ist schwieriger als das Abstrahieren von Prozessen. Anstatt Teilziele zu bilden, orientiert sich defizitäres Handeln bei der Zielausarbeitung primär an den Kriterien der Sinnfälligkeit und augenblicklichen Kompetenz. Das führt dazu, daß das kontradiktorische Verhältnis der Teilziele dann nicht mehr ausreichend berücksichtigt wird. Analog zur Subsystembildung, bei der in systemtheoretischer Formulierung die Bildung hierarchischer Ebenen für eine Reduktion von Komplexität sorgt, spielt beim Problemlösen "ein Teilergebnis, das erkennbaren Fortschritt auf das Ziel hin darstellt, die Rolle einer stabilen Untergruppe" (Simon 1978: 104). Gewendet auf die Entwicklung von Expertensystemen heißt das, daß letztere vor allem in Hinblick auf die Dialog- bzw. Erklärungskomponente über einen Speicher verfügen sollten, der Zwischenergebnisse festhält. Eine Erhöhung der Akzeptanz könnte insofern erreicht werden, als bei der Verwerfung angebotener Lösungen die Aufgabe nicht jedesmal von vorn durchgespielt werden muß, was den Nutzer langweilt und ermüdet. Darüber hinaus trägt diese Strategie dekompositorisch zur Transparenz des Systemaufbaus bei.

Informationssammlung: Beim Zusammentragen relevanter Informationen kommt es vor allem auf den richtigen Auflösungsgrad an. Der Problemlöser sollte sich weder in Details verstricken, noch einzelne Fakten nicht mehr zur Kenntnis nehmen. Um auch die richtige Granularitätsstufe zu treffen, setzt sinnvolle Informationssammlung ein Modell der Realität voraus. Im Fall von Expertensystemen kann ein Wissensmodell (vgl. I.3.1) das Ausfiltern irrelevanter Informationen erheblich erleichtern. Bei einem solchen "preprocessing" (Beniger/Nass 1986) werden Informationen bereits vor der eigentlichen Verarbeitung im System manipuliert, um wichtige von unwichtigen Informationen zu unterscheiden. Soll Expertensystemen auch die Aufgabe der "Vor-Verarbeitung" übertragen werden, bedeutet das, daß sie - und nicht der am Computer sitzende Nutzer - Informationen an der Systemgrenze oder gar im System selbst auf ihre Verarbeitungsfähigkeit hin überprüfen. Dieser Sachverhalt kann kybernetisch mit dem Begriff der Binnenkoppelung reformuliert werden (Bogart 1980: 241). Sie gewinnt bei zunehmender externer und interner Komplexität an Bedeutung. Die Koordination der einzelnen Subsysteme findet beim "feedwithin" innerhalb der Systemgrenzen statt. Dieser Rückkoppelungsmechanismus ergänzt die retrospektiv orientierten feedback- und prospektiv orientierten feedforward-Schaltungen um das Moment des sich intern reorganisierenden, Informationen auswählenden Systems. Die Binnenverschaltung zielsuchender Systeme ist Forschungsgegenstand der an der Modellierung von Alltagswissen orientierten KI, was in die Entwicklung von Expertensystemen noch kaum eingeht. Ansätze eines zielfindenden Systems liefern Expertensysteme nur insofern, als sie externe Informationen sukzessiv bzw. heuristisch mit intern gespeicherten Wissensbeständen abgleichen. So können sie alternativ auf eine, keine oder auch mehrere Lösungen kommen. Die Auswahl der Daten, mit denen ein Expertensystem überhaupt sinnvoll umgehen kann, liegt dabei allerdings weitgehend innerhalb der Dimension menschlicher Expertise.

Vorausschau und Prognose: In den Kontext von Vorausschau und Prognose fallen die gravierendsten Defizite bei der Bewältigung von Komplexität. Der Mensch ist eher ein Raum- als ein Zeitwesen. Daraus folgt eine nur schwach ausgebildete Fähigkeit zur Prognose nichtlinearer Verläufe. Haben wir größte Schwierigkeiten mit Denken in nichtlinearen, vernetzten und zeitsensiblen Dimensionen, gelingt uns auch nicht die Entwicklung adäquater Problemlösungsmodelle. Dies zeigt sich beispielsweise an der begrenzten Simulierbarkeit mehrdimensionaler Zukunftsszenarien (Club of Rome), welche vorherrschende Trends auf wenige Parameter reduzieren und lediglich in die Zukunft extrapolieren. Weil sie im Gegensatz zu reinen Gedankenexperimenten mit dem Output handfeste Erfolgskriterien liefern, sind Simulationen dennoch sinnvoll. Das Prozessieren eines Modells, welches das zeitabhängige Verhalten nachbildet, macht Prozesse wiederholbar und damit transparenter. Deshalb ist für Expertensysteme die Implementierung einer zeitsensiblen "Simulationskomponente" wünschenswert, die zumindest die systeminterne Entwicklung und Nutzung inklusiv aller vorgenommenen Modifikationen protokolliert und in die jeweilige Problemlösung (z.B. als Gewichtungsfaktor an unentscheidbaren Bifurkationspunkten, welche zwei gleichwahrscheinliche Reaktionsmöglichkeiten eines Systems beschreiben) einbezieht.

Planung und Entscheidung: Planung, die "Aneinanderreihung von hypothetischen Handlungen zu längeren Ketten, die Untersuchung der Neben- und Fernwirkungen solcher Handlungsketten, der Entwurf von Alternativen und schließlich die Entscheidung zugunsten einer bestimmten Handlungsweise" (Dörner 1989: 28), bezieht sich auf eine geforderte Problemlösung. Dies geschieht bei Expertensystemen, indem potentielle Lösungswege auf der Grundlage regelhaft nachgebildeter Heuristiken in die Form von Entscheidungsbäumen gebracht werden. Im nächsten Schritt werden die einzelnen Handlungsalternativen aussortiert und sequentiell abgearbeitet. Dabei fehlt dem System freilich das Wissen über die Bedeutung der Lösungen. Dieser Metaebene entspricht das Verständnis für die Problematik der Situation. Sinnvoll wird die Konstruktion von und Entscheidung für Handlungsketten nämlich erst durch das Wissen um die Motive und Konsequenzen der Handlung. Dazu gehört auch der Umgang mit unterschiedlichen Randbedingungen - kurz, der Einsatz lebensweltlichen Wissens. Dieses für Expertensysteme ungelöste Problem stellt nach wie vor die größte Herausforderung für die KI-Forschung dar.

Selbstorganisation: Dieser Punkt geht am deutlichsten über die Performanz von Expertensystemen hinaus. Über selbstorganisierende Fähigkeiten verfügen zielsuchende, bewußt agierende Systeme. Werden reflexive oder metakognitive Elemente des Denkens ungenügend aktiviert, verstärkt sich Inkompetenz in einer negativen Rückkoppelungsschleife. Empirische Untersuchungen lassen den Schluß zu, daß Personen fast gesetzesmäßig dazu gebracht werden können, fehlerhaft zu handeln (Dörner 1989: 36). Paradoxerweise liegt das spezifisch Menschliche der Intelligenz in der "Fähigkeit", Fehler zu begehen. Darauf basiert Lernfähigkeit. Zur Frage aber, wie Fehler gesetzesmäßig rekonstruiert werden können, wo Bifurkationspunkte liegen, an denen menschliche Entscheidungen fallen und wo Fehler gemacht werden, hat der Kognitivismus als Grundlagenwissenschaft der KI (vgl. II.2.2) wenig beizutragen. Erst das Wissen um diese Punkte und Situationen aber macht problemlösendes

Handeln prognostizierbarer. Bricht man Lernfähigkeit innerhalb eines komplexen Kontexts auf strukturierendes Problemlösen herunter, werden Expertensysteme menschlicher Komplexitätsbewältigung nicht entfernt gerecht.[11]

Können komplexe Anwendungssituationen nicht durchschaut und prognostiziert werden, müssen Expertensysteme zumindest fortlaufend revidierbar sein. Damit wird die Anpassung der Software an die Umgebung ein Teil des Gestaltungsprozesses und führt zur Aufhebung des Unterschieds zwischen Entwicklung und Nutzung. Eine paradoxe Situation: Ihr Pflegeaufwand soll niedrig sein - aber Expertensysteme sind per definitionem auf Änderung und Pflege hin orientiert. Expertensysteme sollen den Umgang mit komplexen Situationen erleichtern - eine verbesserte Problemdurchdringung aber kann die Komplexität oftmals so weit reduzieren, daß Lösungen mit traditioneller DV möglich sind. Fazit: Expertensysteme oszillieren zwischen nicht lösbaren, zu schwierigen Aufgaben, und durchdrungenen, dann aber trivialen Problemen. Dieser schmale Ausschnitt spielt bei der Entwicklung und dem Einsatz von Expertensystemen eine erfolgskritische Rolle und wird im empirischen Teil als Korridorkonzept verhandelt werden.

---

11 Die Komplexität einer zu bearbeitenden Problemsituation findet nicht nur im Unterschied menschlicher und maschineller Situationsbewältigung ihren Widerhall, sondern auch im Spannungsfeld von akademischer KI-Forschung und kommerziellem Software-Engineering. Beide repräsentieren einen Realitätsausschnitt mit programmtechnischen Strukturen und machen ihn einer (automatischen) Problembearbeitung zugänglich. Während aber das Software-Engineering seine Theorie in der Programmstruktur abbildet, fungieren bei der KI Programme als Theorie der Realität. Erkenntnistheoretisch formuliert soll sich damit komplexe Realität in den auf dem Computer künstlich herstellbaren Strukturen wiederfinden. Weil evolutionär entstandene Realität in ihrer Komplexität nicht digital abgebildet werden kann, verabschiedeten sich weite Teile der KI sukzessiv vom Anspruch, Intelligenz in toto simulieren zu können. Stattdessen steht die menschliche Fähigkeit, Komplexität trotz ihrer mangelhaften Überschaubarkeit zu bewältigen, im Vordergrund. Mit dem Wandel zu einer pragmatischeren Haltung - zur schwachen KI - kam es zum Aufschwung der Expertensystemforschung. Dieser Anspruch läßt sich mit einer Approximation an Komplexität im Sinne eines System-Umwelt-Komplexitätsgefälles in Einklang bringen. Stellt sich die KI dem Problem der Komplexität, ist damit noch nicht entschieden, ob die beabsichtigte Reduktion externer Komplexität mit oder ohne Erhöhung der internen Komplexität erreicht werden soll. Soll die Gesamtperformanz des "kognitiven" Systems von Mensch und Maschine diejenige der beteiligten Subsysteme übersteigen, muß entschieden werden, welchen Teil die jeweiligen Komponenten beitragen (vgl. II.1.5).

2 Management der Problemauswahl

Managementaktivitäten beinhalten neben eher überschaubaren Kontrollaufgaben (operativ) vor allem breitgefächerte und komplexe strategische Planungsaufgaben (Ulrich/Probst 1990: 266). Der Unterscheidung von operativer (lenkend) und strategischer (gestaltend) Führung kann die Dimension der normativen Führung (entwickelnd) hinzugefügt werden. Diese auf der höchsten Ebene angesiedelte Führungsaufgabe führt mehr und mehr in den Bereich der unstrukturierten Problemstellungen hinein und dehnt damit die Komplexitätsgrenze immer weiter aus. Schon deshalb hinken nicht nur die traditionelle DV, sondern auch die KI-Forschung dem Phänomen der Komplexität beständig hinterher. Wie sieht nun computerisierte Entscheidungsfindung aus? Interaktive Informationssysteme mit der Fähigkeit, entscheidungsrelevante Aktivitäten zu simulieren, heißen "Decision Support Systems" oder DSS (Leigh/Doherty 1986; Ko/Lin 1988). Sie sollen bei der Strukturierung von Problemen Hilfestellung leisten und können mit wissensbasierten Komponenten (die mehrere Entscheidungskriterien berücksichtigen), angereichert werden.

Bei der möglichen Unterstützung von Entscheidungsprozessen durch Computerprogramme können die Dimensionen der strukturierten, halbstrukturierten und unstrukturierten Probleme unterschieden und mit dem passenden Computereinsatz kombiniert werden (Rowe u.a. 1988: 57; Rockart 1979). Unterlegt man dieser Bandbreite das Spektrum von zweckprogrammierten, zielfindenden und zielsuchenden Systemen, gehört die autonome Bearbeitung von Entscheidungsproblemem mit Expertensystemen zur Zukunftsmusik der KI. In zukünftige Expertensysteme hätten nämlich ebenso kognitive Aspekte wie auch Verhaltensmodelle und Lernmöglichkeiten der Entscheidungsträger einzugehen. Dies entspricht in etwa den im Zusammenhang mit der Selbstorganisation skizzierten Schwierigkeiten der Forschung. Soll mit Expertensystemen über das Anwendungsspektrum entscheidungsunterstützender Systeme hinausgegangen werden,[12] geschieht das anhand der Zuordnung von DV-Programmen zu entsprechenden Problemtypen. Expertensysteme und Expertenunterstützungssysteme beziehen sich auf den Problemtyp der flexiblen Strategien, die bereits weit in den Bereich komplexer

12 Beim der reinen Datenverarbeitung werden drei wohlstrukturierte Problembereiche (Daten, Prozeduren, Ziele & Beschränkungen) vom Computer abgedeckt. Bei entscheidungsunterstützenden Systemen tritt zu diesen standardisierten Verfahren die menschliche Entscheidung bei allen drei Problembereichen plus dem vierten der flexiblen Strategien. Bei Expertensystemen dagegen deckt die Maschine alle vier Bereiche ab (Luconi u.a. 1986).

Probleme hineinreichen. Sie unterscheiden sich durch die Zusammensetzung menschlicher und maschineller Anteile zur Gesamtperformanz. Während Expertenunterstützungssysteme einen ausgewogenen Anteil menschlicher und maschineller Expertise vorweisen, bewältigt ein Expertensystem den entsprechenden Problembereich ausschließlich allein. Diese Unterscheidung von autonomen und unterstützenden Programmen ist allerdings beim heutigen Stand der Forschung nicht aufrechtzuerhalten und empirisch falsch: Würde ein Computerprogramm autonom agieren, müßte ihm konsequenterweise die Verantwortung für die getroffene Entscheidung zugeschrieben werden, was bei keinem tatsächlich eingesetzten Expertensystem der Fall ist.

Symptomatisch für die Überschätzung "intelligenter" Programme, denen solche Performanzzuschreibungen zugrundeliegen, ist der Mangel brauchbarer Kriterien, um Experten- und entscheidungsunterstützende Systeme zu unterscheiden. Daß zunehmend Forderungen laut werden, beide Komponenten miteinander zu verbinden (Ko/Lin 1988; King 1990), ist als Hinweis darauf zu verstehen, daß für beide Systeme noch keine eindeutigen Zielformulierungen ausgearbeitet und umgesetzt werden. Alternativ könnte eine Performanzverbesserung von entscheidungsunterstützenden Systemen als synergetischer Effekt wirksam werden. Die Problemformulierung bei entscheidungsunterstützenden Systemen ist im Vergleich zur Lösungsformulierung unterentwickelt, weshalb hier Expertensystem-Formalismen sinnvoll eingesetzt werden können. Darüber hinaus ließen sich die Lösungsformulierungen entscheidungsunterstützender Systeme durch Expertensystem-Heuristiken verbessern.[13]

Welches sind vor diesem komplexen Entscheidungshintergrund passende Problemklassen bzw. Anwendungsgebiete?[14] Eine typische Problemkonstellation kann so aussehen: Das zur Lösung einer Aufgabe erforderliche Expertenwissen ist knapp, teuer und/oder vergänglich. Ständig anfallende Routine-Entscheidungen nehmen zu viel Zeit in Anspruch, sollen aber schnell bewäl-

13 Werden in Unternehmen Problembereiche identifiziert, die mit Expertensystemen bearbeitet werden sollen, überrascht das Entscheidungsverhalten von Managern vor dem Hintergrund ihrer Methodenkenntnisse (Heinrich/Hoffellner 1989): In der universitären Ausbildung werden mehr Methoden vermittelt, als in der Praxis zur Anwendung kommen. Die jeweilige Verwendung bzw. Nichtverwendung hängt nun weniger an der Methode selbst, sondern vor allem an Faktoren wie der Beschäftigtenanzahl der Unternehmen und der Mitarbeiteranzahl in der DV-Abteilung. Die Qualifikation und Ausbildung spielt eine marginale Rolle. Dies deutet darauf hin, daß neben der technischen Dimension organisatorische und soziale Faktoren einen entscheidenden Akzeptanzfaktor darstellen. Gleichzeitig spricht das für eine multikausale, mehrere Parameter und Randbedingungen berücksichtigende kybernetische Perspektive (vgl. IV.2.1).

14 Prerau 1990; Mertens 1989; Leonard-Barton/Sviokla 1988; Johannes 1990: 14

tigt werden; die Lösung erfordert mehrere Minuten bis wenige Stunden. Die Aufgabe läßt sich nur schrittweise darstellen, in Worten beschreiben und einem anderen vermitteln. Die benötigten Problemlösungsverfahren sind zwar noch nicht standardisiert, aber trotzdem konsistent. Konstatieren empirische Befunde bei Problemlösungsprozessen einen hohen Interaktionsbedarf, bedeutet das für das Design von Expertensystemen, daß es beim kooperativen Problemlösen über die Präsentation einer adäquaten Lösung hinaus um Problemformulierung und die Generierung von Plänen, also um die richtige Fragestellung geht. Eine tatsächliche Hilfe setzt also bereits vor der Problemlösung an.

Für Expertensysteme geeignete Probleme befinden sich innerhalb des Spektrums eines rein operativen (administrativ, ohne Freiheitsgrade bei der Behandlung von Geschäftsvorfällen) bis konzeptionellen Aufgabenfeldes (z.B. Entwurf eines Forschungsprojekts). Sie sollen den zeitinvarianten Bereich der Kompliziertheit transzendieren, kommen aber dennoch nichtlinearer Dynamik nicht adäquat bei. Solche Mischtypen zwischen daten- und wissensintensiven Aufgaben decken damit nur einen schmalen Ausschnitt zu lösender Probleme ab. Weil für einfache Aufgaben algorithmische Verfahren der klassischen DV ausreichen und komplexe Probleme in absehbarer Zukunft Forschungsgegenstand der grundlagenorientierten KI bleiben werden, eignen sich Expertensysteme nur zur Bewältigung komplizerter Aufgaben. Aber auch hier gestaltet sich die Identifikation eines passenden Problembereichs als nicht-trivial, weil neben den gegenstandsspezifischen Voraussetzungen vor allem organisatorische Randbedingungen (z.B. klare Zieldefinition, verfügbare und motivierte Experten, Unterstützung durch das Management) erfüllt sein müssen, aber meist nur unzureichend berücksichtigt werden. Gegenstandsspezifische Parameter umfassen die Formalisierbarkeit von Wissen, einen klar abgrenzbaren Problembereich, die Möglichkeit der Aufteilung in problembereichsabhängiges und -unabhängiges Wissen und eine Aufteilung der Aufgabe in Ableitungsketten. Fehler sind bei der Entwicklung von Programmen, bei denen kaum auf Erfahrungen zurückgegriffen werden kann, unvermeidbar. Um eine sichere Anwendungsumgebung zu gewährleisten, sollten deshalb leicht zu testende Antworten bevorzugt werden, keine zeitabhängigen Anwendungen in Angriff genommen und die lockere Koppelung von Unter-Teilen sichergestellt werden. Diese Faktoren sind kompatibel mit den Kriterien, die über 50 Manager im Rahmen einer Befragung als entscheidend für den erfolgreichen Einsatz von Expertensystemen nannten: die Identifikation, Evaluierung und Auswahl der Problemdomäne (Prerau 1989).

Sind die oben genannten Bedingungen tatsächlich alle erfüllt, kann die Aufgabe bereits mit klassischer DV gelöst werden. Dieser enge Korridor im Spannungsfeld zwischen den Polen der Trivialität und Komplexität ist konstitutiv für die paradoxe Anwendungssituation von Expertensystemen. Im Idealfall "schmiegen" sie sich ihrem dynamischen Problembereich gleichsam an und halten mit dessen "Kompliziertheitsstatus" Schritt; in den meisten Fällen dagegen wird der passende Korridor entweder gar nicht oder nur temporär getroffen.

Jetzt wird verständlich, warum einer großen Zahl von Prototypen nur ein geringer Anteil laufender Systeme gegenübersteht (weniger als 20% aller Expertensystemprojekte werden erfolgreich abgeschlossen; Bäßler 1991). Nicht zufällig steht bei der Suche nach passenden Anwendungen der Lerneffekt im Vordergrund, was ich als Komplexitätscharakteristikum deute. Die Auseinandersetzung mit möglichen Anwendungsgebieten erzwingt eine neue Sichtweise des Problems. Daß sich der Nutzen von Expertensystemen nicht selten auf eben diesen Effekt der Problemdurchdringung beschränkt - oder aber dieser noch nicht einmal als Lerneffekt wahrgenommen und verbucht wird -, soll hier nur konstatiert, aber erst im empirischen dritten Teil weiter entwikkelt und im vierten Teil soziokybernetisch gedeutet werden.

Aus den angeführten Gründen erfordert die gezielte Auswahl eines Anwendungsgebiets für Expertensysteme ein systematisches Vorgehen. Problematisch ist beispielsweise ein achtphasiges Berechnungsmodell (Masud/ Hommertzheim 1988), bei welchem relevante Faktoren - ziemlich willkürlich - mit Gewichtungsfaktoren versehen werden. Die exakten Ergebnisse einer solchen Entscheidungstabelle suggerieren berechenbare Entscheidungsparameter. Das kann isoliert der Fall sein. Im Zusammenspiel der Faktoren ist dies - aufgrund sich dynamisch ändernder Rahmenbedingungen - aber eher die Ausnahme. Brauchbar ist das Modell nur, weil es die Beteiligten dazu zwingt, Faktoren zu identifizieren und zu benennen, die nicht nur bei der technischen Entwicklung, sondern für den gesamten Lebenszyklus eines Expertensysteme relevant sind. Es übernimmt damit - als emergente Eigenschaft interpretierbar - eine planungsdisziplinierende Funktion. Einen dagegen recht avancierten, empirisch getesteten Ansatz zur Lösung des Auswahlproblems schlagen Jain/Chaturvedi (1989) mittels eines situations-aktionsbasierten Netzwerks mit fünf Kriterien zur Unterscheidung der Problemdomäne vor: Erfolgreich waren die Expertensystemprojekte, bei welchen die Strukturiertheit des Problembereichs das wichtigste Auswahlkriterium darstellte. Analog zur Entwicklung eines Expertensystems sollten schließlich formulierte Phasen des Projektmanagements als inkrementeller Prozeß konzipiert werden (Kurbel 1989: 96-104; Maciejewski 1989: 65f). Dabei können die

Dimensionen der Projektplanung (zyklisch statt linear, Initialisierung, Neuorientierung, Stabilisierung), Organisation (beteiligte Personen und Rollen, Aufteilung in Grobplanung der einzelnen Zyklen, Feinplanung und Steuerung des Entwicklungsablaufs) und kontrollierte Durchführung (Organisationsmittel) unterschieden werden.

Um mit Hilfe von Expertensystemen organisatorische Komplexität reduzieren und überhandnehmendes Informationsvolumen noch überblicken zu können, ist innerhalb eines erweiterten Projektmanagements nicht nur eine Auseinandersetzung mit der Technologie, sondern auch eine Abschätzung der Folgen für die Organisation erforderlich. Das nicht nur in der Praxis auftretende, sondern auch theoretisch noch nicht durchdrungene Problem bei der Auswahl der richtigen Problemdomäne äußert sich nämlich darin, daß die maschinelle Unterstützung der Identifikation kritischer Erfolgsfaktoren kaum über herkömmliche Prioritätenlisten hinauskommt. Was bedeutet das im Sinne einer systemtheoretisch ansetzenden Kontextsteuerung?

Erfolgsfaktoren sind nicht exakt zu spezifizieren, aber zumindest negativ bestimmbar. Voraussetzungen wie Größe, Abgrenzbarkeit und Strukturierbarkeit des Wissensgebietes, Zerlegbarkeit des Problems, Integrationsfähigkeit in Einsatzumgebung, verfügbare und motivierte Experten, Manager und Entwickler wie auch eine realistische Einschätzung der technologischen Möglichkeiten garantieren keinen Erfolg, minimieren aber zumindest die Möglichkeit des Scheiterns. Auch genügt nicht die isolierte, vor allem technisch reduzierte Analyse dieser Faktoren. Komplexe Aufgaben verlangen eine ganzheitliche Sicht der Problemlösung, in welche organisatorische Gesichtspunkte in viel stärkerem Maß eingehen müssen, als es bislang Praxis ist.

Kapitel 3

Wissensakquisition als konstruktiver Prozeß

Vorstellungen der KI zufolge geht es bei der Entwicklung von Expertensystemen nicht um die Verarbeitung von Daten, sondern von Wissen. Dabei steht nicht extern kodifiziertes Wissen (in Form von schriftlichen Dokumenten), sondern personell gebundenes - schärfer: zu weiten Teilen implizites - Wissen im Vordergrund. Gleichzeitig konstatieren neuere Forschungen aus dem Bereich des Informations-Managements, daß das Fakten- und Erfahrungswissen der Mitarbeiter zunehmend zum wichtigsten Erfolgsfaktor von Unternehmen avanciert (Wurr 1989; Holsapple/Whinston 1987). Wissensbasierte Organisationen setzen sich aus sogenannten "Wissensarbeitern" zusammen, die durch eine computerbasierte Infrastruktur miteinander verbunden sind. Damit entwickelt sich die Organisation der Zukunft zum verbundenen Mensch-Maschine-Verarbeitungssystem. Was solche neuen Wissensarbeiter leisten sollen, unterscheidet sich kaum vom Anforderungsprofil eines hochbezahlten Wissenstechnikers:

- Bildung von Taxonomien der Wissenstypen
- Umgang mit Wissensrepräsentationstechniken
- Vertrautheit mit wissensverarbeitenden Methoden
- Verständnis des Wissensgebrauchs beim Problemlösen

Ein solches Expertenwissen muß nicht dem Niveau einer fachlich ausgewiesenen Koryphäe entsprechen, sondern ist durchaus auf Facharbeiter- bzw. Sachbearbeiterebene anzusiedeln. Personengebundenes Problemlösungswissen wird innerhalb eines spezifischen (organisatorischen) Kontexts zur Bewältigung bestimmter Aufgabenstellungen gezielt eingesetzt und soll in ein digitales Programm übertragen werden. Was also zeichnet ein solches Wissen aus?

1 Vom Wissen zum Modell: natürliche Expertise

Am Begriff der Expertise entzünden sich meist die Auseinandersetzungen zur Überlegenheit von menschlichem Geist gegenüber der Maschine und vice versa. Dreyfus/Dreyfus (1987: 37-80) betrachten Intuition als wesentliches Kriterium der Expertise, woran sie die prinzipielle Überlegenheit menschlicher Problemlösung festmachen. Ihr fünfstufiges Modell vom regellernenden Neuling zum intuitiv operierenden Experten kulminiert im Paradoxon der Expertise (je besser der Experte, desto weniger weiß er, was er tut) und verweist auf die Grenzen eines regelorientierten Ansatzes. Weil dieses "intuitionsgetränkte" Modell der Expertise nicht-intuitives, aber dennoch kompetentes Verhalten in sträflicher Weise vernachlässige, listet Davis (1989) das Lösen von Problemen, die Erklärung von Ergebnissen, Lernen, Reorganisation von Wissen, Übertretung von Regeln, Beurteilung der eigenen Kompetenz, Einsicht in Fehler und den anstandsgemäßen Rückzug bei Nichtkompetenz als zusätzliche, mindestens ebenso wichtige Merkmale der Expertise auf. Mit dem Fokus auf erweiterbarem empirischen Wissen transformiert er die kategoriale Betonung der unzugänglichen Expertise in ein empirisches Problem, nämlich den Zweck, der mit einem Expertensystem verfolgt wird und bis zu welchem Grad dafür expertenhaftes Verhalten kopiert werden müsse. Diese Einwände sind im Hinblick auf die Unterscheidung von Wissensarten zutreffend, berühren aber nicht die Probleme, die mit der Akquisition von Wissen verbunden sind. Letztere verweisen nämlich auf komplexe Eigenschaften:

Expertise kann erstens nicht auf singuläre Bestandteile reduziert werden (Emergenz). Zweitens äußert sie sich durchaus in unvorhersagbarer Weise, z.B. als Gedankenblitz (Nichtlinearität). Expertenwissen findet sich drittens auf verschiedenen Repräsentationsebenen, die nicht nur linear, sondern ebenso quergekoppelt sind. Intuition entspringt den überraschenden Verbindungen nicht zusammenhängender Wissensbestandteile (Vernetztheit). Kommt viertens ein Experte in ähnlichen Situationen zu unterschiedlichen, und/oder in verschiedenen Situationen zu gleichen Ergebnissen, liegt schließlich das Phänomen der Irreversibilität vor.

Darüber hinaus verfügt ein Experte neben den fachlichen auch über soziale Kompetenzen, die nicht auf dessen Fakten- und Regelwissen reduziert werden können. Die Expertise ist in ein zyklisches Wechselspiel von Datenerhebung mit dem Wissenstechniker, Generierung von Modellen, Ableitung und Modifikation von Ratschlägen usw. eingebettet und weist über die mentalen Aktivitäten eines einsam handelnden Individuums hinaus. Expertenhafte Fähigkeiten äußern sich in actu, im Vollzug (Gaines 1989: 41-54). Damit läßt sich Expertise als Interaktion zwischen der konstruktiven Tätigkeit des Experten, des Wissenstechnikers und der Domänenstruktur, schärfer: als funktionaler Modus der Konstruktion von Realität beschreiben. Zur Präzisierung dieses Zusammenhangs können Wissensarten unterschieden und spezifischen Dynamiken zugeordnet werden (Abb. 3).

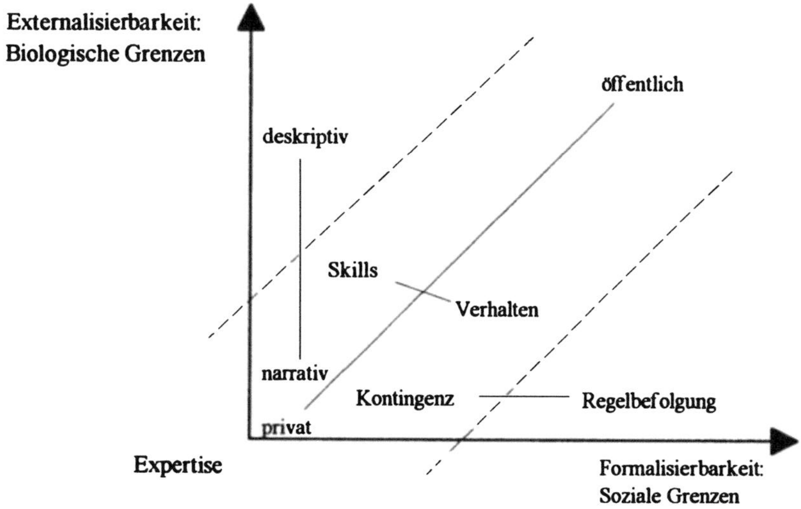

Abbildung 3: Wissensmodell

Implizites, intituitives, privates und körpergebundenes Wissen markiert den evolutionär früh herausgebildeten, vergleichsweise trägen und deshalb verhaltensstabilisierenden Fundus an Orientierungswissen in der Welt. Bei Expertensystemen thematisiertes Problemlösungswissen setzt nicht an dieser Stufe an. Seine Programmierung muß jeden KI-Forscher hoffnungslos überfordern. Deshalb grenzt die KI das Kontinuum menschlichen Wissens radikal auf externalisier- und formalisierbares Wissen ein. Kann Wissen als regelgeleitet rekonstruiert werden, ist es formalisierbar; kann es vergegenständlicht im Sinne von beschrieben werden, ist es externalisierbar. Eine Hinwendung zu Dimensionen, die mit den Begriffen des regelorientierten und deskriptiven Wissens belegt werden können, erschlösse der KI nun die Möglichkeit der Modellierung - wären da nicht die biologischen und sozialen Anteile des Wissens.

Expertise ist eine emergente Wissensart bzw. Verhaltenseigenschaft. Sie fußt auf individuellen kognitiven Fähigkeiten und situationalen Fertigkeiten, die sich im Vollzug äußern. Die konstitutive Bindung von Expertise an Intuition kann allerdings erst dann zureichend gefaßt werden, wenn Intuition an soziale Ermöglichungsbedingungen geknüpft wird. Dies stellt die Annahme einer singulären Gebundenheit von Intuition grundsätzlich in Frage.

Was heißt das? Bedeutungen entstehen im Kontext sinnhaften Handelns, also sprachlich. Daß der Konstruktionsprozeß von Expertise als sozialer reflektiert werden muß, führen in beispielhafter Weise die fast schon empiristisch ausgerichteten Bielefelder Laborstudien vor (Knorr Cetina 1988). Sie begreifen das (naturwissenschaftliche) Labor als Erzeugungsprozeß, innerhalb dessen wissenschaftliche Fakten produziert, fabriziert, konstruiert werden. Dieser soziale Konstruktionsprozeß deckt den einen von der KI unberücksichtigten Aspekt bei der Klärung des Expertise-Begriffs ab und läßt die Rekonstruktion von Expertise als "ein emergentes Phänomen sozialer und lokaler Praktiken in wirklichen Weltkontexten" (Amann 1990: 20) zu. Neben der sozialen Dimension vernachlässigt die KI aber auch einen Aspekt, der sich in ähnlicher Weise gegen eine Formalisierung sperrt. Expertise wurzelt in Bedingungen, die biologische Systeme kennzeichnen. Diese evolutionäre Gebundenheit liefert aufgrund ihrer Somatisierung Hinweise auf Grenzen der Explizierbarkeit von Wissen. Im Gegensatz zu Maschinen zeichnen sich biologische Systeme durch einen hohen Grad an Zuverlässigkeit des Gesamtsystems aus; die einzelnen Bestandteile sind es dagegen nicht (Morin 1974: 555-560). Sie bewältigen "Lärm", während Maschinen Unordnung als Fehlerquelle bestenfalls diagnostizieren und abschalten können. Die Bestandteile biologischer Systeme führen ein Eigenleben, während bei Maschinen die Komponenten sehr präzise und a priori definiert ineinandergreifen. Mechanische Beziehungen sind explizit und formalisierbar, während biologische Systeme auf dem Prinzip der Implizitheit und des Holismus basieren. Die generative Kapazität biologischer Systeme betrifft das Gesamtsystem, was zu einem paradoxen Kern führt. Scheinbar widersprüchlich beruht ihr Erfolg auf der Sterblichkeit ihrer Komponenten. Analog dazu beinhaltet Lernen als eines konstitutiven Bestandteils von Expertise die "Fähigkeit", Fehler zu begehen und sie zu erkennen. Die Nachbildung von Expertise als komplexem Phänomen erfordert also nicht nur eine Analyse der Struktur und Anwendung von Wissen. Ausschlaggebend ist vielmehr die Formalisierung ihrer Dynamik - eine ausweglose Situation.

Die komplexen Charakteristika biologischer und sozialer Systeme konvergieren in "modellierungsunfreundlicher" Weise im Faktum der Expertise und markieren aus diesem Grund die grundlegende Performanzgrenze von Expertensystemen.

Individualistisch und technisch verengte Auffassungen begreifen Wissen als objektiv vorhandenes und damit zu vergegenständlichendes "Ding" in der Welt. Stattdessen wird Wissensakquisition hier als Transformation, als konstruktiver Modellbildungsprozeß innerhalb eines umfassenderen Wissensbegriffs der Wissensrepräsentation gegenübergestellt und nachgezeichnet: Bei der maschinellen Wissensrepräsentation geht es darum, objektiviertes Wissen in eine geeignete Form der Darstellung zu bringen. Damit setzte sich die KI vor allem in den Anfangsjahren intensiv auseinander. Die Wissensakquisition ist diesem Bereich vorgelagert. Sie versucht, implizites Wissen in explizites zu transformieren. Dazu ist ein Modell erforderlich. Warum? Probleme der Wissensrepräsentation sind im Gegensatz zur Wissensakquisition einfacher zu bewältigen, weil der zu repräsentierende Gegenstand bereits als konstruierter zur Verfügung steht. Maschinelle Ansätze der Wissensrepräsentation haben mit menschlichen kognitiven Strukturen nicht viel gemein - was auch nicht weiter stört. Da das primäre Erfolgskriterium von Expertensystemen in der Performanz liegt, geht es beim Vergleich menschlicher und maschineller Repräsentationen von Wissen bestenfalls um eine funktionale, nicht aber um eine strukturelle Äquivalenz. Mentale Repräsentationen sind Gegenstand der kognitiven Wissenschaften und setzen damit weit vor dem Prozeß der Wissensakquisition an. Letzerer hat also die Aufgabe, zwischen dynamischen menschlichen und statischen maschinellen Repräsentationsstrukturen zu vermitteln. Wie ist das vorstellbar?

Die Hauptschwierigkeiten der Wissensakquisition liegen in der Explikation und Verfügbarmachung von Wissen. Eine Methodologie hätte nicht nur Kriterien für die Identifikation, Ordnung und den Vergleich von Wissensakquisitionsmethoden zu liefern, sondern müßte darüber hinaus die interaktiven Prozesse, also die soziale Situation des Akquisitionsprozesses ausleuchten.[15] Eine solche Methodologie liegt nicht vor. Eine technisch verkürzte, weil unreflektierte Umsetzung von Wissen in ein Computersystem manife-

15 Dazu zwei Hinweise: Explizieren Experten erstens ihre Expertise, verändert sich dadurch - ein in systemtheoretischer Schreibweise irreversibler Prozeß - ihre Sicht des ursprünglichen Problems. Zwingt man Experten zweitens zur Reproduktion des Problemlösungsprozesses, konstruieren sie durch die Identifikation von Kausalzusammenhängen oftmals Pseudo-Rationalitäten, was zum Verlust an Kompetenz führen kann (Bartsch-Spörl 1990; Becker 1990).

stiert sich im Fehlen eines erkenntnistheoretisch begründeten Zwischenschritts, nämlich der Bildung eines Wissensmodells. Was ist damit gemeint? Laske (1989) entwirft eine Modellreihe bzw. Methodologie für die Erstellung von wissensbasierten Systemen, die auf der Unterscheidung zwischen einem implementierungsunabhängigen Wissensmodell und dem Systementwurf beruht. Die erste Phase dient der Erstellung eines von Formalismen der KI unbelasteten Wissensmodells, in welches Reflexionen zur Natürlichkeit, Begrifflichkeit, Erkenntnistheorie, Logik und Implementation des Wissens einfliessen. Erst in der zweiten Phase geschieht der qualitative Sprung vom Wissensmodell zum Entwurf und zielt auf eine systematische und eindeutige Beschreibung seiner Struktur, Funktion und seines Verhaltens.[16]

Entscheidend ist nun, daß - von der KI erst seit Ende der achtziger Jahre zögernd zur Kenntnis genommen - erst mittels einer solchen Modellbildung von Wissen die explizite Trennung von Wissensarten im Sinne einer - systemtheoretisch gesprochen - Subsystembildung möglich wird. Diese Subsystembildung ist nicht der gedanklichen Leistung eines isoliert operierenden Experten und/oder Wissenstechnikers zu verdanken, sondern entspringt - gleichsam als emergentes Phänomen - dem gemeinsamen Ringen um den Gegenstand - der Kommunikation. Ein Wissensmodell liefert das Medium, Wissensakquisition mit seinen Merkmalen der Emergenz, Vernetztheit und Irreversibilität als interaktiven Konstruktionsprozeß von Expertise nachzuzeichnen.

2 Vom Modell zur Implementierung: Wissenstechnik

Die Wissensbasis eines Expertensystems ist eine systematische Konstruktion einer systematisierten Domäne. Das Wissensmodell soll die Kluft zwischen unterschiedlichen Wissensdynamiken, Repräsentationsstrukturen und Implementierungserfordernissen überbrücken. Ziel ist eine möglichst genaue Entsprechung von Modellwissen und modelliertem Wissen. Den Zusammenhang

16 Software-Designer konstruieren und benutzen verschiedene mentale Repräsentationen für unterschiedliche Absichten bei ihrer empirischen Arbeit. Entspricht der Konstruktion von Expertensystemen die Konstruktion mentaler Modelle (Littman 1989), liegt der praktische Vorteil einer implementationsunabhängigen Beschreibung des Wissens als konzeptionelles Wissensmodell nicht nur darin, daß beim Übergang von der Akquisition zur Repräsentation eventuelle Informationsverluste transparent werden. Wird das Wissen losgelöst von Effizienzgesichtspunkten, Restriktionen der Werkzeuge und Detailfragen beschrieben, kann ein eventuell erforderlicher Neuentwurf des Systems relativ einfach bewerkstelligt werden.

stellt die soziale Interaktion der Wissenstechnik als dynamischer Prozeß dar. Neben technischen konvergieren hier auch erkenntnistheoretische, organisatorische und soziale Problemkonstellationen. Dieser Sachverhalt qualifiziert die Wissensakquisition als zentrale Phase der Entwicklung von Expertensystemen. Dieser komplexe Zusammenhang spiegelt sich im Anforderungsprofil an den Wissenstechniker, die menschliche Schnittstelle zwischen Expertenwissen und Programmcode.

Unter Wissenstechnik versteht man "Prozesse der Identifikation von Verfügungswissen über automatisierbare Arbeitsabläufe, der Formalisierung des Wissens in einer formalen Beschreibungssprache und der Änderung und Erweiterung der erstellten Wissensbasis" (Coy/Bonsiepen 1989: 58). Im Vordergrund steht der Erwerb, die Darstellung und die Anwendung von Wissen in computergerechter Form. Als kontinuierliche Aufgabe begleitet diese Tätigkeit den gesamten Expertensystem-Lebenszyklus. Vorstellungen Feigenbaums (1988: 47), des "Chefideologen der KI", gemäß, stellt die Industrie inzwischen leistungsfähige Hilfsmittel wie Expertensystem-Schalen zur Verfügung, in welche das Expertenwissen ohne nennenswerte Vorbildung "nur noch" eingegeben werden muß. Die Interaktion zwischen Wissentechniker und Experte kann damit kostensparend auf den "Kommunikationsprozeß" von Expertem und Programmiersprache bzw. Expertensystem-Schale reduziert werden. Wird der Wissenstechniker damit überflüssig?

Im Gegensatz zu Feigenbaum qualifizieren Informatiker, welche die Grenzen von Expertensystemen realistischer einschätzen (Tank 1990; Böhnke 1990), den Wissenstechniker zu einem Allround-Könner, der neben technischen auch über fundierte betriebswirtschaftliche, organisatorische, psychologische und soziologische Kenntnisse verfügen soll. Er beherrscht über konventionelle Methoden der Programmierung hinaus Modellierungs- und Repräsentationstechniken, verfügt über Basiswissen bezüglich des Aufgabenbereichs des Expertensystems und des Experten, ebenso über analytische Fähigkeiten und interdisziplinäres Wissen. Daneben beherrscht er Interview- und Verhaltenstechniken, besitzt Durchsetzungsvermögen, ist risikofreudig und kann Experten zur konstruktiven Mitarbeit motivieren. Weiter wird von ihm erwartet, daß er einschlägige Erfahrungen im Projektmanagement erworben hat und strategisch-ökonomische Aufwandsschätzungen selbständig durchführt. Dieses völlig überzogene Anforderungsprofil bringt die paradoxe Situation der Expertensystementwicklung in luzider Weise innerhalb eines Korridors zum Vorschein:

Agieren Expertensysteme so intelligent, wie es sich die KI wünscht, ist ein Wissenstechniker nicht mehr erforderlich. Der gegenwärtige Stand der Forschung führt eine solche Vorstellung bereits im Ansatz ad absurdum. Werden von einem Wissenstechniker nicht nur technische Kompetenzen (noch nicht einmal sie können in das Expertensystem übertragen werden), sondern vor allem soziale Fertigkeiten gefordert, heißt das vor allem, daß menschliche Expertise in absehbarer Zukunft auch als genuin menschliche Eigenschaft in Modellierungsbemühungen berücksichtigt werden muß.

Welche Folgen hat dies für das Berufsbilds des Wissenstechnikers? Sein Tätigkeitsfeld könnte inhaltlich und personell auf verschiedenen Rollen verteilt werden (Infovation GmbH 1990): Während sich der Wissensingenieur um die Wissenserfassung (Dimension der Wissenbasis) kümmert, ist der KI-Entwickler für die Konzeption und Realisierung der Systems (Dimension der Inferenzstrategie) verantwortlich. Werden spezifizierte Aufgaben unterschiedlichen Personen zugewiesen, enteht, um eine Koordination der Tätigkeiten zu gewährleisten, ein "Zwang" zur Kommunikation - was die Transparenz der Systementwicklung beträchtlich erhöhen kann.

Die begrenzte Leistungsfähigkeit und Reichweite von Expertensystemen kann nicht nur im ambivalenten Anforderungsprofil des Wissenstechnikers nachgezeichnet werden. Im Kern wurzelt sie in einer spezifischen Reorganisation des Wissens, welche der Akquisitionsprozeß verursacht (Malsch 1991): Vorgeblich geht es den Wissenstechnikern um die realitätsgerechte Modellierung des Expertenwissens. Der Kommunikationsspielraum bei der Wissensakquisition reduziert sich damit auf folgende Alternative: "Geben die Experten die Struktur des Modells in der Wissensbasis vor, oder sollte die Struktur von den Knowledge Engineers im Hinblick auf das geplante wissensbasierte System festgelegt werden?" (John 1990: 24f) Damit werden nun Rückkoppelungen, die bei der Konstruktion bzw. beim Vollzug von Expertise auftreten, grob vernachlässigt. Weil die Wissensakquisition einer konstruktiven Gestaltungsaktivität und keiner kognitiven Bergbaumentalität[17] entspricht, verkörpert der schließlich in der Wissensbasis abgebildete Gegenstand ein gemeinsam und nicht einsam konstruiertes Produkt. Die KI ignoriert den Sachverhalt, daß die Tätigkeit der Wissenstechniker einer modellgerechten Realisierung sozialer Organisationsformen entspricht, ohne sich der Folgen dieser Eingriffe in die organisatorische Realität bewußt zu werden.

17 In dem von der KI gern verwendeten Begriff der "Wissensextraktion" wird die vernachlässigte Dimension des interaktiven Konstruierens offenkundig. Die Aufgabe des Wissenstechniker besteht demzufolge darin, aus dem mentalen Fundus des zur Verfügung stehenden Expertenwissens relevante Teile zu extrahieren.

Diese ungelöste Frage führt deutlich vor Augen, daß es sich bei der Wissensakquisition um einen kommunikativen Prozeß handelt, der die aktive Mitarbeit des menschlichen Experten erfordert. Zielen Forschungsbemühungen der KI auf eine Substitution des Dialogs (interaktive Akquisition) durch einen Monolog (Selbstakquisition), wird das Kommunikationsproblem freilich nicht gelöst, sondern lediglich in den monologisierenden Experten hineinverlagert und - aufgrund des Paradoxons der Expertise: je besser ein Experte, desto weniger weiß er, was er tut - verschärft. Das (emergente) Potential der Wissensakquisition besteht aber darin, das Explikations- in ein Kommunikationsproblem transformieren zu *müssen*. Weil sie die Wissensakquisition nicht als Kommunikationsproblem zur Kenntnis nehmen will, setzt die KI dieses Potential leichtfertig aufs Spiel. Paradoxerweise können in dieser Situation Software-technische Fortschritte zu einer Zuspitzung des skizzierten Problems beitragen. Im Erfolgsfall würde sich nämlich zeigen, "daß nützliche Systeme nicht deshalb nützlich sind, weil es dem Wissensingenieur gelungen ist, eine valide Kopie des Expertenwissens anzufertigen, sondern weil das Expertensystem genau gesehen eine nicht validierbare, eigenständige Konstruktion darstellt." (Malsch 1991: 73)

Gemessen am eigenen Anspruch nehmen sich die vorzuweisenden Ergebnisse der KI mehr als bescheiden aus. Auf der Forschungsebene fehlt es weitgehend an umfassenden Kriterien zum Vergleich von Akquisitionstechniken wie auch an einer Methodologie der Wissensakquisition.[18] Eher noch sind Erkenntnisse verfügbar, die sich auf beeinflussende Randbedingungen, wie z.B. Erhebung am Arbeitsplatz des Experten, Verwendung von Tonbändern, Berücksichtigung impliziter Nachrichten, Zeitdruck usw. beziehen (Blümling 1990; Bainbridge 1986). Fokus aller Bemühungen ist das Plädoyer für eine stärkere Transparenz des implementierten Wissens. Sie soll durch eine Verteilung der unterschiedlichen Wissensarten auf spezielle Komponenten der Wissensbasis erreicht werden (Johnson u.a. 1990: 92). Damit Akquisitionsmethoden mit solchen Forderungen Schritt halten, ist eine zwischengeschaltete Ebene erforderlich, die zwischen verbalisierten Daten und standardisierten Formalismen vermittelt. Sie zielt auf ein abstraktes Konzept von Expertise, das als Medium der Kommunikation zwischen Beteiligten und der "Grammatik" der Expertenaufgabe eine Implementierung unterstützt. So bricht Steels

18 wie z.B. bei Agarwal/Tanniru 1990; Burton/u.a. 1990. Als Hilfsmittel für eine erlernbare Wissensakquisition dient beispielsweise ein Netzwerk mit unterschiedlichen Formen von Expertenwissen, die mit grundlegenden Typen von Interviewfragen in Beziehung gesetzt werden. Wenngleich dieser Unterscheidung keine nachvollziehbare Systematik zugrunde liegt, können damit zumindest mehrere Perspektiven und Abstraktionsniveaus unterschieden werden (LaFrance 1988).

(1990: 29f) - analog zur Unterscheidung von Wissensarten - Expertise in Komponenten auf: Während ein Modell der Domäne als "tiefes" Wissen zur Verfügung steht, enthält das flexibel agierende "flache" Wissen nur diejenigen Teile des Domänenmodells, die für die Lösung der jeweiligen Aufgabe aktiviert werden müssen. Damit ein Expertensystem auch explizite Begründungen liefern kann, muß es neben einem kausalen Domänenmodell auch explizit repräsentiertes strategisches Wissen zur Anwendung bringen. Ein Expertensystem mit tiefem Wissen verfügt also sowohl über ein Domänenmodell wie auch über flache Regeln (vorwiegend heuristisch). Der Vorteil liegt darin, daß eine Problemlösung auf der flachen Ebene möglich ist, im Fall eines Erklärungsbedarfs aber auf eine tiefe Struktur gewechselt werden kann. Eine "flache" Problemlösung ist zwar nicht so effizient, dafür aber weniger brüchig. Damit findet die aus der Systemtheorie stammende Forderung nach einer losen Koppelung, welche mit dem Einbau funktionaler Redundanzen die Schaffung einer sicheren Einsatzumgebung unterstützt, zumindest in rudimentärer Form eine Entsprechung.

Ein Wissensmodell gewinnt in diesem Zusammenhang den Charakter eines Hypothesen- und Kompatibilitätstesters, nämlich wenn es als Prototyp um- und eingesetzt wird (O'Leary 1988: 17-20). Indem dieser dazu verwendet wird, das Expertenwissen iterativ zu entdecken und explorativ in Schichten zu zerlegen, kann der Prototyp vom reinen Testinstrument hin zu einem Forschungsmittel erweitert werden. Zum einen können Probleme klarer strukturiert werden, zum anderen macht er Änderungen der Programmstruktur handhabbar und ermöglicht den "empirischen" Test von Lösungsstrategien. Diesem problemstrukturierenden Effekt auf der technischen Ebene steht ein Wust an unbewältigter Komplexität auf der organisatorischen Seite gegenüber, den Malsch (1991: 73f) zutreffend so beschreibt: Bei der Konstruktion der Domäne werden sich die Wissenstechniker erstens aus der naturalistischen Fixierung der Simulation lösen und als Konstrukteure sozialer Realität begreifen müssen. Das konfrontiert sie mit der Einsicht, daß kommerziell erfolgreiche Expertensysteme unvorhergesehene Organisationsprobleme hervorbringen, die wiederum neuartige Formen organisatorischer und kommunikativer Rationalisierungsprozesse zur Folge haben. Weil die Ganzheitlichkeit der Expertise bei der Modellierung zerstört wird, entsteht zweitens ein Koordinationsproblem. Expertensysteme müssen rekontextualisiert, also sozialorganisatorisch eingebettet werden. Weil sich eine Kohärenz aber nicht mehr auf individueller, sondern nur noch auf organisatorischer Ebene einholen läßt, scheitern viele Systeme. Drittens zeitigt die Informatisierung widersprüchliche Konsequenzen. Sie standardisiert und formalisiert organisatorische Teilprozesse und übt wachsenden Konformitätsdruck auf die Betroffenen aus. Dies erzeugt sekundären Verständigungsbedarf, welcher die Ausbildung kommunikativer Freiräume voraussetzt. Dieser industriesoziologisch herauspräparierte Widerspruch von instrumenteller und kommunikativer Rationalisierung bestätigt, daß die Organisationswirklichkeit - gleichsam als emergenter Effekt - nicht ingenieurmäßig konstruierbar ist. Dieser Punkt wird im dritten Teil eingehender behandelt. Wie aber schlägt sich dieser Befund auf die Konzeption des "Fensters zur Anwendung", also auf die Dialogkomponente nieder?

Kapitel 4

Dialogbewältigung als adaptiver Prozeß

Die Dialogkomponente stellt die Verbindung zwischen Mensch und Maschine her. Kann und/oder will der potentielle Nutzer nicht mit dem System umgehen, scheitert es. Die Anpassung des Systems an die Bedürfnisse der Anwender stellt nicht nur eine technische, sondern vor allem eine organisatorische und soziale Herausforderung dar. Systemtheoretisch betrachtet findet hier die Kybernetikstufe II der lernenden, sich anpassenden Systeme als Maßstab für ein taugliches System Eingang. Ein stabiles System muß mit sich ändernden Umweltbedingungen fertig werden; es gewinnt Stabilität inmitten eines dynamischen Ganzen nur als anpassungsfähiges System. Was zeichnet solchermaßen evolutionsfähige Systeme aus? Bühl (1990: 199) unterscheidet die äußere Dimension der Anpassung an die Umwelt (Adaptationsfähigkeit) von der inneren Dimension der Erhaltung der funktionalen Kohärenz (Zuverlässigkeit). Die Dimension der Adaptationsfähigkeit kann für das Design der Dialogkomponente Nutzer zur zentralen Forderung erhoben werden: Einer empirischen Untersuchung zufolge wurde die Selbsterklärungsfähigkeit von Dialogsystemen als besonders wichtig angesehen (Dzida 1982: 55f). Daneben spielt der Wunsch nach Kontrollierbarkeit und Flexibilität des Mensch-Maschine-Dialogs eine gewichtige Rolle. Um ein nutzerfreundliches System entsprechend der zweiten Kybernetikstufe entwicklungs- und lernfähig zu halten, muß es aber zunächst einmal bis zu diesem Niveau gebracht werden. Kann das gelingen?

Definiert man die dynamische Stabilität anpassungsfähiger Systeme mit der Möglichkeit eines Wechsels von Gleichgewichts- und Ungleichgewichtszuständen, muß ein Expertensystem sowohl gutdefinierte Routine- wie auch vage formulierte, seltene Randprobleme bewältigen können. Gilt darüber hinaus die Zuverlässigkeit biologischer Systeme als Maßstab dynamischer und stabiler Systeme, müssen die einzelnen Systemkomponenten ersetzbar sein, ohne das gesamte Systemverhalten in Mitleidenschaft zu ziehen. Das dabei entstehende Problem kann kybernetisch reformuliert werden: Verstärkungsprozesse mit wechselseitigen kausalen Beziehungen stellen ein Wechselspiel von negativen und positiven Rückkoppelungsprozessen dar (Maruyama 1963: 167). Entscheidend ist dabei die Richtung des initialen Kicks, was das Problem der Nichtlinearität ins Zentrum rückt. Dabei können ähnliche Anfangsbedingungen sehr unterschiedliche Ergebnisse zur Folge haben. Dies gilt auch im Rahmen deterministischer Prozesse, wie sie in der Mechanik vorherrschen. Gewendet auf das Design von Expertensystemen, kann diese Situation als Korridor zwischen Effizienz und Flexibilität interpretiert werden. Eine Maschine, die auf ein Ziel hin programmiert wird, ist sehr effektiv, aber nicht flexibel. Suchen Systeme selbst eine Richtung, sind sie flexibel, aber ineffizient. Finden Expertensysteme nur Akzeptanz, wenn sie breiter einsetzbar sind als zweckprogrammierte DV-Programme und ihre Problemdomäne effizient beherrschen, müssen sie den kybernetischen Maßstäben zielfindender Systeme gerecht werden. Wie kann bzw. soll also der Computer als interaktives Werkzeug oder gar als Dialogpartner Verwendung finden? Wie sollten die technischen Rahmenbedingungen der Mensch-Maschine-Interaktion gestaltet sein, um einen nutzerorientierten Umgang mit dem Computer zu gestatten?

1 Nutzerfreundlichkeit durch Partizipation

Die Interaktion mit Expertensystemen spielt sich im Kontext eines Dialogsystems ab, also einem dynamischen System aus Nutzer und Computer, welches durch einen wechselseitigen Informationsaustausch externe Probleme inkrementell lösen soll (Keravnou/Johnson 1984). Das System sollte deshalb über eine Konversationsgrammatik verfügen, d.h. über struktuelle Charakteristika des Konversationsprozesses, in der Eigenschaften der Systemumgebung allgemein und der Fähigkeiten von Nutzern unterschieden werden. Nutzergerechte Assistenz-Systeme sollen den Menschen in komplexen Entscheidungssituationen entlasten, aber nicht ersetzen oder bevormunden (Bohmann 1989; Young 1989; Fischer 1986). Sollen sich Sozialverträglichkeit und Akzeptanz in einer benutzerfreundlichen Dialogführung mit einem Expertensystem spiegeln - wie sieht sie aus? Zunächst sollen natürlichsprachliche Erklärungen benutzerspezifisch über die bloße Rekapitulation der verwendeten Regel hinausgehen und so das Verhalten des Systems durchsichtig machen. Dann hätten anwendungsneutrale, funktionale und flexible Bedieneroberflächen zur Adaptierbarkeit und Adaptivität des Systems beizutragen. Der Nutzer sollte den Dialogablauf flexibel und frei gestalten, indem er beispielsweise den

Wechsel von einem Sachbereich in einen anderen leicht durchführen kann. Eine solche Einfachheit der Konzeption und Handhabung läßt sich nur zusammen mit Transparenz (als Platzhalter für Kontrollierbarkeit) erreichen. Transparenz spaltet sich in eine passive (Wissen des Nutzers) und eine aktive (Informationen vom System) Komponente auf. Soll Wissen darüber hinaus mehrfach genutzt werden können, sind multiple Schnittstellen nötig. Dabei kommt der Unterscheidung von Nutzern und Entwicklern eine häufig unterschätzte Bedeutung zu. Während die Entwickler Wert auf eine aussagekräftige Repräsentation der Domäne und der Begründungsprozesse legen, steht für die Nutzer eine Explikation und Nachvollziehbarkeit der Modelle im Vordergrund.[19] Die Domäne sollte deshalb in vertrauter Sprache repräsentiert, Änderungen der Systemzustände sollten sofort deklariert werden, die Nutzer direkt eingreifen können; auch ist das Ausprobieren mehrerer Alternativen bei gleichzeitiger Möglichkeit des Rückgängigmachens bereits gezogener Schlüsse in Form eines "Rücksetzens" hilfreich. Schließlich sollte das System über verschiedene Granularitätsstufen verfügen, damit ein Problem dekomponierbar bleibt und der Nutzer die Beziehungen der Ebenen untereinander versteht.

Stellen soziologische Überlegungen zur Mensch-Maschine-Interaktion den Nutzer ins Zentrum, muß ihre Konzeption von Nutzen bzw. Nützlichkeit über reine Funktionalitätserfordernisse, in die primär wirtschaftliche[20] Gesichtspunkte einfließen, hinausgehen. In diesem Sinn macht Shackel (1988: 60-64) "usability" an den Kriterien der Erfolgsrate, der Leichtigkeit der Nutzung und der Effektivität im Hinblick auf Performanz fest. Darüber hinaus müssen in einem solche Verständnis von Nutzerfreundlichkeit die Forderungen nach Nutzerzentriertheit (wer ist für welche Aufgaben zuständig?), Fehlerfreundlichkeit (durch die Möglichkeit von Simulationen), iterativer Entwicklung (Schwierigkeiten müssen als Wiederholung des Zyklus bereinigt werden können) und Nutzerunterstützung (Schulungen, Hilfsfunktionen etc.) Berücksichtigung finden. Betrachtet man dagegen betriebliche Einsatzbedingungen von Expertensystemen, stehen oftmals taylorisierende Effekte im Vordergrund, während die Nutzerfreundlichkeit eine nur untergeordnete Rolle spielt (Do-

19 Da mit den unterschiedlichen Rollen konfligierende Interessen verbunden sind, reduziert sich die geforderte kooperative Zusammenarbeit von Entwickler und Nutzer meist auf eine bloße Konsultation der Anwender, die als Informationsquelle, nicht aber als Gesprächspartner behandelt werden. Daß sich dies in oftmals praxisunangepaßten Software-Produkten niederschlägt, wurde in einer empirischen Untersuchung zu 46 Softwareprojekten nachgewiesen (Weltz/Ortmann 1992).

20 Nach Maciejewski (1989: 51) verschlingt die Kommunikationsabwicklung mit dem System ca. 40-50% des Entwicklungsaufwands.

stal 1990: 365f). Firmen sind an einer transparenten System- und Organisationsstruktur gar nicht interessiert, weil damit Wissen offengelegt wird, das dann nicht mehr als monopolisierbares Produktionsmittel eingesetzt werden kann. Was passiert? Die späteren Anwender finden ihre Interessen und Bedürfnisse im fertigen Produkt nicht wieder und lehnen das System ab. Werden sie dagegen zu einem frühen Zeitpunkt in die Entwicklung eines Expertensystems einbezogen, kann mit einer höheren Akzeptanz gerechnet werden. Viele gescheiterte Expertensystemprojekte haben ihren Grund deshalb in der Vernachlässigung von organisatorischen und sozialen Faktoren.

Die Plausibilität dieser Annahme wurde empirisch anhand von Fallstudien bereits mehrfach bestätigt.[21] Welcher empirische Stellenwert technisch ansetzenden Parametern beim Einsatz von Expertensystemen zukommt, wird im dritten Teil diskutiert. Davor aber soll die ingenieurmäßige Perspektive der KI weiter verfolgt werden. Welche Vorstellungen verbindet sie mit nutzerfreundlichen Computerprogrammen?

2 Nutzerfreundlichkeit durch Nutzermodelle

Expertensysteme sollen nicht nur als Behälter von Expertise fungieren, sondern letztere leichter verfügbar machen. Da sie Prozesse weniger rekapitulieren als repräsentieren und simulieren, müssen die Nutzer wissen, was das System tut. Es sollte daher seine Ratschläge und Empfehlungen rechtfertigen. Zu diesem Zweck verfügen einige Expertensysteme über eine Erklärungskomponente. Dahinter steht die Absicht, die Grenzen des Systems offenzulegen und den Nutzer in die Domäne einzuführen. In einer empirischen Untersuchung weist Klee (1989) auf die Rolle der Erklärungskomponente für die Akzeptanz des gesamten Expertensystems hin. Dabei fand er Einflußgrößen in der wahrgenommenen Systemkomplexität der Benutzer, in organisatorischen und zeitlichen Größen (z.B. abnehmende Relevanz der Erklärungskomponente bei Entscheidungen unter Zeitdruck) wie auch in der Bedeutung der Entscheidung (mit ihrer Wichtigkeit steigt der Informationsbedarf und damit auch die Relevanz der Erklärungskomponente). Ein Erklärungsbedarf kann sich aus systemseitiger Antizipation oder Äußerungen durch den Benutzer heraus ergeben.

Die Crux liegt nun darin, daß die Erklärungskomponente bislang eher als Zusatz zum entwickelten Expertensystem behandelt wird, als daß sie substan-

21 Weltz/Ortmann 1992; Woherem 1991: 23f; Lipps/Grant 1990; Eason 1988: 187-203

tiell in den Entwicklungszyklus eingeht (Abu-Hakima/Oppacher 1990: 302). Wie macht sich das für die Nutzer bemerkbar? Weil es mit der Qualität der Erklärungskomponenten schlecht aussieht, müßten die Benutzer "prinzipiell unzufriedener sein" (Klee 1989: 39). Warum ist dies nicht der Fall? Klee vermutet ganz richtig eine erworbene Vertrautheit der Nutzer mit dem System. Weil sie um die begrenzte Systemperformanz wissen, versuchen sie, sich mit konventionellen Mitteln (Handbücher, Tips von Kollegen usw.) zu helfen. Aus diesem Sachverhalt zieht Klee allerdings ein gänzlich irreführenden Schluß. Da die Diffusion von Expertensystemen gerade erst anlaufe, liege noch der Bonus der Technikoffenheit und Experimentierfreudigkeit vor, was den Einstieg erleichtere. Weil dieser begünstigende Faktor immer weniger unterstellt werden könne, werde eine adäquate Erklärungskomponente, und damit ihre Einbettung in den Rahmen von Benutzermodellen, verstärkt Bedeutung erlangen. Ob die Akzeptanz von Expertensystemen durch eine verstärkte Verlagerung der Dialogperformanz vom Menschen in den Computer tatsächlich gefördert, oder - wie ich vermute - im Gegenteil unterminiert wird, ist damit keineswegs entschieden.[22] Soziologische Überlegungen im Kontext einer transparenten Dialogführung mit dem Computer stellen diese, in der KI zentrale These, in Frage. Sie werden unter dem Stichwort der Nutzerillusion (II.1.5) behandelt.

Doch zurück zur KI-immanenten Argumentationslinie: Damit eine Erklärungskomponente auch tatsächlich hilfreich ist, soll sie mehr leisten als das bloße Zitieren einer Produktionsregel (wie bei dem medizinischen Expertensystem MYCIN) - sie soll unbekanntes Wissen in einer dem Fragenden verständlichen Form vermitteln. Gute Erklärungen zeichnen sich somit durch Verständlichkeit, Adäquatheit, Korrektheit und Relevanz für die Bedürfnisse des Nutzers aus (Kass/Finin 1988b: 352-357). Ihre Relevanz steigt, wenn sie die aktuelle Frage auf ein höheres Ziel des Nutzers bezieht und wenn die Auskunft nicht mehr und nicht weniger Informationen als nötig, aber dafür vollständig enthält. Weiter hängt eine überzeugende Rechtfertigung von ihrem Verlauf ab: Deduktive Ableitungen sind stärker als induktive, Beweise mit dem Bezug auf Fakten oder der Anbindung an Prämissen wiegen mehr als Analogien oder Vermutungen. Schließlich können für Verstehbarkeit fol-

22 Dieser Sachverhalt ist mit der Neuheit der Technologie und dem damit verbundenen Mangel an Erfahrungen verknüpft. Nutzer erwarten von einem "Experten-"system mehr als von einem konventionellen Programm. Unterstellt, es erweist sich in seiner Performanz einem konventionellen Programm gegenüber tatsächlich als überlegen, führt seine Flexibilität wiederum zu einem höheren Erklärungsbedarf - was in gleicher Weise mehr Unterstützung für den Nutzer erforderlich macht. Damit verschiebt sich faktisch die Schnittstelle zum Nutzer zurück.

gende Kriterien aufgelistet werden: Geeignetheit (richtige Ebene), Wirtschaftlichkeit (möglichst kurz), Organisation (möglichst nicht zu komplex, sinnvolle Bündelung, didaktische Hinführung zur Struktur) und Vertrautheit des Nutzers zum Inhalt der Erklärung. Indem sie auf tieferliegendes Begründungswissen Bezug nehmen, erzwingen gute Erklärungen eine Explikation des Impliziten. Soll dies technisch nachgezeichnet werden, ist dafür die Unterscheidung der relevanten Wissensarten erforderlich (vgl. I.3.1). So könnten in der Wissensbasis domänenbeschreibende (Wissen aus Büchern u.ä.), problemlösende (Regeln und Pläne) und terminologische Komponenten (Wörterbuch, Definitionen) verschieden abgelegt und repräsentiert werden. Daneben sollten verwendete Repräsentationskonzepte und die Strukturgröße/ Granularität (benötigte Erklärungstiefe) explizit kenntlich gemacht werden. Erste Ansätze zur Verbesserung der Erklärungskomponente bestehen darin, aktivierte Regeln in natürlicher Sprache zu paraphrasieren (Swartout/Smoliar 1989: 13-16). Damit erscheinen Veränderungen des Codes direkt in der Erklärung und ermöglichen zumindest eine konsistente Dokumentation. Von einem geforderten Selbstverständnis des Systems bei der Erklärung ist dies freilich immer noch weit entfernt. Um spezifisches Wissen von einem tieferen Domänenverständnis abzuleiten, muß der Problemlösungsprozeß auf einem allgemeinen Aufgabenlevel repräsentiert werden. Die dabei funktional repräsentierten Modelle können sowohl zum Problemlösen wie auch zur Begründung von Problemlösungswissen verwendet werden, was über den in der bisherigen Expertensysteme-Praxis angesiedelten Abstraktionsgrad allerdings noch weit hinausgeht.

Erklärungen können im nächsten Schritt zu spezifischen Domänenzielen und unterschiedlichem Hintergrundwissen des Nutzers in Beziehung gesetzt werden (McKeown 1988; Cohen u.a. 1989): Ein einmal erteilter Rat kann gleich bleiben und die Erklärung variieren; ebenso kann es erforderlich sein, den Rat zu ändern. Soll ein Computer diesen Anforderungen auf flexible Weise gerecht werden, muß er eine Vorstellung vom Hintergrundwissen des Nutzers haben. Das vermittelnde Medium für eine postulierte lebensweltliche Kommunikation zwischen Mensch und Maschine heißt Benutzermodell und unterstützt die Erstellung von flexiblen und individuellen Dialoganwendungen[23]. Eigenschaften solcher "intelligenten" Schnittstellen sind leichte Bedienbarkeit, aktive Anpassung der Maschine an menschliche Wahrnehmungs- und Denkvorgänge und - Natürlichkeit der Interaktionsform. Der Nutzer teilt dem System gegenwärtige Aktionen und Ziele mit, woraus es einen Plan ge-

---

23 Ein Nutzermodell enthält "that knowledge about the user, either explicitly or implicitly encoded, which is used by the system to improve the interaction" (Finin 1988: 133).

neriert und mit den gespeicherten Systemplänen vergleicht. Es sammelt also selbständig Informationen über den Anwender und reagiert mit einer angepaßten Dialogführung. Ein Nutzermodell - so die KI - ist sinnvoll, wenn der Nutzer an Wissen über relevante Eigenschaften des Problems gelangt, welches über das enzyklopädisch aufbereitete Wissen in der Wissensbasis hinausreicht. Dieser Auffassung zufolge ist ein Benutzermodell Vorbedingung eines echten Dialogsystems (Kobsa 1990: 215).

An diese Forderung knüpft sich erstens die Frage, welche Informationen der Rechner über seinen Dialogpartner benötigt und zweitens, wie er dieses Wissen erlangt. Relevante Informationen zum ersten Punkt betreffen die Erfahrungswelt, Ziele, Vorlieben, fachliche und anwendungstechnische Vorkenntnisse der Systemnutzer. Sind die Benutzerklassen homogen, genügen Erklärungen. Divergieren aber Überzeugungen, Pläne und Ziele, müssen Unterstützungsfunktionen individuell angepaßt werden. Nicht nur das unterschiedliche Vorwissen setzt jeweilige Maßstäbe für Benutzermodelle. Auch die unterschiedlichen Rollen im Umgang mit Expertensystemen (Entwickler, Pflegepersonen, Anwender) erfordern spezifische Zugangsmöglichkeiten zum System, weil sie unterschiedliche Bedürfnisse beinhalten. Um ihnen gerecht zu werden, müssen die potentiellen Nutzer im Hinblick auf die Häufigkeit des Zugriffs auf das System (sporadisch vs. regelmäßig bzw. häufig) und ihre Kompetenz (Anfänger, Fortgeschrittene, Experten) ex ante klassifiziert werden (Wexelblatt 1989: 70). Die Bandbreite relevanter Fähigkeiten umfaßt dabei das Domänenwissen des Nutzers, seine Problemlösungsfähigkeit ohne Expertensystem, seine Computerkenntnisse und die Performanz des Expertensystems selbst.

Wird Wissen über die jeweiligen Nutzerprofile benötigt, um Modelle über unterschiedliche Benutzer(-klassen) zu generieren, ist an dieser Stelle der Schritt zur soziologischen Theoriebildung anzusetzen. Zum Wissen des Nutzers gehört nicht nur inhaltliches Domänenwissen, sondern auch die Kenntnis unterschiedlicher Interaktions- und auch Denkstile. Sie sind sozialstrukturell geprägt. Darüber hinaus ist das Nutzerprofil einem ständigen Wandel unterworfen. Ein Neuling wird routinierter, eventuell zum Experten; ein seltener Benutzer vergißt viele Details, die ihm den erneuten Zugang erschweren. Dieser Dynamik wie auch der lang- und kurzfristigen Motivation, Stimmung, Konzentration muß das System Rechnung tragen. Hier finden Maßstäbe komplexer Systemhaftigkeit Eingang: Soll das System die Kompetenzfortschritte des Nutzers nachvollziehen, muß es (Stichwort der Irreversibilität) über ein Gedächtnis verfügen. Die Anforderungen, die sich aus KI-seitiger Perspektive an eine nutzerfreundliche Dialogkomponente ergeben, können nun genauer gefaßt werden: Ein Expertensystem sollte über die Fähigkeit des intelligenten Rücksetzens, des (nichtmonotonen) Rückgängigmachens gezogener Schlüsse verfügen, ohne aufgrund der inhärenten Vernetztheit als "Spaghetti-Effekt" mehr als lokale und durchschaubare Auswirkungen zu zeitigen. Trotzdem soll ein Gedächtnis um den durchgeführten Dialog und das aktuelle Profil des Nutzers wissen. Diese Speicherung von (Zwischen-)Ergebnissen, das kombinatorische Erkunden von Möglichkeiten und das Erkennen von Analogien erfordern eine Selbstmodifikation des Systems. Dazu muß die Dialogstruktur um den Zusammenhang der Daten (in Form von Taxonomien und Netzen) wissen. Daneben sollte ein Anwender in natürlicher Sprache mit dem System kommunizieren können. Dazu enthält ein Nutzermodell Wissen über die verschiedenen Nutzer, deren Wissen und Fähigkeiten. Bringt der Benutzer neues Wissen ein, muß das System dies integrieren können. Um ein solches Maß an Flexibilität zu erreichen, müßten Expertensysteme bereits mit enormer Komplexität umzugehen in der Lage sein. Da dies nicht der Fall ist, ist es denkbar, daß unausgereifte Nutzermodelle das Problem einer ohnehin mangelhaften Systemtransparenz verschärfen. Diesen Sachverhalt nimmt die KI (Ausnahme: Schefe 1990) bislang nicht zur Kenntnis. Was folgt daraus?

In der Nutzermodellierung liegt eine massive Gefahr unbeabsichtigter Nebenfolgen. Die dunklen Flecken der Forschung zur Dialogkomponente sind neben der Ausblendung gesellschaftlicher Einsatzbedingungen und möglicher Folgen der Nutzermodellierung an folgenden Stellen auszumachen. Im Bereich von Erklärungen liegen sie bei Qualitätskriterien, der Bestimmung und Akquirierung des erforderlichen Wissens über Nutzer, in bezug auf das Nutzermodell bei der Akquisitionsfähigkeit und dem Zugang zur Erklärungskomponente. Ebenso unterbelichtet ist die Bestimmung der Domänenziele des Nutzers in Abhängigkeit von ihrem unterschiedlichen Hintergrundwissen, um darauf mit verschiedenen Erklärungsmustern und -tiefen reagieren zu können. Schließlich liegen zu einer soziologischen Ausleuchtung von Nutzerprofilen keine systematischen Arbeiten vor.

Kapitel 5

Evaluierung als dynamischer Prozeß

Nach abgeschlossener Entwicklung wird die Software vor ihrer Übergabe an den Markt getestet. Dies geschieht durch eine Überprüfung der Funktionalität und Performanz gegenüber der vorherigen Spezifikation der Systemerfordernisse. Gegenwärtige Forschungsschwerpunkte konzentrieren sich auf die technische Bewältigung von auftretenden Inkonsistenzen, Redundanzen und Unvollständigkeiten (Hoppe 1991). Können diese Kriterien bei traditioneller Software idealiter formal festgemacht werden, geht es bei Expertensystemen dagegen sehr viel vager um den erhofften Nutzen, der das Projekt motivierte. Dabei spielt die Akzeptanz eine wichtige und KI-intern unterbelichtete Rolle. Bei der Evaluation als kontrollrelevantem Parameter wird deshalb zunächst danach gefragt, ob sich die dazu eingesetzten Strategien von denen konventioneller Software-Entwicklung unterscheiden, und ob sie sich in bruchloser Weise an die verwendeten Methoden der Entwicklungsphase anschließen lassen (1). Die Problematisierung der Methodologie, welche dem Evaluationsprozeß zugrunde liegt, wird sodann zu erarbeiteten Merkmalen komplexer Systemhaftigkeit in Beziehung gesetzt (2). Dieses Vorgehen verfolgt den Zweck, mit der Evaluierung diejenige Phase zu akzentuieren, die für systemtheoretisch motivierte Kontrollkonzepte die offenkundigsten Anknüpfungspunkte bietet.

1 Abgrenzung zur klassischen Software-Evaluierung

Was zeichnet die Evaluation von Expertensystemen aus? Kybernetisch formuliert ist Kontrolle nicht nur innerhalb von Gleichgewichtszuständen erforderlich (bei Expertensystemen: routinemäßig durchgeführte, häufige oder algorithmisierbare Aufgaben), sondern auch und gerade in Nichtgleichgewichtszuständen (seltene Randfälle bzw. Aufgaben mit hohem Anteil an vagem Wissen). Dazu muß der Systemzustand diagnostizierbar sein. Weiter muß die interne Konsistenz und Stabilität bei einer begrenzten Anzahl von Testfällen sichergestellt werden. Die Wissensbasis hat - innerhalb wie auch immer definierter Grenzen - vollständig zu sein. Ferner sollen Erfahrungen in Form von Lernprozessen eingebaut werden können, und schließlich sind Verantwortlichkeit und Grenzen bei der Systemnutzung klarzustellen. Welche Probleme treten dabei auf? Expertensysteme sind prinzipiell unvollkommen und damit per definitionem nicht fehlerfrei. Weil Computerprogramme in physikalischem Sinn nicht verschleißen, sind Sicherheitsanalysen auf der Basis einer zuvor ermittelten statistischen Ausfallhäufigkeit nicht möglich. Die Gefahr liegt im unvorhergesehen Zusammenwirken der einzelnen Teile. Die Fehler können jahrelang verborgen bleiben, ohne sich in irgendeiner Form anzukündigen. Weil selbst mit aufwendigen Tests und Probeläufen gravierende Fehler niemals sicher - oder auch auch nur mit hinreichend hoher Wahrscheinlichkeit - ausgeschlossen werden können, müßten zuverlässige Testläufe Tausende von Jahren dauern. Auch eine Mehrfach-Programmierung bietet keine ausreichende Sicherheit, weil die diversen Einzelprogramme in funktionell gleichen Abschnitten ihrer Rechengänge immer wieder überrraschend gleichartige Fehler aufweisen.[24] Sie schleichen sich vor allem bei der Erweiterung, Verbesserung und Korrektur eines schon bestehenden, durchaus wohlerprobten und funktionierenden Programms ein. Anfänglich kleine Fehler potenzieren sich und setzen die Katastrophen-Kaskade in Gang. Als Mittel dagegen setzt eine neue Analyse der NASA auf - "Einfachheit: in kritischen Bereichen werden nur noch Programme geringer Komplexität eingesetzt" (Grammel 1992).

Diesen Sachverhalt erklärt ein kybernetischer Rekurs auf die enge Beziehung zwischen Entropie und Unsicherheit (Taschdjian 1974): Fehler setzen sich mit zunehmender Anzahl von Informationsketten exponentiell und nicht additiv fort - der Grad an Unsicherheit nimmt kontinuierlich zu. Expertensysteme basieren im Gegensatz zu konventioneller DV auf vielen mehrfach verschalteten Informationskanälen, was bei den oftmals vagen Ausgangsbedingungen eine Multiplikation von Fehlern begünstigt. Mit deren exponentieller Zunahme, der prinzipiellen Unvollkommenheit des Systems und dem sich ständig ändernden Kontext kommen konstitutive Merkmale komplexer Systeme wie die der Nichtlinearität, Emergenz, Vernetztheit und Irreversibilität zum Tragen. Für die erreichte Flexibilität ist somit ein hoher Preis zu zahlen. Weil die Korrektheit heuristischer Methoden weder formal beweisbar noch

24 Eine US-Studie, bei der 28 Programmier-Teams unabhängig voneinander dasselbe Problem bearbeiteten, stellte dazu fest: Die Gruppen neigten dazu, an den gleichen Stellen der Programme die gleichen Fehler zu machen (Klammer 1991).

ausreichend testbar ist, kann der wahrgenommene plötzliche Bruch zwischen korrekter und fehlerhafter Operationsweise technisch nicht fixiert werden (Coy/Bonsiepen 1989: 124). Erforderlich sind deshalb grundlegende Neuerungen in der Art und Weise, in der vor allem sicherheitskritische Programme erarbeitet, entwickelt und dann deren Qualität überprüft wird. Dazu existiert beispielsweise das vom BMFT bis 1994 mit 14 Millionen Mark geförderte Projekt "Korso" für "korrekte Software" mit mehr als zwölf Forschungsgruppen aus Hochschule und Industrie (Klüting 1992). Ziel ist ein methodisches Konzept, das Programmierfehler von Anfang an verhindert. Dazu werden formale Prüfoperationen entwickelt. Die Evaluierung von Computerprogrammen erscheint allerdings als ein mathematisches Problem, bei dem die Summe der Einzelschritte zu korrekter Software führen soll - vor dem Hintergrund des diskutierten Komplexitätsmerkmals der Emergenz ein eher unwahrscheinliches Ergebnis.

Das Evaluationsproblem oszilliert sowohl bei Expertensystemen wie auch bei konventionellen Programmen zwischen den Polen der Überprüfbarkeit und Validität. Die traditionelle Software-Entwicklung verfügt über schematischere Prüfstrategien, muß diese aber mit der Beschränkung auf einen formal eng vorgezeichneten Rahmen und mit einem starren Ablaufschema bezahlen. Deshalb können früh gemachte, konzeptionelle Fehler erst am Ende des gesamten Entwicklungsprozesses entdeckt werden (Johnson 1989: 54). Genau hier soll das Prototyping ein höheres Maß an Flexibilität bieten. Dabei stellt sich aber das Problem der Bestimmung eines "fertigen" Systems. Uneinigkeit herscht nämlich über die zeitliche Einordnung bzw. Begrenzung des Prototypen - wann kann ihm Test- bzw. Abnahmerelevanz zugesprochen werden? Bei der in der Literatur beschriebenen Standardabfolge von Phasen beim Bau eines Expertensystems ist nicht geklärt, wann und wie eine kritische Größe zum Maß des explorativen Testens bestimmt werden kann, und auch nicht, wann aus methodischer oder betriebswirtschaftlicher Sicht die Verbesserung eines Prototypen abzubrechen ist und ein neuer erstellt werden sollte.

Als weiteres Spezifikum der Expertensystementwicklung sind Aufgabendefinitionen anfangs nur auf einer recht hohen Abstraktionsebene möglich. Bei den eindimensionalen, linearen Entwicklungsmodellen des Software-Engineerings fällt dies auch nicht weiter ins Gewicht, da sich die Programme nicht dynamisch ändernden Kontexten anpassen müssen. Liegen bei traditioneller Software die Funktionserfordernisse ex ante weitgehend fest, schlagen diese bei Expertensystemen unterschiedlichen Ausgangsbedingungen bis zum Evaluierungsprozeß jedoch voll durch (O'Keefe/Lee 1990; Suen u.a. 1990; Hollnagel 1989): Gemäß der Unterscheidung von prozeßorientierter Verifikation ("building the system right") und resultatsorientierter Validierung ("building the right system") basiert der traditionelle Software-Test auf der Verifikation. Die Verifikation ist statisch ausgerichtet, während bei der Validierung das System läuft. Erstere zielt auf die programmierte Syntax und behandelt das Expertensystem wie eine "glass box". Damit kann die Evaluierung zu weiten Teilen in die Entwicklungsphase integriert werden. Die eher semantische Validierung behandelt das System als "black box". Hier spielen funktionale Gesichtspunkte eine weit wichtigere Rolle. Sie können erst während der Gebrauchsphase einem Test unterzogen werden. Um die Übereinstimmung von gezeigtem Verhalten und anfänglicher Aufgabenspezifikation zu überprüfen, müssen passende Probleme gefunden, genaue Lösungsmaßstäbe angegeben und die Grenzen der Performanz offengelegt werden.

Weil Expertensysteme - zumindest dem Anspruch nach - nicht auf die Berechnung von Lösungen, sondern auf den sinnvollen Umgang mit Wissen hin entwickelt werden, orientiert sich ihre Evaluation sehr viel näher an menschlichen Kompetenzen. Die dabei auftretenden großen, nicht modellierbaren Suchräume bereiten dann freilich Schwierigkeiten bei der Formulierung von Erfolgsmaßstäben.

Für die Evaluation ergibt sich in bezug auf die zeitliche Einordnung ähnliches wie für die Wissensakquisition und die Entwicklung der Dialogkomponente - sie sollte bei möglichst früher Nutzerbeteiligung in den gesamten Entwicklungszyklus integriert werden. Beanspruchen Test- und Erprobungsaktivitäten 30-50% des gesamten Projektaufwands (Li 1990: 31), sollten Testanforderungen bereits während der Definitionsphase einsetzen. Die analogen Schwierigkeiten liegen im Fehlen standardisierter Evaluierungsmethoden. Bei einer Evaluation ist nicht nur die Funktionalität des Systems wichtig; die Methodologie selbst muß ebenfalls reflektiert werden. Darauf reagiert die Software-Entwicklung nur zögernd: Setzen die Evaluierungsprozesse bereits beim Prototypen an, werden während der weiteren Entwicklung ständig feinere und besser überprüfbare Modelle erzeugt (Felgentreu u.a. 1989: 40; Linden 1990). Stehen vor jeder Phase also formulierte Maßstäbe, wird der Prototyp nicht einfach ausprobiert (exploratives Programmieren), sondern anhand der kritischen Fragen entworfen (kontrolliertes Prototyping) und validiert, indem die Fragen beantwortet werden. Trotzdem impliziert die dem Prototyping zugrunde liegende Zyklizität eine Fehlerbehaftetheit, die ihre zeitliche Limitierung prinzipiell erschwert. Was folgt daraus? Bei der Entwicklung könnte sich ein aus verschiedenen Ansätzen der DV und Expertensystem-Erstellung kombiniertes Modell als sinnvoll erweisen - wenn die Evaluation in alle Phasen eingeht. In einem solchen integrierten Modell kommt der Formulierung von Schwellenwerten[25] entscheidende Bedeutung zu, weil das Expertensystem als Abstraktion der Realität nie völlig richtig oder falsch arbeiten wird. Hier sollten komplexitätsrelevante Strategien des Satisficing die metrischen Optimierungsmaßstäbe der klassischen DV ersetzen.

Beim eigentlichen Software-Test selbst können einzelne Levels (Module, verbundene Programme, System) nach unterschiedlichen Zielen und Fehlerklassen spezifiziert werden (Li 1990). Kybernetisch interessant ist dabei das Problem der "backward dependencies" (Linden 1990: 273), wonach der Fortschritt in einer Dimension vom Fortschritt der vorhergehenden abhängt. Dies ähnelt der Dynamik ökologischer, nichtlinear gesteuerter Systeme, die nach dem Prinzip der Markov-Ketten funktionieren - je weiter der Abstand zwischen den einzelnen Systemzuständen, desto unzuverlässiger wird die Prognose und schwerer kontrollierbar das Systemverhalten (Ashby 1974). Dieses Problem taucht bei der vielfach verschalteten Aktionsweise von Expertensystemen auf: Einzelne Komponenten können isoliert korrekt arbeiten, sich im Zusammenhang aber ganz anders verhalten. Eine implementierte Strategie, welche die einzelnen Systemkomponenten in ihrem dynamischen Zusammenhang testet, existiert nicht. Eine Annäherung bietet die Unterscheidung von heuristischem und dynamischem Testen (Miller 1990): Alle möglichen Fehler werden in Kategorien aufgeteilt und nach Prioritäten klassifiziert. So werden nach "Härtegrad" alle Fälle durchgecheckt. Schwierigkeiten erwachsen allerdings aus der Verschiedenartigkeit der Komponenten, die aus Unterkomponenten bestehen. Sie erfordern verschiedene Tests, die isoliert aber nichts über die möglichen Folgen von deren Interaktion aussagen. Fehler sind deshalb aufgrund ihrer komplexen Eingebundenheit schwer zu entdecken. Der eigentliche Gewinn ist mithin ein Lerneffekt:

Ein Systemtest kann durch die Modularität und relative Unabhängigkeit der Komponenten erleichtert werden. Der Test von isolierten Modulen ist aber nicht mit einem dynamischen Test des gesamten Systems gleichzusetzen. Daran knüpft sich das Dilemma der Unvereinbarkeit von Effizienz und Flexibilität. Dies ist kein technisches Problem, sondern aufgrund der Merkmalen der Vernetztheit, Nichtlinearität und Emergenz eines der Komplexität.

25 Als "Acceptable Level of Performance" (ALP) fungieren beispielsweise die Definition eines minimalen Performanzmodells, der Vergleich mit Experten oder die Spezifizierung nicht akzeptabler fehlerhafter Performanz. So können schon die Erfordernisanalyse und erste Wissensakquisition zu einem ALP führen (O'Keefe/Lee 1990).

2 Die Suche nach geeigneten Testkriterien

Die Schwierigkeit bei der Formulierung geeigneter Testkriterien unterstreicht folgender Sachverhalt: Die Größe der Wissensbasis, Anzahl der Fakten und der Regeln gelten in der KI als beliebter Maßstab der Performanzmessung (Suen u.a.1990). Solche Kriterien sind aber keine geeigneten Vergleichsgrößen, weil die Effizienz eines Expertensystems aufgrund der unterschiedlichen Lösungsansätze kaum in aktivierten Regeln vergleichbar ist. Sinnvollere Größen wie z.B. die Tiefe und Breite der Wissensbasis, Schwierigkeit der zu lösenden Probleme und Problemlösungskosten lassen sich dagegen wieder schwer operationalisieren. Die Formulierung von Testkriterien findet also im Korridor zwischen Operationalisierbarkeit und Aussagekraft bzw. Validität statt. So bleibt als sowohl plausibles wie auch operationalisierbares Vergleichskriterium nur die Problemlösungszeit, also die Zeit, die das System zur Lösung einer typischen Aufgabe erfordert. Wie spiegeln sich diese Probleme im praktischen Test von Expertensystemen? Die Frage nach Gütekriterien eines Expertensystems führt zu dem im Kontext der Dialogkomponente erörterten Problem der Nutzerfreundlichkeit zurück. Wie sind neben einer bereits schwer zu operationalisierenden Qualität die Dimensionen der Nützlichkeit und Gebrauchsfähigkeit meßbar? Klassifiziert man Evaluierungsstrategien nach dem Zugang zum System (Suen u.a. 1990: 94), geraten Adressaten und Kriterien schnell durcheinander. Unterscheidet man nämlich Entwickler und Nutzer, geschieht das aufgrund der Wissensdifferenz zwischen beiden Gruppen. Eine solche Annäherung vernachlässigt aber die Möglichkeit des sich ändernden Nutzerprofils (vgl. I.4.2), das zwischen Entwicklern und Nutzern sinnvollerweise nicht fixiert werden sollte. Sind schon die möglichen Systemnutzer aufgrund ihres Wissensstands nicht leicht zu unterscheiden, ist die Nutzerakzeptanz noch schwerer zu quantifizieren.

Empirische Ergebnisse über angewandte Testpraktiken weisen auf einen eklatanten Mangel an Testplänen ex ante, finanziellen und zeitlichen Mitteln, im Anforderungsprofil an das System, in der Transparenz der Wissensbasis und der Verfügbarkeit von Experten hin (Constantine/Ulvila 1990). Die Suche nach plausiblen Testkriterien weist die Evaluierung als ebenso sensiblen wie auch diffusen Forschungsbereich der KI aus. Der Vergleich von Evaluierungstechniken fördert analog dazu eine grobe Vernachlässigung der Evaluierungsmethode als solcher zutage (Dhaliwal/Benbasat 1990; Hollnagel 1989): Den bislang vorliegenden wenigen Arbeiten zur Evaluierung von Akquisitionsmethoden und Werkzeugen mangelt es an experimenteller Strenge und Kontrolle; beim zu seltenen Vergleich einzelner Techniken werden abhängige, unabhängige und vermittelnde Variablen nicht unterschieden bzw. die vermittelnden Variablen nicht berücksichtigt. Aufgrund ihrer Heterogenität und des Fehlens eines allgemeinen Rahmens können die Ergebnisse dann auch nicht integriert werden.

Schwierigkeiten der Evaluierung ergeben sich nicht nur im Bereich der Operationalisierung. Es fehlt grundsätzlich eine Testmethodologie - Testen vollzieht sich weitgehend in Ad-hoc-Mentalität. Den Kern einer schlüssigen Methodologie bildet das Problem um die Anzahl und Auswahl der Testfälle (Bellman 1990). Warum? Metrische Erfolgsmaßstäbe sind aufgrund des sich ständig ändernden Kontexts, der Dynamik und Komplexität, innerhalb derer Expertensysteme operieren, kaum zu gewinnen. Deshalb werden Testfälle mehr oder weniger willkürlich ausgewählt. Weit entfernt von einer Klärung dieser Frage besteht noch nicht einmal Konsens über den Gegenstand der Evaluierung: Modelliert das System den Experten, die Problemlösungsmethode des Experten, Heuristiktypen des Experten in Problemlösungssituationen oder die Domäne? Stehen für die Strategien der Klassifikation, Validierung, Verifikation und Performanzanalyse ausgereifte Techniken des Software-Engineerings nur als Postulat zur Verfügung, ist es bis zu einer zuverlässigen Methodologie ebenfalls noch ein weiter Weg. Die bei der Wissensakquisition angeschnittenen Probleme sind mitnichten aus der Welt geschafft: Wie können implizite Annahmen explizit gemacht; wie können interne Wechselwirkungen, die auf der engen Nachbarschaft der Systembestandteile basieren, bei Erweiterungen kontrolliert werden? Die Komplexitätsprobleme der Emergenz, Nichtlinearität, Irreversibilität und Vernetztheit tauchen massiert auf. Konsequenterweise setzen sich damit Nachlässigkeiten und Fehler der Konzeptions- und Entwicklungsphase in der Evaluierung fort bzw. sind nicht mehr zu bewältigen.

Bewältigung von Komplexität heißt, sie durchsichtig machen. Soll der Nutzer das System durchschauen können, ergibt sich daraus eine einfache Forderung: "keep it simple!" (Bellman 1990: 213)

Wie geschieht das? Um Probleme in kleinere Einheiten aufzubrechen, werden sowohl bei der Entwicklung wie auch beim Test Dekompositionsstrategien eingesetzt (Chang u.a. 1990: 219f; Constantine/Ulvila 1990: 242f): Kleine, gut definierte und unabhängige Funktionen unterstützen bei einer definierten begrenzten Reichweite des Systems ein modulares Design (zu ihren emergenten Effekten vgl. IV.3) und werden separat getestet. Kontroll- und Effizienzfragen sollten dabei von der Funktionalität getrennt werden. Die lockere Koppelung von Systemteilen entspricht dabei den Erfordernissen einer dezentralen Kontrollstruktur.[26] Dies korreliert mit einer kybernetischen Konzeption diagnosefreundlicher Systeme. Was ist damit gemeint? Das Einfachheitsmaß der Entropie speist sich aus den Quellen der Nachvollziehbarkeit prognostischer Performanz (Golay u.a. 1989): einfach heißt, leicht zu verstehen, und ihre Quantifizierung erfolgt über die Prognosesicherheit der Systemzustände. Dem liegt die Annahme zugrunde, daß die erwartete Anzahl solcher Fragen monoton mit der Unsicherheit des Systems wächst. Die Systemunsicherheit ist direkt proportional zur Informationsentropie. Letztere wächst mit der Anzahl und Zufälligkeit der Systemzustände (vgl. Markov-Ketten) und fehlenden Daten über die Systemkomponenten und kann damit als Komplexitätsmaßstab verwendet werden.

Die Informationsentropie dient damit gleichermaßen als Schwierigkeitsmaß der Diagnose tatsächlicher Systemzustände wie auch als Komplexitätsmaß. Hilfreich wäre in diesem Zusammenhang die Bestimmung einer kritischen Systemgröße - wann einerseits komplexe Aufgaben in kleinere Einheiten aufzuspalten sind und mit welcher System- bzw. Subsystemgröße andererseits dieser Komplexität begegnet wird. Diese Entscheidung bewegt sich wiederum im Korridor zwischen Effizienz und Flexibilität. Seinen Niederschlag findet dieser Sachverhalt lediglich in der Einsicht, daß mit kleinen Systemen gemachte Erfahrungen nicht notwendigerweise auf die Konstruktion großer Systeme zu übertragen sind (Connell 1987) - ein bescheidener Erkenntnisfortschritt. Bereits Erfahrungen der konventionellen Software-Entwicklung zeigen, daß große Programmiergruppen ein Projekt nicht beschleunigen, sondern im Gegenteil verzögern, "da die Komplexität der Programmentwicklung keineswegs linear verläuft, sondern mit wachsendem Programmumfang heftig ansteigt" (Bonsiepen/Coy 1990: 5). Dieser heftige Anstieg gründet in der komplexen Interaktionsform der Systemkomponenten. Dabei ist allerdings eine Relativierung erforderlich: Treten bei Expertensystemen neuartige oder unbeabsichtigte Rückkoppelungsschleifen auf, handelt es sich nicht um implementierte Komplexität, sondern um programmtechnische Unzulänglichkeiten - die Funktionsweise des Systems wurde nicht ausreichend geplant, strukturiert und reflektiert. Die Komplexität von Expertensystemen liegt dann - so die hier vertretene These - nicht in ihrem Programmcode, sondern in der Dynamik ihrer Einsatzbedingungen.

---

26 Eng gekoppelte Systeme sind unifinal (nur eine Möglichkeit des Betriebsablaufs), locker gekoppelte dagegen äquifinal (vielseitig in den Mitteln) (Perrow 1989: 131-136). Der Äquifinalität locker gekoppelter Systembestandteile entspricht die Lärmbewältigung biologischer Systeme (Morin 1974: 561), deren interne Beziehungen komplementär organisiert sind.

Verborgene Interaktionen können in komplexen Systemen nur schwer erkannt werden, da viele Komponenten durch Verzweigungen und Rückkoppelungsschleifen miteinander verknüpft sind. Lineare Systeme sind überschaubarer und fehlertoleranter, deshalb leichter wartbar, aber längst nicht so effizient. Genau diese beiden sich widersprechenden Forderungen der Effizienz und Flexibilität, der gleichzeitigen Erhöhung wie auch Reduktion von Komplexität, sollen in Expertensystemen widerspruchsfrei integriert werden - eine paradoxe Situation. Das führt auf der Kontrollebene zum Dilemma der Wahl zwischen zu vielen und zu wenigen Eingriffsmöglichkeiten. Autonome, d.h. "intelligente" Aktionen des Systems, müssen dann mit mangelnder Transparenz bezahlt werden. Kontrollierbare Systeme dagegen sind modular aufgebaut und verfügen über funktionale Redundanzen. Systemtheoretisch formulierte, komplexitätsreduzierende Maßnahmen könnten nun auch in die Evaluierung von Expertensystemen Eingang finden. Vorteilhaft bei den Systemoperationen sind (Perrow 1986: 392):

- eine lange Betriebserfahrung bzw. Lernkurve: dem entspricht bei Expertensystemen eine methodische Problemauswahl;
- allmähliche Zunahme von Größe und Komplexität: inkrementelle Entwicklung mit Prototyping;
- repetitive Produktions- und Betriebszyklen: Einbau funktionaler Redundanzen;
- Ausbildung durch "on-line"-Krisenübungen: Tests;
- effektives Krisentraining durch Simulation: Umgang mit seltenen Fällen.

Daneben ist die Forderung nach einer frühen Partizipation der zukünftigen Systemnutzer einzubringen; denn Information über Fehler im System können nicht nur durch Systematisierung, gleichmäßige Verteilung und Zugänglichkeit im System, sondern auch durch die Offenheit für Kritik von außen gewonnen werden. Dies mündet im Konzept einer dualen Kontrolle (Bühl 1989: 29). Danach sind Parameterwerte nicht von Anfang an vorgegeben, sondern kommen erst beim Agieren und Reagieren des Systems sukzessive zum Vorschein. Nach Erreichen eines bestimmten Kontrollniveaus können sie sich ebenso wieder verändern. Informationen sind nur durch Kontrollversuche selbst zu gewinnen und nicht ex ante definierbar. Damit ergibt sich ein Ziel relativ zum Ausgangspunkt und ist variabel. Bei der Evaluierung von Expertensystemen spiegelt sich dieser Zusammenhang in der Verwendung von Methoden, die nicht nur Fehler entdecken, welche sich über Subsets von Regeln erstrecken, sondern auch Fehler, die sich bei ganzen Gruppen von Regeln finden (Bellman 1990: 212). Die Identifikation von Fehlern liefert dann im nächsten Schritt die Grundlage zu deren Korrektur, was als neues Systemziel reformuliert werden kann.

Trotzdem lösen Dekompositionsstrategien aufgrund emergenter Systemeigenschaften nicht das Poblem der mangelhaften Prognostizierbarkeit des Systemverhaltens. Auch beim Testen kann die Änderung einer Regel oder Wisseneinheit oder die Wahl einer anderen Granularitätsstufe unvorhergesehene Folgen hervorbringen. Kleine Änderungen können ebenso große Wirkungen zeitigen wie auch überhaupt nicht auf Parameteränderungen reagieren. Das ist kein Widerspruch zum Determinismus mechanischer und naturwissenschaftlicher Theorie, die positive oder negative Rückkoppelungen beispielsweise in Form von "reverberating loops" (Taschdjian 1976) thematisiert. Solche "zurückstrahlenden" Rückkoppelungsschleifen sind als ambivalente Aktionen darstellbar, weil sie durch den Einbezug der zeitlichen Dynamik zu diskontinuierlichen Systemzuständen führen. Bei der Evaluierung von Expertensystemen geht es also nicht um einzelne, meßbare Variablen, sondern um die Systemstruktur als Ganzheit. Was folgt daraus? Sollen aus der bisherigen Diskussion zur Evaluierung konstruktive Lehren gezogen werden, dann vor allem die, daß alle Evaluierungsversuche, welche einzelne Komponenten bzw. Aspekte des Lebenszyklus von Expertensystemen herausbrechen und nicht zu den prospektiven Einsatzbedingungen in Beziehung setzen, zum Scheitern verurteilt sind. Dieser Sachverhalt läßt sich in entweder fehlenden oder unbrauchbaren Evaluierungsmethoden nachzeichnen.

Weil Operationalisierungsbemühungen nicht oder zu wenig auf Faktoren Bezug nehmen, die mit der Komplexität der Entwicklungs- und Einsatzbedingungen verknüpft sind, verpuffen sie in Irrelevanz oder Trivialität. Soll Nutzen meßbar sein, muß er erfahren werden. Diese banal anmutende Feststellung der *Nutzung* als Bedingung für einen *Nutzen* bildet in empirischer Hinsicht die entscheidende Voraussetzung jeglicher Evaluierungsbemühungen. Dieses Faktum ignoriert die KI konsequent. Verwunderlich ist das nicht. Einmal erreicht die in der Informatik verwurzelte KI mit der technischen Bereitstellung von (idealiter nutzerfreundlichen) Systemen ihre fachlichen Grenzen. Zum anderen ist die Überbrückung der Kluft zwischen der Installation und der Nutzung von Computerprogrammen mit weit weniger wissenschaftlichem Reiz verbunden als diejenige von Nutzung und Nutzen. Aus soziologischer Sicht ist eine theoretisch umfassende und empirisch relevante Konzeption von Evaluierung aber vor allem mit der konsequenten Ausleuchtung des ersten Teils dieser Gleichung verbunden.

Kapitel 6

Pflege als explizite Prozessualität

Die Pflege von Expertensystemen stellt nach den bislang behandelten Faktoren die Spitze des Eisbergs dar, wenn es darum geht, Probleme und Defizite bei deren Einsatz darzustellen. Sie macht das Prinzip der Kontextsteuerung explizit, indem sie nur auffällt, wenn sie ausfällt.[27] Die Pflege und Pflegbarkeit eines Expertensystems markiert dessen Erfolg oder Scheitern. Erfolgt die Entwicklung nicht von Beginn an wartungsorientiert, treten beim Einsatz unerwartete Kosten sowie technische und personelle Probleme am augenfälligsten in Erscheinung - und machen sich äußerst störend bemerkbar. Weil die Pflege die inkrementelle Weiterentwicklung des gesamten Entwicklungsprozesses von der Problemauswahl bis zur Evaluation darstellt und damit zyklisch die Prozesse der Wissensakquisition - wie auch deren Fehler - wiederholt, ist dies nur konsequent.

Pflege wird aus diesem Grund hier als "explizite Prozessualität" verhandelt. Sie fungiert als Prüfstein des Entwicklungsprozesses - als Evaluierung unter empirischen Bedingungen. Wegen der begrenzten Prognostizierbarkeit des Systemverhaltens zeigt sich erst hier die Güte des Systems und nicht bereits in der dafür vorgesehen Evaluationsphase.

Der Kostenfaktor gewinnt bei der Software-Entwicklung zunehmend Brisanz (Behrendt 1987: 108; Johannes 1990: 130; Bischoff 1987: 3-5). Ihr Anteil beträgt gegenüber der Hardware ca. 60% mit steigender Tendenz; der jährliche Wartungsaufwand bei traditioneller Software verschlingt rund 20% der Ent-

27 "Mit der Wartung ist es wie mit der Arbeit der Hausfrau. Sie ist sehr bedeutungsvoll und unverzichtbar, aber sie wird unauffällig, fast im Verborgenen, getan. Wartung ist die Kärrnerarbeit der EDV, von der wenig Glanz und Glamour ausgeht und die sich zudem schlecht vermarkten läßt. Das Flair des Avantgardistischen fehlt der Wartung, und sie gerät nur dann ins Blickfeld, wenn zuviel Ressourcen beansprucht werden oder mangelhafte Wartung zu Fehlern und Störungen führt." (Bude 1987)

wicklungskosten. Betrachtet man lediglich die Software-Gesamtkosten, nimmt die Pflege ca. 60-80% dieses Budgets ein. Für Expertensysteme sind diese Verhältnisse noch weit krasser einzuschätzen (empirische Studien liegen dazu noch nicht vor), weil bei der Systemkonsolidierung wegen der geringen Halbwertszeit des Erfahrungswissens und der ständigen Weiterentwicklung des Experten-Know-how eine kontinuierliche Modifikation der Wissensbasis erforderlich ist. Damit wird die Pflege eines Expertensystems zur längsten und teuersten Phase; denn Erweiterungen und Veränderungen werden nicht nur durch externe Faktoren (Umweltdynamik), sondern auch durch intern auftretende Probleme (erkannte Fehler) initiiert. Dafür müssen kontinuierlich beträchtliche personelle Ressourcen, die sich nicht nur auf den technischen, sondern ebenso den inhaltlichen Domänebereich erstrecken, zur Verfügung gestellt werden.

1 Was kennzeichnet eine pflegeorientierte Entwicklung?

Problemfaktoren der Pflege sind der Kenntnisstand der Benutzer, die Effektivität der Programmierer, verfügbare Manpower, benötigte Hardware-Ressourcen und Zuverlässigkeit der Software. Dies verlängert und erschwert den Lebenszyklus der Software. Wie wird diesem Faktum begegnet? "Obwohl es Tatsache ist, daß Wartung über 50% der Software-Ressourcen beansprucht, fehlen nicht nur die Methoden und theoretischen Grundsätze, ... es fehlt auch an Definitionen, was Wartung überhaupt ist" (Sneed 1985: 22). Wartungskonzepte entstanden im Kontext der kommerziellen Software-Entwicklung und beziehen sich auf die Beseitigung von Fehlern und die Modifikation des Programmcodes. Um eine technisch reduzierte Sichtweise dieser Phase zu vermeiden, bevorzuge ich den Begriff der Pflege.

> Die Pflege beinhaltet den umfassenden Prozeß der Anpassung, Weiterentwicklung und Nutzung von Expertensystemen über additive oder programmtechnische Änderungsprozesse hinaus. Sollen Expertensysteme pflegbar entwickelt werden, müssen Qualitätsstandards wie Zuverlässigkeit, Benutzerfreundlichkeit, Effizienz und Flexibilität erfüllt sein.

Über die laufende Systemanpassung hinaus gilt es deshalb, begleitende, oftmals unbeabsichtige Folgen mitzubedenken. Dazu gehören einerseits Rationalisierungs-, dann aber auch Kontroll- und Überwachungsmaßnahmen. Pflegbarkeit sollte möglichst als Meßgröße erfaßt werden können. Ihre Operationalisierung erfordert ein erweitertes Projektmanagement, das ein Expertensystem als prinzipiell nicht abgeschlossenes Softwareprodukt betrachtet, bei dem nicht-technische Aspekte mindestens gleichberechtigt in die Kosten-Nutzen-Kalkulation einfließen und erzwingt somit eine längerfristige, sozialwissenschaftlich erweiterte Perspektive. An diesem Punkt scheitern auch primär technisch und betriebswirtschaftlich erweiterte Phasenmodelle. Ihre Anforderungen umfassen lediglich Systembereich, Entwicklungsumgebung, Lastenheft und Wirtschaftlichkeitsbeurteilung (Bullinger/Wasserloos 1989: 64-119). Bis zu Akzeptanzbarrieren und der Reflexion unbeabsichtigter Nebenfolgen stoßen sie aber nicht vor.

Eine pflegeorientierte Entwicklung hat ein robustes, fehlertolerantes, änderungs- und anpassungsfähiges System zum Ziel. Dies erfordert eine Modifikationsfähigkeit der Wissens- und Regelbasis wie auch der Dialogkomponente. Wie in den vorangegangenen Kapiteln ausgeführt, ergeben sich dabei Schwierigkeiten, weil die Schnittstelle Eigenschaften zweier verschiedener Systeme Rechnung zu tragen hat - der Technik der Maschine und der Psychologie und Physiologie des Menschen. Wartungsaufwände und -zyklen sind abhängig von der Halbwertszeit des Wissens (die bei tiefem und flachem Wissen zusätzlich variiert), dem Grad der Vollständigkeit und vor allem der Struktur der Wissensbasis, weil mit zunehmender Problemkomplexität der Pflegeaufwand nicht linear, sondern überproportional ansteigt. Wie es im Fall XCON bereits deutlich wurde, fehlt es der KI an Maßen zur Bestimmung von Komplexitätsgrenzen, was den Rückgriff auf systemtheoretische Theoriebildung erfordert.

Gängige Komplexitätsmaße der Kybernetik basieren auf der Anzahl der Elemente und der Zahl/Verschiedenheit der zwischen ihnen möglichen Beziehungen und dem hierarchischen Aufbau der jeweiligen Subsysteme (Luhmann 1978: 15; Simon 1978: 96). Damit wären komplexe Systeme prinzipiell dekomponierbar. Analog dazu werden als Komplexitätsmaße für Expertensysteme bislang Wissengröße, Inferenzkapazität und Problemlösungszeit, eventuell auch Gliederung und Sicherheit des Wissens, verwendet (Johannes 1990: 142f). Diese Komplexitätsmaße sind für eine Verwendung im Anforderungskontext von Expertensystemen unbrauchbar. Die erste Prämisse einer quantitativen Operationalisierung der "Gesamtheit der möglichen Ereignisse" (Luhmann 1967: 618) über den Parameter der Größe reicht zur Bestimmung komplexer Systeme nicht aus, da Unsicherheitsgrade das System maßgeblich beeinflussen. Die zweite Prämisse hierarchisch organisierter Systeme ist falsch; denn sie beschreibt lediglich komplizierte Systeme - denen mit quantitativen Maßen in der Tat beizukommen ist. Komplexer Systemhaftigkeit werden beide Annahmen nicht gerecht, weil sie den entscheidenden temporalen Aspekt vernachlässigen.

Ein auszeichnendes Merkmal komplexer Systeme liegt in ihrer zeitlichen Dynamik. Komplexe Systeme können in einer gegebenen Zeitspanne verschiedene, nicht prognostizierbare Zustände annehmen, die über ein hohes Maß an Eigendynamik verfügen. Um dieser Dynamik gerecht zu werden, muß die Kybernetik zweiter Ordnung um den Zeitaspekt erweitert werden (Taschdjian 1978), die an das Konzept der Bifurkationen (Bühl 1990: 126) aus der Evolutions- und Fluktuationstheorie anknüpft: Jede getroffene Entscheidung stellt einen diskontinuierlichen Akt dar, der erstens andere Optionen ad acta legt und zweitens im konkreten Zeithorizont getätigt wird. Unterschiedliche, lavierende, zeitabhängige Entscheidungen werden im binären Schema der Informationstheorie aber nicht erfaßt. Systemtheoretisch resultieren Entscheidungen u.a. aus emergenten Eigenschaften beim Umschalten von positiven zu negativen Rückkoppelungen und vice versa. Sie können mit Differentialgleichungen nicht dargestellt werden, weil die spezifische "Mischung" der Rückkoppelungsprozesse unbekannt ist. Damit erhöhen zeitabhängige Phänomene Komplexität.

Bei der Übertragung dieser Überlegungen auf die Komplexität von Computerprogrammen geht es somit nicht allein um den jeweiligen Systemzustand, sondern um die Serie der unterschiedlichen Zustände zu den jeweiligen Zeitpunkten. Wahrheitswerte sind immer mit Fehlerraten behaftet, was die Grenze zu unwahren Werten im Sinne der "fuzzy sets" (unscharfe Mengen) verschwimmen läßt. Diese Unsicherheit verursacht eine Ambivalenz im Verhalten, so daß Elemente im Grenzbereich manchmal als richtig und manchmal als falsch klassifiziert werden. Wie äußert sich das? Entscheidungen werden meist vor dem Hintergrund konfligierender Ziele getroffen. Organismen sind asymmetrische Systeme in der Hinsicht, daß genau antagonistische wirkende Kräfte, die auf sie einwirken, sich nicht neutralisieren, sondern kontingente Entscheidungen provozieren. Dem entsprechen Oszillatoren in physikalischen und chemischen, Kompromisse in sozialen Systemen. Bei Expertensystemen ist dieser Fall denkbar, wenn der Inferenzmechanismus bei unterschiedlichen Entscheidungsbäumen mit gleichen Gewichtungsfaktoren auswählt. Daraus läßt sich als Maßstab für fortgeschrittene Expertensysteme ein zeitsensibles Verhalten ableiten. Zwei "gleiche" Zustände sind nämlich nicht mehr identisch, wenn sie zu unterschiedlichen Zeitpunkten auftreten.[28]

---

28 Hier stellt sich die Frage, ob die Implementierung eines solchen komplexen Verhaltens - unabhängig von der technischen Umsetzbarkeit - überhaupt wünschbar ist.

Könnte Komplexität in Subprobleme dekomponiert werden und unterläge sie keiner zeitlichen Dynamik, handelte es sich um Kompliziertheit.[29] Es ist Kompliziertheit und nicht Komplexität, die gegenwärtig eingesetzte und konzipierte Expertensysteme im Idealfall zu bewältigen vermögen. Der Maßstab für Expertensysteme der zweiten Generation liegt in der "Komplexitätsschwelle". Ein anpassungsfähiges, lernendes System verhält sich zeitkritisch, bewältigt Komplexität. Einer dynamischen Komplexitätsbewältigung kann es jedoch nicht darum gehen, Komplexität um jeden Preis reduzieren zu wollen. Der Reduktion dient vornehmlich die Strukturierung des Problembereichs (vgl. I.2.1). Der Versuch, ein System zu flexibilisieren, es durch Lernkomponenten effizienter zu gestalten, hat gerade nichts mit einer Reduktion, sondern der Erweiterung von Komplexität zu tun. Dies ist so zu verstehen, daß die interne Systemkomplexität der Umweltkomplexität angepaßt wird (Bühl 1990: 191). Dabei sind folgende Zugänge zu unterscheiden: Durch Subsystembildung in der externen Realität wird Komplexität reduziert und handhabbar gemacht. Die Bildung von Subsystemen innerhalb des Systems dagegen dynamisiert dessen Funktionen und trägt damit zu einer Erhöhung interner Komplexität bei. Dies fasse ich unter dem Stichwort einer dynamischen Komplexitätsbewältigung zusammen:

> Eine dynamische Bewältigung von Komplexität bedeutet, daß komplexitätserhöhende und -reduzierende Maßnahmen fallspezifisch Anwendung finden; daß sie sich nicht ausschließen, sondern sich im Gegenteil ergänzen. Flexibilisierung, Lernen und Erweiterung der Reichweite sind komplexitätsfördernde Faktoren; die Strukturierung von Problemen dagegen trägt zur Reduktion von Komplexität bei.

Weil externe und interne Komplexität nicht nur schwer zu unterscheiden, sondern noch schwerer zu operationalisieren ist, bereitet die Formulierung von Komplexitätsgrenzen Mühe. Die Effektivität eines Systems wächst nun in dem Maß, wie spezifische Rückkoppelungen (negative und positive Rückkoppelung und Binnenkoppelung im Sinne der drei Kybernetiken) mit internen

---

Dies liefe auf eine Verpflanzung von unberechenbarem Verhalten und prinzipieller Fehlerbehaftetheit hinaus - der Alptraum eines jeden Systemdesigners.

29 Dabei sollte allerdings der Kurzschluß vermieden werden, die zeitliche Dynamik als einziges Abgrenzungskriterium von Komplexität und Kompliziertheit heranzuziehen, wie es bei Ulrich/Probst (1990: 61) der Fall ist. Bei einem solchen Vorgehen werden nämlich die Parameter die Vernetztheit (heterarchischer Aufbau statt Möglichkeit einer hierarchischen Dekomponierbarkeit) und Irreversibilität (Unvorhersagbarkeit) nur ungenügend brücksichtigt.

und externen Systemerfordernissen übereinstimmen. Was ist darunter zu verstehen? Dazu formuliert Bogart (1980: 246) drei Hypothesen:

- "Je größer der Wandel der Umwelt und je kritischer er sich auf die Effektivität des Systems auswirkt, desto wichtiger wird die Vorkoppelung." Zur Anpassung sind also Informationen über die Umwelt von Bedeutung. Dies könnte in Form von Kontrollmodulen, welche neue Wissenseinheiten automatisch auf ihre Wechselwirkungen mit vorhandenen Systembestandteilen überprüfen, in die Entwicklung von Expertensystemen Eingang finden.
- "Je größer die Komplexität der inneren Umgebung, und je kritischer sie sich auf die Effektivität auswirkt, desto wichtiger wird die Binnenkoppelung." Dazu sind bei Expertensystemen Strategien, die zu einer Modularisierung der Komponeneten beitragen, nötig. Sie müssen ausreichend vernetzt sein, um die unterschiedlichen Problemdimensionen adäquat bearbeiten zu können, sollten aber dennoch dekomponierbar bleiben. Insofern bleiben sie unterhalb der Komplexitätsschwelle im Bereich der Kompliziertheit.
- "Je größer die Anforderungen aus der Umwelt an die Entwicklungsfähigkeit des Systems werden, desto wichtiger wird der Anpassungsmechanismus der negativen Rückkoppelung." Hier finden sich Gemeinsamkeiten mit der konventionellen DV, die Störungen in Form externer Zielvorgaben intern ausreguliert.

Kann nun jeder Mechanismus isoliert in Computerprogramme abgebildet bzw. von diesen simuliert werden, liegt im situationsspezifischen, alternierenden Umgang mit diesen drei Typen die eigentliche Herausforderung für Expertensysteme - womit sie überfordert sind. Beim dynamischen Umgang mit Komplexität müssen stets Umwelt- und Systemaspekte unterschieden werden. Komplexitätsreduzierende Problemlösungsmethoden beziehen sich auf die Umwelt, komplexitätserhöhende Dynamisierungsprozesse finden im System statt. Pflegbarkeit im Sinn von Transparenz ist kein absolutes Ziel, sondern bezieht Effizienz, Reichweite und Flexibilität mit ein, muß zwischen diesen Faktoren abwägen. Das liegt an der Irreversibilität zeitsensibler Systeme, bei denen die Möglichkeit unterschiedlicher Dynamiken ein Zurück zu einem früheren Gleichgewichtszustand verhindert. Wie gezeigt wurde, markiert der Parameter der Zeitsensibilität die größte Diskrepanz zwischen den Erfordernissen und tatsächlichen Leistungen von Expertensystemen, was sich in der Pflegbarkeit negativ widerspiegelt. Pflegbarkeit ist also aus theoretischen Gründen und nicht aufgrund technischer Unzulänglichkeiten eher einem Prozeß des Satisficing vergleichbar als der Suche nach einer optimalen Lösung.

2 Zur Bewältigung von Komplexität

Die Strategien des Umgangs mit externer Komplexität wurden im Kapitel zur Problemauswahl behandelt. Geht es um die Bewältigung von interner Komplexität, sind folgende "dekompositionsrelevante" Punkte zu beachten (Behrendt 1987: 109f): Lesbarkeit und Einfachheit des Programmcodes; wartungsideale Modularität der Wissenselemente (die methodische Definition der Granularität ist ist allerdings noch nicht ausreichend erforscht); Explizierung funktionaler Zusammenhänge, womit programmtechnische Schleifen vermieden werden (Spaghetti-Effekt); programmimmanente Dokumentation und lockere Koppelung der Subsysteme. Schließlich sollten sich die Anwendungen beim bisherigen Forschungsstand möglichst nicht zeitsensibel verhalten. Dies läuft auf die Schaffung einer sicheren Umgebung hinaus. Alle diese Forderungen zielen auf Reduktion von Komplexität; auf die Explikation impliziter Annahmen.

Ähnlich erforscht die systemtheoretische Soziologie die Bewältigung von Komplexität in Form des Umgangs mit "normalen Katastrophen" (Perrow 1989). Auch hier geht es um die Entwicklung fehlertoleranter Systeme, freilich innerhalb eines größeren Bezugsrahmens. Die Diagnose bleibt aber gleich: Die eigentlichen Gefahren lauern im System und nicht in dessen Komponenten, was auf emergente Systemeigenschaften verweist. Äußert sich innerhalb größerer Zusammenhänge der Umschlag von Quantität in Qualität als Katastrophe oder chaotisches Verhalten, reagiert ein Expertensystem analog mit dem Absturz. Dann findet keine interne Informationsverarbeitung mehr statt. Ebenso sind die Rezepte übertragbar (Perrow 1989: 392-400; Taschdjian 1974: 96): der Einbau von Filtern und funktionalen Redundanzen, duale Kontrolle und lockere Koppelung. Dies entspricht dem typischen Umgang mit komplexen Systemen, wenn das jeweilige System als prinzipiell fehlerbehaftet ernst genommen wird. Es geht nicht um die Ausschaltung der Fehlerquellen, was aufgrund der komplexen Eigenschaften per definitionem nicht möglich ist, sondern um ihre Bewältigung. Setzen Hebel nicht an Symptomen, sondern an Systemstrukturen und Funktionsbedingungen an, ist in diesem Sinn von Kontextsteuerung die Rede.

Daß in das Design gegenwärtiger Expertensysteme die Möglichkeit einer transparent handhabbaren Änderbarkeit von Wissensbestandteilen konstitutiv eingehen muß und auch kann, zeigen einige Beispiele: Ein Mittel der Entflechtung/Dekomposition von Wissensbasen und Funktionszusammenhängen ist die Bildung inhaltlich zusammengehöriger Gruppen (Jacob/Froscher 1988). Dabei wird eine latente Systemstruktur identifiziert, welche auf dem

Zusammenhang von Regeln und Fakten in Form von Gruppen basiert. Hier sollen die Informationen der Wissensbasis so aufgeteilt werden, daß für den Wissensingenieur das jeweils erforderliche Wissen erheblich (auf jeweils eine Gruppe) reduziert werden kann. Zwar kommt man damit noch nicht zu einem praktisch handhabbaren Wartungsmaß; die explizite Benennung von Subsystemen und deren Funktionen könnte eine Abschätzung von Pflegeerfordernissen aber beträchtlich vorantreiben. Einen anderen Weg der erleichterten Pflegbarkeit von Expertensystemen markiert die Mehrfachverwendung von Software (Joos 1990). Argumentiert wird im Zusammenhang von sich in der Zeit verändernden, komplexen Systemanforderungen mit einer wesentlichen Zeit- und Kostenersparnis bei der Wiederverwendung von Software, womit eine bessere Amortisation erreicht wird. Beim Test des auf diese Erfordernisse hin entwickelten Expertensystems erwies sich die Dekomposition unübersichtlicher Fakten- und Regelansammlungen gleichzeitig als Ziel wie auch als Mittel erleichterter Wartbarkeit.

Compton/Jansen (1990) berichten aus ihren Erfahrungen bei der Pflege eines medizinischen Expertensystems: Experten verfügen über unterschiedlich strukturiertes Wissen, worauf Wissenstechniker bei der Änderung des Programmcodes Rücksicht nehmen müssen. Eine Komponente ("cornerstone case") überprüft und vermerkt die Auswirkungen neuer Wissenseinheiten auf die gesamte Wissensbasis. Die Regeln werden also immer wieder manipuliert und auf Kompatibilität hin verändert. Hauptproblem ist nicht die jeweilige Inferenzstrategie, sondern das sich erweiternde Wissen des Experten. Auch einfachste Regeln sind für die spätere Eingabe ins System nicht korrekt genug, weil es einen großen Unterscheid macht, ob sie aufgrund ihrer beträchtlichen Eigendynamik isoliert oder innerhalb eines Systems betrachtet werden. Jede neu eingegebene Regel muß im Unterschied zum menschlichen Experten, der Regeln immer schon im Kontext anwendet und neue Regeln deshalb unbesehen in seinen Wissenskorpus integrieren kann, erst einige Phasen der falschen Interpretationen und Lösungen "durchmachen", bevor eine sinnvolle Validierung möglich ist.

Was folgt aus diesen Beobachtungen für eine qualifizierte Systemanwendung? Im Mittelpunkt der Pflegephase steht der lernende Mensch und nicht, wie während der Entwicklung, der lernende Computer. Statt optimale Programme bereitzustellen (was nicht geht), sollte eher mit nicht perfekten Werkzeugen gearbeitet werden können. Das entspricht der Strategie des Satisficing. Bislang wurde auch oft vergessen, daß hauptverantwortliche Pflegepersonen länger als die üblichen zwei Jahre zur Verfügung stehen müssen. Dies ist aber nur möglich, wenn auch an die Karriere bzw. die Aufstiegschancen dieser Personen gedacht wird. Beträgt der Lebenszyklus eines Expertensystems mindestens fünf Jahre, werden die Anforderungen an eine kontinuierliche Pflege deutlich. Ebenso wichtig ist eine frühe Beteiligung der Betroffenen. Diese Forderung geht in den Prototyping-Ansatz zwar methodisch ein, wird aber nur in den seltensten Fällen tatsächlich ausgeschöpft. Dieser Aspekt rückt das Moment der Partizipation in den Vordergrund; denn auch ein allen technischen Ansprüchen gemäß entwickeltes Expertensystem taugt nichts, wenn es nicht genutzt wird. Im Licht der im vorangegangen Kapitel geführten Nutzungs- und Nutzendiskussion muß dabei gewährleistet sein, daß die Anwender das System verstehen; daß sie sich verantwortlich fühlen für das, was sie tun; und daß sie innerhalb ihres Kompetenzbereichs freie Entscheidungen treffen können. Dazu gehören Tätigkeits-, Entscheidungs-, Kontroll- und Interaktionsspielräume innerhalb von Arbeitszusammenhängen. Dieser Zusammenhang wird im empirischen Teil ausführlich erörtert. Zuvor soll der KI-immanente Anspruch der Dialogfähigkeit "intelligenter" Software-Produkte in bezug auf Expertensysteme weiter verfolgt werden.

Teil II

Der menschliche Faktor

Umrisse einer Dialogtheorie für Expertensysteme

Übersicht

Expertensysteme als zielfindende Systeme wurden im Spannungsfeld zwischen zweckprogrammierter, formal operierender DV (Kybernetik I) und zielsuchenden KI-Systemen (Kybernetik III) verortet. Im vorliegenden Teil wird eine bei der Entwicklung zentrale Dimension, nämlich die Mensch-Maschine-Kommunikation als ein interaktiv entwickeltes Problem "in Aktion", herausgegriffen. Damit sind kommunikative "Talente" gefragt. Betrachtet man nun die vermittelnde Dialogkomponente, erweist sich die entwickelte Typologie für den Fortgang der Untersuchung als hilfreich. Zugänge zum Programm sind im Sinne der Kybernetik I formalsprachlich (Maschinensprache) vorstellbar. Die KI-Forschung dagegen zielt auf einen natürlichsprachlichen Zugang. Das heißt nun nicht, daß bislang entwickelte Nutzermodelle den Anforderungen an Natürlichsprachlichkeit genügen, im Gegenteil. Eine natürliche, also menschliche Kommunikationsform mit dem Computer ist in absehbarer Zukunft nicht in Sicht; sie wird aber unter dem Stichwort der Nutzermodelle verstärkt erforscht. Nutzermodelle liefern von ihrem Anspruch her einen Bezugspunkt, an welchem sich dialogbasierte Problemlösungssysteme zu orientieren haben. Am Forschungsansatz, und nicht an den spärlichen Realisierungen soll abgelesen werden, in welche Richtung kommerzielle Umsetzungen der KI-Forschung sinnvollerweise gehen könnten, und wo weitere Bemühungen in vergebliche Liebesmühe ausarten.

In diesem Kapitel geht es einerseits um das Verhältnis von Soziologie und KI-Forschung und andererseits um das von Theorie und Praxis (vgl. Abb. 4): In vertikaler Richtung decken aus der Sicht der KI-Forschung die Beiträge zur Nutzermodellierung und zur Architektur von Beratungsgesprächen den implementierungsrelevanten Zusammenhang ab. Die Soziologie liefert dazu Argumente aus der Dialogtheorie und Dialogsteuerung. Horizontal gesehen stehen für die theoretische Ausleuchtung dessen, was es heißt, eine natürliche Sprache zu sprechen, die beiden Abschnitte zur Nutzermodellierung und Theorie der Interpersonalität. Eine empirisch relevante Eingrenzung soll in

Überlegungen zur Dialogorganisation und zur Kennzeichnung von Beratungsgesprächen geleistet werden. Im weiteren Verlauf der Untersuchung werden deshalb systematisch die Analyseebenen "heruntergebrochen", um den systemtheoretisch formulierten Rahmen des ersten Teils als übergreifendes Raster sowohl für forschungsrelevante Fragestellungen im Kontext der Komplexität von Expertensystemen wie auch für deren empirische Untersuchung gleichermaßen verwenden zu können.

	Soziologie	**KI**
Theorie der Natürlichsprachlichkeit	Interpersonalität	Nutzermodelle
Empirische Eingrenzung	Dialogorganisation: Steuerung und Kontrolle	Architektur von Beratungsgesprächen

Abbildung 4: Verortung der Dialogtheorie

Daraus ergibt sich das weitere Vorgehen: Zunächst wird der Forschungsanspruch und -stand zu Nutzermodellen vorgestellt, um an den grundlegenden Problemen zu illustrieren, was die KI-Forschung in diesem Bereich zu bewältigen hat (Kapitel 1). Menschliche Dialogfähigkeit als ganzheitliche Kompetenz wird vor diesem Hintergrund in dreifacher Hinsicht ausgeleuchtet (Kapitel 2): Erstens ist mit der Nutzermodellierung ein Forschungsanspruch verbunden, dem in der Realität keine adäquaten Ergebnisse entsprechen. Dagegen versuchen zweitens handlungstheoretische Beiträge zur Interpersonalität auf einer theoretischen Ebene einzuholen, was in der alltäglichen Ich-Du-Beziehung immer schon stattfindet. Diesen beiden "vollständigen", im Sinn von umfassenden Zugängen schließt sich drittens eine Kritik des Kognitivismus an. Dort wird gezeigt, daß ein solcher Ansatz bereits deshalb zu kurz greifen muß, weil individuelle Denkprozesse nicht sozial abgestützt werden.

Für den Anspruch, natürliche Sprache digital simulieren zu können, liefern diese drei Theoriedimensionen somit die systemtheoretisch abgeleitete, informationstechnisch illustrierte und soziologisch entwickelte Folie, um den für die KI forschungsstrategisch entscheidenden Schritt zur Formalisierung von Dialogen zu wagen. Erweisen sich allerdings Überlegungen in diesem Stadium als zu abstrakt, - weil nicht operationalisier- und programmierbar -, muß der Zugang erweitert werden. Dies geschieht mit dem Postulat der Regelhaftigkeit sozialer Handlungen in den Beiträgen zur Institutionalisierung von Interaktionen (Kapitel 3) und zur Dialogsteuerung (Kapitel 4). Dabei werden praxisrelevante Ansatzpunkte aus dem Korpus soziologischer Interpersonalitätsdiskussion herausgeschält, um die Brücke zur ihrer Formalisierung zu schlagen - Institutionen als die Dimension des gesellschaftlich Unbewußten bilden das soziale Fundament, in welchem geregelte Interaktion verankert ist (Kapitel 3). Neben inhaltlichen Steuerungsprozeduren gehen von Disziplinen wie der Konversationsanalyse, Ethnomethodologie und Sprechakttheorie dargestellte Kontrollmechanismen (wie Aufeinanderwirken, Regulation des Sprecherwechsels, Herstellung und Kontrolle sozialer Beziehungen) als interaktive Prozesse in die Dialogsteuerung ein. Neben dem Aspekt des gesellschaftlich Unbewußten findet somit die Beziehungs- (im Gegensatz zur Inhaltsdimension) von Interaktionen die entsprechende Berücksichtigung (Kapitel 4). Diese beiden Kapitel verhandeln auf einer tiefergeschalteten Ebene von der KI vernachlässigte dialogorganisierende Aspekte, um schließlich eine Eingrenzung von Dialogformen auf Beratungsgespräche vorzunehmen (Kapitel 5). Sie hat das Ziel, den Modellierungsgegenstand der KI auf eine für sie zu bewältigende Form zurechtzustutzen. Erst in diesem Stadium schließlich kann die Frage nach den Grenzen einer Formalisierung des Dialoggeschehens beantwortet werden, womit der liegengebliebene Faden der KI - die Forderung nach natürlichsprachlich operierenden Systemen - wieder aufgenommen wird.

Dem dialogtheoretischen Teil kommt somit die strategisch wichtige Rolle eines Brückenkopfs zwischen Theorie und Praxis zu, indem er (bereits "kompositorisch") ein grundlegendes Problem der KI in luzider Form zum Ausdruck bringt: Auf der einen Seite schreiben die Praktiker der Szene einsetzbare Programme, die keine Antwort auf wissenschaftliche Fragestellungen geben und nur zeigen, daß sich solche (Spiel-)Programmme prinzipiell verwirklichen lassen. Daneben entwerfen die Theoretiker Modelle für intelligentes Verhalten und lösen damit für die Praxis bestenfalls irrelevante Probleme (Cohen 1991). Diese Spaltung wurzelt in der Kontextgebundenheit von Sprache. Sie kann in bezug auf die programmiertechnischen Wunschvorstellungen der KI nicht aufgelöst, aber sozialwissenschaftlich reformuliert werden. Mit dem Faktum der Interpersonalität wird ein ebenen- und dimensionenübergreifender Rahmen entworfen. Er liefert für die folgenden Beiträge einen Maßstab, um im abschließenden Schritt die Grenzen der Formalisierbarkeit von Dialogen explizit zu begründen.

Kapitel 1

Nutzermodelle als Idealtypus der Mensch-Maschine-Kommunikation

Zunächst sollen Nutzermodelle in ihrer Zielsetzung dargestellt werden (1), um dann auf die Frage des zu modellierenden Gegenstandes einzugehen (2). Darauf folgt eine Diskussion von methodologischen und methodischen Gesichtspunkten der Modellierung (3), um einen der ältesten Modellierungsansätze, den der Stereotypenbildung, vorzustellen (4). Das zu klären, was ein Nutzer legitimerweise vom System erwarten darf, wo die Grenzen liegen und was er möglicherweise überhaupt nicht erwartet, wird abschließend unter dem Stichwort der "Nutzerillusion" verhandelt (5).

1 Zielsetzung: warum Nutzermodelle?

Erst in den siebziger Jahren setzte sich die Einsicht durch, daß natürliche Sprache mehr ist als eine Datenbank-Abfragesprache höherer Ebene, da beispielsweise Gesprächsregeln befolgt werden. Nutzer können noch nicht natürlichsprachlich mit Computern kommunizieren. Maschinelle Lösungsstrategien sollten dennoch nachzuvollziehen sein. Deshalb wurden Expertensysteme mit Erklärungskomponenten versehen. Geht sie nicht als separate Komponente in die Konzeption des Expertensystems mit ein, tritt die Erklärung lediglich als interessantes Abfallprodukt in Erscheinung. Sie spiegelt dann nur die Struktur der Wissensbasis wider. Weil sie keinen Bezug zum Vorwissen des Nutzers herstellt, fällt sie entweder zu weitschweifig (Bezug auf Algorithmen, Redundanz) oder zu knapp aus (falsche Granularität). Eine Erklärungskomponente in Form einer bloßen Regelkapitulation à la MYCIN wird in der neueren Literatur meist in Grund und Boden verdammt, weil sie nicht den Bedürfnissen der Nutzer entspreche. Was aber sind die Bedürfnisse der Nutzer? Ein Nutzer erwartet vom System, daß es nicht nur den eingeschlagenen Lösungsweg wiederholt, sondern daß es ihn auch begründet. Die Anwendung einer Regel reicht dazu nicht aus, weil in ihr noch nicht die Vorschrift ihrer Anwendung steckt. Die Anwendungsregel ist aber auf einer übergeordneten Ebene zu lokalisieren. Der nächste Schritt hätte das System also mit einer Ebene zu versehen, welche die Anwendung der spezifischen Regel steuert. Neben der Unmöglichkeit, dabei mitschwingende nichtsprachliche Implikationen zu simulieren, erfordert dies wiederum weitere Erklärungen und Begründungen - ein regressus ad infinitum. Aber auch die Begründung von Regelanwendungen wird noch nicht ausreichen, wenn beispielsweise nicht klar ist, auf welches übergeordnete Ziel sich diese Anwendung bezieht. Zudem können an eine simple Regelexplikation auch ganz unterschiedliche Anforderungen gestellt werden. Vielleicht ist nur ein Begriff nicht klar, oder aber die Lösung ist nicht plausibel. Der eingeschlagene Lösungsweg kann hinterfragt werden oder die Ausgangsbedingung eine Modifikation erfordern. Erklärungen können somit nicht mit der statischen Generierung von Begründungen gleichgesetzt werden, da sie interaktionistische Aushandlungsprozesse beinhalten.

Zum Erklärungsbedarf gibt es widersprüchliche Befunde; nicht zuletzt, weil unklar ist, was die Systeme erklärungstechnisch überhaupt zu leisten vermögen. Nutzermodelle (Kok 1991; Kass/Finin 1988; Wahlster/Kobsa 1989) sollen nun die Defizite ausgleichen, die auf dem Weg der Regelkapitulation entstanden sind - und das möglichst in natürlicher Sprache. Eine natürlichsprachliche Kommunikation mit dem Computer ist nur möglich, wenn das System etwas über den Gesprächspartner weiß, wenn es also ein Modell des Dialogpartners entwirft. Bei einem solchen Nutzer- oder Partnermodell entwickelt nicht mehr der Nutzer ein Modell des Systems und seines Verhaltens - was der Nutzung des Computers als Enzyklopädie entspricht -, der Computer operiert als Dialogpartner. Dazu muß das System über Regeln verfügen, die angeben, welche Eigenschaften des Benutzers welches Verhalten des Systems hervorrufen sollen. Weiter wird für ein Nutzermodell die explizite und separate Verkodung dieses Systemteils vorausgesetzt. Ein Nutzermodell ist also der Teil des Systems, "der Wissen über a priori Partnermodelle, Regeln zur Konstruktion eines Partnerbildes und Regeln zur unterschiedlichen Behandlung verschiedener Redepartner enthält" (Hoeppner/Morik 1983: 28).

Erklärungen sollen im nächsten Schritt als Platzhalter für völlige Transparenz des Systemverhaltens auf inhaltlicher Ebene eingesetzt werden. Bei konventionellen Programmen muß der Nutzer selbst wissen, welche Informationen relevant, welche im System vorhanden sind und wie sie gefunden werden. Für sporadische Nutzer und Laien werden solche Anforderungen zunehmend als zu hoch erachtet (Kobsa 1985; Morik 1984). Nutzermodelle springen nun in Fällen als Erklärungshilfen ein, wenn die Erklärungskomponente nicht ausreicht, versagt, oder gar nicht existiert. Im letzten Fall wurden ihre Aufgaben schon ex ante an das Nutzermodell abgegeben.

Ein Nutzermodell stellt somit den Idealtypus der Natürlichsprachlichkeit gegenüber einer restringierten Form der formalorientierten Kommunikation mit dem Computer dar. Nutzermodelle bilden den Extrempunkt einer Kommunikationsform, welche die Initiative an ein digital operierendes System verweist und somit als aktiver Teil der Mensch-Maschine-Kommunikation agiert.

Wenngleich noch keine vermarktbaren Ergebnisse in Sicht sind, erfreut sich die Forschung zur Nutzermodellierung an Universitäten und Forschungslabors zunehmender Beliebtheit. Der bisherige Forschungsstand unterscheidet vier Typen von Nutzermodellen (Kok 1991):

- In intelligente Tutor- und Hilfssysteme (z.B. PROUST, SC-UM, COMFOHELP) gehen drei Modelltypen ein: ein Wissensmodell der Sache, eines des Lernenden und ein Modell des Kommunikationsprozesses über die Lernstrategien. Nutzermodelle decken dabei das Wissen des Lernenden ab. Dazu gehören auch dessen Fähigkeiten, Wissen im Problemlösungsprozeß anzuwenden.
- Dialogsysteme (HAM-ANS, XTRA, ROMPER) kombinieren natürlichsprachliche Systemzugänge mit problemlösenden Komponenten wie Experten- oder Auskunftssystemen.[1] Kommerzielle Anwendungen sind dabei in den nächsten Jahren noch nicht zu erwarten.
- Beim intelligenten Auffinden von Informationen (GRUNDY, IR-NLI II, IMPACT) muß der Nutzer bei der Informationssuche vergleichsweise wenig Vorwissen mitbringen. GRUNDY beispielsweise baut sein Modell durch direkte Fragen, Inferenzen und Stereotypen auf, was allerdings erhebliche methodologische Probleme der Ad-hoc-Zuschreibung von Stereotypen aufwirft (vgl. II.1.4).

---

1 XTRA beispielsweise ist ein Expertensystem zur Durchführung des Lohnsteuerjahresausgleichs. Es geht mit verschachtelten Ebenen um und korrigiert Fehlannahmen der Nutzer. Dazu wurde in XTRA ein dreiphasig operierendes Modell des Wissens über das Nutzerwissen implementiert. Aus den Nutzeräußerungen wird erstens auf dessen Expertise geschlossen, wozu eins von mehreren Stereotypen ausgewählt werden kann. Zweitens wird der Dialog analysiert, und drittens unterstellt das System einmal Erklärtes als bekannt. XTRA wurde lediglich in der universitären Grundlagenforschung eingesetzt und über das Stadium des Prototypen hinaus nicht weiterentwickelt (Allgayer u.a. 1989).

- Modelliersysteme (GUMS, BGP-MS) werden ähnlich wie Expertensystem-Schalen (shells) anwendungsneutral entwickelt und können deshalb domänen- und nutzerübergreifend eingesetzt werden. Die Nutzermodellierung ist dabei kein Teil des Systems sondern die Hauptaufgabe.

Im Vordergrund aller Ansätze stehen Nutzerfreundlichkeit und Akzeptanz durch eine erleichterte Systemnutzung sowie eine verbesserte Ökonomie der Interaktion durch das Zuschneiden des Dialogs auf das passende Wissenslevel des Nutzers. Verlockend scheint die Aussicht, jeder Laie könne natürlichsprachlich und ohne jegliche Einschränkungen mit dem Computer kommunizieren. Welche Bedingungen sind dafür zu erfüllen?

Für eine Nutzermodellierung werden Dialogformen stillschweigend auf rational-zielorientierte Typen eingegrenzt (Kobsa u.a. 1983: 383). Darüber hinaus setzt sie kooperatives Dialogverhalten voraus. Diese Unterstellungen entspringen der praktischen Notwendigkeit der Modellierung. Wenn Nutzermodelle ihrem Ziel gemäß menschliche Wünsche, Einstellungen und Präferenzen berücksichtigen sollen, müssen sie auf forschungstheoretischer Ebene aber zurückgewiesen werden. Dann nämlich sind nicht nur instrumentelles, sondern auch emotives und affektgeleitetes Handeln einzubeziehen. Einer Typologie von Nutzermodellen müßte also die Spannbreite sozialer Interaktion zur Seite gestellt werden, was die KI geflissentlich ignoriert. Zwar wurden bereits einige Dialogkomponenten entwickelt, die einen unerfahrenen Nutzer durch ein Auskunftssystem leiten (Morik 1985). Allerdings ist die Anwendungsdomäne eng begrenzt, und der Nutzer muß zumindest rudimentäre Computerkenntnisse mitbringen.

2 Gegenstand: wer und was wird modelliert?

Ein für den vorliegenden Zusammenhang viel interessanterer Aspekt liegt in einem emergenten Effekt, der im Theorieteil als "Problemdurchdringung" bezeichnet wurde. Die Auseinandersetzung mit der Übertragung von natürlichen Dialogen auf die maschinelle Ebene zwingt nämlich zur Präzisierung impliziter und vager Annahmen und damit zu einer schärferen Fassung des Problems. Der emergente Effekt der Problemdurchdringung wurzelt im Modellbezug der Überlegungen zur Nutzermodellierung.[2] In der HCI-Forschung (HCI für Human-Computer-Interaction; Norman u.a. 1986) werden drei Typen von Modellen unterschieden:

- das individuelle und eigene Modell des Nutzers von sich selbst;
- das generalisierte Modell eines typischen Nutzers vom Designer;
- das von einem Programm konstruierte Modell des Interaktionspartners.

Damit stehen sechs Dimensionen zur Diskussion: der Nutzer, der Designer und das Programm als Subjekt und als Objekt der Modellierung. Diese sechs Dimensionen wiederum sind auf zwei zu unterscheidenden Ebenen anzusiedeln: der Beziehungsebene (wer interagiert mit wem?) und der Inhaltsebene (in bezug worauf wird interagiert?). Die KI-Forschung der Nutzermodellierung interessiert sich lediglich für den dritten Aspekt des von einem Programm erstellten Modells des Nutzers. Die Unterscheidung von Inhalts- und Beziehungsebene taucht allerdings nicht auf. Damit läuft die KI doppelt Gefahr, eine zu frühe Eingrenzung des Problemgegenstandes vorzunehmen. Die Frage nach den unterschiedlichen Modellen des Nutzers, und nicht nur des Nutzers im Nutzermodell einerseits und der Unterscheidung der zwei Ebenen andererseits, zwingt nämlich zur Reflexion der Systemhaftigkeit der gesamten Interaktion. Um das zu leisten, müssen die drei Dimensionen zueinander in Beziehung gesetzt werden - was im folgenden geschieht. Fokus ist der Modus der Modellierung - was geht in das für eine Kommunikation erforderliche Modell des Nutzers, des Programms und des Designers (bzw. Programmierers) ein? Die Tatsache, daß Nutzer, Programm oder Designer ein Modell des Designers entwerfen, daß der Designer also als Objekt der Modellierung thematisiert wird, halte ich für nicht relevant, da die Designeraktivitäten vollständig durch das Programm vermittelt in Erscheinung treten.

Relativ unproblematisch verhält sich die Interaktion auf der Inhaltsebene. Hier geht es um zu lösende Problemkonstellationen, was im Eingangskapitel erörtert wurde. Nutzer, Programm und Designer werden in ihrer Rolle als Subjekt der Modellbildung diskutiert:

---

2 Nutzermodelle sind kein qualitativ neuer Schritt bei der Mensch-Maschine-Interaktion. Jeder Datenbank und jedem Textverarbeitungsprogramm ist bereits ein Nutzermodell unterlegt, allerdings in impliziter Form. Lernprogramme, Hilfsmenüs, schon der Sprach- und Zeichenstil solcher Programme orientieren sich an unterschiedlichen Zielgruppen, die auch unvereinbar sein können.

Subjekt der Modellierung	Objekt der Modellierung	
	Nutzer	**Programm**
Nutzer	unterstellte Kompetenzen und Sachverhalte	unterstellte inhaltliche Performanz
Programm	implizit, Repräsentation durch Oberfläche	Koppelung, verteilte Systeme
Designer	unterstellte typisches(s) Zielgruppe/Vorwissen	Symmetrie von Design und Lösung

Abbildung 5: Inhaltsebene: "Interaktion über"

Modell des Nutzers: Bei interpersoneller Kommunikation umfaßt das Modell der Interaktionspartner voneinander die eigenen und wechselseitig unterstellten bzw. thematisierten Kompetenzen und Sachverhalte. Ein vom Nutzer erstelltes Modell des Programms enthält Vorstellungen über die vorhandenen Einträge, den Wissensumfang und den Modus der Informationsgewinnung, was sich unter dem Stichwort der sinnvollsten Informationsabfrage zusammenfassen läßt. Für den Dialog spielt das Modell vom Programm auf der Inhaltsebene die entscheidende Rolle; denn der Nutzer agiert mit dem Programm, um Informationen zu erhalten und Aufgaben zu lösen.

Modell des Programms: Ein Modell des Programms vom Nutzer existiert nicht explizit, wenn das pure Vorhandensein von Daten und Informationen ihre Verstehbarkeit unterstellt. Das ist üblicherweise der Fall. Dennoch kann man von einem impliziten Modell des Nutzerwissens sprechen - je nach Anwendungsbereich wird von unterschiedlichen Nutzergruppen und divergierendem Vorwissen ausgegangen. Das Programm wird lediglich durch eine Abfolge von Befehlen abgearbeitet, weshalb hier ein grundlegendes Modell von Frage und Antwort als vorab definiertes Schlüssel-Schloß-Prinzip unterstellt wird. Der Computer sollte Lücken im Wissen der Nutzer aufdecken und dort nachhaken. Ein Ansatz davon wird verwirklicht, wenn Fehlannahmen des Nutzers in Form falscher Klassifikationen oder Attribuierungen konstruktiv-kooperativ berichtigt werden (McCoy 1988; Quilici 1989), indem das System den Hintergrund der Falschannahme identifiziert. Verbesserungen erfolgen mittels Erklärungen, die sich auf die inkorrekte Anwendung von Plänen, falsche Unterstellung von Vorbedingungen oder Handlungsresultaten beziehen. Markiert das Programm die unterstellte Wissensdomäne des Nutzers als Teil seiner eigenen Wissensbasis, spricht man von einem "overlay model", also einer Teilmenge des Systemwissens. Die interaktive Modellierung eines Programms durch ein anderes Programm tritt auf der inhaltlichen Ebene lediglich als Kopplung verschiedener Anwendungen, z.B. in der Übernahme von Informationen aus einer angeschlossenen Datenbank, in Erscheinung.

Modell des Designers: Beim Systementwurf geht der Designer von typischen Nutzern mit typischem Vorwissen aus, auf welche die enthaltene Information hin aufbereitet wird (Modell vom Nutzer). Das Modell des Programms zielt damit auf eine 1:1-Entsprechung von Lösung und vorgestelltem Design (Modell vom Programm).

Bei der Anwendung stellt die Modellierung des Programmwissens bzw. Programmaufbaus durch den Nutzer die wichtigste Aktivität dar. Im Gegensatz dazu ging es während der Programmentwicklung um eine Übertragung der Expertise auf die Programmebene. Unterstellt man der Einfachheit halber eine Personalidentität von Designer und Experte, steht in beiden Phasen das Modell des Programms (einmal die adäquate Abbildung vom Expertenwissen ins System, dann als abruffähige Abbildung vom Expertenwissen aus dem System heraus) im Mittelpunkt. Anfangs entwirft der Experte das Modell (konstruktiv), während der Anwendung der Nutzer (rekonstruktiv). Damit die Idee der Nutzermodellierung auch weiterhin als plausibel aufrechterhalten werden kann, müßte sich auf der Beziehungsebene zeigen lassen, daß die Modellierung des Programms gegenüber der des Nutzers gerade hier in den Hintergrund tritt. Welche Argumente sprechen dafür?

Auf der Beziehungsebene liegt der Sachverhalt etwas komplizierter. Sie umfaßt nämlich nicht nur eine interaktive (Kommunikation mit anderen Nutzern, Programmen, Designern), sondern auch eine reflexive Dimension (Selbstthematisierung des Nutzers, Programms, Designers). Diese Unterscheidung taucht in der Forschung zur Nutzermodellierung nicht auf, was sich in schwerwiegenden konzeptionellen Defiziten in bezug auf mangelhafte Flexibilität, Anpassungsfähigkeit und Modifizierbarkeit der Programme niederschlägt. Warum? In ihrem interaktiven Verhalten wird den Programmen nämlich implizit unterstellt, gleichzeitig mit dem Problem des Wechsels von Inhalts- zu Beziehungsebene umgehen zu können. Dies ist aber einem völlig anderen Themenkomplex zuzuordnen. Der Nutzer als modellbildendes Subjekt bringt alle Spezifika der Interpersonalität und Reflexivität zum Ausdruck und kann in seiner Sonderrolle auch so dargestellt werden. Schwieriger verhält es sich mit der Unterscheidung der Modellierungsaktivitäten des Programms im Gegensatz zu denen des Designers, weshalb dieser Komplex im folgenden nicht künstlich auseinanderdividiert wird.

Subjekt der Modellierung	Objekt der Modellierung	
	Nutzer	**Programm**
Nutzer	interaktiv: Situationsdefinition; reflexiv: Sachverhalte	unterstellte Dialogperformanz
Programm	explizites und implizites soziales Wissen	Wissensmodell, Reflexivität
Designer		Symmetrie von Lösung und Eigenkompetenz

Abbildung 6: Beziehungsebene: "Interaktion mit"

Der Nutzer als Subjekt der Modellierung: In interaktive Prozesse gehen Merkmale der Situationsdefinition, der Perspektivität und der Rollenübernahme ein, was in soziologischer Theoriebildung vor dem Hintergrund wechselseitiger Erwartungen diskutiert wird. Auf der reflexiven Ebene bildet der Nutzer ein Modell von sich selbst. Was weiß er über sein Wissen, ist er sich seines Wissens und seiner Lücken bewußt? Diese Reflexivität muß bei der Nutzermodellierung umgesetzt werden. Dazu muß das System als Bedingung fehlerfrei und perfekt arbeiten. Das ist für den zweiten Aspekt, das *Modell des Nutzers vom Programm*, relevant. Welche Modelle haben Nutzer vom Computer, welche Ziele, Pläne und Strategien verfolgen sie, in welcher Breite halten sie ihre Intentionen für umsetzbar? Sind daraus Vorlieben und Abneigungen ableitbar? Diese Fragen sind Voraussetzungen für den Bau von Nutzermodellen, werfen aber allein deshalb massive Probleme auf, weil ihre Beantwortung die Organisation des Denkens und des Gedächtnisses zu berücksichtigen hat. Die Kognitionswissenschaften unterstellen nämlich eine Einheit von Verarbeitungs- und Repräsentationsmechanismen, von Denk- und Erinnerungsvorgängen (Schank 1982: 81). Soll die Repräsentation und Aufbereitung von

Wissen und Lösungen an die menschliche Informationsverarbeitung angepaßt werden, muß diese Einheit für eine nutzerfreundliche Konzeption von Programmen aufgelöst werden. Was bedeutet das für die Frage nach dem Subjekt der Nutzermodellierung? Das Programm soll selbständig ein Modell des jeweiligen menschlichen Interaktionspartners generieren. Nutzermodelle sind ihrem Anspruch nach explizite Repräsentationen menschlicher Charakteristika. Daß der Nutzer tatsächlich vom Programm und nicht vom Designer modelliert wird, möchte ich an dieser Stelle anzweifeln; denn mit der Unterscheidung zwischen impliziter und expliziter Modellbildung wird deutlich, welche Gedankenarbeit lange vor dem Entwurf eines Nutzermodells stattgefunden hat. Das System muß vorab Vorstellungen von typischen Nutzern mitbringen, die dann angewendet und ggf. modifiziert werden. Diese Vorstellung wird nicht generiert, sondern vom Designer immer schon zugrundegelegt. Er muß einen typischen Nutzer voraussetzen, der das System verstehen kann. Im Idealfall verfolgt er eine 1:1-Entsprechung seiner Kompetenz im Programm (Modell des Designers vom Programm). Sein implizites soziales Wissen geht in das Nutzermodell ein, wodurch es explizit wird. Verortet man Modellierungskompetenz so nahe bei Menschen und nicht im System, spiegelt sich das freilich in der Reflexion des Interaktionsmodus auf der Nutzerseite. Wenn sich der Nutzer in einen kognitiven Prozeß hineindenkt, dann nicht in den digitalen Operationsmodus des Systems, sondern in das ganzheitliche Vorgehen des Programmierers. Damit kann die Mensch-Maschine-Interaktion eher als eine mit Texten als eine interpersonelle gefaßt werden (Bench-Capon/McEnery 1989; Barlow u.a. 1989; vgl. IV.1.2.). Programmierung ist zwar als interaktiver Prozeß interpretierbar. Trotzdem ist ein daraus abgeleitetes Emergenzargument nicht stichhaltig, da sich ein Programm dann auch im zeitlichen Verlauf dynamisch verhalten müßte, was in der Expertensystem-Technologie gerade nicht umgesetzt wird. Der Computer bleibt in diesem Sinn - verschärft formuliert - ein passives Kommunikationsmedium, das einer aktiven Nutzermodellierung wenig Raum läßt.

Damit wird eine Zuschreibung obsolet, welche die KI-Forschung der Nutzermodellierung gern zugrundelegt. Das Modell des Nutzers werde nicht vom Systemdesigner, sondern vom Programm selbst generiert. Nutzermodelle zeitigen in dieser Hinsicht wiederum einen emergenten Effekt - sie unterstützen eine Explikation des Impliziten. Die implizite Modellierung wird im Ansatz der Stereotypenbildung deutlich - GRUNDY's Vorstellungen über die Programmnutzer (vgl. II.1.4.) entsprechen gängigen Einstellungen und Vorurteilen. Sie sind aufgrund ihrer Explikation kritisierbar, andere Programme sind es nicht. Jedes Programm arbeitet mit impliziten Stereotypen. Nutzermodellierende Programme setzen nur fort, was andere Programme immer schon vornehmen, nämlich Abstraktionen und Verallgemeinerungen. Die daraus ableitbare Forderung einer Explikation des Impliziten kann nun auf einer Ebene nachgezeichnet werden, die bei der Diskussion zur Nutzermodellierung seltsam unterbelichtet bleibt, nämlich bei der Forderung nach einem *Modell des Programms* vom Programm. Es entspräche einer reflexiven Ebene. Anstatt daß Programme Modelle des Nutzers erstellen, könnte es sich als sinnvoller erweisen, wenn sie über ein Modell ihres eigenen Wissens und Systemverhaltens verfügen. Das entspräche einem Schritt in Richtung Reflexivität und damit dem reorganisierenden Nutzerbezug der Kybernetik II.

Auch diesen Sachverhalt subsumiere ich unter den emergenten Effekt der Problemdurchdringung. Bevor interaktive Systeme Interaktionen in ihrer Dynamik nachbilden, sollten sie über mehr Transparenz verfügen. Dazu muß erstens das zu bearbeitende Problemgebiet genauestens ausgeleuchtet werden. Zweitens sind die Rollen der Beteiligten inklusiv ihrer Erwartungen an ein System zu klären. Als Zwischenergebnis ist damit festzuhalten, daß eine Nutzermodellierung voreilig betrieben wird, wenn der Modellcharakter des Programms dafür nur noch nachgeordnete Beachtung findet. Sie geht den zweiten Schritt vor dem ersten, weil sie die Möglichkeiten der Modellierung von Programmen nicht bis zu dem Punkt ausschöpft, wo Reflexivität auf der Beziehungsebene klar identifiziert werden kann. Deshalb sollte sich die KI sinnvoller mit Wissens- als mit Nutzermodellen auseinandersetzen.

3 Methodologie: wie wird der Nutzer modelliert?

Bei der Akquisition von Informationen über den Nutzer können explizite (direkte Fragen) und implizite Methoden (das System zieht aus Fragen und Bemerkungen des Nutzers Schlüsse über dessen Profil) unterschieden werden. Arbeitet man mit Standardwerten über den Benutzer, handelt es sich um generelles Wissen des Designers über einen durchschnittlichen Nutzer, was bei der Erstellung jedes herkömmlichen Computerprogramms vorausgesetzt werden muß (s.o.). Ziel ist dagegen der Aufbau eines Nutzermodelles durch das Programm aufgrund von Annahmen, die es aus Dialogbeiträgen des Benutzers gewinnt. Dazu gehören Aussagen, Entscheidungsfragen, Ergänzungsfragen, Anweisungen und indirekte Sprechakte. Die letzteren sind wohl am interessantesten und auch am schwierigsten zu modellieren, weil dazu noch keine ausgearbeitete Dialogtheorie vorliegt. Deshalb treten in der Praxis Probleme auf, die auf der unzureichenden Absicherung der herangezogenen Wissensquellen gründen - eine direkte und indirekte Interpretation von Sprechhandlungen läuft nicht unabhängig voneinander, sondern synchron.

Wie das nachgebildet werden soll, ist offen. Ebenfalls willkürlich erfolgt die Klassifizierung aufgrund inhaltlicher (z.B. Fähigkeit, eine Handlung auszuführen) oder syntaktischer Konventionen (Könnten Sie ..?), wie auch die Einbindung von Dialogakten in komplexe Dialogplanungsprozesse (Begründung, Argumentation). Ähnlich vage verhält es sich mit der Analyse von Satzpartikeln. Sie sind sehr wichtig, aber oft mit Unsicherheit behaftet und eine typische natürlichsprachliche Erscheinung.[3]

Bislang eingesetzte Modellierungstechniken (Kok 1991: 42f; Kass/Finin 1988b: 361) können vor dem Hintergrund der drei Kybernetikstufen in bezug auf den damit ermöglichten Interaktionsmodus in komplexitätssteigernder Folge systematisiert werden. Dieser Versuch soll im folgenden unternommen werden. Die Dimension der simplen Fragenbeantwortung (Datenbanken) kennzeichnet die Stufe der Kybernetik I. Innerhalb dieses Rahmens kommen folgende Modellierungstechniken zum Tragen: Ein vorab geliefertes Modell ist mit Standardwerten gefüllt. Es entspricht dem Durchschnittsnutzer und trifft für jedes Programm zu. Die Standardwerte werden in Form von "Unterlassungsannahmen" so lange eingesetzt, bis sie ersetzt werden. Im nächsten Schritt definiert der Nutzer sein Modell selbst. Er kann beispielsweise im Startmenü (login) bestimmte Parameter setzen. Diese Modelle sind starr, was auch nicht weiter stört, da Änderungen selten erforderlich sind. Das Modell kann vom Nutzer direkt manipuliert werden, indem er bestimmte Voreinstellungen ändert.

Interaktionsformen der zweiten Kybernetikstufe sind durch kooperative Beantwortungsstrategien (Berücksichtigung von Nutzerzielen) und kooperative Konsultationen (breitere Interaktionen durch Strategien der Überbeantwortung) gekennzeichnet. Methodisch wird dabei folgendermaßen gearbeitet: Die Auswahl von Stereotypen basiert auf Charakteristika wie Beruf oder Nutzerverhalten, die erst in ihrer Kombination als aktives Muster wirksam werden. Die Parameter müssen während der Interaktion oder vorher erhoben werden. Auf der nächsten Stufe wird bereits der aktuelle Dialog ausgenutzt, indem geänderte Standardannahmen buchhalterisch abgespeichert und weiter verwertet werden. Um aus dem Dialog einfache Inferenzen zu holen, finden heuristische und deduktive Assoziationen Verwendung. Dabei wird auf zugrundeliegende Ziele von Fragen geschlossen, was zu einer kooperativen Überbeantwortung führt. Aus der richtigen Verwendung von Details kann auch auf das Verständnis des bedingenden Prinzips geschlossen werden.

3 Hier stellt sich jenseits der aktuellen Möglichkeiten die grundsätzliche Frage, ob auf einer solchen Ebene überhaupt mit dem System kommuniziert werden soll. Könnte ein System nämlich mit Partikeln umgehen, suggeriert es dem Nutzer in jedem Falle ein tieferes Verständnis, als es hat (vgl. II.1.5).

Wenn es zu einem bestimmten Problem eine Erklärung geliefert hat, "merkt" sich das System, daß der Nutzer nun damit vertraut ist. Eine weitere Form der Ausnutzung von Nutzermodellen sind "antizipierende Rückkopplungsschleifen" (Wahlster/Kobsa 1989: 22), die auf eine kooperative Dialogführung zielen. Sie setzen die sprachanalysierenden und -interpretierenden Komponenten des Systems zur Simulation der Interpretation einer Nutzeräußerung ein, die das System zu verbalisieren plant. Ähnlich wie die Überbeantwortung können auch Korrekturen von (intentionalen) Falschannahmen zu einem kooperativen Dialog beitragen.

Der nächste Schritt setzt Planerkennungstechniken zum Abgleich eigener Planmuster und der Nutzerpläne ein. Führt man diesen Ansatz weiter, sollen bei Abstraktionen und Verallgemeinerungen durch die Interaktion hindurch Muster im Nutzerverhalten erkannt werden, die für Prognosen verwendet werden können. Das betrifft statistische und induktive Inferenzen. Diese beiden Punkte befinden sich weitgehend im Forschungsstadium. Auf der dritten Kybernetikstufe sind tiefe Modelle von Nutzereinstellungen das Ziel. Damit ist gemeint, daß sowohl subjektiv gefärbte, Objektivität vorgebende wie auch unkooperative Interaktionsformen möglich sind. Die Interpretation indirekter Sprechakte fällt - entgegen den Behauptungen der KI-Forschung - ebenfalls in diesen Bereich. Dazu sind noch keine Techniken verfügbar. Könnten Nutzermodelle mit rein kooperativen Dialogen umgehen, wäre schon viel erreicht. Doch bereits dieser Komplex überfordert nutzerfreundliche Dialogsysteme und stellt die KI vor unüberwindbare Hindernisse.

4 Stereotype

Zu Aspekten, die das Modell abdecken soll, gehören Wissen bzw. Expertiselevel, Einstellungen, Ziele und Fähigkeiten des Nutzers. Dazu muß geklärt sein, wer der Nutzer ist. Das wird relevant, wenn vermittelnde Personen zwischen Nutzer und System treten. Hier sind der Aktor, der die Interaktion mit dem System als Subjekt führt (z.B. Berater oder Arzt) und Klient (z.B. Ratsuchender oder Patient) als Objekt der Kommunikation und Subjekt des Entscheidungsprozesses des Systems zu unterscheiden. Diese Rollen nenne ich primäre (Aktor) und sekundäre (Klient) Nutzer. Ziele und Pläne können indirekt, direkt, falsch oder unvollständig und überlagert in Erscheinung treten. Fähigkeiten betreffen sowohl die physische wie auch mentale Ebene: Versteht der Nutzer die Erklärung? Kann er die Ratschläge überhaupt umsetzen? Wie ist sein Domänenwissen strukturiert? Die Dimensionen von Lernen, Gedächtnis und Grenzen der kognitiven Kapazität sind ebenfalls diesem Komplex zuzuordnen. Weiter sind Haltungen und Einstellungen manchmal gut fundiert, manchmal gar nicht (Vorurteile) und müssen als Nutzercharakteristikum berücksichtigt werden. Im Wissen und in Überzeugungen schließlich sollte die Expertise stecken, weil hier das Domänen- und Weltwissen, wie auch das Wissen anderer Akteure verhandelt wird. Die unterschiedlichen Modellierungsgegenstände erfordern damit ein unterschiedliches Level der Modifizierbarkeit. Es reicht von statisch (Haltungen, Einstellungen) bis dynamisch (Ziele und Pläne). Soll der Nutzer das System inhaltlich verstehen, muß zwischen deskriptivem (Rolle einer Datenbank) und präskriptivem (das System simuliert den Nutzer) Charakter der Modellierung unterschieden werden. Nutzereigenschaften können in objektiv und subjektiv (z.B. Temperatur vs. Befinden), statisch und dynamisch (Einstellung vs. Geschmack) aufgefächert werden. Technisch kann die Individualität oder der Spezialisierungsgrad des Modells (Bezug auf Person, Gruppe) thematisiert werden. Die zeitliche Spannbreite variiert von kurz- bis langfristig. Schließlich kann prinzipiell mit mehreren Modellen gearbeitet werden, z.B. mit konkurrierenden Stereotypen.

Bevor ein Nutzermodell sinnvoll modifiziert, erweitert und an den Nutzer angepaßt werden kann, muß das Programm zuerst einmal das passende Modell geladen haben. Wie gelangt es dazu? Die Auswahl des passenden Schemas durch Deskriptoren ist nun wieder das ganz typische KI-Problem. Es kann gut anhand der Modellierungstechnik der Stereotypenbildung untersucht werden. In diesen bejahrten Ansatz der Nutzermodellierung fließt auch das meiste soziologische Wissen ein. Inwiefern? Ein Modell der Personen ist sinnvoll, wenn die Nutzergruppe heterogen ist und das System flexibel operieren kann - es also mehr als eine Lösung gibt. Das ist z.B. bei Besuchern einer Bibliothek der Fall, die sich über das Wochenende ein Buch ausleihen und dazu beraten werden möchten. Für diesen Zweck wurde GRUNDY entwickelt, das aus einigen Informationen das Modell eines Nutzers erstellt (Rich 1979; 1983). GRUNDY ist ein implizites, also durch Schlüsse aus dem Verhalten gezogenes, individuelles, langfristiges und allgemeines System.

Da psychologische Befunde konstatieren, daß Personen über sich selbst nicht immer zuverlässig Auskunft geben, sollte GRUNDY mittels impliziter Modellbildung aktiv werden. Implizit deshalb, weil der Nutzer nicht durch langwierige Eingangsfragen über sein Profil ausgeforscht werden sollte, was sich nicht zuletzt aufgrund des damit erforderlichen Zeitaufwands negativ auf die Akzeptanz ausgewirkt hätte. Unter Stereotypen versteht Rich einen Cluster von Charakteristika einer Person, also standardisierte Persönlichkeitsmerkmale. Stereotype sind - ganz analog zur soziologischen Rollendefinition -

Bündel gemeinsam auftretender Merkmale. Sie sind vor allem Bestandteile des Alltagswissens und haben in argumentativen Texten die Funktion von allgemeinen Schlußregeln. Damit ein Nutzermodell aktiv wird, muß es die einzelnen Facetten der Stereotypen kennen, weil es auf Deskriptoren reagiert. Dazu kann, wie bei Rich vorgeschlagen, ein synoptisches Modell verwendet werden, das aus Attributen, Merkmalen, Gewichtungen und Begründungen besteht.

Stereotype sollen Komplexität reduzieren und durch Erfahrung während der Interaktion geändert werden können. Hier ist der sinnvolle Kompromiß zwischen zu starker Sensitivität (Reaktion auf jeden Querschläger) und Starrheit eine noch offene Frage.[4] Kann Nutzern, wie experimentell bestätigt, ein konsistentes oder gar stereotypes Dialogverhalten unterstellt werden (Lehman/Carbonell 1989), schließt sich daran die Hoffnung auf eine sukzessive Anpassung des maschinellen Dialogverhaltens an den Nutzer. Er trifft dann beispielsweise auf einen begrenzten, aber erweiterungsfähigen Umfang an Natürlichsprachlichkeit des Systems. Ein Nutzermodell könnte linguistische Präferenzen und Idiosynkrasien speichern, die automatisch akquiriert werden und sich so auf den Nutzer einstellen.

Die Praxis macht dennoch recht schnell die Grenzen des Stereotypenansatzes deutlich (Cohen/Jones 1989; Chin 1989). Um beispielsweise ein Nutzermodell in einem Expertensystem für instruierende Diagnose in die medizinische Ausbildung einzubauen, muß der Wissensstand der Studenten analysiert werden. Das System soll auf verschiedenen Ebenen Erklärungen liefern können. Damit die Antworten adäquat angepaßt werden können, braucht das Nutzermodell Wissen über das Domänen- und Hintergrundwissen des Nut-

---

4 Nach dem Grad wachsender Komplexität können fünf Änderungstypen unterschieden werden (Morik 1989: 373f): Bei *additiven Veränderungen* ist keine Konsistenz- und Integrationsprüfung erforderlich. Das *Ersetzen* als Überschreiben deckt nur einfache Widersprüche auf. Diesem Änderungsmodus unterliegt die Annahme, daß Nutzereigenschaften unabhängig voneinander sind und daher keine Repräsentation der Beziehungen untereinander zu berücksichtigen ist. Eine *Modifikation* betrifft nur Information über einzelne Nutzereigenschaften. Die Änderung bezieht sich auf den Grad der Wichtigkeit des Merkmals, nicht auf dessen Wert. Bei einer *Revision* müssen die Repräsentationen aller Einträge, die auf einer falschen Annahme basieren, zurückverfolgt werden können. Die Konfliktlösung betrifft dabei mehr Annahmen als diejenigen, die aktiviert wurden. Das Änderungsmodell von *Entwicklungen* beinhaltet die gesamte Geschichte der Änderungen. Das ist vor allem bei Tutorsystemen wichtig, wo es um den Wissensfortschritt der Lernenden geht. Die ersten vier Formen sind statisch - der Nutzer wird als gleichbleibend unterstellt, und das System ändert sein Wissen über ihn. Beim Entwicklungstypus ist eine dynamische Anpassung das Ziel.

zers und über Testergebnisse in bezug auf Studenten und deren Interpretation des Systems. Dazu erwies sich ein Stereotypenansatz als zu starr. Mit KNOME (KNOwledge Model of Expertise), einem natürlichsprachlichen Zugang zu dem Betriebssystem Unix, wurde eine andere Zielsetzung verbunden. Dem Nutzer sollte nicht auseinandergesetzt werden, was er schon weiß; Erklärungen sollten seinem Verständnisniveau angepaßt sein, und sein Hintergrundwissen sollte für die Interpretation seiner Eingaben genutzt werden. Als Strategie wurden erstmalig Doppelstereotype verwendet. Dabei wird die Expertise des Nutzers unterschieden (Novize, Anfänger, Fortgeschrittener, Experte) und daneben der Schwierigkeitsgrad des Wissens aufgefächert (simpel, mundan, komplex und esoterisch, was sich nach dem Zeitpunkt der Lernkurve richtet) und in einer Matrix verbunden. Als mangelhaft erwies sich der Ansatz aus mehreren Gründen: Eine einmal eingeschlagene Erklärungsstrategie kann nicht mehr geändert werden (Irreversibilität) - welchen Profit der Nutzer aus Informationen gezogen hat, interessiert KNOME nicht. Dann hat der Stereotypenansatz kaum Regeln implementiert, um mit benachbartem Nutzerwissen umgehen zu können (Vernetztheit), was das Programm sehr starr macht. Lernen ist auch nicht vorgesehen; denn der Nutzer wird auf einen Expertisestand festgelegt. Damit hängt auch eine enge Begrenzung des Wissens- und Schwierigkeitslevels zusammen. Schließlich ist kein Wissenstransfer möglich: Weiß der Nutzer viel über ein ähnliches System, aber nichts über Unix, wird er trotzdem als Anfänger eingestuft.

Die Forderung nach flexiblen und spezifischen Modellen ist ein zweischneidiges Schwert, weil eine größere Genauigkeit mit zusätzlichen konzeptionellen Schwierigkeiten bezahlt werden muß. Grobe Stereotypen sind wenig aussagekräftig (z.B. "Männer sind technisch begabt"). Werden sie dagegen realistischer bestimmt, müssen auch Inferenzregeln und Gewichtungsfaktoren spezifisch angepaßt werden, was vor allem Probleme der Vernetztheit aufwirft. Weiter unklar ist der Umgang mit unsystematischen Nutzerfehlern, verschieden konzeptualisierten Domänen und inkonsistenten Nutzerinformationen, was in das Lernproblem mündet (unterschiedliche Inferenzregeln für unterschiedliche Zeitperioden). Die Anpassungsfähigkeit der Stereotypen stößt auch schnell an Grenzen, wenn es darum geht, daß Nutzer in verschiedenen Bereichen unterschiedlich versiert sind, was unterschiedliche Inferenzregeln für verschiedene Teile der Wissensbasis erfordert. Hier spielen grundsätzliche Probleme eine Rolle, die nicht nur mit der Bestimmung des richtigen Expertiselevels, sondern der Explikation von Alltagswissen verknüpft sind. Wenn dabei das Erkennen und Modellieren der Intention des Partners, das Verstehen und Rekonstruieren des Kontexts der Äußerung und die zweckorientierte Aufbereitung des Wissens nicht realisiert werden, ist Natürlichkeit technisch nicht machbar. Vor diesem skizzierten Hintergrund geht die Bildung von Stereotypen recht ad hoc vonstatten. Es bleibt ein willkürlicher Akt, auf wessen Basis das Stereotyp erstellt wird, weil die systematische Begründung, welches die zugrundeliegenden Merkmale sind, aus denen dann Schlüsse gezogen werden, fehlt. Als schwerwiegendes Manko erweist sich dabei die Ignoranz gegenüber sozialwissenschaftlichen Beiträgen, beispielsweise in der Form einer Zielgruppenanalyse. Sie könnte freilich auch ergeben, daß die Mensch-Maschine-Interaktion zu maschinenangepaßt verläuft, um sinnvoll zwischen Nutzerklassen zu unterscheiden.

5 Nutzerillusion

Bei einem natürlichen Kommunikationsstil mit dem Computer besteht die Gefahr, daß Erwartungen geweckt werden, die das System nicht erfüllen kann. Diese Annahme läßt sich mit der Frage verbinden, ob die Benutzer die Arbeit am Computer in ein Schema sozialen/kommunikativen oder in ein Schema instrumentellen Handelns einordnen. Da die Software-Technologie von der Dialogmetapher durchzogen ist, entsteht eine Benutzerillusion, was in Anlehnung an Habermas als Durcheinandergeraten von Handlungsbegriffen reformuliert werden kann (Weingarten 1988: 72). Sprache ist voll von Nuancierungen, die eine je spezifische Bedeutung implizieren. Sie bedeuten nur theoretisch das gleiche, weil jeder Ausdruck als Kompromiß zwischen Absicht und Form verstanden werden muß. Die "Höflichkeitsarbeit" (Bourdieu 1990: 60) hat zum Ziel, der spezifisch optimalen Form möglichst nah zu kommen. Ein Nutzermodell entspräche damit einer groben Form der Höflichkeitsarbeit. Im sozialen Bereich wird der Eindruck der Wertschätzung und des Respekts vermittelt, um Kommunikation zu ermöglichen. Bei einem Expertensystem kann schon aus technischen Gründen eine solch feine Nuancierung nicht das Ziel sein - es sollte aber zumindest ein Verständnis der Domäne zeigen. Eine Optimierung im Sinne einer Anpassung an den Interaktionspartner muß nun aber nicht unbedingt sinnvoll sein, weil der gegenwärtige Forschungsstand nur einen begrenzten Grad an Natürlichsprachlichkeit zuläßt. Genau dies könnte sich in seinen Konsequenzen als problematischer erweisen als ein explizit formaler Zugang zu Computersystemen. Warum?

Können wir natürlich mit dem Computer kommunizieren, schreiben wir ihm menschliche Verständnisfähigkeit zu. Daß mit zunehmender Komplexität der Systeme und der gezielten Verbreitung der Dialogmetapher technische

Begriffe für soziales Handeln eingesetzt werden, wurde empirisch bestätigt:[5] Natürlichsprachliche Zugänge zu Datenbanken sind weniger effizient. Sie verstellen den für den Nutzer so wichtigen Einblick in die Fähigkeiten und Grenzen des Systems, was durch formale Sprachen unschwer möglich ist. Eine eingeschränkte Natürlichsprachlichkeit verwässert diesen Zusammenhang. Weil beim bisherigen Forschungsstand bereits der quantitative Wortreichtum große Probleme bereitet, sind Dialogsysteme mit der Interpretation indirekter Antworten und dem Verstehen von Satzfragmenten überfordert. Aufgrund der vielen Möglichkeiten wird die Zuordnung von Worten zu systeminternen Befehlen ungenau. Parallel dazu nimmt der Zeitaufwand zu und der Speicherbedarf wächst. Überschreitet man z.B. bei F&A, einer kommerziell vertriebenen Datenbank mit geringer natürlichsprachlicher Dialogfähigkeit, die Systemgrenzen, kann das Programm plötzlich völlig versagen, weil der Umfang der Antworten willkürlich festgelegt ist. Das System suggeriert einen dynamischen Dialog, kann aber nicht alles verstehen, und der Nutzer muß durch Versuch und Irrtum die richtigen Eingaben finden. Ein solcher dynamischer Dialog ist dadurch gekennzeichnet, daß die gleiche Anfrage an verschiedenen Stellen zu verschiedenen Antworten führen kann. Das leistet das System nicht. Als Folge davon können die Nutzer mit dem System erheblich schlechter umgehen. Das schlägt sich in einer Verunsicherung des Nutzers, einem Leistungsabfall beim Computereinsatz oder gar der Ablehnung des Programms nieder. Daraus läßt sich folgende These ableiten:

> Eine Nutzerillusion basiert auf der Überschätzung der kommunikativen Fähigkeiten des Computers, was durch die Programmgestaltung bewußt herbeigeführt wird. Eine formale Interaktionsform mit dem Computer entspricht dem instrumentellen Charakter dieses Kommunikationstyps, während die natürliche Sprache soziale Erwartungen weckt. Eine damit intendierte Nutzerfreundlichkeit kann in dem Sinn kontraproduktiv wirken, daß ein Schein von Intelligenz und damit verbunden Wertschätzung aufgebaut wird, der keine soziale Entsprechung hat.

Natürlichsprachliche Zugänge müßten also perfekt sein, um zu funktionieren. Dazu zählen das eindeutige Erkennen und Modellieren der Nutzerintention, das Verstehen und Rekonstruieren des Kontexts und die zweckorientierte Aufbereitung des Wissens. Technisch ist eine solche Natürlichkeit nicht machbar. Deshalb sind eindeutig begrenzte Zugänge zu Datenbanken als effizienter einzustufen und vorzuziehen.

5 Ogden/Sorkness 1987; Krause 1988; Diaper 1989; Ringle/Halstead-Nussloch 1989; Schefe 1983

Die zwischenmenschliche Kommunikation liefert kein gutes Modell für eine maschinelle Nachahmung. Sie ist mit Fehlern behaftet, funktioniert aber trotzdem, weil kontextsensitive Korrekturmöglichkeiten zur Verfügung stehen. Eine ernsthafte Nutzermodellierung müßte demgemäß ebenso die menschliche Fehlerhaftigkeit auf das System übertragen. Warum aber Programme mit Fehlern versehen, nur weil sie menschlich sind? Das widerspräche der Forderung, Computer dort einzusetzen, wo sie dem Menschen eindeutig überlegen sind - in der schnellen sequentiellen Verarbeitung von Daten. Typische Merkmale menschlicher Kommunikation wie Ironie, expressive Bewertung von Themen, deren Durchführung in "unernster" Interaktionsmodalität oder das gemeinsame Lachen als wechselseitige Versicherung des Verständnisses sind nicht implemetierbar, was auch nicht zu beklagen ist. Interpersonalität sollte nicht kopiert werden, wenn der dabei einzuschlagende Weg vom Menschen zum Computer hin den Nutzer verunsichert. Nutzt das System dagegen die normalerweise konsistenten Nutzereingaben aus, kann es mit einem begrenzten Umfang an Natürlichsprachlichkeit auskommen, der sukzessive erweitert und an den Nutzer angepaßt wird. So wird der Nutzer schneller und einfacher mit dem System vertraut und kann bei einer Performanzerweiterung die Fortschritte nachvollziehen. Ein formaler, prima vista nutzerunfreundlicher Zugang kann sich entgegen den Vorstellungen der Nutzermodellierer als Vorteil erweisen, wenn das Interaktionssystem in seiner Restriktion adäquat begriffen wird (Degele 1992). Einer empirischen Untersuchung zufolge hängt der Erfolg von Datenbanken nicht an der natürlichsprachlichen Schnittstelle, sondern an der Portabilität und leichten Handhabbarkeit (Trost/Buchberger 1990: 369). Spielt die Prognostizier- und Berechenbarkeit des Systems eine entscheidendere Rolle, sollte das System seine internen Operationen lieber aufdecken als sprachlich verkleistern - Akzeptanz ist auch mit begrenzter Natürlichsprachlichkeit herstellbar.

Liegt der Operationsradius des Systems fest, geht es um die interne und extere Darstellungsform. Der Weg zum Nutzer kann zweidimensional dargestellt werden, veranschaulicht durch den Repräsentationsansatz und den Zugang. Bei der *Repräsentation* wird zwischen fall- und regelbasiert, beim *Zugang* zwischen natürlichsprachlich und formal unterschieden. Beim Repräsentationsansatz kann danach gefragt werden, ob sich der Gegenstand in Regeln zerlegen oder nur im Zusammenhang mit Geschichten präsentieren läßt. Regelbasierte Ansätze operieren flexibler und nehmen dem Nutzer mehr Arbeit ab, setzen aber gleichzeitig auf einer anderen Ebene mehr Wissen voraus, da sie schwerer zu durchschauen sind. Die enthaltene Expertise wird in einzelne Bestandteile aufgebrochen, die als Regeln programmiert werden. Das System arbeitet die miteinander verketteten Regeln sequentiell ab und kann dabei auch mit Gewichtungsfaktoren rechnen. Bei fallbasierten Ansätzen sind zwei Vorgehensweisen zu unterscheiden: Die KI-Forschung beschäftigt sich mit der menschlichen Fähigkeit, Geschichten situational zu indizieren, zu erinnern, zu reproduzieren, abzugleichen und an andere Geschichten anzukoppeln, zu manipulieren und anzupassen, zu generieren und abzuspeichern, sie zu erklären und daraus Pläne abzuleiten (Schank 1990: 219-245). Die Fähigkeit des Umgangs mit Geschichten fungiert als genuines Merkmal der Intelligenz und steht in ursächlichem Zusammenhang mit der effektiven Organsiation und Funktionsweise des Gedächtnisses. Der Umgang mit Fällen ist vor diesem Hintergrund ein aktiver und soll vom Computer als solcher bewältigt werden.

So hoch sind die Ansprüche bei Expertensystemen nicht (Kolodner/Riesbeck 1989). Bei der Nutzung fallbasiert aufbereiteter Expertise soll der Computer keine neuen Situationen kreieren, sondern es liegt eine endliche Zahl ausgarbeiteter Fälle vor, aus welchen ein möglichst passender ausgewählt wird. Der fallbasierte Ansatz eignet sich zur Unterstützung von Aufgaben, bei denen sich praktisch jede Fragestellung auf einen Standardfall aus einer überschaubaren Sammlung solcher Fälle zurückführen läßt. Das ist möglich, wenn nicht mit einer kombinatorischen Vielfalt wie bei Konfigurations- oder Diagnoseproblemen gerechnet werden muß. Da der Umgang mit einem solchen Programm leicht erlernbar ist, kann - zumindest was die technischen Nutzungsparameter angeht - mit einer hohen Akzeptanz gerechnet werden. Weitere Vorteile liegen in einer wirtschaftlichen Realisierung robuster Lösungen, einer einfachen Lösung der Wissensakquisition, Wissensaufbereitung, Qualitätssicherung und Aktualisierung sowie einer nur mittleren Schwierigkeit der Programmierung. Im Vergleich zu regelbasierten Systemen ist der Umfang der bei der Wissensakquisition und -kodierung "anzufassenden" Information höher, der Aufwand für deren Formalisierung und Kodierung aber geringer. Nachteile ergeben sich daraus, daß sich der Lösungsraum auch mit adaptierbaren Standardfällen nur partiell ausschöpfen läßt, wodurch manchmal keine optimale Lösung möglich ist. Weiter kann die Querkonsistenz über alle Fälle hinweg bei der Erstimplementierung und besonders in der Pflegephase nur mit erheblichem Aufwand gesichert werden.

Ein weiteres Problem ergibt sich in bezug auf die Aufbereitung der relevanten Expertise. Die Güte der Wissensbasis steht und fällt mit dem Schnitt in die richtigen, die typischen Fälle. Das Spektrum der Fallsuche kann dabei sehr breit streuen. Im einfachsten Fall sucht der Nutzer selbständig nach dem passenden Fall, indem er die Überschriften durchsieht. Die Expertise liegt zu großen Teilen bei ihm. In die Kodierung geht damit die Festlegung der Deskriptoren, die den richtigen Fall aufrufen, als wichtigste Aufgabe ein. Der fallbasierte Ansatz kann aber durch ein Regelwerk erweitert werden, das eine Ansteuerung des gewünschten Falls aufgrund von einem oder mehreren gewichteten oder ungewichteten Deskriptoren im Sinne von Kombinationsregeln zuläßt. Beide Ansätze schließen sich also nicht aus. Damit ein Thema in den üblicherweise vorkommenden Facetten erschöpfend aufbereitet ist und durchgespielt werden kann, sind für eine bessere Systemtransparenz bei beiden Ansätzen sequentielle Vorgehensweisen wünschenswert. Viel ist bereits erreicht, wenn ein Modell der Dialoganalyse den zeitlichen Verlauf und Initiativenwechsel abbildet und es eine thematische Struktur der Gliederung leistet. Eine thematische Entwicklung des Gegenstandes ist bei Beratungsgesprächen nämlich schwierig, weil sie oftmals nur ein Thema in verschiedene Facetten auffächern (Meßing u.a. 1987: 5-13).

Beim Zugang zu Computersystemen können drei Dialogstile (grafisch, formal, natürlich) unterschieden werden (Gaines/Shaw 1986: 103). Die Dialogstile entwickelten sich zwar isoliert voneinander, durchdringen sich aber zunehmend. Untersuchungen weisen daruf hin, daß Computerneulinge mit grafischen Präsentationsformen (Menüs, Ikone, simulierte Objekte der physikalischen Welt) schneller ein Verständnis für das System gewinnen als mit rein sprachlicher Präsentation (Streitz u.a. 1987; Jones 1988: 222f), während Fortgeschrittene mit Texten sehr schnell und sicher umgehen können. Grafiken sind einem ganzheitlichen, bildlichen - und das entspricht dem nicht abstrakt operierenden Neuling - Denken besser angepaßt als Texte. Noch einfacher wird es für ihn, wenn Informationen grafisch auch ebenso manipulierbar werden; denn Problemlösen vollzieht sich oftmals mittels einer physischen Repräsentation und mentaler Bilder. Dazu werden Metaphern eingesetzt (z.B. der Schreibtisch, Simulation der Schreibmaschine). Wird zudem menschliches Problemverständnis anhand von Geschichten entwickelt, liegt eine Verbindung von Grafik und Text nah. Dies ermöglichen Formen von Hypertext.[6] Sie kommen dem menschlichen Kognitionsprozeß in bezug auf die Transformation von Ideen zu Texten recht nahe. Dabei muß freilich besondere Sorgfalt

6 Hypertextmedien erleichtern den Überblick über die Organisation des Wissens, indem sie horizontale und vertikale Expansionen ermöglichen. Hypertext unterstützt eine direkte Interaktionsform, die einen schnellen und effektiven Zugang zu den gewünschten Informationen liefert. Eine direkte Interaktion basiert auf dem WYSIWYG-Prinzip (what you see is what you get). Indem beispielsweise Ikone bewegt und miteinander verbunden werden, kann der bearbeitete Gegenstand direkt manipuliert werden, ohne abstrakt mit ihm rechnen zu müssen. Auf diesem Weg sind auch grafische Programmierungen möglich (Hammond/Allinson 1989; Rada/Barlow 1988; Hutchins u.a. 1986).

für die Aufbereitung und Strukturierung der enthaltenen Informationen verwendet werden, weil der Nutzer in dem dichten Netzwerk leicht die Orientierung verlieren und sich verirren kann. Auch hier kann eine beabsichtigte Nutzerfreundlichkeit also kontraproduktive Effekte zeitigen.

Beim Zugang zum System sind somit zwei Trends zu verbinden. Einmal gilt es, dem ganzheitlichen menschlichen Problemlösen durch grafische Darstellungen Rechnung zu tragen. Grafiken entsprechen zwar dem holistischen Verständnis, gehen aber nicht auf den Nutzer zu; dieser muß sich vielmehr an die dabei gewählten Systemvorgaben anpassen. Textbasierte Nutzermodelle dagegen erreichen ein höheres Maß an Flexibilität nur durch ein verästeltes Regelwerk, was es wiederum schwer durchschaubar macht. Nutzerfreundlichkeit bewegt sich mithin im Korridor zwischen mangelhafter Transparenz und starrer Dialogführung.

Neben der Frage nach der adäquaten Repräsentation und einem nutzerfreundlichen Zugang verdient das vorauszusetzende Vorwissen der jeweiligen Nutzer Beachtung (Paris 1988: 76f; Wozny 1989; Lamberti/Newsome 1989: 41): Laien bereiten Informationen anders auf als Experten; sie denken weniger abstrakt, beschreiben Prozesse eher als daß sie hierarchisch abgestufte Themenorganisationen entwickeln. Experten verfügen über mehr Funktionswissen und operieren deshalb auf einer gröberen Granularitätsstufe. Den Weg vom Novizen zum Experten kennzeichnen zwei Merkmale. Einmal wird der Computer anhand metaphorischer und analoger Prozesse eingesetzt, wobei sich sukzessiv ein Modell der neuen Domäne entwickelt. Im zweiten Schritt nehmen Novizen zum Gebrauch des Systems und zur Prognose des Systemverhaltens auf mentale Modelle Bezug. Je nach Expertiseniveau soll nicht nur die Menge, sondern auch die Art der Information differieren. Abstraktes Expertenwissens bedingt also ein schnelleres, genaueres, abstrakteres Arbeiten bei Höherqualifizierten. Aus diesem Grund ist der Einblick in modellierte Heuristiken nur für diese Gruppe sinnvoll. Darüber hinaus können sie aufgrund ihres Vorwissens die vorgeschlagenen Lösungen schneller überprüfen. Deshalb gestaltet sich der Bau von Expertensystemen für fortgeschrittene Benutzer auch einfacher.

Daraus wird vielfach die Forderung abgeleitet, daß Computerneulinge stärker mit natürlichsprachlichen Zugängen zu Programmen zu bedienen sind - woraus gerade die Nutzermodellierung ihre Argumentationsbasis bezieht. So lange dies aber nicht befriedigend funktioniert, scheint die Nutzung von Beratungssystemen durch Laien nicht sinnvoll. Plausibler ist die Vorstellung, daß Beratungssysteme kompetente Berater bei ihrer Arbeit unterstützen, indem sie vor allem Informationen schnell zur Verfügung stellen.

Im Zentrum der erforderlichen Nutzungskompetenz steht die Frage ihrer rollenspezifischen Zuordnung. Dazu soll die Konstellation des System- und Nutzerbeitrags zur Gesamtexpertise genauer differenziert werden. Bei der Gesamtexpertise ist zu unterscheiden, ob die inhaltliche Kompetenz vorwiegend vom System oder vom Nutzer stammt. Vorstellungen der KI zufolge sollte die gemeinsame Performanz die jeweils einzelne übersteigen, was dem Verständnis von Mensch und Computer als kognitives System mit interaktiven Lösungsstrategien entspricht. Diese Unterteilung greift aber zu kurz. Zum einen hat die Dialogfähigkeit bzw. -unfähigkeit von Computersystemen ganz spezifische Implementierungserfordernisse zu berücksichtigen. Zum anderen stellt sie einen solch entscheidenden Akzeptanzfaktor für das Gelingen des Gesamtprojekts dar, daß diese Komponente nicht selbstverständlich unter der inhaltlichen Performanz subsumiert werden darf. "Dialogexpertise" und inhaltliche Expertise weichen voneinander ab und müssen deshalb unterschieden werden:[7]

	Realisierung der Expertise	
Art der Expertise	System	Nutzer
Dialog		
Inhalt		

Abbildung 7: Verortung der Expertise

7 Diese Unterscheidung taucht weder in der KI noch in der Informatik explizit auf, schlägt sich aber in der Herausbildung zweier konkurrierender Forschungsrichtungen (Informationssysteme vs. HCI) nieder (vgl. Grudin 1992; Keeler/Denning 1991).

Ein Expertensystem soll den menschlichen Berater inhaltlich unterstützen. Dazu sollte es über mindestens ebenso viel Domänenwissen verfügen - wenn nicht mehr. Insofern ist ein gleichgewichtiger Beitrag der beiden "Dialogpartner" zur Gesamtexpertise vorstellbar - der Mensch ruft bestimmte Informationen ab und setzt sie gezielt ein. Dabei kann der domänenspezifische Beitrag des Programms auch überwiegen - entscheidend ist, daß der menschliche Berater über ausreichend Metawissen verfügt, um die zur Verfügung gestellten Informationen adäquat auswählen, beurteilen und einsetzen zu können. Bei der "Dialogexpertise" geht es um die Frage, wer bei der strategischen Steuerung die Führung übernimmt, wer wieviel Dialogmasse bewältigt. Im Gegensatz zur Maschine hat der menschliche Interaktionspartner mehrere Kommunikationsebenen simultan zur Verfügung. Diesen Kompetenzvorsprung kann er bei der Nutzung von Expertensystemen gezielt einsetzen, indem er bei der Problemlösung unterschiedliche Grade an Expertise in den Dialog einbringt. Der Fall, daß ein Expertensystem eloquent reagiert, aber inhaltlich nichts zu bieten hat, scheidet vor dem gegenwärtigen Forschungshintergrund aus. Der umgekehrte Fall, daß sich ein System mit ausreichender Problemlösungskapazität nicht adäquat ausdrücken kann, ist realistischer. Daß diese beiden Modi der Expertise auseinanderklaffen, sollte positiv bewertet werden. Die Differenz ermöglicht Transparenz und beläßt die Verantwortung beim Nutzer. Was folgt aus diesen Beobachtungen?

Ein Nutzermodell verringert den Beitrag des Nutzers zur Dialogexpertise genau in dem Bereich, wo sich eine größere Systemkompetenz überhaupt nicht auszahlt, sondern im Gegenteil mit hoher Wahrscheinlichkeit kontraproduktive Konsequenzen zeitigen wird. Ein Expertensystem ist umso besser kontrollierbar, je näher die Schnittstelle beim Menschen liegt.

Diese Situation bildet der fallbasierte Ansatz konstruktiv ab, indem der Nutzer durch die selbständige Wahl des passenden Falls (z.B. durch Überschriften) bereits viel Wissen in das System hineinträgt - Wissen über relevante Informationen, über ihr Vorhandensein und über den Modus ihres Auffindens. Dieser Ansatz sollte aus zwei Gründen nicht auf das Niveau einer Datenbank gedrückt werden. Einmal durchdringen sich diese beiden Modellierungsansätze zunehmend, indem Datenbanken um Komponenten von Expertensystemen ergänzt werden und umgekehrt (Schrefl 1990; Schütt/Schweppe 1988). Daneben steckt in einem fallbasierten System die Expertise in transparenter Form - ein gut aufbereiteter Fall ist selbstexplikativ.

Sollen Forschungsbemühungen zur Nutzermodellierung weiterhin ernst genommen werden, muß sie wissen, welchen theoretischen Ballast sie sich aufbürdet. Diesen Komplex behandelt das nächste Kapitel. Unabhängig davon liefert die Diskussion um natürlichsprachliche Zugänge zu Computerprogrammen auf forschungsstrategischer Ebene analytische Hilfsmittel, um die Nutzung und Akzeptanz an Parameter anzubinden, die im Vorfeld der Systementwicklung leicht unter den Tisch fallen bzw. nur unzureichend thematisiert werden - nämlich die Abgrenzung, Herauslösung, Strukturierung und das Verstehen des zur Debatte stehenden Problembereichs. Daß dieser emergente Effekt der Nutzermodellierung im Gegensatz zu ihren ursprünglichen Intentionen einen viel produktiveren Lösungsweg vorzeichnet, nämlich eine fundierte Benennung der Grenzen von Modellierung und Formalisierung, ignoriert die KI. Dieses Faktum ist angesichts der Summen, mit denen das BMFT und Verteidigungsministerium Forschungsprojekte zur maschinellen Spracherkennung und -generierung fördern[8], allerdings nicht mehr forschungstheoretisch, sondern nur noch wissenschaftspolitisch erklärbar.

8 z.B. WISBER, ein vom BMFT von 1985-89 unterstütztes Projekt, das u.a. umsetzbare Erkenntnisse zu natürlichsprachlichen Expertensystem-Zugängen liefern sollte - was mit bescheidenem Erfolg gekrönt war (Meßing u.a. 1987).

Kapitel 2

Kognition oder Interpersonalität?

Mit der Modellierung von Nutzern erhebt die KI die Bewältigung der natürlichen Sprache zu ihrem Ziel. Bewältigung heißt in diesem Zusammenhang Formalisierung. Computer operieren digital und reagieren ausschließlich auf binär kodierten Input. Wie die KI-Forschung schmerzlich erfahren mußte, ist natürliche Sprache im Forschungslabor nicht vom Tisch weg zu digitalisieren, weil sie an menschliche Träger gebunden ist und in spezifischen sozialen Kontexten auftaucht. Der in der KI dominierende technische Zugang zur Gestaltung natürlichsprachlicher Schnittstellen bedarf deshalb im ersten Schritt einer dialogtheoretischen Fundierung, die erst im zweiten Schritt zu einer dialogtechnischen Umsetzung führen kann. Welche Konsequenzen ergeben sich für den Entwurf von Computerprogrammen, wenn diese Bedingung ernst genommen wird? Um auf konzeptueller Ebene zu klären, bis zu welchem Punkt algorithmisierende Verfahren der Dialogmodellierung vordringen, soll die Suche nach formalen Gesprächsregeln vor dem Hintergrund der sozialen Gebundenheit von Sprechverhalten in diesem Kapitel sozialwissenschaftlich ausgeleuchtet werden. Hier muß sich zeigen, ob formale Auffassungen von Sprechhandlungen bis zu ihrem sozialem Kern durchstoßen oder ob ein grundsätzlich anderer Untersuchungsrahmen erforderlich ist.

Im Mittelpunkt dialogsteuernder Parameter, wie sie in konversationsanalytischen Arbeiten abgehandelt werden, stehen interaktive Prozesse, sprachliche Prozeduren sowie unterschiedliche Steuerungs- und Kontrollmechanismen, mit denen handlungskonstituierende Aufgaben gelöst werden (Kallmeyer/Schütze 1976: 16f). Dialogsteuerung beinhaltet somit "Fähigkeiten, die einen Sprecher in die Lage versetzen, solche kommunikativen Akte, die eine einmal konstituierte Redekonstellation (oder einzelne ihrer Komponenten) aufrechterhalten, sie (fortlaufend) bestätigen oder sie verändern, nach den Regeln der situativen Relevanz zu erkennen, zu produzieren und auf sie mit einer Abwahl aus einem Satz alternativer Antwortzüge zu reagieren" (Schwitalla 1976: 78). Auf der einen Seite gehören zu dialogaufrechterhaltenden

Steuerungen vor allem solche, die den Sprecherwechsel regeln sowie Sprecher- und Hörersignale kodieren. Mit dialogthematischen Akten versucht ein aktueller Sprecher auf der anderen Seite, seine(n) Dialogpartner zu bestimmten verbalen Handlungen zu bewegen. Sie bestimmen das Thema der gemeinsamen Aufmerksamkeit.

Die Gegenüberstellung von dialogsteuernden und -thematischen Akten greift nun für eine Modellierung zu kurz, weil zum einen Inhalts- und Beziehungsebene nicht unterschieden und zum anderen nicht-dialogthematische Aspekte wie institutionelle Rahmenbedingungen und kognitive Prozesse ausgeblendet werden. Darüber hinaus reicht die Unterscheidung von "wer spricht?" und "was geschieht kommunikativ?" für ein Verständnis kontrollrelevanter Aspekte in Dialogen nicht aus, weil sie weder dem strategischen Ort der Kommunikation noch dem temporalen Aspekt der Sequenzierung (Dekomposition von Dialogen in eine Abfolge von thematischen Einheiten) Rechnung trägt. Der Einstieg in die Formalisierung von Dialogen erfolgt also zu früh, wenn die Benennung dialogsteuernder Parameter nicht in einen breiteren Rahmen eingebettet wird.

1 Zur Theorie der Interpersonalität

Einen solchen Rahmen bietet ein handlungstheoretischer Zugang zum Faktum der Interpersonalität. Definiert man einen kommunikativen Akt ganz pragmatisch als "Handlung, bei der die Absicht des Handelnden mit der Verwirklichung einer Informationsvermittlung an andere verbunden ist" (Giddens 1984: 104), darf man den Aspekt der Informationsvermittlung nicht vom sozialen Umfeld isolieren, wie es die KI tut. Um Informationen übermitteln zu können, um also den Kommunikationszweck der Problemlösung zu erreichen, muß als Bedingung die Verständigung der beiden Interaktionspartner gelingen. Bereits an dieser Stelle erweist sich ein informationstheoretisches Modell von Sender und Empfänger, in dem lediglich eine Nachricht übermittelt wird, als unzureichend. Interpersonalität wurzelt im Medium der Sozialität. In einer solchen Gleichursprünglichkeit von Eigenem und Fremdem kommt etwas Emergentes zustande, was keiner allein schafft. Was heißt das? Zwischenmenschliche Dialoge verfügen über eine irreduzible trinarische Struktur mit drei unterschiedlichen Funktionen. Das Sachverhältnis dient der Darstellung, das Fremdverhältnis enthält die Funktion des Appells und das Selbstverhältnis beinhaltet die des Ausdrucks: "Der Versuch, die dreigliedrige Struktur auf eine zweigliedrige zu verkürzen und den Andern oder mich selbst dem Gegenstand der Rede oder des Tuns zuzuschlagen, hebt den Dialog auf." (Waldenfels 1980b:193):

Geht es formal operierenden Wissenschaften lediglich um die Darstellung von Sachverhältnissen, dringen semantisch orientierte Ansätze auch bis zum Fremdverhältnis, also der Beziehung, vor. Für nutzermodellierte Dialogsysteme ist die Berücksichtigung des Selbstverhältnisses und damit die reflexive Dimension freilich ebenso wichtig. Die Unterscheidung von Dialog- und Reflexionsebene taucht bislang weder in KI-praktischen noch -theoretischen Forschungskontexten auf. Weil die jeweiligen Ansätze isoliert weiterentwikkelt werden, kommt es kaum zu Berührungspunkten zwischen den rivalisierenden Strömungen der KI, geschweige denn zu einer interdisziplinären Zusammenarbeit zwischen sozialwissenschaftlichen und informationstechnischen Sichtweisen. Mit dem Aufweis dieser drei Verhältnisse ist aber eine kategoriale Schwierigkeit verbunden, welche die KI - eine explizite Ausarbeitung dieses Zusammenhangs wurde bislang weder von der KI noch von den Sozialwissenschaften geleistet - konzeptuell nicht adäquat zu bearbeiten imstande ist. Worin besteht sie?

Die sozial bedingte Gleichzeitigkeit, Vermischung und Durchdringung von Ebenen und Bereichen innerhalb der permanenten Aktualität des Dialogs steht - was als Merkmal der Komplexität gelesen werden kann - dem Imperativ der sequentiellen Analyse von Handlungsprozessen fundamental entgegen. Die darin implizierte zeitliche Dimension macht die Dynamik des Dialogs aus. Die Einheit des Gesprächs besteht im gleichzeitigen Besprechen, Sichaussprechen, Ansprechen und Anhören. Grundlegend dafür sind situationale Aushandlungsprozesse. Der Dialog kann ergo nur lokal gemanagt werden, womit er von der KI als komplexes Phänomen bewältigt werden muß.

Um die drei formulierten Verhältnisse als tragfähiges Instrumentarium der Dialoganalyse weiterzuentwickeln, soll die vorgenommene Unterscheidung auf die Aspekte der Inhalts- und Beziehungsebene sowie die Ebene der Reflexivität hin erweitert werden. Ihre Berücksichtigung ist für die Modellierung von Dialogen von grundlegender Bedeutung, weil für digitale Systeme das Umschalten zwischen Inhalts- und Beziehungsebene das zentrale Hindernis bei der Modellierung natürlicher Dialoge darstellt. Daß im thematischen Wechsel und der Regulation von Übergangsprozeduren zusätzlich noch das Niveau der Reflexivität, also die "Tiefe der Selbstverständlichkeit", simultan bewältigt werden muß, qualifiziert das Programm einer Formalisierung von zwischenmenschlicher Dialogführung zu einem genuin soziologischen Gegenstand. Damit Verständigungsprozesse simuliert werden können, müssen sie vor allem in ihrer Funktionalität verstanden werden. Dies erfordert aber eine Offenlegung der allgemeinen Struktur der Rede. Sie beinhaltet existierende, angewandte, aber mitunter unbekannte Regeln des Sprachgebrauchs und damit auch des Handelns. Zu diesem Zweck können die beiden Dialogebenen mit Bezug auf Habermas' Konzeption von sprachlicher Interpersonalität kommunikationstheoretisch reformuliert werden (1981/I: 142; 38; II: 182): Den maßgebenden Ansatzpunkt dafür liefert die Doppelstruktur der Sprache. Intersubjektivität bedeutet einerseits, sich über etwas zu verständigen (inhaltliche Ebene der Sachverhalte), und andererseits, miteinander zu sprechen (Beziehungsebene). Kommunikation kann dann als Medium der Handlungskoordination gefaßt werden, wobei dem kommunikativen Handeln als Originalmodus sprachlichen Handelns ein ebenenübergreifender Status zugeschrieben wird. Im nächsten Schritt knüpft Habermas gelingende Verständigung an Idealisierungen, nämlich an die kontrafaktische, aber als solche praktisch wirksame Unterstellung einer idealen Sprechsituation. Sie impliziert erstens den Rückgriff auf lebensweltlich geteiltes Alltagswissen, das im Problemfall zur Diskussion gestellt werden kann. In diesem Fall treten die Akteure zweitens in eine übergeordnete Diskursebene ein und verhandeln die in der Rede implizit und explizit erhobenen Behauptungen, Deutungen und Erklärungen. Mit der Orientierung an Verständigung erheben die Sprecher kritisierbare Geltungsansprüche (Wahrheit, Wahrhaftigkeit, Richtigkeit), die zu einer rational motivierten Stellungnahme herausfordern. Der Wechsel zwischen diesen Ebenen erfolgt genau dann, wenn der dialogische Normalablauf gestört wird. In diesem Sinn wirkt die Lebenswelt als unproblematischer Hintergrund komplementär zur Diskursebene. Drittens wird mit der idealen Sprechsituation die wechselseitige Zurechnungsfähigkeit der Subjekte unterstellt, die reflexiv auf ihre eigenen Handlungsvoraussetzungen Bezug nehmen (und als gerechtfertigt und begründungsfähig unterstellte Normen intentional befolgen).

Entscheidend ist hier, daß sich die beiden Dialogformen sowohl auf das Reflexionsniveau wie auch auf die thematisierte Dialogebene beziehen: Innerhalb des Diskurses werden Geltungsansprüche verhandelt. Dabei treten die Akteure nicht nur aus dem thematischen Kontext heraus, sondern redefinieren darüber hinaus die aktuelle Situation. Dies spielt sich auf der Beziehungsebene ab. Die beiden Prozesse sind in actu nur analytisch voneinander zu trennen. Eine realitätsgerechte Nutzermodellierung hätte sie allerdings in integrierter Form umzusetzen. Mit der idealen Sprechsituation wird also implizit eine Normalform des Dialogs unterstellt, in welcher die Teilnehmer auf die Stabilität der Handlungssituation wie auch gleichermaßen auf die Zurechnungsfähigkeit des Dialogpartners vertrauen. Was ist mit diesem Aufweis gewonnen? Verständigung funktioniert nicht deshalb, weil dialogkonstituierende Mechanismen objektiv nachgewiesen und beschrieben werden können. Vielmehr gewähren die Akteure der Normalität der Situation und dem Dialogpartner einen Vorschuß an Vertrauen, der in der Regel auch gerechtfertigt ist. Einer vertrauten Welt entsprechen konventionelle Interaktionsstrukturen, was auf Institutionen verweist. Sie koordinieren letztlich die Handlungen.

Dieser Sachverhalt markiert aus soziologischer Perspektive den Horizont, den Modellierungsbemühungen seitens der KI technisch einzuholen haben. Kontrollmechanismen, die für die Steuerung menschlich-maschineller Kommunikation fruchtbar gemacht werden, erfordern damit ein mehrstufiges Vorgehen. Dem liegt folgende Überlegung zugrunde: Die KI verortet die zu bewältigende Komplexität auf kognitiver und damit individueller Ebene. Soziologisch greift ein solcher subjektivistischer Ansatz zu kurz, weil er konstitutive Aspekte der Organisation von Dialogen aussparen muß. Mit dem Begriff der Interpersonalität als grundlegender analytischer Kategorie wird deshalb ein alternativer Zugang zu einer unterstellten Regelhaftigkeit von Dialogen eröffnet, weil er nicht nur die Unterscheidung von Inhalts- und Beziehungs-, sondern auch von Reflexionsebenen zuläßt.

	Reflexionsebene	
Dialogebene	**Supraebene**	**Infraebene**
Inhalt	Kognitivismus	Institutionalismus
Beziehung	Linguistik	Ethnomethodologie, Konversationsanalyse

Abbildung 8: Dialogorganisation

Erst vor diesem Hintergrund gewinnt die Identifikation dialogsteuernder Parameter praktische Relevanz und schafft die Grundlage für eine Zuspitzung des zu modellierenden Gegenstands. Zur Analyse dialogorganisierender Elemente stehen somit zwei Zugangsweisen zur Verfügung: Einmal können Untersuchungsansätze nach dem Grad der Reflexivität, dann aber auch in bezug auf die Dialogebene unterschieden werden. Auf der Supraebene der Reflexion werden Kontrollprozesse bewußt und reflektiert eingesetzt. Die Infraebene der Irreflexivität setzt tiefer an, weil hier Vorweg-Regelungen zum Tragen kommen, die sich entweder aus evolutionstheoretischer Perspektive früh herausgebildet haben oder institutionell geregelt und damit der Sphäre des gesellschaftlichen Unbewußten zugeordnet werden. Im Mittelpunkt steht dabei nicht das Denken und Handeln isolierter Individuen, sondern deren Einbindung in einen soziokulturellen Kontext. Dieses Faktum prädestiniert die soziale Beziehung zur elementaren Analyseeinheit. Die zweite Unterscheidung der Inhalts- und Beziehungsebene fächert diesen Zusammenhang von einer anderen Seite her auf. Inhaltlich geht es um Strukturen des Kognitionsprozesses und dessen thematische Organisation. Damit setzen sich die Kognitionswissenschaften auseinander, indem sie von innen, also von den subjektiven Denkprozessen her, argumentieren. Umgekehrt erschließen soziologische Theorien zur Institutionalisierung den Bereich des gesellschaftlich Thematisierten von außen, nämlich über die sozialen Bedingungen. Diese müssen den Individuen überhaupt nicht bewußt sein. Auf der Beziehungsebene leisten vor allem Ansätze aus dem Umfeld der Ethnomethodologie und Konversationstheorie Beiträge zur Steuerung von Interaktionsbeziehungen, worin der Einsatz von Macht und Normen zum Tragen kommt. Auch diese Prozesse müssen nicht bewußt ablaufen.

Bisherige, auch sozialwissenschaftliche Ansätze greifen bei der Analyse von Interaktionen zu kurz, weil sie lediglich einzelne Dimensionen herausgreifen und analysieren, diese aber nicht aufeinander beziehen. Eine soziologische Theorie der Interpersonalität umfaßt dagegen alle relevanten Aspekte der Dialogorganisation:

	Reflexionsebene	
Dialogebene	Supraebene	Infraebene
Inhalt		
Beziehung		

Abbildung 9: Theorie der Interpersonalität

Sie stellt den Handlungsaspekt in den Vordergrund und bietet damit eine Zugangsweise zur Mensch-Maschine-Interaktion, welche sie gleichsam von innen, nämlich über eine Rekonstruktion intentionaler Zusammenhänge, aufbricht. Wird sie in den breiteren Kontext institutionell geprägten Handelns eingebunden, steht ein Instrumentarium zur Analyse vernetzter Handlungen zur Verfügung, an welches die kybernetisch motivierten Überlegungen des ersten Teils angekoppelt werden können: Erst die Verknüpfung systemischer

Komplexität und intentional rekonstruierbaren Handelns eröffnet eine Perspektive, welche eine ausschließlich handlungs- oder systemtheoretische Reduktion der Komplexität des menschlichen Umgangs mit Expertensystemen zu vermeiden in der Lage ist. Gleichzeitig soll dieses Vorgehen zeigen, daß sich handlungs- und systemtheoretische Ansätze keineswegs ausschließen, sondern im Gegenteil konstruktiv zusammengeführt werden können. Dazu ist im Anschluß an die herauspräparierten Komplexitätsmerkmale der Mensch-Maschine-Interaktion eine klare begriffliche Unterscheidung der verschiedenen Dialog- und Reflexionsebenen erforderlich. Das Moment der Reflexion ist für interpersonelle Kommunikation nicht obligatorisch, weil die Ebenen auch unbewußt gewechselt werden und Kommunikationsstrukturen mit unterschiedlichen Funktionen wie Verständnissicherung und Beziehungskonstitution im Normalfall simultan ablaufen. Für die Konzeption sich intelligent verhaltender Systeme ist die Entwirrung dieses Konglomerats aus Dialogebene und Reflexionsniveau aber der springende Punkt. Denn das System muß wissen, auf welcher Ebene interagiert wird, und es muß wissen, in welchen Bereichen bestimmte "triggers", also Deskriptoren oder Schlüsselwörter, welche einen Ebenenwechsel signalisieren können, wirksam werden. Das Programm muß also die im Hintergrund wirksame lebensweltliche Steuerung von Interaktion explizieren und repräsentieren.

Das grundlegende Problem dabei liegt im spezifischen Zugang der KI zu diesem Gegenstand. Mit den Kognitionswissenschaften als psychologisch orientierter Grundlagenwissenschaft steht der KI mit den vorgeführten Merkmalen der Interpersonalität ein theoretischer Rahmen auf einem ähnlich abstrakten Niveau gegenüber. Da sie das Faktum der Interpersonalität aber vor dem Hintergrund der technischen Umsetzung in isolierten Computersysteme angeht, stürzen sich die Kognitionswissenschaften mit der Analyse von Denkprozessen recht unvermittelt ins Geschehen. Dagegen mahnt ein soziologisches Vorgehen mit dem Verweis auf die soziale Gebundenheit von Sinn zur Vorsicht. Handlungstheorie, Ethnomethodologie, symbolischer Interaktionismus und Konversationsanalyse stecken ein institutionell vorformuliertes Umfeld ab, innerhalb dessen eine Anbindung dialogkonstituierender Elemente an Möglichkeiten einer Formalisierung erst Sinn macht. Mit der nachgewiesenen Doppelstruktur der Rede und der Unterscheidung von Lebenswelt und Diskurs bietet der Begriff des kommunikativen Handelns einen umfassenden Rahmen, der nicht nur Grenzen der Formalisierung, sondern - in diesem Zusammenhang entscheidend - mit der Beschreibung menschlicher Verständigungsprozesse den Maßstab dafür liefert, welche Beweislast sich die KI mit der Simulation natürlicher Sprache aufbürdet. Weil dieses handlungstheoretische Bezugskonzept der Interpersonalität alle vier aufgeführten Dimensionen umfaßt, wird es mit den entsprechenden Implikationen als Maßstab realitätsgerechter Modellierungen postuliert. Konzeptionell ist nun der Punkt erreicht, an dem Modellierungsansätze nicht nur daraufhin untersucht werden können, welche praktisch relevanten Lösungsvorschläge sie zur Bewältigung des Formalisierungsproblems liefern, sondern vor allem, welche Dimensionen sie dabei abdecken. Damit kann an diese Stelle folgende These formuliert werden:

Beziehen sich forschungspraktische Bemühungen der Nutzermodellierung zur theoretischen Fundierung hauptsächlich auf Lösungsansätze aus dem Bereich der Kognitionswissenschaften, sind sie in doppelter Weise zum Scheitern verurteilt. Weil die Kognitionswissenschaften ihren Forschungsgegenstand der Denkprozesse an isolierte Individuen binden, vernachlässigen sie in sträflicher Weise die Dimension der interpersonalen Beziehung wie auch die Infraebene der Irreflexivität.

2 Zur Kritik des Kognitivismus

Den Kognitionswissenschaften geht es um die Analyse individueller mentaler Repräsentationen (Gardner 1985; Varela 1990). Sie setzen auf dem Abstraktionslevel zwischen Neurophysiologie und Gesellschaftswissenschaften an und klammern störende Faktoren der Kognition wie Emotionen, Hintergrundkontext und kulturelle Bedingungen bewußt aus. Im Mittelpunkt steht die Organisation individueller Kognitionsprozesse und nicht ihr thematischer Gehalt. Damit können sie auf der Matrix zur Dialogorganisation auf der Inhalts- und reflexiven Ebene wie folgt eingeordnet werden:

	Reflexionsebene	
Dialogebene	Supraebene	Infraebene
Inhalt	⬭	
Beziehung		

Abbildung 10: Kognitivismus

Der Computer nimmt als Verifikationsmedium eine zentrale Stellung ein - Programme sollen die Modelle des Denkens auf Konsistenz und Tauglichkeit hin überprüfen. Die Kognitionswissenschaften verbinden Aspekte der KI wie auch der kognitiven Psychologie; denn sie betrachten die Erforschung menschlicher intelligenter Leistung als nicht auszulassenden ersten Schritt zur Entwicklung intelligenter künstlicher Systeme. Die Unterscheidung von Kognitionswissenschaften als Grundlagen- und KI als Anwendungswissenschaft ist dabei idealtypisch zu verstehen. So befaßt sich die KI damit, "Maschinen Handlungen beizubringen, die nach Ansicht der Menschen Intelligenz voraussetzen. Es gibt keine klare Grenze zwischen der Psychologie und Artifizieller Intelligenz, weil das Gehirn selbst eine Art Maschine ist" (Minsky 1990: 328). KI und Kognitionswissenschaften teilen die Prämisse, daß Mensch und Maschine eine identische abstrakte Struktur der Informationsverarbeitung lediglich unterschiedlich realisieren. Dieses Prinzip der Formalität besagt, daß sich Regeln nicht auf individuelle Eigenschaften mentaler Entitäten, sondern auf deren Form und Struktur beziehen.

Das Denken gilt als komplexes Computerprogramm, das aus hierarchisch verteilten und zu (Sub-)Systemen zusammengeschlossenen Einheiten besteht. In neueren Arbeiten der Kognitionswissenschaften dominiert deshalb nicht mehr wie in den siebziger Jahren ein einzelnes Repräsentations- und Verarbeitungsprinzip (Minsky 1991; Schank 1990). Inzwischen wird berücksichtigt, daß dem menschlichen Denken im Gegensatz zu einem digitalen Vorgehen eine Vielzahl von Verhaltensalternativen zur Verfügung steht. Weil es auf unterschiedliche Verarbeitungsmechanismen zurückgreifen kann, ist es weniger an (eindeutige) Stimuli gebunden. Je höher der Integrationsgrad, desto vernetzter sind die Regeln und desto höher sind die Freiheitsgrade des Handelns. Darauf aufbauend können Integrations- und Verknüpfungsregeln zur Informationsverarbeitung nach dem Grad ihrer Komplexität geordnet werden. Dieses Kontinuum von informationsverabeitender Kapazität bezieht sich wiederum nicht auf angebbare Inhalte. Vielmehr geht "eine graduelle Zunahme der Anzahl der Dimensionen mit dem Einsatz höherer struktureller Niveaus einher" (Schroder u.a. 1975: 33): Während ein niedriger Integrationsindex einer relativ festgelegten hierarchischen Organisation auf eine eindeutige Erfassung von Stimuli, wenige Freiheitsgrade und die digitale Ja-Nein-Kategorie begrenzt bleibt, umfaßt ein hoher Integrationsindex neben der unterschiedlichen Kombination dimensionaler Skalenwerte zusätzlich Vergleichswerte.

Um das Gehirn als solchermaßen disperses System zu rekonstruieren, sollen die einzelnen Ansätze - ein Novum in der Geschichte der KI - nicht mehr gegeneinander ausgespielt werden, sondern sich komplementär ergänzen.

Dieser Trend zu einer offeneren KI läßt sich als Tribut an die zahlreichen Fehlschläge, die sie bei der Simulation menschlichen Verhaltens noch immer hinnehmen muß, verstehen. Typisch für die daraus resultierende Rückbesinnung auf die dem Denken zugrunde liegenden Funktionsmechanismen ist die Hinwendung zu entwicklungspsychologischen Konzepten älteren Datums, die sich mit der Entwicklung von Denkprozessen befassen (Freud, Piaget). Mentale Entwicklungen, die sich phänotypisch in Plateaus und Schüben manifestieren, basieren danach nicht nur auf der Erlangung neuer Fähigkeiten, sondern auch und vor allem auf der Ausbildung neuer Methoden der Wissensverwaltung. Kognitive KI-Forschung konzentriert sich heute also auf die Herauspräparierung mentaler Kontrollstrukturen.

Indem der Mensch unter der Perspektive eines informationsverarbeitenden Systems wahrgenommen wird, ist Intelligenz nicht per se an seine Körperlichkeit gebunden. Diese Annahme einer funktionalen Äquivalenz maschineller und menschlicher Informationsverarbeitungsprozesse bildet die tragende Säule aller kognitiv orientierten Spielarten der KI. Sie wollen das allgemeine Format der grundlegenden Bedeutungseinheiten entschlüsseln.

Die unterstellte Vermittlung von Denkprozessen und Wissensinhalten in Form einer "festen Architektur" bzw. eines "biologischen Compilers" bleibt dabei nicht auf das Fachgebiet der Kognitionswissenschaften begrenzt. Daß die kognitionswissenschaftliche Unterstellung des Gehirns als Hardware und der Denkinhalte als Software auch soziologisch reformuliert werden kann, postuliert Fischer in seinem Entwurf einer "kognitiven Soziologie" (1987). Bei der Frage, wie Individuen ihre Handlungen koordinieren, seien Denkinhalte uninteressant, weil sie im Gegensatz zu strukturellen Eigenschaften des Erkenntnissystems unreduzierbar subjektiv seien. Gemäß dem Prinzip des methodologischen Solipsismus vollzieht sich die Konstruktion von Wirklichkeit niemals sozial, sondern immer nur individuell - nämlich im Kopf des jeweiligen Akteurs. Damit hat die Soziologie keinen direkten Zugang zur sozialen Realität, sondern nur zu individuellen Repräsentationen. Gesellschaft im vertraut soziologischen Sinn taucht dabei nicht mehr auf, sondern nur noch in Form einer mentalen Repräsentation. Ihr wird der Status einer pragmatisch wirksamen Illusion zugeschrieben. Was folgt aus einer Konzeption, in der das Faktum des Sozialen in den kontrafaktischen Status einer zufälligen Repräsentation transformiert wird?

Wenn erstens nur noch individuelle Konstruktionen von Wirklichkeit Realität besitzen, bleibt der Soziologie als letzter Bezugspunkt das Individuum, was dann konsequenterweise zur Auflösung jeder Konzeption von Gesellschaft führen muß. Zweitens versperrt die Analogie von Gehirn und Denken mit Hardware und Software und die daran gekoppelte Unterstellung des Primats von Denkprozessen gegenüber Denkinhalten den Zugang zur Kontextgebundenheit von interaktiven Handlungen. Kann die Soziologie nachweisen, daß Sinn situativ gebunden ist, gehen kognitivistische Ansätze am Kern der Modellierung von natürlicher Sprache vorbei, weil die Infraebene der Irreflexivität ausgeblendet wurde. Drittens verschließt die Perspektive des methodologischen Solipsismus den Zugang zur Sprache als sozialem Phänomen. Die entwicklungspsychologische Ausdifferenzierung kognitiver Kapazitäten kann dialogische Komplexität konzeptionell nicht nachzeichnen, weil ihr das Moment der gemeinsamen Definition von situationalen Bezügen fehlt. Dem entspricht in der Abbildung die untere Hälte der Beziehungsebene.

An welchem Punkt haben soziologische Überlegungen also konsequenterweise anzusetzen? Kognitionspsychologische Ansätze basieren auf einem auf Bewußtsein und Denken verengten Blickwinkel. Sie befassen sich mit Strukturen des Wissens; soziologische Handlungstheorien thematisieren dagegen menschliche Dialogtätigkeiten als Sprechhandlungen. Beide Ansätze konvergieren im Medium der Sprache. Weil ihre Formalstruktur ohne situative Einbindung, ohne Berücksichtigung von Phänomenen wie Kreativität, Entscheidungen, Wille, Emotion und Absicht nicht gefunden werden kann, gehen vereinzelte Teile der Kognitionswissenschaften inzwischen der Frage nach, was es bedeutet, "über die gleichen Begriffe zu sprechen", "sich zu verständigen" (Norman 1981). Handlungstheoretisch vollzieht sich der Erfolg einer Verständigung über den Abgleich reziproker Erwartungen - im Rahmen von Konventionen. Das Zusammenspiel von Referenz und Verständnis funktioniert somit als nicht-linguistischer Aushandlungsprozeß gegenseitiger Erwartungen, in welchem Sprecher und Hörer zum einen die vermittelten Informationen wechselseitig kodieren und dekodieren. Das gelingt nur, wenn Ego Alters Dekodierung der Information implizit vorwegnimmt. Dazu muß er sich in Alters Rolle versetzen (können). Wenn darüber hinaus absichtliche Verletzungen der Gesprächsregeln den tatsächlich gemeinten Sinn einer Äußerung ausdrücken sollen, nimmt der Hörer "dies als Signal dafür, daß die Mitteilung eine versteckte Bedeutung enthält." (Norman/Rumelhart 1978: 91) Dazu aber müssen die Dialogpartner die herrschenden Konventionen kennen - sie müssen über Wissen von sozialen Situationen verfügen. Was zeichnet solches Wissen aus?

Kapitel 3

Zur Institutionalisierung von Interaktion

Menschen handeln aufgrund der Bedeutung von Dingen, und diese Bedeutung entsteht in der Interaktion. Sie unterliegt aber nicht nur einem interpretativen Prozeß. Die Interpretation ist mehr noch ein genuiner Bestandteil der Handlung; das Erfassen einer Bedeutung macht Handlung möglich. Ego muß die Situationsdefinition von Alter in den eigenen Handlungsentwurf miteinbeziehen - denn in den Wechsel- und Austauschbeziehungen werden vorgegebene Bedeutungen permanent erneuert, erweitert und verändert (Blumer 1973: 96). Die Definition der Situation entspricht dem Sinnverständnis der Beteiligten vom aktuellen Verhalten und Handeln zu einem bestimmten Zeitpunkt. Ego handelt aufgrund von Erwartungen, welche auf einer Situationseinschätzung basieren, was eine ständige Neu-Interpretation der Bedeutung erfordert. Einer Situation liegt der lebensweltliche Wissensvorrat zugrunde. Er geht wiederum auf Sedimentierungen subjektiver Erfahrungen zurück und steht typisiert zur Verfügung. Handlungspraktisch werden Bedeutungen durch vorgreifende Aktivitätsfestlegung und rückgreifende Bezugnahme wechselseitig akzeptierbar und identifizierbar gemacht. Die Grundstruktur des Aushandlungsprozesses - ein Komplex von vier aufeinander bezogenen Äußerungen von zwei alternierenden Sprechern - besteht darin, "daß Folgen von Vorschlägen und Reaktionen ablaufen, an deren Endpunkt eine als gemeinsam angesehende Interpretation bzw. Bedeutung steht" (Kallmeyer 1981: 93). Gemeinsame Sinnbildung ist möglich, "wenn nicht nur kommunikative Einzelakte durch Zeichen *hindurchgehen*, sondern wenn die Kommunikation als ein Geflecht von Akten sich in der kontingenten Sphäre der Zeichen, in ihrer Materialität aufhält und eben darin ihre Produktivität entfaltet. Der Sinn stünde und entstünde sozusagen zwischen den Zeilen." (Waldenfels 1980a: 163) Was heißt das?

Aneinander anschließende Äußerungen genügen dem Prinzip der Kohärenz - sie "passen". Sprachliche Handlungen greifen in Form einer sukzessiven Verkettung oder simultanen Verflechtung ineinander. Bei der sukzessiven Verkettung knüpft die Gegenäußerung an die vorhergehende an und setzt sie fort. Der Rollentausch ist eine Transformation mit eigenen Gesetzen im Sinne einer Koproduktion, weil in der Kommunikation nicht Fertiges ausgetauscht, sondern Neues produziert wird. Das macht seine emergent zu deutende Dynamik aus und bildet eine entscheidende Komplexitätsgrenze der KI. Die simultane Verflechtung ermöglicht gleichzeitige Äußerungen (Sprechen, Hören, Gestik usw.); die Wechselrede als gegenläufige Doppelbewegung besteht aus Rede und Gegenrede und impliziert damit gleichzeitig die Abfolge von Frage und Antwort. Aber auch eine Frage ist nicht nur einfach der rein aktive Teil, die Unterscheidung von aktiv und passiv wird im Begriff der "Koaktualität" vermittelt (Waldenfels 1971: 150). Stellt die Annahme der gemeinsamen Sinnbildung in einem gemeinsamen Kontext das sequentielle und reaktive Sprecher-Hörer-Schema zugunsten der Simultaneität in Frage - was zeichnet sie aus?

Sinnbildung ist mehr als Bedeutungsverleihung und Regelanwendung, nämlich "Fortbildung eines Kontextes" (Waldenfels 1980a: 177). Dabei ordnen sich sprachliche Einheiten auf den beiden Ebenen des Nacheinander und Miteinander (syntagmatisch) und nach dem Prinzip des Statteinander (paradigmatisch) an. Mit jeder Stufe (Laut-, Wort-, Satz-, Wortfolgenbildung) der Kontextfortbildung nehmen die Möglichkeiten der Sinnbildung exponentiell zu. Deshalb sind die beiden antagonistischen Prozesse der Kombination (Erhöhung von Komplexität) und Selektion (Reduktion von Komplexität) im Dialog streng aufeinander bezogen und wirken geordnet ineinander. Geordnet deshalb, weil sie dem Prinzip des minimalen Aufwandes genügen:

> **Dialogpartner können mit Ungenauigkeiten souverän umgehen, weil sich der Sprecher auf die Implikationskompetenz des Hörers verläßt. Das Problem des Verstehens ist somit ein Problem der Rekonstruktion dessen, was fortgelassen wird. Diesen ökonomischen Mechanismus nenne ich Minimum-Prinzip: Die Alltagssprache wirkt unvollständig und schlampig, erfüllt aber ihren Zweck. Mehr noch - eine größere Genauigkeit würde nur Verwirrung stiften; denn plötzlich stünden Themen zur Disposition, deren Diskursivierung überhaupt nicht erforderlich ist.**

Formalisierende Bemühungen zum Sprachverstehen sind nun darauf angewiesen, das "Fortgelassene" in Form von Regeln zu explizieren. Deshalb sollen diese Momente der Selektion und Kombination mittels der Annahme einer Regelgeleitetheit sozialen Handelns angegangen werden. Dazu bietet sich die Theorie der Institutionalisierung an.

1 Von Institutionen zu Gesprächsregeln

Institutionen im soziologischen Kontext beziehen sich auf geronnene und verfestigte Verhaltensweisen. In diesem Sinn können sie als überpersonales kognitives Systems bezeichnet werden (Douglas 1991: 11). Gleichzeitig werden sie als Konventionen wirksam. Der ökonomische Institutionen-Ansatz nach Schotter (in Douglas 1991: 83) operiert nun interessanterweise mit einem kybernetischen Informationsbegriff, was die Möglichkeit einer KI-spezifischen Präzisierung des Institutionenbegriffs erlaubt. Wenn nämlich mit steigender Prognostizierbarkeit der Informationsgehalt sinkt, sind die institutionellen Regeln Ausdruck vergangener Erfahrungen und dienen als Leitfaden für das in Zukunft zu Erwartende. Institutionen verringern Entropie, indem sie Ungewißheiten unter Kontrolle bringen und menschliches Verhalten in konforme Bahnen lenken. Diese durch das Gedächtnis wirksam werdende Steuerungsfunktion sorgt dafür, daß nur die Erfahrungen erinnert werden, die in den aktuellen Sinnhorizont passen. Damit liefern Institutionen nicht nur Denkkategorien, sondern auch Handlungsschemata. Bereits einfache Akte des Klassifizierens und Erinnerns sind institutionalisiert, weil Institutionen nicht erst im reflexiven Denkprozeß, sondern gleichsam im gesellschaftlichen Unbewußten - auf der Infraebene - ansetzen.

	Reflexionsebene	
Dialogebene	Supraebene	Infraebene
Inhalt		
Beziehung		

Abbildung 11: Instititutionentheorie

Die Legitimität und Rechtfertigung dieser gedanklichen Strukturen, also die kognitive Verankerung von Institutionen, sucht Douglas im Prinzip der Analogie. Denn das kognitive Element zeichnet Institutionen in der Natur nach, "indem es aufzeigt, daß die formale Struktur der Institutionen mit formalen Strukturen im außermenschlichen Bereich übereinstimmt" (1991: 93). Damit bürdet sie sich freilich das Problem eines regressus ad infinitum auf. Um nämlich die gesellschaftliche Bedingtheit unserer Denkschemata zu reflektieren, greift sie (notwendigerweise) auf Klassifikationen zurück, die ebenfalls institutionell vorformuliert zur Verfügung stehen. Dieses Paradoxon löst die Theorie der Institutionen nicht. Wenngleich die Forderung nach einer Klassifikation der Klassifikationsstile als Schritt zu einer systematischen Rekonstruktion unseres eigenen institutionalisierten Denkstils nicht eingelöst wird (weil der Rekurs auf außerinstitutionelle Analogien, die ja selbst wieder institutionell gebunden sein können, den labilen Stützpfeiler dieses Gedankengebäudes darstellt), bleibt als wichtiges Ergebnis festzuhalten, daß unser gesamtes Denksystem nicht nur "irgendwie" kulturell, sondern in erheblichem Umfang gesellschaftlichen Regelungsmechanismen unterliegt. Welche Konsequenzen sind daraus zu ziehen?

Der Schritt zu einer Formalisierung von kognitiven Prozessen greift zu kurz, wenn er wie bei den kognitiven Wissenschaften individualpsychologisch ansetzt. Wenn tiefgreifende Entscheidungen nicht von Individuen als solchen getroffen werden, sondern von Individuen, "die innerhalb von Institutionen und für Institutionen denken" (Douglas 1991: 199f), heißt eine rationale Wahl treffen also nicht, zwischen individuellen Präferenzen, sondern unter sozialen Institutionen auszuwählen. Das betrifft nicht nur phänotypische soziale Handlungsmuster, sondern auch und vor allem grundlegende Entscheidungs- und Präferenzsysteme. Man muß also die institutionelle Gebundenheit des Handelnden verstehen, um sein Handeln zu rekonstruieren.

Wird individuelles Handeln in diesem Sinn als gesellschaftlich präsupponiert und damit als regelgeleitet postuliert, kann der Rollenbegriff als ein der Institution komplementärer Begriff verwendet werden. Die Unterstellung einer systematischen Normierung und Sanktionierung erwarteter Verhaltensweisen macht soziale Strukturen transparent. Prinzipielles Defizit der Rollentheorie jeglicher Couleur ist allerdings die (notwendige) Unterstellung eines Normalfalles der Interaktion, "der in Wahrheit ein pathologischer Grenzfall ist. Nämlich volle Komplementarität der Erwartungen und des Verhaltens, die nur um den Preis der Unterdrückung von Konflikten zu erzwingen ist (pseudomutuality); ferner die Deckung von Definition der Rolle und Interpretation der Handelnden, die nur um den Preis des Verzichts auf Individuierung zu erreichen ist (rigidity) und schließlich die Abbildung der Norm auf der motivationalen Ebene verinnerlichter Rollen, die nur um den Preis einer zwanghaft automatischen Verhaltenskontrolle zu verwirklichen ist." (Habermas 1973: 127) Eine solche "Normalsituation" ließe sich tatsächlich als vollständig regelgeleitet rekonstruieren und entspräche damit dem Idealtyp eindeutig berechenbaren Handelns - der totalen Institution.

Könnte sie als praktisch wirksames, handlungsleitendes Prinzip nachgewiesen werden, brächte dies die KI einen entscheidenden Schritt nach vorn. Sie könnte dann Handlungssequenzen vorab definieren, um sie im nächsten Schritt programmtechnisch umzusetzen. Die Möglichkeit einer solchen Modellierungsstrategie steht und fällt also mit der Frage, ob Institutionen als totale Institutionen beschreibbar sind.

Die Vorstellung rollengeleiteten sozialen Handelns bietet zur Klärung dieses Problems einen passenden Zugang, weil sie das handelnde Individuum als Funktion von Vorgängen begreift, die auf sozialen Strukturen basieren. Sollen daraus Regeln abgeleitet werden, müssen die sozialen Strukturen formalisiert und damit ihrer situationalen Kontexte entkleidet werden. Daß dies aus prinzipiellen Gründen nicht möglich ist, kann anhand einer Kritik der Rollentheorie gezeigt werden. Sie wird ebenso wie die KI sozialem Handeln nicht gerecht, weil sie für das Individuum entscheidende Handlungsdimensionen unberücksichtigt läßt (Habermas 1973: 125-128): Das Integrationstheorem setzt die Kongruenz zwischen Wertorientierung und Bedürfnisdisposition, also eine institutionell hergestellte Komplementarität von Erwartungen und Bedürfnissen, voraus. Empirisch ist diese Annahme nicht haltbar. Denn eine volle Komplementarität der Erwartungen kann nur unter Zwang hergestellt werden. Weiter unterstellt das Identitätstheorem eine volle Kongruenz zwischen Rollendefinition und Rolleninterpretation. Das entspräche der totalen Institution, dem pathologischen Fall der eindeutigen und zuverlässigen Prognostizierbarkeit von Verhalten. Rollen sind aber nie vollständig definiert, sondern lassen immer einen mehr oder weniger großen Handlungsspielraum offen, der im situationalen Aushandlungsprozeß gründet. Schließlich geht die Rollentheorie davon aus, daß geltende Normen auch tatsächlich befolgt werden. Autonomie wäre in diesem Zusammenhang als Grad der Abweichung von vorformulierten Handlungssequenzen zu verstehen. Weil in die Rolle sowohl deren Internalisierung als auch die Distanzierung von ihr strukturell eingebaut ist, muß auch diese Annahme relativiert werden.

Vor einem solchen idealisierten Hintergrund entspräche menschliches Verhalten den prognostizierbaren Handlungsschritten eines Roboters - eine unsinnige Annahme. Nicht nur pathologisch, sondern auch logisch inkonsistent ist die Annahme einer vollständigen Übereinstimmung von Rollenerwartung und -verhalten deshalb, weil der dem Rollenbegriff zugrundeliegende Begriff des Befolgens einer Regel seinen Sinn verliert, wenn mit der Möglichkeit der Regelbefolgung nicht auch die Möglichkeit der Regelverletzung konzeptionell mitgedacht wird. Institutionen und Rollen schränken die Freiheitsgrade des Handelns ein, ohne aber das Individuum auf punktuelle Verhaltensweisen festzulegen. Auch in menschliches Rollenverhalten ist die Möglichkeit seiner Reflexion und Distanzierung per definitionem eingelassen. Individualität steht nicht in Widerspruch zu sozialer Bedingheit von Handlung - wohl aber zur Annahme ihrer vollkommenen Berechenbarkeit und damit Transformierbarkeit in Regeln. Die von der Rollentheorie vernachlässigten Dimensionen der Repression, Diskrepanz und Rollendistanz markieren den der totalen Instititution gegenüberliegenden Pol offener Handlungsspielräume. Damit können sie komplementär zu den Dimensionen der Integration, Identität und Konformität als Maßstab der Institutionalisierung umgedeutet werden. Die Rollentheorie erfährt eine entscheidende Modifikation, weil Handeln nicht mehr auf der Folie eines vorgegebenen Formalismus' nachgezeichnet werden kann, sondern als Aushandlungsprozeß, als Balanceakt zwischen den Polen der Handlungsdetermination und Freiheit, reflektiert werden muß.

Darauf, daß Verständigungsprozesse dennoch (formalen) Regeln gehorchen, setzt die KI große Hoffnungen. Für die dialogspezifische Eingrenzung der Regelhaftigkeit sozialen Handelns liefern vor allem sozialwissenschaftlich motivierte Überlegungen einige plausible Argumente. Verständigung vollzieht sich im Rahmen von Konventionen und fußt auf dem Minimum-Prinzip (eine Äußerung beinhaltet explizit nur so viel, wie - wechselseitig unterstellt - zum Verständnis nötig ist). Verständigung läuft also über den Abgleich reziproker Erwartungen. Die Explikation des Impliziten wird im alltäglichen Handeln aus funktionalen Gründen sparsam gehandhabt, weil soziale Mechanismen - eben Institutionalisierung, Konventionen und Rollen - für die Organisation und Einübung dieser Alltagsökonomie verantwortlich sind. Daß Regelhaftigkeit als "unhinterfragte Anerkennung und Geltung des gemeinsamen kulturellen Hintergrundwissens eine notwendige Voraussetzung sozialer Ordnung darstellt" (List 1983: 112), verdeutlichen die Krisenexperimente der Ethnomethodologie (Garfinkel 1967: 1-35; Mehan/Wood 1976: 49). Durch das fortwährende Insistieren auf mehr Klarheit und durch den absichtlichen Verzicht auf selbstverständliches Hintergrundwissen in alltäglichen Handlungssituationen verfremden sie die vertraute Welt und demonstrieren damit deren anerkannte Geltung. Dabei wird klar, daß Personen ausgeprägt aufgrund von vorgezeichneten Verhaltensregeln handeln, ohne sich dessen im geringsten bewußt zu sein. Solche Regeln bleiben im Hintergrund in dem Sinn funktional wirksam, als sie uns z.B. ermöglichen, Konversationen weitgehend störungsfrei abwickeln zu können. Mit dem Rekurs auf das ethnomethodologische Theorieprogramm können einige solcher Regeln formuliert werden (Cicourel 1975: 89-94; Garfinkel 1967: 24-31):

- *Minimumprinzip der Verständigung*: Nicht-Ausgesprochenes kann aufgrund des Kontexts ergänzt werden (Auffüllen von Leerstellen), was die Sprechakttheorie als konversationelle Implikatur thematisiert. Dabei wird soziales Wissen als Kenntnis der Randbedingung vorausgesetzt (Wissen über Biographie und Absichten des Sprechers).
- *Reziprozität der Perspektiven*: Daran knüpft der als legitim anerkannte Anspruch auf Unterstellung von Sinnübereinstimmung und reziprok geteilter Erfahrungen der Beteiligten an.[9] Bei der retrospektiv-prospektiven Deutung von Äußerungen spielen Handlungserwartungen und ihre Erfassung (Perspektivität) eine überragende Rolle. Unterstellt wird dabei eine "Normalsituation" der Kommunikation so lange, bis etwas schiefläuft. Bei Störungen werden Auffassungsunterschiede und Mehrdeutigkeiten tendenziell normalisiert. Gelingt das nicht mehr, wird ein anderer Bezugsrahmen aktiviert.
- *Indexikalität/Kontextgebundenheit*: Die Bedeutung indexikalischer Ausdrücke kann nur unter Rekurs auf den situativen Kontext ihrer Äußerung bestimmt werden, was Wissen über den situativen Kontext wie auch über den Sprecher voraussetzt. Die Bedeutung und Funktion sprachlicher Symbole entzieht sich vollständiger Explikation, was aber kein Mangel, sondern "praktische Rationalität" darstellt (List 1983: 61f). Das läßt sich als Paradox formulieren: kontextuelle Eindeutigkeit ist bei prinzipieller Vagheit möglich. Sind Äußerungen in viele Richtungen auszudeuten, minimiert der Kontext sukzessiv ihren Bedeutungsüberschuß. Um letzteren in Grenzen zu halten, muß, statt kausal geschlossen, interpretiert werden. Prinzipiell nicht vermeidbar ist er ein Indikator für Grenzen der KI.

Während die Linguistik formale Regeln voraussetzt, bemüht sich die Ethnomethodologie um deren Rekonstruktionsprozeß. Regeln werden als normativ wirksame Konstruktionen begriffen, wenngleich sie - scheinbar widersprüchlich - in einen Rahmen gestellt werden, der auf Grenzen der Explizierbarkeit der Bedeutung von Äußerungen zielt. Die für uns selbstverständliche Identität von Handlungsrealisierung und praktischer Handlungsbeschreibung soll

9 Die Reziprozität von Perspektiven fußt auf einer Formalstruktur der Perspektivenübernahme, die dem von Mead beschriebenen Prozeß der Rollendifferenzierung entspricht (Edelstein/Keller 1982: 26): Erkenntnis der Subjektivität der Perspektiven, reflexives Verständnis der Subjektivität, wechselseitige Perspektivenübernahme, Reflexion der Handlungen aus der Perspektive des "generalisierten Anderen". Diese postulierte Formalstruktur hat allerdings den entscheidenden Nachteil, daß sie nicht formalisierbar ist. Sie müßte über Inhalte hinwegsehen, welche in diese Überlegungen aber konstitutiv eingelassen sind.

damit auseinanderdividiert werden. Verstehen vollzieht sich über den Abgleich von Abweichungen zur Normalform. Dieser Bezug zur Abweichung von der Normalform ist nicht herstellbar, wenn die Normalform nicht explizit gemacht wird. Dazu ist die KI nicht in der Lage, wenn sie nicht wie mikrosoziologisch orientierte Handlungstheorien Stabilität, Ordnung, Einheitlichkeit, Selbstverständlichkeit statt Dimensionen wie Veränderung, Unordnung, Verschiedenheit und Überraschung zu erklärungsbedürftigen Fakten qualifiziert.

Erweisen sich sozialwissenschaftliche Erklärungen des Bedeutungsproblems für eine Modellierung von Dialogen auf der bisherigen Stufe als zu abstrakt, bietet sich die Sprechakttheorie an, diese Lücke zu füllen. Einerseits teilt sie mit den Sozialwissenschaften das Beharren auf dem intentionalen Handlungscharakter von Interaktion, andererseits bemüht sie sich in linguistischer Tradition um die Identifikation formaler Regeln des Interaktionsgeschehens. Kann sie zwischen den beiden Dimensionen vermitteln? Als Minimalziel eines Gesprächs nimmt sie den effektiven Austausch von Informationen an (Grice 1979: 252f). Dazu gehören spezifische Intentionen und Ziele der Beteiligten. Weiter ist für zwischenmenschliche Kommunikation die Möglichkeit des Wechsels von der inhaltlichen auf die Beziehungsebene konstitutiv. Die Beiträge der Dialogpartner sind interdependent und bedingen einen nicht prognostizierbaren Verlauf - er ist ex ante als kombinatorische Explosion beschreibbar. Geht es in Dialogen um die Durchsetzung kommunikativer Absichten, müssen diese vom Dialogpartner auch verstanden werden. Dazu sind so unterschiedliche Anforderungen wie Klärungsdialoge (Rückfragen), Feststellungen des Referenzobjekts und die Interpretation (Quantifizierung) vag-unscharfer Ausdrücke zu bewältigen. Was nun macht Verstehen aus?

"Verstehen" definiere ich in diesem Kontext als den nicht-kausalen, sondern auf dem Minimum-Prinzip basierenden interpretierenden Schluß vom Gesagten auf das Gemeinte.

Das kann identisch sein, muß aber nicht. Der Sprechakt allein führt noch nicht zu einer richtigen Interpretation. Zum Verstehen gehört auch das Erkennen des Vorwissens der Dialogpartner, was bereits zu kontextuellen Verstehensbedingungen überleitet. Die Ankopplung von Verstehensleistungen an ihre Produktions- und Kontextbedingungen in Anlehnung an Habermas' Wahrheitsbegriff (wir verstehen einen Sprechakt, wenn wir wissen, was ihn akzeptabel macht) ist mehrdimensional angelegt, soll hier aber nicht philosophisch, sondern konversationsanalytisch weiter verfolgt werden.

Die Sprechakttheorie legt den Schwerpunkt auf die Handlungsdimension der Sprache. Dialogbeiträge werden vor dem Hintergrund ihres auffordernden, handlungsrelevanten Charakters analysiert. Damit sie gelingen, sind nach Searle (in Schoenthal 1979: 46-65) einige Bedingungen zu erfüllen: Als wesentliche Voraussetzung gilt die Aufforderung als Versuch, den Hörer zur Handlungsausführung zu bringen. Im propositionalen Gehalt (Satzinhalt, Satzbedeutung) muß die zukünftige Handlung des Hörers auch ausgesagt werden, als Einleitungsbedingung ist der Hörer zur Ausführung in der Lage, und schließlich wünscht der Sprecher auch die Ausführung durch den Hörer (Aufrichtigkeitsbedingung). Diese Bedingungen sind nun freilich sehr idealtypisch formuliert, denn die Crux liegt in der Erschließung des propositionalen Gehalts einer Äußerung. Um Sprechhandlungen in den eigenen Sinnhorizont einzubetten, muß der Hörer nicht nur zwischen Gesagtem und Gemeintem unterscheiden können, er muß auch vom Gesagtem auf das Gemeinte schließen; er muß mit indirekten Sprechakten umgehen können (was die Sprechakttheorie als konversationelle Implikatur bezeichnet). Solche indirekten Sprechakte funktionieren durch den Rückgriff auf wechselseitig geteiltes Hintergrundwissen - die Lebenswelt. Damit dies gelingt, muß vom guten Willen der Beteiligten ausgegangen werden, weil sie mit dem Dialog eine kommunikative Absicht verbinden.

Diese stillschweigend angenommene und darin auch wirksame Unterstellung nennt Grice Kooperationsprinzip: "Mache deinen Gesprächsbeitrag jeweils so, wie es von dem akzeptierten Zweck oder der akzeptierten Richtung des Gesprächs, an dem du teilnimmst, gerade verlangt wird." (Grice 1979: 248) Das ist idealtypisch zu verstehen, weil eine Nichtbefolgung des Prinzips nicht unbedingt zum Scheitern der Konversation führen muß. Weiter formuliert Grice vier Konversationsmaximen als Bedingungen für gelingende Kommunikation, nämlich die Maximen der Quantität, Qualität, Relation und Modalität. Sie dienen dazu, das für Kommunikation so konstitutive Phänomen der konversationellen Implikatur zu erklären. Für eine Modellierung der Maximen auf dem Computer ist allerdings deren explizite Abarbeitung erforderlich. Probleme enstehen neben den bereits aufgeführten Gründen durch sich ausschließende oder zumindest widersprüchliche Implikationen der Maximen, z.B. daß die Antwortenden immer genau eine richtige Antwort parat haben und daß keine Konflikte zwischen den Maximen auftreten (z.B. zwischen Quantität und Qualität). Habel/Rollinger (1980: 87) fügen den vier Maximen deshalb eine fünfte, die der Schnelligkeit, hinzu. Dabei kann es allerdings leicht zu Konflikten zwischen Quantität und Qualität/Schnelligkeit kommen, was durch Formalisierungsversuche in der Form von "sei informativ" vs. "sei so informativ wie erforderlich" eingefangen werden soll. Das trifft zu - geht am eigentlichen Problem aber völlig vorbei. Warum?

> **Die Tatsache der Simultaneität und Überschneidung der Maximen sprengt den Rahmen einer sequentiellen Abarbeitung und muß als irreduzibel dynamische Komponente berücksichtigt werden. Das Komplexitätsmerkmal der Dynamik leitet auf die Stufe der Kybernetik III über, der sequentiell nicht mehr beizukommen ist. Die herauspräparierten Konversationspostulate sind interaktiv und vernetzt wirksam und müssen auch so nachgebildet werden - oder gar nicht.**

Was macht das spezielle Wissen darüber aus, was in einem Gespräch relevant ist? Wie wird die Lücke zwischen Gesagtem und Gemeintem geschlossen? Zum rekonstruktiven Verstehen von Alltagshandeln ist eine analytische Trennung zwischen dem, was gesagt, und dem, was gemeint ist, erforderlich. Dazu setzt Goffman (1981: 6-9) beim "dialogischen Format" der Dialogeinheit, dem Zusammenspiel von Frage und Antwort an. Die Antwort als der abhängigere Teil ist nach rückwärts, die Frage dagegen nach vorn gerichtet. Goffman's Programm läßt sich als Schlüssel-Schloß-Prinzip rekonstruieren. Einmal bildet eine Frage ein Raster, deren Explikationen nicht mehr wiederaufgenommen werden; die Antwort füllt nur noch Leerstellen auf: "Wer kann wen sehen?" "Die Frau das Mädchen." Betrachtet man jedes Moment einer Interaktion als Füllung einer spezifischen Leerstelle, dann besetzt eine Frage bereits einige Leerstellen, die aufgrund ökonomischer Erfordernisse nicht doppelt belegt sein müssen. Zum zweiten sind Fragen hierarchisch, also auf mehrere Ebenen verteilt, eingebettet, ohne daß der jeweilige Bezug verlorengeht. Das kann innerhalb von Rahmen dargestellt werden. Als grundlegendes Prinzip werden dabei viele Implikationen gar nicht expliziert, sondern an den Kontext "delegiert". Im Gegenteil werden oftmals Informationen zusammengezogen, und die dazwischen liegenden Schritte können nur ex post extrahiert werden.[10]

Das Faktum der Kontextgebundenheit von Sprache demonstriert somit den Unterschied zwischen maschinellem und menschlichem Verstehen: Die maschinelle Simulation von Dialogprozessen ist architektonisch darauf angewiesen, prospektiv zu schließen. Damit liegt ihr die Annahme eines eindeutigen Ursache-Wirkungsverhältnisses zugrunde. Menschliche Kommunikation basiert dagegen auf dem dem - ebenso retrospektiv wirksamen - Schluß vom

---

10 Beispiel: A: "Kommst du?" B: "Ich habe zu arbeiten." Dieser Dialog steht für die schwerfälligere Version: A: "Kommst du?" B: "Nein." A: "Warum nicht?" B: "Weil ich zu arbeiten habe."

Gesagten auf das Gemeinte, weil nicht kontextunabhängige Informationen, sondern situativ gebundene Bedeutungen interpretativ erschlossen werden.

Wenn neben den formalen, linguistisch analysierbaren Komponenten der Referenz auch die sozialen Aspekte von Verständigung berücksichtigt werden sollen, muß die KI ihre technische Interessen zunächst zurückstellen. Bei der konversationellen Implikatur wird eine Maxime verletzt; und die Nichtbefolgung veranlaßt den Adressaten, etwas anderes, Sinnvolles und Konsistentes hinter dem Gesagten zu vermuten. Die Bedeutung entsteht dabei durch den Abgleich positiver Annahmen und der negativen Tatsache der Nichtbefolgung des Normalfalls. Zuerst wird der Normalfall geprüft, dann werden Abweichungen verarbeitet. Konversationelle Implikaturen sind mit den Diskursmerkmalen des Kooperationsprinzips und der Relevanz eng verknüpft, weil sie konsistente Interpretationen erst ermöglichen. Wie geschieht das? Searle (1980: 130f) schlägt ein mehrstufiges Vorgehen vor, das er in zehn Schritten an einem Beispiel vorführt. Die wörtliche Äußerung heißt primärer Illokutionsteil und wird dadurch verstanden, daß der Dialogpartner einen sekundären Illokutionsakt vollzieht, der sich vom wörtlichen unterscheidet. Alter ermittelt also eine Differenz zwischen primärem Illokutionszweck und der wörtlichen Illokution - das Gesagte wird aus dem Gemeinten abgeleitet.

Das entscheidende Manko liegt nun darin, daß Searle außer der Einführung sprechakttheoretischer Begriffe sowie dem Verweis auf allgemeine Gesprächsprinzipien und gegenseitiges Hintergrundwissen keine theoretischen Instrumente vorzulegen hat, wie diese Ableitung zu rekonstruieren sei. Er arbeitet sein Beispiel deskriptiv ab, kann aber keine über den konkreten Fall hinausgehenden Regeln zu einem systematischen Vorgehen angeben. Auf genau solche Regeln aber ist die KI angewiesen. An diesem Punkt kommt er wie auch Grice keinen Schritt weiter. Zur Lokalisierung und zum Verständnis konversationeller Implikaturen halten beide Informationen über die Bereiche der konventionellen Bedeutung der verwendeten Worte samt ihres jeweiligen Bezugs, des Kooperationsprinzips und seinen Maximen, des sprachlichen und sonstigen Kontexts der Äußerung, sowie anderes Hintergrundwissen und schließlich Wissen um das wechselseitige Wissen über die Relevanz des Gesagten für erforderlich (Grice 1979: 255). Identifiziert man "sonstigen Kontext der Äußerung" und "Hintergrundwissen" als kritischen Punkt, sind mit o.g. Informationen keine Probleme über den Stand der Ethnomethodologie hinaus gelöst. Mit der Unterscheidung zwischen dem, was gesagt und gemeint wird, hat Grice deskriptiv recht. Er bietet aber keine Anleitung zur adäquaten Deutung, weil er die sozialen Kontextbedeutungen nicht analysiert. Die Suche nach dem Standardtyp des Gesprächs führt über Abweichungen; aber um über Verstöße gegen Maximen Information über das Intendierte zu gewinnen, ist Kontextwissen erforderlich.

Daß sowohl Searle wie auch Grice keine Regeln für das Verstehen von indirekten Äußerungen anzugeben in der Lage sind, verwundert nicht. Der soziale Kontext sperrt sich aufgrund seiner Situationalität per definitionem gegen eine Formalisierung. Im Gegensatz zum formalen Informationsbegriff geht die Sprechakttheorie zwar über das Rundfunkmodell der Sprache als Behälter für Informationen hinaus. Denn eine Äußerung kann erst dann vollständig dekodiert werden, wenn die vom Sprecher intendierten Handlungsintentionen adäquat erfaßt sind. Sie nimmt aber immer noch an, "daß die Charakteristika der Handlungsform Sprechen ohne Informationsverlust auf die Regeln des Repräsentationsmediums Sprache projizierbar seien" (Streeck 1978: 25). Das ist auch eine notwendige Prämisse der KI, will sie sprachliche Gebilde einer digitalen Repräsentation und Verarbeitung zuführen. Damit teilt die Theorie der Sprechakte sowohl Merkmale der inhaltlich orientierten Handlungstheorie wie auch der auf Formalismen bedachten Informationswissenschaften. Mit dem Kooperationsprinzip, den daran geknüpften Konversationsmaximen und damit erklärten Implikaturen liegt die Sprechakttheorie richtig. Es geht um die Erschließung der Semantik und Pragmatik. Sie begeht aber einen Fehler, wenn sie das Erkennen intendierter illokutionärer Intentionen als Input-Output-Modell reformuliert. Danach wird nur sprachlicher Input verarbeitet, und zwischen Input und Output besteht eine konventionelle Beziehung. Deshalb sind bei der Generierung des Outputs außer syntaktischen Zerlegungsoperationen (Parsing) keine aktiven kognitiven Leistungen erforderlich. Ein solcher Ansatz greift zu kurz, weil Informationsflüsse nicht linear auf hintereinander geschaltete Sequenzen reduziert werden können, sondern simultan ablaufen. Die Sprechakttheorie ist zu rigide, zu formal ausgerichtet. Die Satzpragmatik kann linguistisch nicht erschlossen werden.

2 Von Plänen zu Regeln

Im Anspruch, Sprechhandlungen in Regeln fassen zu könen, steckt die Vorstellung, menschliche Handlungen seien ex ante von Plänen geleitet; Handlungen setzen Pläne gleichsam um. Genau so operiert die KI (Wilensky 1983). Aber leiten tatsächlich Pläne unser Verhalten? Jede Aktivität ist verkörpert und konkret, eine "Aktion in Situation" (Suchman 1987: 50). Mit der Sprechakttheorie lassen sich indirekte Sprechakte post hoc gut interpretieren und rekonstruieren. Auch kann man mit Hilfe von Plänen absichtsvolle Handlungen ex ante in groben Zügen durchstrukturieren. Trotzdem bleibt zwischen der tatsächlichen Aktion und der mentalen Konstruktion davon immer eine beträchtliche Lücke, die aus prinzipiellen Gründen nicht zu schließen ist. Sie wurzelt in der Dynamik und Kontingenz von Interaktion, die allein über den Rückgriff auf situationale Gebundenheit als regelgeleitet vorstellbar ist. Sprechakttheorie und kognitive Wissenschaften setzen verfehlt an, weil sie von konkreten Situationen zu sehr abstrahieren. Ihre Pläne kontrollieren zwar die jeweiligen Situationen - allerdings auf einer abstrakten Ebene, die dann meist nicht mehr zum tatsächlichen Fall paßt.

Kommunikation kann weder ausschließlich vom Bewußtsein (ob kognitionswissenschaftlich oder linguistisch) noch von der Gesellschaft her gedacht werden; denn dann wird die Konstitution von Zeichen entweder intentionalen Akten oder überindividuellen Regelsystemen überantwortet. Dies würde Kommunikation entweder auf Sinnübertragung oder Regelanwendung reduzieren. Statt der Suche nach formalen Modellen von Wissen und Handlungen soll deshalb Situationalität als übergeordnetes Organisationsprinzip von konkreten Handlungsplänen und damit als die eigentliche Quelle von Interaktion und Bedeutung als angemessenes Konzept postuliert werden. Welche Argumente sprechen dafür? Ist Kommunikation kein symbolischer Prozeß, der in der Welt einfach geschieht, sondern eine aktive Handlung, in welcher wir Deutungen sprachlich in die Welt tragen, hat der Bau von interaktiven Maschinen mehr mit dem Verständnis für die Unterschiede zwischen interpersoneller Kommunikation und maschinellen Operationen zu tun als mit der Unterstellung von Ähnlichkeiten zwischen diesen beiden Modi (Suchman 1987: 189). Daraus nun den Schluß zu ziehen, daß interpersonelle Prozesse als implementationsirrelevant beiseite zu schieben wären, ist dennoch überzogen. Das Design von Dialogkomponenten beruht zwar weniger auf der Simulation von Interpersonalität als auf der Entwicklung von Alternativen zur menschlichen Aktion in Situation. Diese Alternativen sind aber nur über eine genaue Kenntnis der Funktionsimperative und Steuerungsmechanismen menschlicher Dialoge zu ermitteln. Sind diese Konstitutionsbedingungen eruierbar, können sie funktional umgesetzt werden - was prinzipiell ganz andere Kommunikationsformen mit dem Computer denkbar macht, als sie für Interpersonalität charakteristisch sind. Aus diesem Grund soll an dieser Stelle noch nicht zur faktischen Umsetzung von Imperativen der KI-Forschung übergegangen, sondern die Analyse dialogorganisierender Merkmale noch einige Schritte weitergetrieben werden. Dazu kann die Kritik von Plankonzepten sowohl als Kritik an der Sprechakttheorie wie auch als Kritik an der KI gelesen werden.

Bei Planmodellen werden Handlungen aus Plänen als Vorbedingung abgeleitet; das Problem der Interaktion liegt damit im Erkennen der Pläne und ihrer Koordination. Pläne liefern gute Begründungen von Handlungen, was diesen Ansatz für die KI auch so verlockend macht, dienen aber kaum als deren generative Mechanismen. Das Unvermögen der Sozialwissenschaften, formalisierbare Konversationsregeln aufzustellen, entspricht dem Dilemma der KI, situationsspezifische Pläne formal zu spezifizieren. Pläne und Regeln können also synonym gesetzt werden. Darüber hinaus ist das Problem der indirekten Sprechakte nicht formal-linguistisch zu lösen. Welche Konsequenzen können daraus gezogen werden? Darauf, daß die Kraft der Worte nicht im Gesprochenen, sondern in der Autorität, der delegierten Macht des Sprechers liegt, weist Bourdieu (1990: 31) mit eindringlicher Schärfe hin: Grammatik liefert Sinn nur unvollständig; denn erst in der Beziehung zu einem "Markt" wird die Bedeutung der Rede vollständig bestimmt. Sprache ist nur selten - wie es Sprechakttheorie unterstellt und KI annehmen muß - reines, d.h. inhalts- oder zweckorientiertes, Kommunikationsmittel. Außer der Maximierung des Informationsprofits geht es auch und vor allem um das Streben nach symbolischem Profit, weil neben inhaltlichen Informationen immer auch Informationen zum Sprachstil transportiert werden. Die Grenzen der Linguistik liegen darin, daß es nicht nur darauf ankommt, was gesagt wird, sondern auch, wer in welcher Position und Situation etwas sagt. Deshalb müssen die Eigenschaften des Diskurses, die Eigenschaften dessen, der in ihn eintritt, und die Eigenschaften der Institution, die ihn dazu autorisiert hat, zueinander in Beziehung gesetzt werden.

Weder der von der Sprechakttheorie postulierte Handlungscharakter, noch der Vollzugscharakter der Ethnomethodologie, noch der situationale Charakter des symbolischen Interaktionismus sind geeignet, Bedeutungen sprachlicher Handlungen formal zu rekonstruieren. Die Lücke zwischen konkreter Handlungssituation und allgemeinen Rahmenbedingungen von Dialogen ist aus prinzipiellen Gründen nicht zu schließen. Sprechakte sind über die Erschließung des Gemeinten aus dem Gesagten hinaus kooperative Leistungen, deren dynamische Implikationen den kybernetischen Rahmen zielfindender Systeme sprengen. Als Konsequenz müßte sich die KI von der Unterstellung einer allgemeinen Formalstruktur von Sprechhandlungen verabschieden. Typologien sind demnach umgekehrt zu bilden - nicht mehr von abstrakten Plänen (Gerüsten, Modellen usw.) zu konkreten Ereignissen, sondern von der situationalen Handlung, welche der Kommunikation erst ihre Stabilität verleiht, zu Plänen. Wenn interaktive Strukturen zwischenmenschlicher Kommunikationsprozesse prinzipiell nicht prognostizierbar sind, und wenn in Institutionen geronnene Verhaltens- und Handlungserwartungen abgelagert sind, besteht die einzige für die KI sinnvolle Zuspitzung der Dialoganalyse in der Identifikation dialogsteuernder Determinanten bereits ausgewählter, zugeschnittener Dialogformen, bei welchen auf kodifiziertes institutionsspezifisches Wissen zurückgegriffen werden kann.

Kapitel 4

Die Beziehungsebene der Dialogorganisation

Wenn aus ethnomethodologischen und konversationsanalytischen Arbeiten neben dem Aufweis der Grenzen der Formalisierbarkeit ein Gewinn für einen möglichst nutzerfreundlichen Zugang zu Computersystemen gezogen werden kann, dann zunächst einmal der Hinweis darauf, daß dem Dialoggeschehen Regelungsmechanismen zugrunde liegen, die auf der Ebene des gesellschaftlichen Unbewußten zu orten sind. Soll im nächsten Schritt die lokale Organisation von Dialogen geklärt und eingeordnet werden, steht also die Dimension der Beziehung im Vordergrund:

	Reflexionsebene	
Dialogebene	**Supraebene**	**Infraebene**
Inhalt		
Beziehung		

Abbildung 12: Linguistik und Konversationsanalyse

Auf dieser Ebene liefert vor allem die Konversationsanalyse relevante Beiträge zu Ablaufmustern, Gesprächssteuerungen und Gesprächssteuerungsmöglichkeiten, Regeln und Konventionen, Interpretationsbedingungen und -regeln, Selbst- und Partnereinschätzungen (Dittmann 1979; Bergmann 1981: 25-31). Methodisch geht es ihr um Verfahren zur Gewinnung der einzelnen Dialogsegmente. Dabei interessieren der Bau der Teile, ihre Abfolge und Umstellbarkeit, Obligatorik hinsichtlich des Ganzheitstyps wie auch das autonome Vorkommen von Geschichten. Weiter werden Probleme der Hierarchie, der spiralartigen Stufung und Wiederholung auf anderer Ebene, der Verkettung und Verknüpfung sowie der Linearität und Diskontinuität thematisiert. Aus sozialwissenschaftlicher Sicht ist von primärem Interesse, welche Komponenten während der Situationsdefinition stabil bleiben, bzw. als stabil unterstellt werden (wie Rollen- und Rangverteilung, Intentionen und Teilintentionen, Beziehungen der Teilnehmer, Thematik, Sprechweise, Dauer der Interaktion usw.). Erst dann nämlich wird die Frage der Phasenübergänge in bezug auf Rollen-, Themen- und Sprechweisenwechsel interessant.

Weitere Untersuchungsbereiche betreffen die Organisation des Sprecherwechsels im Gespräch und die daran gekoppelte interaktive (nicht singuläre) Konstruktion des einzelnen Redezugs (mit einem "turn" als Elementareinheit). Dabei werden nicht fertig abgepackte Monologe ausgetauscht. Auch das Innere eines Redezugs bildet ein interaktiv kontrolliertes Terrain. Weil der Blickkontakt eine konstitutive Rolle spielt, werden beispielsweise Äußerungen geändert, wenn keine bestätigenden Reaktionen erfolgen. Die sequentielle Struktur des Interaktionsgeschehens kommt dadurch zustande, daß Paarsequenzen[11] normativen Druck und damit eine adäquate zweite Äußerung erzeugen. Wichtig für eine Analyse ist ein Verständnis des wechselseitigen Aufeinanderwirkens von Kontextunabhängigkeit und Kontextsensitivität. Wie und wo bringen die Interagierenden ihre Analyse und ihr Verstehen des Kontexts in ihren Äußerungen zum Ausdruck und (re-)produzieren ihn damit reflexiv? Als schwierige Punkte kristallisieren sich die übergreifende strukturelle Organisation wie die Überlagerung verschiedener Organisationsstrukturen, die Fragen nach der thematischen Organisation des Gesprächs und danach, wie sich ein Thema überhaupt konstituiert, heraus. Das liegt daran, daß viele verschiedene Organisationselemente ineinandergreifen und eine eindeutige Rekonstruktion der Bestandteile erschweren. Dafür ist das Komplexitätsmerkmal der Vernetztheit verantwortlich.

1 Dialogsteuernde Parameter

Zu dialogsteuernden Elementen sind die von der Ethnomethodologie herausgestellten Ausdrucksmittel zu zählen, die zum Gelingen beitragen: Selbstverbesserungen, Rückfragen, Wiederholungen, Vervollständigungen, Neuanfänge, Tilgungen durch simultanes Sprechen, Lachen als geregelter Vorgang, Bestätigungen und Beginnfloskeln. Sie indizieren die Stufe des Verständnisses und die aktuelle Ebene der Interaktion. Für eine handlungsrelevante

11 Befunden der Konversationsanalyse zufolge beruhen 95% des Dialogverhaltens auf solchen "adjacency pairs" (Levinson in Diaper 1989: 232f).

Deutung müssen sie allerdings in ihren situativen Kontext eingebaut werden, der in diesem Sinn die Rolle eines "deutungsrelevanten Vorzeichens" spielt. Rückfragen können z.B. Verständnis, aber auch Konfusion signalisieren. Ähnlich schwierig zu bestimmen ist die Funktion von Gliederungssignalen, da neben verbalen auch nichtverbale Aspekte wie Pausen zu berücksichtigen sind. Geregelte Kommunikation verlangt eine deutliche Abgrenzung der einzelnen Interaktionsschemata voneinander, was bei institutionell geprägtem Handeln eher möglich ist. Wenn es in diesem Sinn externalisiert und damit explizierbar zur Verfügung steht, entspricht dies dem Vorgehen einer erfolgreichen Problemauswahl für Expertensysteme, welche den zu modellierenden Gegenstand sukzessiv ausgrenzt, also einen Teilbereich aus einem größeren Problemkomplex herauslöst.

Handlungen gewinnen ihre Gültigkeit in einem ganz bestimmten Kontext bzw. zu einem festgelegten Zeitpunkt. Dabei setzten interaktionsorganisierende Äußerungen "konditionelle Relevanzen". Sie besagen, "daß auf eine Handlung eines bestimmten Typs eine andere Handlung eines korrespondierenden Typs zu folgen hat und an dieser Stelle erwartbar ist" (Kallmeyer/ Schütze 1976: 15). Das entspricht der Auffassung von sozialem Rollenhandeln, bei dem Verhaltenserwartungen produziert werden. Solche Äußerungen kündigen nicht nur einen Themenwechsel an, sondern initiieren auch einen Sprecherwechsel. Freilich gibt es auch hier dysfunktionale Interaktionsschemata (nicht vorgesehene und geregelte Interaktion innerhalb der institutionell geregelten Kommunikation). Als Beispiele dafür werden in der Soziologie des wissenschaftlichen Wissens shop talks usw. thematisiert. Sie sind interessant, "weil sie indirekt auf Charakteristika eines institutionell geregelten Ablaufs schließen lassen" (Gülich 1981: 441). Dieser Sachverhalt eröffnet nun wieder die Möglichkeit einer faktischen Umsetzung. Regeln werden durch die Abweichung von ihnen aufgespürt, man gelangt also ganz ethnomethodologisch über Abweichungen zum Normalfall. Die Einschübe sind logischerweise umso besser zu erkennen, je strikter die Institution, je regelgeleiteter sie zu rekonstruieren ist. Ähnlich zielen institutionsspezifische Interaktionsschemata auf die spezifisch institutionelle Aufgabe, auch wenn dafür Umwege in Form von Paraphrasierungen, indirekten Fragen usw. eingeschaltet werden müssen. Dabei kommen institutionelle Akte oft nur deshalb zustande, weil keine zusätzliche Information gewonnen/ausgetauscht wird. Es erfolgt lediglich eine Ratifizierung statt; denn die Beantwortung von Fragen und Erledigung von Fakten hat bereits vorher stattgefunden. Der institutionelle Akt fungiert somit als explizite Verständnissicherung. Auf der Ebene von Expertensystemen entspräche das einem Abgleich mit bereits vorliegenden Befunden, dem Kontrolldurchlauf und Ausdrucken von Ergebnissen. Die Grenzen der Modellierbarkeit liegen damit innerhalb der Grenzen institutionsspezifischen Wissens, weshalb Beratungsgespräche auf ihren institutionellen Gehalt zu befragen sind.

Auf der Beziehungsebene der Kommunikation, also immer noch innerhalb der dialogsteuernden Dimension, werden metakommunikative von inhaltlichen Steuerungsmechanismen unterschieden. *Metakommunikative Steuerungsmechanismen* gehen über den genuinen Objektbereich hinaus, indem sie die Umleitung bzw. Verlagerung von Themen und Problemen von der Inhalts- auf die Beziehungsebene und umgekehrt regeln. Von zentraler Bedeutung für die KI stößt sie hier auf nicht zu bewältigende Probleme. Ein Ebenenwechsel im Computer kann sich nämlich nur restringiert und regelgeleitet vollziehen. Entweder wird von einem Fall in den nächsten gewechselt, von einem Fall auf die zugrundeliegende Regelstruktur oder bei regelbasierten Systemen durch die Anwendung explizit formulierter "Wechselregeln". Dabei sind Kriterien der Adäquatheit eindeutig zu spezifizieren. Bei der Bildung von Dialogsequenzen, die als geregelt beschreibbar sind (was im folgenden als Sequenzierung bezeichnet wird), müssen Beziehungs- und Inhaltsebene explizit unterscheidbar sein. Kann die vorausgesetzte Dialogmasse in Rahmen- und Inhaltsdialog unterschieden werden, und handelt es sich um weitgehend institutionalisierte Dialogformen, könnte ein fallbasiertes Expertensystem den erforderlichen Rahmendialog bestenfalls vorab definiert als Geschichte zur Verfügung stellen. Sehr viel differenzierter und vielschichtiger verhält es sich dagegen mit metakommunikativen und inhaltlichen Steuerungsmechanismen im interpersonellen Bereich.

Zu *inhaltlichen Steuerungsmechanismen* zählen Ausdrucksmittel wie Wiederholungen, Vervollständigung, Fortsetzung, usw. Sie setzen eine funktionierende Interaktion voraus. Die notwendigen "Vorarbeiten" und Rahmenbedingungen sind erfüllt, es wird "Arbeit am Thema" geleistet. Rein inhaltliche Steuerungen sind nur analytisch denkbar; denn ohne Koppelung an metakommunikative Parameter wäre kein Austritt aus dem Dialog denkbar. Sie sind insofern relevant, als sie nur auffallen, wenn sie ausfallen. Wird ein Thema sukzessiv abgearbeitet, geschieht das innerhalb dialogischer Sequenzen. Erst Störungen indizieren, daß die inhaltliche Ebene verlassen wird. Dann müssen verständnissichernde oder -konstituierende Mittel aus dem gemeinsamen lebensweltlichen Wissensvorrat eingesetzt werden, um wieder auf die inhaltliche Ebene zu gelangen. Das spiegelt sich bereits im Ablaufschema normaler Kommunikation, wo metakommunikative Einleitungs- und Abschlußsequenzen den inhaltlichen Bereich einrahmen und ihm erst seine Bedeutung verleihen. Was nun ist mit der Analyse dialogsteuernder Parameter gewonnen?

Die Konversationsanalyse untersucht Dialoge im Hinblick auf inhaltliche Typen, Textsorten, Ablaufschemata usw. Der Zusammenhang zwischen Inhalts- und Beziehungsebene, deren spezifische Steuerungs- und Kontrollmechanismen, Übergangspunkte und -signale wie auch der Modus des Ebenenwechsels bleiben jedoch merkwürdig unterbelichtet. Weil sie nicht bis zu einer tieferen Ebene der Dialogsteuerung, nämlich zur Infraebene des gesellschaftlich Unbewußten, vordringt, bleibt ihr der Zugang zu situationsübergreifenden handlungsbedingenden Faktoren verschlossen. Deshalb ist mit diesem Ansatz über deskriptive Zuordnungen nicht hinauszukommen. Offen bleibt beispielsweise die Generierung von Schemata, die über das Abarbeiten starrer Fälle hinausgehen soll, die Konstitution und der Einsatz von Regelungs- und Reparaturmechanismen im Fall einfacher Phasenübergänge und Ebenenwechsel und noch mehr bei Kommunikationsstörungen. Eine sinnvolle Typifizierung von Dialogen im Hinblick auf deren Modellierbarkeit ist also noch immer nicht möglich.

2 Verständnissicherung und Kontrolle

Bei Kommunikationsstörungen, wie Konfusionen, Irrtümern und Täuschungen, müssen die Akteure ein Gespür für die Brisanz ihrer Äußerung entwickeln und Gegenmaßnahmen ergreifen, weil mit größerer sozialer Distanz und Fremdheit das Kommunikationsrisiko wächst. Bei einer Kommunikation zwischen Mensch und Maschine ist die soziale Distanz zwar besonders groß, andererseits werden an die Maschine weniger hohe Erwartungen herangetragen. Indikatoren für riskante Situationen sind unerwartete Äußerungen, Beiträge außerhalb des Themas wie auch ein abrupter Themawechsel und die zeitlich falsche Positionierung von Redebeiträgen. Dazu stehen menschlichen Dialogpartnern metakommunikative Äußerungen als verständnissichernde und -konstituierende Maßnahmen zur Verfügung (Niehüser 1986):

- *Strategisch verdeckte Verständnissicherung*: Mit dem Einschieben von Aktivitäten im näheren Kontext, welche als Beitrag zur Verständnissicherung interpretierbar, aber nicht so deklariert sind, wird Hintergrundwissen aktiviert.
- *Aufdecken der Beteiligungsperspektive*: Ebenfalls mittels des Rückgriffs auf Hintergrundwissen kann der Handlungskomplex zu den jeweiligen Handlungsbedingungen, Präferenzen und Erwartungen rückgeführt bzw. in Beziehung gesetzt werden.

- Darstellung der *Begrenztheit von Wahrnehmungs- und Handlungsmöglichkeiten*: Hier erfolgt oftmals der Wechsel auf eine andere (z.B. private) Ebene. Das Verhalten wird auf nicht-strategische Weise als wesentliches Mittel der Behandlung von Kooperationsstörungen eingesetzt, womit die Grundlage der eigenen Interpretationsprozesse transparent gemacht wird.

Wie geht die KI mit diesem Sachverhalt um? Alle drei Strategien kann der Computer nicht imitieren, weil ihm der Übergang von der Inhalts- zur Beziehungsebene verschlossen bleibt. Mehr noch: Er kann diese beiden Ebenen gar nicht unterscheiden. Eine umfassende Dialogsteuerung setzt das Verständnis indirekter Sprechakte voraus, wozu eine konversationelle Implikatur und damit der Einsatz von Kontextwissen erforderlich sind. Damit sind heutige Computersysteme überfordert. Indirekte Sprechakte dürfen entweder nicht vorkommen oder aber sie liegen vorformuliert vor, was aufgrund technischer Probleme (Speicherplatz und Antwortzeiten) nur begrenzt praktikabel ist. Der Umgang mit konversationellen Implikaturen ist damit nur in Form von "Konserven" möglich, die sowohl Inhalts- und Rahmendialog abgepackt zur Verfügung stellen. Damit wird jeder indirekte Sprechakt - statt situationsspezifisch generiert zu werden - in Form einer Geschichte mit einem Kontext versehen und in toto zur Verfügung gestellt.

Zur Bewältigung von Störungen existieren mehrere Möglichkeiten. Einfach, aber auch unschön ist der Absturz oder der vom Nutzer initiierte Neustart. Im Gegensatz dazu ist für jede andere Form des Umgangs mit Störungen der Rückgriff auf Metawissen erforderlich. Eine Minimalform versähe das System mit dem Befehl, in unsicheren oder unklaren Situationen grundsätzlich die Normalform des Dialogs weiter zu prozessieren; entweder, bis eindeutige Hinweise auf Störungen eingehen oder aber Schwellenwerte erreicht werden. Wird Metawissen implementiert, können Rückfragen, Bestätigungen, Fragen nach Alternativen und Ähnlichkeiten, Schleifen und Überleitungen eingesetzt werden. Als Bedingung dafür müssen Störungen eindeutig identifiziert werden. Handelt es sich um inkonsistente oder unbekannte Eingaben, nicht vorhandene Lösungen, Neubehandlung des Problems nach unbefriedigender Lösung oder Hardwarefehler? Mit der Reparatur von Störungen ist das System wohl überfordert, gewonnen wäre bereits viel mit einer Lokalisierung der Fehlerdimenison, damit der Nutzer die Reparatur selbst übernehmen kann. Dennoch sollte auch beim heutigen Stand ein intelligentes Computersystem Kommunikationsstörungen zumindest in rudimentärer Form bewältigen, ohne sogleich mit einem Absturz zu reagieren. Welche Möglichkeiten sind denkbar?

- *Ausnutzung von "Konvergenzen"*[12]: Tendenziell läuft dies auf eine Anpassung der Nutzer an das System hinaus. Das kann für die Mensch-Maschine-Kommunikation ausgenutzt werden, indem sich der menschliche Dialogpartner entweder auf die begrenzte und eindeutig definierte Terminologie des Computers einläßt (was er bei konventionellen Programmen immer tut), oder aber das Programm analog einem Wörterbuch unverständliche oder nicht verwendete Begriffe durch neu gelernte ersetzen kann.
- *Demonstration der Realität einer normalen Welt*: Gemeint ist damit das Einschieben eines Handlungskomplexes, in welchem die Interaktionspartner aus unverfänglichem Anlaß in einer situationsspezifischen Weise interagieren können. Eine Modellierung ist insofern zumindest denkbar, als in problematischen Situationen ein Handlungsschema aktiviert wird, das den Störfaktor in einen konsistenten Rahmen einbaut, der sich sequentiell abarbeiten läßt.
- Gleiches gilt für einen *normalitätskonstituierenden Handlungsvollzug*, nämlich die aufwendige Herstellung eines Interaktionsablaufs, welcher der Vorstellung der normalen Realisierung eines Handlungsschemas entspricht. Dazu gehören neben der Vorverhandlung die Rückführung auf die eigentliche Interaktionsabsicht. Das gelingt allerdings nur, wenn die Verhandlungsphase ex ante mit Deskriptoren ausgestattet ist, welche in eindeutiger Form einen Wechsel auf eine übergeordnete Ebene oder aber die Aktivierung eines unproblematischen Handlungsschemas initiieren. Diese Problem ist in der KI-Forschung bislang ungelöst.

Fazit also: Die Bewältigung von Störungen im zwischenmenschlichen Bereich basiert auf der Möglichkeit, zwischen Inhalts- und Beziehungsebene zu wechseln. Damit können Sach- auf Beziehungskonflikte verlagert werden und umgekehrt. Weil Steuerungsmöglichkeiten auf der interpersonellen Ebene über sehr viel mehr Freiheitsgrade verfügen, sind kommunikative Kontrollmedien nur als komplexe Mechanismen beschreibbar - Institutionen und ihr Regelwerk formen den Rahmen einer Interaktion, die den kognitiven Apparat der Dialogpartner mit Handlungsvorgaben "torpedieren". Diese schlagen aber nicht unvermittelt auf das individuelle Handeln durch, sondern in Form von

12 In zwischenmenschlichen Interaktionen übernehmen die Dialogpartner Sprachmerkmale voneinander. Eine empirische Untersuchung belegt, daß bei der Mensch-Maschine-Interaktion ebenfalls solche Anpassungsprozesse stattfinden, was sich bei häufiger Nutzung verstärkt (Leiser 1989).

in doppelter Weise greifenden Steuerungsmechanismen. Sowohl metakommunikative wie auch inhaltliche Steuerparameter sorgen einerseits für einen kontinuierlichen Informationsfluß zwischen den Ebenen und andererseits für ein situationsangepaßtes Umschalten zwischen ihnen. Die verschachtelten Kontrollflüsse greifen also simultan ineinander und lassen damit keine sequentielle Rekonstruktion zu. Was folgt daraus für Expertensysteme? Auch wenn gesprächssteuernde Merkmale identifiziert werden, heißt das nicht, daß sie in ihrem dynamischen Charakter implementierbar sind. Eher kann das Wissen um diesen Sachverhalt dazu genutzt werden, Dialogsequenzen, Sprechakte usw. möglichst in konservierter Form abrufbereit zu halten. Das entspricht keinem natürlichen Dialog, kann aber effektiv eingesetzt werden, um das Ziel der Informationsgewinnung im Sinne der Vermeidung einer Nutzerillusion rasch und unzweideutig zu erreichen.

Kapitel 5

Zur Eingrenzung von Dialogtypen

Um von allgemeinen Konstitutionsbedingungen und Merkmalen von Dialogen über steuerungs- und kontrollrelevante Parameter die Brücke zu einem umsetzbaren Mensch-Maschine-Dialog zu schlagen, ist eine sukzessive Eingrenzung von Dialogtypen erforderlich. Dies geschieht in diesem Kapitel mit der Zuspitzung auf Beratungsgespräche. Aus sozialwissenschaftlicher Perspektive kann als Spezifikum von Beratungen die eigenständig institutionalisierte Form des Umgangs mit Problemen identifiziert werden (Hundsnurscher 1986; Knauth/Wolff 1989). Es handelt sich nämlich um zweckorientierte Dialoge, bei denen es um die Beseitigung eines Informationsdefizits eines Klienten (Kunde, Patient o.ä.) geht. Die Auswahl dieser Dialogform erscheint mir sinnvoll, weil Expertensysteme primär entscheidungsunterstützende und problemlösende Funktionen wahrnehmen sollen und damit in Beratungssituationen eingebunden werden können. Der Computer wird somit als Hilfsmittel eingesetzt, um Aufgaben "in der Welt draußen" zu lösen.

Sodann wird in bezug auf die Modellierung interaktiver Prozesse danach gefragt, ob Beratungsgespräche für eine Implementierung geeignet sind. Dabei gehe ich von folgenden Annahmen aus: Ein fixierbarer Gegenstand kann leichter implementiert werden. Das betrifft die Problemauswahl im Kontext der Abgrenzung des Problembereichs. Der zu verhandelnde Gegenstand, genauer: eine bestimmte Textsorte strukturiert den Gesprächsablauf vor, wie es bei Beratungsgesprächen der Fall ist. Beratungsgespräche sind zweckorientierte, komplementäre Dialoge mit einem vorab weitgehend festgelegten Thema und Relevanzbereich. Kann die Expertise in bezug auf eine Implementierung von Beratungsdialogen aus dem Korpus des lebensweltlichen Hintergrundwissens herausgeschält werden, reduziert dies den Lösungsraum erheblich. Das ist bei einem domänenspezifischen System mit Lehrbuchwissen, Dienstvorschriften usw. und damit verbundenen typischen Fällen leichter zu verwirklichen.

Ebenfalls an der Konstitution des Problembereichs hängt das vom Nutzer zu bewältigende Hindernis, was als Problemlösungsstand bezeichnet werden soll. Die Problemlösungsstände können stark differieren: Der Ratsuchende kennt die Lösung, weiß aber nicht, wie er vorgehen soll; er sieht die Möglichkeiten, weiß aber nicht, welche die beste ist; oder er weiß bei den bestehenden Möglichkeiten nicht, wie er sie realisieren kann. Der erste Fall des Nichtwissens tritt bei Beratungsproblemen, zu denen Computer konsultiert werden, in den Hintergrund, weil ein Computer nicht auf eine bestimmte Lösung hin programmiert wird. Ein Beratungssystem sollte zu möglichen Lösungen vielmehr alternative Wege mit entsprechenden Bewertungen aufzeigen. Mit einem Expertensystem könnte somit der potentielle Lösungsraum überschaubar aufbereitet werden, womit abseits liegende Querverbindungen nicht so schnell einem Vergessen anheimfallen.

Schließlich muß über den notwendigen Systemumfang von Beginn an Klarheit herrschen. Allround-Systeme stoßen schnell an Komplexitätsgrenzen, da zu viel Kontextwissen implementiert werden muß. Nicht zufällig gibt es in der Medizin keine Expertensysteme, die einen praktischen Hausarzt bei einer Routineuntersuchung unterstützen. Die bislang entwickelten Systeme widmen sich sehr detaillierten Spezialproblemen. Mit der Anzahl der erhobenen Parameter auf horizontaler Ebene werden zwar eindeutigere Lösungen möglich, der Verarbeitungsaufwand steigt allerdings beträchtlich, und eine größere Vollständigkeit muß mit längeren Antwortzeiten bezahlt werden. Vor allem das Vernetztheitsproblem gewinnt mit zunehmendem Systemumfang exponentiell steigend an Brisanz. Auf vertikaler Ebene hängt die Entscheidung für den Systemumfang vor allem von der erforderlichen Granularitätsstufe ab, die wiederum je nach Nutzervorwissen unterschiedlich getroffen werden muß.

1 Intensionale Dimension: Gegenstand und Beteiligte

Das konstitutive Merkmal von Beratungsgesprächen besteht darin, daß ein Berater einen Klienten bei der Lösung eines Problems und beim Treffen einer Entscheidung unterstützt. Zu strukturellen Elementen zählt die Etablierung eines Beratungsgegenstands, wozu sich der Ratsuchende durch persönliche Betroffenheit und Dringlichkeit des Anliegens legitimieren muß. Diese "Zugangsvoraussetzungen" müssen zu Beratungsbeginn eingelöst werden. Zum zweiten ist das zu verhandelnde Problem als beratungswürdig auszuweisen. Wie geregelt kann diese Interaktionsform nun nachgezeichnet werden?

Im vorliegenden Zusammenhang beratungsrelevanter Dialogsituationen wird die Bekanntschaftsbeziehung, in der sich zwei Fremde näher kommen, als grundlegender Beziehungstyp unterstellt (Morton u.a. 1976: 107-121). Weil mit diesem Beziehungstyp per se keine Erwartung der Langfristigkeit verbunden ist, handelt es sich erstens um eine schwache soziale Bindung, die eine relativ geringe Zunahme und gleiche Verteilung von Einflußpotentialen mit sich bringt. Weil Sanktionsmöglichkeiten und historische Kenntnisse, wie sie innerhalb familiärer Beziehungen vorzufinden sind, fehlen, kann eine solche Beziehung zweitens auch relativ leicht beendet werden. Die Bekanntschaftsbeziehung erfährt vor dem Hintergrund des mit Beratungssituationen verbundenen Kompetenzgefälles eine weitere Einengung. Der an den fachlichen Vorsprung des Beraters geknüpfte Autoritätsvorsprung steckt einen institutionellen Rahmen ab, der auf der Infraebene bereits einen erheblichen Kommunikationsumfang einer Vorwegregelung überantwortet und die Dialogsituation weitgehend ballastfrei (im dem Sinn, daß die Rollen- und Situationsdefinition in weiten Teilen nicht mehr ausgehandelt werden muß) gestaltet. Zur Stabilisierung dieses labilen Interaktionstyps muß damit auf kulturell akzeptierte Kommunikationsmechanismen zurückgegriffen werden. Welche Bedingungen sind dafür zu erfüllen?

Zunächst ist Wissen über den anderen und über den verhandelten Gegenstand erforderlich. Bei interpersonellen Verstehensprozessen können verschiedene Wissenslevels unterschieden werden (Berger u.a. 1976: 149f): Beschreibungen des Dialogpartners betreffen seine (physischen) Merkmale und definierten Rollen und können empirisch verifiziert werden. Prognosen zu Einstellungen und Überzeugungen sind bereits schwieriger mit gleicher Sicherheit zu ermitteln. Fähigkeiten, die dazu dienen, Einstellungen und Überzeugungen einer Person zu erklären, erfordern die größte kognitive Anstrengung und auch eine gewisse Vertrautheit mit dem Dialogpartner. Allen Formen ist gemeinsam, daß sie auf der gleichzeitigen symbolischen Generierung wie auch dem Austausch von Informationen über sich und den anderen basieren. Als hauptsächliche Strategie der Erlangung von Wissen über den anderen steht auf der sprachlichen Ebene die Möglichkeit der Befragung zur Verfügung. Die zugrundeliegenden empirischen Befunde weisen darauf hin, daß während der Eingangsphase die meisten Fragen gestellt werden. Anfangs sind sie deskriptiv (intime Fragen können aus normativen Gründen zu diesem Zeitpunkt nicht gestellt werden), dann leiten sie mehr in den erklärenden Bereich (der Gefühle) über. Hier ist eine reziproke Norm am Werk: Was man fragt, muß man auch bereit sein zu antworten. Gleichzeitig kann nur eine begrenzte Anzahl von Fragen an den Dialogpartner gerichtet werden, weil die Beziehung sonst die Form eines Verhörs annimmt. Dieser Sachverhalt unterstützt die Ausbildung einer komplementären Gesprächsstruktur. Indem man über sich Auskunft gibt, provoziert man gleichzeitig den Erzählfluß des anderen. Wissen über den anderen wird also in einem wechselseitigen Prozeß erworben, wodurch individuelles in geteiltes Wissen transformiert wird.

Bei der Bestimmung von Kompetenzen des "Beraters" und der Definition des "Klienten" geht es vor allem um eine Verteilung der Redebeiträge und den Modus der Realisierung kommunikativer Handlungen. Dabei spielen die Form der Problemlösung und die Verbindlichkeit des Gesprächs eine entscheidende Rolle. Vor diesem Hintergrund hat eine intensionale Analyse zu klären, welche elementaren Inhalte kommuniziert werden und welche Gesprächsziele in welcher Rollenaufteilung wie in Erscheinung treten. Vor allem die Definition des Klienten und die Kompetenzen des Beraters lassen explizite Rollenzuschreibungen zu, weil die Beratungssituation überlicherweise nur zwei Beteiligte aufweist. Bei einer solchen Experten-Laien-Beziehung soll das damit implizierte Autoritätsgefälle nun als grundlegendes Unterscheidungskriterium herangezogen werden, weil die Rollen asymmetrisch verteilt sind und als solche differenziert beschrieben werden können. Der Berater gilt als Sachautorität, während der Klient über die Handlungskompetenz verfügt. Von ihm geht die Initiative aus. Was bedeutet das für die konkrete Mensch-Maschine-Kommunikation?

Zunächst sind bei einer größeren Anzahl von Interaktionspartnern mehr Koordinationsleistungen erforderlich. Der Interaktionsverlauf wird weniger prognostizierbar, weil die Komplexitätsmerkmale der Emergenz, Nichtlinearität und Vernetztheit zum Tragen kommen. Das Zusammenspiel mehrerer Aktoren ist bei der KI-Modellierung allgemein und bei Expertensystemen speziell völlig ungelöst. Die Grenze ist erreicht, wenn bei Nutzern unterschiedliche Rollenzuschreibungen (z.B. Berater und Klient oder Arzt und Patient) vorgenommen werden müssen. Eine Interaktion, die über ein dialogisches Modell hinausreicht, scheidet aus diesem Grund aus. Weil Beratungsleistungen Dienste von Menschen für Menschen umfassen und es sich dabei immer um symbolisch vermittelte Interaktionen handelt, geht es bei der Aneignung von beratungsspezifischem Expertenwissen neben der fachlichen vor allem um den Erwerb kommunikativer Kompetenz: "Kompetenzen, um Dienstleistungen auszuüben, werden durch die praktische Teilnahme am Dialog bzw. an der Interaktion zugleich dargestellt und erzeugt." (Wald 1987: 213) Solche Strukturen intuitiven Wissens sind lernintensiv, weil sie situationsspezifisch eingeübt werden. Dabei werden beratungsrelevante Normen nicht einfach angewandt, sondern müssen immer auch fallspezifisch und damit regelübergreifend interpretiert werden. Aus diesem Grund gehen diese Kompetenzen über die Anwendung von Regelwissen hinaus. Regelgeleitetes

Handeln kann also auch hier nicht mit regelhaftem Handeln gleichgesetzt werden.

Beratungsgespräche gewinnen ihre Akzeptabilität über vernünftige Gründe, die einem Aushandlungsprozeß unterliegen. Ein Computer dagegen "versteht" als Sprechakt nur den Befehl. Weil Initiative, Themenwechsel und durchdachte Rückfragen fehlen, handelt es sich nur um ein scheinbares "turntaking" im Sinne der Konversationsanalyse. Die Unmöglichkeit einer regelhaften Fixierung von Beratungsgesprächen spiegelt sich in ihrem handlungsnormierenden Status. Sie haben keinen verbindlichen Charakter (Indikatoren dafür sind Modalverben und Konjunktive), weshalb von Prozeduren der Verständnissicherung stark Gebrauch gemacht wird (z.B. eingeschobene Frage-Antwort-Sequenzen). Aufgrund der verschiedenen Rollen sind verständnissichernde Phasen auch unterschiedlich verteilt. Anfangs muß der Berater sein Verständnis bestätigen, am Ende der Klient. Der Berater soll sich für das Problem des Ratsuchenden engagieren; denn zunächst ist nur der Ratsuchende der Experte seines Problems. Der Berater dagegen kennt nur typische Probleme und ihre Lösungen. Das Beratungsgespräch ist also idealtypisch zwischen zwei Polen zu verorten, wo der Ratsuchende am Anfang "das Problem" und der Ratgeber am Ende "die Lösung" kennt. Dazwischen liegt der Problemlösungsprozeß.

Wie sieht dabei der kognitivistisch konzipierte Weg vom Problem zur Lösung aus? Kognitivisten behandeln Probleme als zu bewältigende Transformationsaufgaben, wobei Anfangs- und Zielzustand definiert, Unterziele gebildet und diese sequentiell abgearbeitet werden (Becker 1992: 177f). Analog dazu konstruiert die Konversationsanalyse einen Idealtyp von Beratungsgespräch, dem eine ähnliche Auffassung von Problemtransformation zugrundeliegt (Meßing u.a. 1987: 11-13; Schröder 1985: 15). Im Unterschied zu einer Auskunft verhält sich ein Ratschlag gegenüber den Präferenzen des Ratsuchenden sensitiv, weil der Berater das Problem und die Präferenzen des Ratsuchenden erarbeitet, Problemlösungsverfahren sucht und seine Ratschläge begründen muß. In diesem Modell wird der Ratschlag so lange modifiziert oder begründet, bis er übernommen wird. Damit setzt sich die Minimalform einer Beratung aus Ratfrage, Ratschlag und dessen Übernahme zusammen. Ganz im Gegensatz dazu sind bei Beratungsproblemen aber die zwei Dimensionen der interaktiven Dynamik und der Macht entscheidend, die in einem antagonistischen Verhältnis zueinander stehen und in einem solchen Szenario nur unzureichend berücksichtigt werden.

Zum einen unterliegt der Problemlösungsprozeß im Vollzug einer kontinuierlichen Reformulierung, der nicht mental repräsentiert, sondern interaktiv vollzogen wird. Ausgehandelte Lösungen werden nicht präsentiert, sondern beständig modifiziert. Sie sind nur zu einem bestimmten Zeitpunkt und in einer bestimmten Situation optimal und müssen deshalb auch anders, nämlich mit Rekurs auf mehr Kontextwissen, begründet werden. Interaktive Problemlösungsprozesse können vor allem aufgrund ihrer Nichtlinearität und Irreversibilität als komplexe Phänomene gedeutet werden. Weil Beratungen durch eine gemeinsame Arbeit am Thema gekennzeichnet sind, entsprechen ihre Ergebnisse nicht dem Lösungsweg einer Differentialgleichung. Deshalb erfordern sie eine genaue Auseinandersetzung mit den verschiedenen Facetten eines Gegenstands; der Bezug auf benachbartes bzw. ähnliches Wissen muß gewährleistet sein. Präsentierte Lösungen können aus diesem Grund nicht mehr als den Status eines Vorschlags für sich beanspruchen.

Zum zweiten wird der soziale Faktor der Macht völlig ausgeblendet. Empirisch ist keineswegs gesichert, daß ein Aushandlungsprozeß als komplementärer Dialog stattfinden muß, in welchem man sich gemeinsam auf eine Lösung einigt. Vielmehr forciert die in einem Beratungsgespräch institutionell abgesicherte Autoritätsbeziehung zwischen Berater und Ratsuchendem, daß die hierarchisch dominierende Person ihre Vorstellung von Problemlösung dem Ratsuchenden aufoktroyieren kann. Dies ist vor allem der Fall, wenn der Berater über ausgetestete und bewährte Problemlösungsstrategien verfügt, die ihn (zeitsparend) zu einer passenden Lösung führen; oder wenn es sich um Probleme handelt, die er innerhalb des ihm zur Verfügung stehenden Problembewältigungsrahmens gar nicht zu lösen imstande ist. Im letzten Fall stehen dem Berater zwei Möglichkeiten zur Verfügung. Einmal kann er seine Unfähigkeit eingestehen und kapitulieren - eine empirisch unwahrscheinliche Annahme. Dann kann er aber das Problem so weit zurechtbiegen, bis es in sein Raster paßt. Ganz deutlich wird dieses Vorgehen in der Arzt-Patient-Interaktion. Bestimmte Symptome werden gar nicht registriert und sind damit praktisch nicht existent. Explizit wird diese Strategie beim Einsatz eines Expertensystems im Krankenhaus: Passen Patientenäußerungen nicht zu den Antwortvorgaben, werden sie vom Arzt "interpretiert", d.h. gemäß den systemspezifischen Imperativen reformuliert (vgl. III.3.3). Problemlösung vollzieht sich analog zur Auffassung des Verstehensprozesses also nicht in Form eines kausalen Schlusses von "A" nach "B", sondern innerhalb einer interaktive Situation, in welche Autoritätsbeziehungen konstitutiv einfließen und als solche den "Aushandlungsprozeß" in eine bestimmte Richtung lenken.

2 Extensionale Dimension der Formalstruktur

Eine extensionale Analyse zielt darauf, die einzelnen Zeitabschnitte als korrespondierend zu rekonstruieren. Um Sequenzen von sozialem Verhalten zu charakterisieren, müssen sowohl zeitliche wie auch thematische Faktoren berücksichtigt werden. Jeder Sprecher kann lang oder kurz reagieren, seine Beiträge inhaltlich nach bestimmten Kriterien ordnen usw. Dabei sind Überlappungen und Aneinanderreihungen singulärer Redebeiträge auch in Form hierarchischer Verschachtelungen möglich. Schließlich können Akteure mehrere Aktionen gleichzeitig durchführen, was von der Sprach- in die Handlungsdimension überleitet. Obgleich empirische Arbeiten zu Einführungszeremonien belegen, daß sie hierarchisch organisiert verlaufen (Collett/Lamb 1982: 180-183), sind solche Hierarchien aufgrund dieser Simultaneität von Handlungs- und Sprachströmen schwer zu identifizieren.

Um zu sequentiellen Beschreibungen des Dialoggeschehens zu kommen, ist eine Klärung der sozialen Zeitstruktur im Sinne ihrer institutionellen Gebundenheit erforderlich, weil mit der Ausdifferenzierung sozialer Systeme ereignisunabhängige, abstrakte Zeitbegriffe und Strukturen in den Vordergrund treten. Dieses Faktum müßte von der KI in komplexitätsreduzierender Hinsicht ausgenutzt werden, weil die zeitliche Dynamik sozialer Prozesse ein konstitutives Merkmal von Komplexität markiert. Institutionelle Regelungen könnten vor diesem Hintergrund einen Überhang von Komplexität zumindest in kalkulierbare Bahnen lenken. Wie ist das vorstellbar? Vier Komponenten konstituieren die soziale Zeitstruktur. "Entlastend wirkt eine zweidimensionale soziale Zeitstruktur (mit den Dimensionen Ereignisse und Zeit), die aus Zeitblöcken besteht, in denen Ereignisse a) in ihrer Dauer, b) in ihrem Rhythmus, c) in ihrer Abfolge und d) durch ihre Verortung in einer Zeitpunktreihe fixiert sind." (Heinemann/Ludes 1978: 227) Diese Zeitstruktur sorgt für eine sozial standardisierte Dauer von Ereignissen wie Interaktionen (z.B. Besuchsdauer), was sich institutionell eingespielt hat. Daß dies für Beratungsgespräche relevant ist, machen Vorgaben deutlich, wonach ein Verkaufsgespräch idealiter nicht mehr als acht Minuten in Anspruch nehmen soll oder der ärztliche Beratungsaufwand ebenfalls nach einem zeitlichen Schlüssel in die Abrechnungen eingeht. Dieser Imperativ in Form außerhalb der Person liegender Verhaltenszwänge begünstigt die Ausbildung periodischer Muster von Interaktionen, also die intersubjektive Einordnung der Handlungsabläufe in übersubjektive Zeitschemata wie auch die Koordination von Handlungsintentionen.

Ist der institutionelle Rahmen der Dialogform "Beratungsgespräch" umrissen, sollte letztere als Realisierung eines bestimmten Sequenzschemas rekonstruiert werden. Institutionelle Vorwegregelungen nehmen den Dialogpartnern einen Teil der zu lösenden Probleme ab. Um welchen Teil aber handelt es sich? Konversationsanalytischen Ansätzen liegt die Annahme zugrunde, daß Beratungen nach einem spezifischen Handlungsplan organisiert sind. Ihre Phasen (vor allem Einleitung und Schluß) folgen trotz häufiger Schleifenbildung ("Unterbrechungen und Wiederaufnahmen von Teilzielen", also Redefinitionen und der Wiedereintritt in eine Dialogphase. Schank 1979: 191) regelhaft aufeinander, womit nun gerade die beiden inhaltlich entscheidenden Phasen der interaktiven Problemdefinition und Problemlösung unzureichend erfaßt werden. Ein Dialogmuster besteht aus kommunikativem Vorfeld, Motivationsphase, Beratschlagungsphase, Aushandlungsphase und kommunikativem Nachfeld. Diese Phasen können akzentuiert und umgestellt, funktionale Phasen getilgt, fakultative Phasen hinzugefügt, Phasen ganz oder teilweise eingebettet werden. So ist auch eine Minimalform denkbar, "bei der das Handlungsschema durch zwei auf einen Handlungszweck bezogene Sprechakte erfüllt ist" (Hundsnurscher 1986: 36). Festgelegte Eröffnungs- und Beendigungsformen präparieren institutionell geregelte Kommunikation aus dem nicht-institutionell geregelten Interaktionskontext heraus. Dabei sorgen Rituale als "expressive institutionalisierte Handlung oder Handlungssequenz" (Werlen 1979: 144) für eine weitgehend starre Abfolge von Handlungsschemata. Kommunikativer Ballast kann auf diese Weise an Institutionen delegiert werden. Darüber hinaus weisen viele Sequenzmuster eine interaktiv bedingte Dreistelligkeit auf (Wunderlich 1981):

- Einleitungsformel: Aufmerksamkeit erlangen, allgemeine Frageeinleitung, spezielle Frage
- Auskunftsmuster: Frage, Antwort, Honorierung
- Bestätigungsmuster: Information, Bestätigung, Rückbestätigung
- Muster des sozialen Managements: Einleitungsinitiative, Durchführung, Abschlußinitiative.

Diese Dreistelligkeit könnte modifizierend in ein Muster von Beratungsdialogen mit den Handlungsschritten der Interaktionsaufforderung, Interaktionsbereitschaft, der wechselseitigen Selbst- und Partneridentifikation, sowie der Intentions- und Themenfestlegung (Berens 1981: 405) eingebaut werden. Dabei entsteht allerdings das in interpersonellen Situationen leicht zu bewältigende, für die KI aber nicht zu lösende Problem, daß es obligatorische und optionale Sequenzen gibt. Nach Wunderlich sind Einleitung mit Ratfrage (Gesprächseinleitung, Themaeinleitung, Themaspezifizierung), Durchführung mit Ratschlag (Ratschlag, Reaktionen darauf, Übernahme), Abschluß (bestehend aus Themaabschluß-Initiative, Gesprächsabschluß-Initiative und Gesprächsabschluß) stets obligatorisch miteinander verbunden.

Die Unterscheidung obligatorischer und optionaler Sequenzen hängt von der Schwierigkeit des Gesprächs ab, was nur situational (und damit ex post) entschieden werden kann, aber für eine Modellierung regelgeleitet (also ex ante) entschieden werden muß. Das Wissen um die einzelnen Phasen eines typischen Beratungsgesprächs ist demnach zur Generierung regelbasierter Ablaufschemata nur bedingt einsetzbar. Die festgestellten Schwierigkeiten und die mangelnde Systematik bei der Bildung operationalisierbarer Typologien wurzeln nicht in einer ungenauen Beobachtung von Beratungsgesprächen, sondern weisen auf das - sprechakttheoretisch formuliert - grundsätzliche Problem hin, daß nicht zwischen Sätzen und Sprechhandlungen unterschieden wird.

Dieses Problem ist zentral für die KI. Zur Diskussion steht nämlich die Frage, ob Sprechhandlungen im Hinblick auf ihren funktionalen Gehalt oder ihr grammatisches Auftreten klassifiziert werden können bzw. müssen. Was heißt das? Greift man beispielsweise Fragen heraus, kann eine Fragehandlung in der Form von grammatischen Aussagesätzen vollzogen werden. Ebenso kann man mit Fragesätzen aber auch Feststellungen, Drohungen usw. treffen (Franke 1985: 41-47). Die meist auf einem Frage-Antwort-Schema basierende Beschreibung von Beratungssequenzen dringt also nicht bis zum funktionalen Kern dieses Gesprächstyps vor, solange sie nicht Fragehandlungen (Informations-, Rat-, Kontroll-, Erkundigungsfragen) bzw. Handlungsmuster statt Fragesätzen typisiert. Weil sich die Funktion von Fragen erst daran sinnvoll binden läßt und auch mit anderen Sprechhandlungen erreicht werden kann, ist eine umgekehrte Perspektive erforderlich, der es um eine Klärung der kommunikativen Problemstellungen und Lösungsmöglichkeiten von Beratungsgesprächen geht. Sind kommunikative Zielsetzungen der entscheidende strukturbildende Faktor, ist eine thematische Fixierung kommunikativer Probleme interessanter als eine Chronologie, bei der die semantischen und pragmatischen Kriterien unklar sind. Um ein dialoggrammatisches Konzept zur Beschreibung des Dialogtyps Beratungsgespräch zu entwickeln, muß deshalb ein übergeordnetes Ziel bestimmt werden, was erst eine funktionale Ausrichtung der Phaseneinteilung ermöglicht. Sollen solche Dialoge nun für eine Programmierung aufbereitet werden, sind sie nur vor dem Hintergrund von Frage- und Antwortsequenzen rekonstruierbar - was erhebliche Probleme aufwirft. In erster Linie geht es darum, Fragetypen des Nutzers zu erkennen, erst dann um die Generierung solcher Typen vom System selbst. Analog dazu hat das System verschiedene Antworttypen zu Verfügung, die bestimmten Fragetypen entsprechen. Ebenfalls muß es unterschiedliche Statuten der Nutzerantwort unterscheiden. Wo liegen nun die Schwierigkeiten bei der Unterscheidung von Frage- und Antworttypen?

Nach Waldenfels (1971: 160-188) besteht die Einheit des Gesprächs im gleichzeitigen Besprechen, Sichaussprechen, Ansprechen und Anhören. Im Vordergrund des Dialogs steht das gemeinsame Ziel. Zu diesem bieten die unterschiedlichen Fragetypen verschiedene Zugangsmöglichkeiten. Das eindeutig bestimmte Ab-Fragen legt Antworten in den Mund und dient der positiven Wissensvermittlung. Dem entspricht das Abfragen einer Datenbank, weil der Nutzer bereits vorab wissen muß, in welchem Bereich und in welchem Umfang er Informationen erhalten will, und wo er überhaupt suchen kann. Das unbestimmte Aus-Fragen läßt viele Wege offen. Für die Expertensystemtechnologie ist dieser Typ uninteressant, da hier sehr viel Kontextwissen erforderlich ist. Damit setzt sich die KI in ihrer Grundlagenforschung auseinander. Das gezielte An-Fragen schließlich zeichnet produktive Lösungswege vor. Dieser Typ vermittelt zwischen dem Abfragen und Ausfragen und sollte für Expertensysteme bis zu dem Punkt fruchtbar gemacht werden, vor dem der Verstehensprozeß durch das Hören in Gang kommt, indem Eigenes und Fremdes als emergentes Produkt in eine Erwiderung einfließt. Gute Systeme sollten deshalb Fragen wie die folgenden beantworten können (Woods 1986: 90f): Was würde bei X passieren? Gibt es Nebenwirkungen auf X? Wie interagieren X und Y? Welche Konsequenzen ergeben sich daraus?[13]

Dann sollte geklärt werden, welche Antworttypen zur Verfügung gestellt, welche Dimensionen abgedeckt werden sollen. Die vorherrschende Klassifi-

---

13 Davon sind Expertensysteme freilich weit entfernt, weil Eingaben des Benutzers und Ausgaben des Rechners nicht als Sprechakte verstanden werden können. Befehle erfüllen als Auslöser einer "ereignisorientierten Interaktion" (Hartmann 1992: 213-220) nicht die Bedingungen einer normativ autorisierten Aufforderung, wie sie Sprechakten zukommt. Da kein Zusammenhang zwischen Nichtbefolgung und anschließender Sanktion besteht, muß der Nutzer bei erfolgloser Interaktion seine eigene (kognitive) Erwartungshaltung bzw. seine Eingaben ändern. Damit aber wird die Koordinations- und Verstehensleistung an den Menschen zurückverwiesen. Ähnlich verhält es sich mit Erklärungen. Als interpersonelle Reaktion auf Warum-Fragen können Erklärungen und Rechtfertigungen nur schwer voneinander getrennt werden, weil sich die normative Struktur einer Rechtfertigung nicht auf kausale Zusammenhänge reduzieren läßt. Maschinelle Erklärungen können zwar als wahr oder falsch klassifiziert werden, aber der Rekurs auf Ehrlichkeit ist unsinnig, weil sie keinen Geltungsanspruch der Wahrhaftigkeit implizieren. Ein Erklärungsdialog ist also auf die soziale Identität der Akteure angewiesen, welche die Grundlage von Glaubwürdigkeit und Vertrauen liefern.

kation nach Wie- und Warum-Fragen reicht nicht aus, um die relevanten Implikationen von Fragen, die auf einen sinnvollen Bezug zu Vorwissen abstellen, einzufangen. Gut gegliedertes Systemwissen verfügt über verschiedene Antworttypen; z.B. sollten Beratungssysteme zumindest Klassifikations- und Rezeptantworten produzieren können (Gilbert 1989: 237). Damit könnte auf der einen Seite zwischen Theorie, Domäne und Fall, auf der anderen Seite zwischen taxonomischen, formalen, kontingenten und kontrollierenden Antworten unterschieden werden. Das hätte den Vorteil, die jeweils relevante Dialog- und Abstraktionsebene leichter bestimmen und Defizite bei Erklärungen besser orten zu können. Bei Expertensystemen sind die kontrollierenden Rückfragen von besonderem Interesse, weil sie eine verständnissichernde Funktion übernehmen. Sinnvoll wären die beiden Typen in Form prozeßbezogener Annahmen miteinander zu vermitteln, was aufgrund der damit verbundenen Dynamik allerdings nicht machbar ist. Deshalb müssen die beiden Typen separat bearbeitet werden. Aus diesem Sachverhalt sind Anforderungen abzuleiten, die sich vor allem auf den Aspekt der Verständnissicherung beziehen. Für Fragetypen sind dies Eingrenzung durch Vorzeichnen des Lösungswegs und verständnissichernde Rückfragen; Antworttypen betreffen rekapitulierende Verständnissicherung sowie Klassifikations-, Rezept-, und Begründungsantworten.

Diese Forderungen erfüllt kein eingesetztes Expertensystem. Die Programmierung ist nach wie vor weit davon entfernt, Frage- und Antworttypen im aktuellen Dialoggeschehen aufeinander beziehen zu können. Von einer "Einheit des Gesprächs" im phänomenologischen Sinn kann keine Rede sein, weil Expertensysteme aufgrund ihres "dekontextualisierten Interaktionscharakters" über phänotypisch differenzierte Unterfälle von Sprechhandlungen, die auf syntaktischen Zuordnungen basieren, nicht hinauskommen. Die dabei auftretenden typischen Schwierigkeiten leiten wieder zur Frage der Nutzerillusion zurück. Ist diese Einschränkung so gravierend? Wird dem Nutzer andernfalls nicht ein Verständnis suggeriert, das der Computer gar nicht haben kann? Deshalb vermute ich, daß die Akzeptanz von Dialogsystemen mit einem begrenzten Frage-Antwort-Umfang weniger durch ein undurchschaubares Dialogverhalten als durch die Offenlegung dieser Grenzen erreicht werden kann. Eine Unterstützung sollte sich dann mehr auf das Bereitstellen von (beispielsweise grafischen) Hilfsmitteln beziehen.

Was folgt aus den angestellten Überlegungen für das ursprüngliche Ziel, interpersonelle Dialogkomplexität auf ein implementierungsfähiges Maß zu reduzieren? Sie war von der Annahme geleitet, daß Beratungsdialoge über relativ stabile Ablaufmuster, Rollenverteilungen und Themen verfügen und sich deshalb gut für eine Modellierung eignen. Dies ist nicht der Fall. Warum nicht?

> Obwohl bei Beratungsgesprächen als zielorientierter Dialogform mit definierten Rollenzuschreibungen und festgelegten thematischen Feldern sowohl in inhaltlicher wie auch in steuerungstechnischer Hinsicht institutionsspezifisches Wissen zu Rate gezogen werden kann, ist aus dieser soziologischen "Unterfütterung" keine fixe Regelstruktur ableitbar, geschweige denn eine Formalisierung möglich. Verantwortlich dafür ist die situative Gebundenheit von Handlung und Bedeutung, die sich nicht in technische Zusammenhänge übersetzen läßt.

In diesem Faktum - in der Überschätzung dessen, was digitalisiert werden kann - wurzeln die zahlreichen Fehlschläge der KI. Natürlichsprachlichkeit erweist sich für eine Modellierung als zu komplex und wird es aus prinzipiellen Gründen auch bleiben. Das betrifft nicht nur das anspruchsvolle Programm der Modellierung natürlicher Sprache. Wirklich ausgenutzt - und das vor allem unbeabsichtigt - wird beim Einsatz von Expertensystemen tatsächlich nur der Aspekt der Problemdurchdringung; wenn nämlich das potentielle Anwendungsspektrum von Einfachheit bis Komplexität zunächst polarisiert und dann genauer ausgeleuchtet wird. Damit erscheinen vormals komplizierte Probleme vielfach als banal. Der Effekt der Problemdurchdringung verdeutlicht den Stand der Technik insofern, als bislang ausgereifte Problemlösungsansätze der DV noch nicht voll ausgeschöpft sind. Akzeptanz ist mit auch begrenzter Natürlichsprachlichkeit herstellbar. Vor diesem Hintergrund möchte ich für eine bescheidenere KI plädieren: Tragen informationstechnische Ansätze, ob sie unter der Etikette der KI, Expertensystemtechnologie oder klassischen DV in die Diskussion kommen, zu einer Benennung der für den jeweils zu bearbeitenden Problembereich relevanten Komplexitätsgrenze bei, innerhalb derer computergestützt sinnvoll gearbeitet werden kann, haben sie ihren Zweck erfüllt.

Teil III

Expertensysteme in der Organisation

Drei Fallbeispiele

Übersicht

Welche Zwecke erfüllen betrieblich eingesetzte Expertensysteme in der Praxis? Als soziologisch relevanter Untersuchungsgegenstand erfordern sie einen Zugang, welcher der Erforschung einer fremden Kultur angemesssen ist. Warum? Die stark divergierenden Angaben zum Entwicklungsstadium, die geringe Zahl laufender Systeme (Mertens 1991), die Zurückhaltung von Entwicklungs- und Anwendungsfirmen, zum Modus des tatsächlichen Systemeinsatzes über euphemistische Erfahrungsberichte hinausgehende Informationsbedürfnisse zu stillen, wie auch das Defizit qualitativer Studien zu konkreten Bedingungen und Effekten des Einsatzes von Expertensystemen signalisieren einen empirischen Forschungsbedarf, der Nutzeffekte jenseits der Eigendarstellung des verantwortlichen Managements auch aus der Perspektive der betroffenen Anwender thematisiert. Die im ersten Teil diskutierten Komplexitätsmaßstäbe und die dialogtheoretisch abgeleiteten Postulate zu Möglichkeiten und Grenzen beim Einsatz von Expertensystemen werden nun auf ihre empirische Tragfähigkeit hin überprüft. Welchen Nutzen stiften solche Programme im praktischen Einsatz? Dieser Frage liegt die systemtheoretisch entwickelte (Teil I) und dialogtheoretisch begründete (Teil II) Annahme zugrunde, daß Gesamtperformanz des Systems "Mensch und Maschine im organisatorischen Umfeld" nicht mehr informatisch, sondern nur noch disziplinenübergreifend angemessen bearbeitet werden kann. Um die gewonnenen Erkenntnisse schließlich in eine soziologische Perspektive von Expertensystemen zu integrieren (Teil IV) müssen die theoretisch angestellten Überlegungen zunächst einmal einer empirischen Überprüfung zugänglich gemacht werden. Dieser Schritt wird nun unternommen.

Expertensysteme zeichnen sich durch ihre konstitutive "Unabgeschlossenheit" aus. Die Entwicklungsschritte vom Prototyping bis zur Pflege machen dies explizit, indem sie die Unmöglichkeit der zeitlichen Fixierbarkeit eines Endzustands offenlegen. Eingebettet ist dieser Entwicklungszyklus in einen Kontext, der durch sich ständig ändernde Randbedingungen gekennzeichnet ist. Die Hauptaufgabe einer soziologischen Untersuchung besteht darin, sensible Punkte und damit kontrollrelevante Parameter zu ermitteln, an denen Eingriffe vorgenommen werden können und sinnvollerweise erfolgen sollten. Zu diesem Zweck unterscheide ich folgende Dimensionen:

- *Phasen*: Der Lebenszyklus eines Expertensystems umfaßt Zieldefinition, Entwicklung und Einsatz.
- *Rollen*: Die Perspektive des Managements/der Auftraggeber steht der Sichtweise der Systemnutzer gegenüber. Dazwischen vermitteln situationsspezifisch die in die Entwicklung involvierten Wissenstechniker und Experten.
- *Kontrolle*: Dieser systemtheoretisch zentrale Parameter behandelt die Frage, ob die auftretenden Effekte manifeste oder latente Züge tragen, also beabsichtigt sind oder emergent (vgl. IV.3). Dies wirkt sich auf Eingriffsmöglichkeiten insofern aus, als sie entweder intern oder extern, technisch oder organisatorisch, direkt oder indirekt an der zu bewältigenden Komplexität ansetzen.

Geht es um die Benennung von Lerneffekten, muß berücksichtigt werden, wann sie eintreten und welche Konsequenzen daraus rollenspezifisch gezogen werden. Für die empirische Untersuchung der Nutzung von Expertensystemen ergibt sich daraus folgendes: Die Hypothese der in den Randbedingungen wurzelnden Komplexität bildet den systemtheoretisch abgeleiteten und dialogtheoretisch gestützten Rahmen, innerhalb dessen Expertensysteme ihre praktische Relevanz entfalten. Ihr Hauptnutzen liegt in emergenten Effekten, welche über die ursprünglich mit der Entwicklung verbundene Absichten dominieren. Werden Nutzungsparameter mehr in den Randbedingungen als im Expertensystem selbst vermutet, bildet die technische Dimension des Entwicklungsansatzes nur *einen* Parameter, um an Randbedingungen im Sinne einer Kontextsteuerung ansetzen zu können. Damit soll die Komplexität der Einsatzbedingungen ausgenutzt werden. Träger der Effekte sind die Individuen. Dieser erweiterte Ansatz spiegelt sich in der Begriffswahl:

Bei der Nutzung von Expertensystemen werden die Dimensionen der "Aus-Nutzung" und "Be-Nutzung" unterschieden. Mit der Fokussierung auf die Nutz*ung* gegenüber dem Nutz*en* wird zum einen die Prozessualität in den Vordergrund gestellt. Zum anderen kann die Nutzung in doppelter Weise untersucht werden.

Der Ausnutzung von Expertensystemen auf der Seite des Managements steht bei den Anwendern die Benutzung gegenüber. Eine solche Sichtweise nimmt die Dynamik, die sowohl in den organisatorischen und institutionellen Einsatzbedingungen wie auch in der Entwicklungsdynamik eines Expertensystems selbst begründet ist, als Komplexitätsmerkmal ernst. Sie kommt der inkrementellen Vorgehensweise bei ihrer Entwicklung am nächsten. Stehen Lerneffekte im Zentrum, welche auf ihren prozessualen Charakter verweisen, gehört dazu weniger der erfolgreiche Einsatz als die Bereitschaft und Offenheit, Fehlschläge zu akzeptieren und konstruktiv zu verarbeiten.

Kapitel 1

Forschungsinteresse und Methode

Die Vielschichtigkeit der Einsatzbedingungen erfordert einen angepaßten Untersuchungsansatz. Soll sich eine Methode an einen durch Dynamik und Veränderung gekennzeichneten Gegenstand anschmiegen, bieten sich qualitative Verfahren an. Um die innere Kohärenz der unterschiedlichen Zielsetzungen, Entwicklungsstadien und Einsatzbedingungen in der Praxis der beobachteten Expertensysteme herauszufiltern und adäquat beurteilen zu können, ist darüber hinaus eine Kombination von Methoden erforderlich. Mit den Merkmalen der Subjektbezogenheit, Offenheit und Respektierung eines forschungsleitenden Vorverständnisses hat dieser Zugang den Status eines multimethodischen Forschungsansatzes (Lamnek 1989: 4f), in welchem Untersuchungseinheiten nicht nur Personen, sondern auch Organisations- und Wissensstrukturen sein können. So auch hier.

Bei den untersuchten Anwendungen handelt es sich um ein beratungsunterstützendes System im Bereich des Bankwesens (ALEXIS), ein Konfigurationssystem für Telefonanlagen (ExTel) und ein medizinisches Diagnosesystem (RHEUMA). Alle drei werden interaktiv eingebunden, das heißt mit der Beteiligung sekundärer Nutzer eingesetzt. Die Reihenfolge ergibt sich aus den unterschiedlichen Entwicklungsstadien der vorgestellten Projekte. Da ALEXIS nicht betrieblich eingeführt wurde, interessieren hier vor allem die Erfahrungen, die während der Entwicklungs- und Erprobungsphase gewonnen wurden. Im Zentrum von RHEUMA steht der immer noch nicht abgeschlossene Evaluationsprozeß. Anhand von ExTel sollen vorwiegend Effekte aufgezeigt werden, die sich aus dem betrieblichen Routineeinsatz ergeben. Der Vergleich der drei Systeme bezieht sich vor allem darauf, ob typische Folgen oder Probleme festgestellt werden können, die fallübergreifende Prognosen zulassen. Gemeinsam ist allen drei Anwendungen, daß sie nicht für Forschungszwecke, sondern für den Routinebetrieb entwickelt wurden. Deshalb werden nutzungsspezifische Parameter vor allem im Hinblick auf ihre Praxisrelevanz untersucht.

Zur Zielsetzung, Entwicklung und zu gewonnenen Erfahrungen mit ALEXIS existieren keine Veröffentlichungen, weil das System über die Erprobungsphase nicht hinausgelangte und der 1990 geänderten Vertriebsstruktur der Postbank zum Opfer fiel. Die Ausführungen zur Zielsetzung basieren deshalb auf Interviews mit dem damaligen Auftraggeber und dem mit der Entwicklung betrauten Unternehmensberater. Um die Plausibilität der geäußerten Testerfahrungen einzuschätzen, konnte ich auf eigene Erfahrungen bei der Entwicklung des Systems zurückgreifen, die sich einerseits auf Recherchen zu Voruntersuchungen, andererseits auf die Tätigkeit als Wissenstechnikern beziehen. Einblick in die Erprobungsphase gewährten Protokolle von Arbeitssitzungen, Präsentationen, Testberichten sowie Gespräche mit den vier bei der Erprobung beteiligten Personen.

Im Gegensatz zu ALEXIS ist der Evaluationsstand von RHEUMA bis 1989 gut dokumentiert. Das liegt daran, daß sich der an der Entwicklung maßgeblich beteiligte Oberarzt einer Rheumaambulanz mit seiner Arbeit zu diesem System habilitierte. Dabei wurde er vor allem von Doktoranden unterstützt. Ihre Erfahrungen bei der Evaluierung gingen neben Einsatzberichten zweier weiterer Ärzte, die ebenfalls mit dem System arbeiteten, in die Fallbeschreibung ein. Um die Praxisrelevanz der Erfahrungsberichte nachzuvollziehen und die interpersonell ermittelten Verhaltensweisen zu validieren, nahm ich eine Woche lang beobachtend am Betrieb in der Rheumaambulanz teil und führte die computergestützte Anamnese durch, wie es auch die beteiligten Doktoranden getan hatten.

Über die mit dem Einsatz von ExTel verbundenen Zielsetzungen und gemachten Erfahrungen liegen bis zum Stand von 1990 Veröffentlichungen vor, die allerdings marketingstrategischen Gesichtspunkten unterliegen. Deshalb führte ich im März und April 1992 mit Auftraggebern und Personalchefs der Generaldirektion, Mitgliedern der Entwicklungs- und Pflegegruppe, ExTel-Schulungsleitern, Teilnehmern der Erprobungsversion und dem Unternehmensberater, der die Entwicklung des Systems angeregt und durchgeführt hatte, über dreißig Interviews in einer Länge zwischen fünfzehn Minuten und rund zwei Stunden durch. Um herauszufinden, welchen Stellenwert die kommunikative Kompetenz (vgl. IV.4.3) bei den Vertriebskräften spielt, setzte ich einen verkaufspsychologischen Fragebogen ein. Neben der Auswertung in Form einer Auszählung erfolgte eine Validierung der Befunde zusätzlich dadurch, daß ich die Eindrücke durch das Projektteam einschätzen ließ. Die Vermutungen wurden dort wie auch von verantwortlichen Personalchefs und Schulungsleitern bestätigt. Auf der Grundlage eigener Recherchen und Hinweise der Pflegegruppe wählte ich acht Telefonläden aus, die ich besuchte. Bei sieben von ihnen handelt es sich um einige der wenigen Läden, in denen das System überhaupt noch zur Anwendung kommt. Der flächendeckende Einsatz von ExTel zeichnet sich nämlich durch seine fast durchgängige Nicht-Nutzung aus. Was den bundesweiten Nutzungsstand betrifft, ist diese Auswahl nicht repräsentativ. Das war auch nicht erforderlich, da Einsatzbedingungen an den spezifischen Nutzungsformen abgelesen werden sollten. In den Läden sprach ich mit den beschäftigten Vertriebskräften und - wenn möglich - auch mit den jeweiligen Vorgesetzten. Weil sich während der Befragungen die Vermutung verdichtete, daß die Gruppenleiter beim Einsatz von ExTel eine entscheidende Rolle spielen, nahm ich im Juli 1992 an einem Telekom-Seminar "Vertriebspraxis für Gruppenleiter" mit einer typischen Zusammensetzung von Führungskräften teil.

Da zum praktischen Einsatz von Expertensystemen nur wenige Studien in publizierter Form vorliegen, welche die Anwenderperspektive angemessen berücksichtigen, müssen relevante Parameter der Nutzung stückweise erschlossen werden. Um den inkrementellen, nie abgeschlossenen Entwicklungscharakter von Expertensystemen nachzeichnen zu können, ist deshalb eine Technik erforderlich, die auf die Generierung von Theorien über den Prozeß der Datensammlung und -auswertung bei wenig erforschten Themengebieten zielt. Grundlegendes Forschungsinstrument war in allen drei Fällen das Interview, dessen konkrete Form zielgruppen- und expertensystemspezifisch differierte: Gespräche mit dem verantwortlichen Management dienten primär der deskriptiven Erfassung von Tatsachen. Sie fungierten vor allem dann als unersetzbare Informanten, wenn Zielsetzungen und ihre Umsetzung über schriftliche Unterlagen nicht ermittelt werden konnnten. Etwas anders verhält es sich mit den Nutzern. Hier kam es nicht primär auf deskriptive Informationen wie Nutzungshäufigkeit usw. an, sondern vor allem auf die subjektive Verarbeitung des Nutzungsprozesses - die soziale Aneignung der Technik. Die konkrete Befragungsform variierte dabei im Kontinuum zwischen problemzentrierten und Leitfadeninterview (Witzel 1985: 227-236; Lamnek 1989: 65).

Die Form des problemzentrierten Interviews wurde gewählt, weil es aufgrund seiner Gegenstandsorientierung einerseits den flexiblen und problemadäquaten Zugang zum erforschten Objekt gewährleistet und die Problemzentrierung andererseits eine beständige Anpassung der Gesprächsstruktur erfordert. Schließlich zeichnet sich diese Befragungsform durch eine Prozeßorientierung aus, die auf eine sukzessive Gewinnung und Überprüfung von Daten zielt. Der Forschungsprozeß besteht somit aus der Aufeinanderfolge von induktiver und deduktiver Vorgehensweise, die sich idealiter wechselseitig bereichern. Die problemzentrierte Form dominierte bei ExTel, weil die befragten Anwender in bezug auf Einsatzbedingungen und Nutzungsformen eine größere Heterogenität aufwiesen als die Tester von ALEXIS und die mit RHEUMA befaßten Ärzte und Doktoranden. Das problemzentrierte Interview unterscheidet sich nur graduell vom Leitfadengespräch, das bei Rheuma und ALEXIS Anwendung fand. Dieser Typ ermöglicht aufgrund seiner höheren Standardisierung eine bessere Vergleichbarkeit der Antworten. Der Leitfaden formuliert den gesamten Problembereich in Form von einzelnen thematischen Feldern und dient der gegenstandsbezogenen, vergleich- und kontrollierbaren Organisation des Hintergrundwissens. Der Vorteil dieser Gesprächsform machte sich vor allem in der Phase der Aufbereitung bemerkbar, wo die besprochenen Themen in Form einer Matrix dargestellt und verglichen werden konnten.

Dieses Vorgehen ist als forschungspraktische Einlösung der Kritik an standardisierten Meßverfahren und als Konsequenz der Erkenntnis zu verstehen, "daß der komplexe und prozessuale Kontextcharakter der sozialwissenschaftlichen Forschungsgegenstände kaum durch normierte Datenermittlung zu erfassen ist, vielmehr situationsadäquate, flexible und die Konkretisierung fördernde Methoden notwendig sind" (Witzel 1985: 227). Ein weiteres Merkmal liegt im kommunikativen Charakter der Datengewinnung, bei der es auf eine vertrauensvolle Zusammenarbeit ankommt. Da das von der KI mit hohen Erwartungen hochgelobte, einzige anwendungspraktisch relevante Forschungsgebiet der Expertensystemtechonolgie noch kein allgemein geteiltes oder auch nur geklärtes Nutzenkonzept aufweisen kann, ist hier eine besondere Sensibilität erforderlich. Da schließlich das jeweilige Entwicklungsstadium entscheidend in die Nutzungsform eingeht, wurden Unternehmensdaten, Entwicklungserfahrungen und Zieldefinitionen als objektiver Bezugspunkt des Einsatzes von Expertensystemen herangezogen.

Die Interviews fanden fast ausschließlich im alltäglichen Milieu der Befragten in Form von Einzelgesprächen statt. Lediglich bei ExTel wurde einmal auf das Mittel der Gruppendiskussion zurückgegriffen. Bei ALEXIS wurden zwei Interviews telefonisch durchgeführt. Bei allen übrigen konnte mündlich-persönlich vorgegangen werden. Da in der qualitativen Sozialforschung bei der Auswahl der zu Befragenden die Repräsentativität gegenüber Typisierungen und Typologien in den Hintergrund tritt (Lamnek 1989: 91), bot sich bei allen drei Expertensystemanwendungen ein Subsystem-spezifisches Vorgehen an: Im Fall von RHEUMA habe ich alle sechs Doktoranden und zwei evaluierende Ärzte, bei ALEXIS alle vier Tester und bei den acht untersuchten Telefonläden jeweils alle mit ExTel befaßten und zum jeweiligen Untersuchungszeitpunkt anwesenden Mitarbeiter befragt. Bei der Wahl der Darstellungsmittel dominierten wörtliche Transkriptionen über sinngemäß rekonstruierte Protokolle. Auf letztere griff ich nur dann zurück, wenn eine Tonbandaufzeichnung nicht möglich war, z.B. während der teilnehmenden Beobachtung, bei telefonischen Interviews oder wenn nach Abschalten des Geräts die Befragten plötzlich unbefangen weiter erzählten.

Die mit dieser Interviewform aufgeworfene Doppelrolle des Forschers erfordert eine kontrollierte und kontrollierende Vorgehensweise. Die Notwendigkeit dazu ergibt sich aus der problemzentrierten Interviewform. "In der Erhebungsphase ist er derjenige, der den Standpunkt der Befragten einnehmen können soll, in der Auswertungsphase sichtet er das Material mit Hilfe seiner Theorien." (Witzel 1985: 231) Vor diesem Hintergrund habe ich mich für eine Kombination von Methoden entschieden. Denn Befunde, die auf eigenen Forschungen basieren, und dokumentierte Ergebnisse in Form von empirischen Studien (Rheuma), Testberichten (ALEXIS), Marktbeobachtungen (ExTel), Präsentations-, Arbeits- und Tagungsprotokollen (ExTel, ALEXIS) konnte ich auf diese Weise wechselseitig aneinander überprüfen. Die Aufbereitung des persönlich erhobenen Materials erfolgte vor allem in Form einer Anlehnung an eine interpretativ-reduktive Analyse (Lamnek 1989: 104-120). Damit konnten in allen drei Fällen im nächsten abstrahierenden Schritt Grundtendenzen mit typischen Konstellationen herausgeschält werden. Die Auswertung geht vor allem bei ExTel insofern über die Aufbereitung hinaus, als ich auf Grundlage der Protokolle deskriptive Klassifikationen konstruierte. Systematische Typologien sind die am weitesten entwickelte Form deskriptiver Systeme, "in der jeder Typ explizit aus der logischen Kombination der Grundeigenschaften oder Grunddimensionen ausdrücklich hergeleitet wird" (Barton/Lazarsfeld 1979: 57). Sie ermöglicht eine im Sinn der qualitativen Sozialforschung gegenstandsbezogene induktive Konzept- und Theoriebildung bereits während der Erhebung, womit sich Erhebung und Auswertung überschneiden.

In die Theoriebildung ragt das vorgestellte Konzept in folgender Weise hinein: Bei der Beurteilung von Einsatzbedingungen von Expertensystemen reicht die bloße Benennung kontrollrelevanter Parameter nicht aus. Vielmehr geht es darum, ob und in welcher Form Eingriffsmöglichkeiten im Hinblick auf die Nutzung und den Nutzen existieren. Dabei unterscheide ich zunächst direkte und indirekte Eingriffe. Direkte Steuerungsmöglichkeiten bestehen vor allem bei prognostizierbaren, monoton steigenden, also positiv rückgekoppelten Zusammenhängen. Dabei kann es sich um proportionale, lineare, progressive oder auch degressive Kurvenverläufe handeln, wie sie vor allem bei Produktions-, und Kostenfunktionen beobachtet werden können. Sie können im Idealfall in die Form einer "je... desto"-Formulierung gebracht werden. Anders verhält es sich mit Abhängigkeiten, denen keine solche Beziehung zugrunde liegt. Sie können nicht monoton steigend, sondern beispielsweise in

Form eines umgekehrten "U"s oder einer Hyperbel, aber in jedem Fall als kurvilineare Beziehung dargestellt werden.[1]

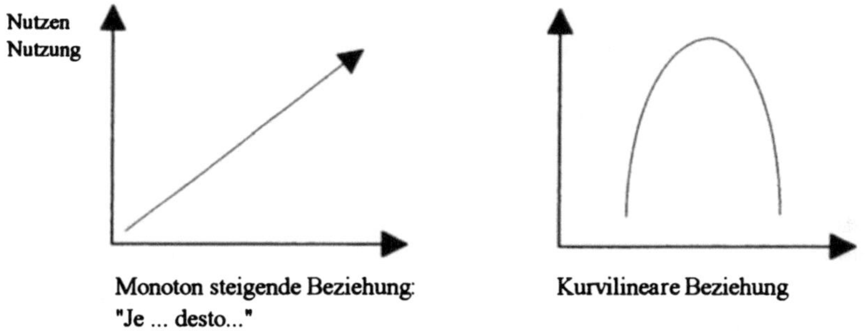

Abbildung 13: Korridorkonzept

Diesen Zusammenhang möchte ich als kontrollrelevantes Korridorkonzept einführen. Korridore erfordern eine differenzierte und sensible Form der Steuerung, weil ihr Ober- und Untergrenzen einen im Vergleich zur linearen Kontrolle engen Wirkungsrahmen setzen. Schießen die Steuerungsmechanismen über diesen Korridor hinaus, kommt es zur Über- oder Untersteuerung. Die Kurve veranschaulicht dabei in grafischer Form, daß es um das Treffen des passenden Ausschnitts geht. Für die Wahl der geeigneten Kontrollmedien muß also ermittelt werden, ob sie in einem monoton steigenden oder kurvilinearen Zusammenhang mit der zu kontrollierenden Größe stehen. Entscheidend ist in diesem Zusammenhang, daß es bei der monoton steigenden Beziehung kein Zurück zum Ausgangszustand gibt. Ein einmal erreichtes Niveau wird nicht mehr unterschritten (z.B. ein bestimmter Wissensstand). Da-

1 Eine solche Beziehung stellt beispielsweise eine ökonomische Umsatzfunktion dar, deren Komponenten der Preis-, Absatz- und Grenzumsatzfunktion dergestalt ineinandergreifen, daß eine optimale Preis-Absatz-Planung nur innerhalb eines schmalen Ausschnitts realisiert werden kann (Henrichsmeyer u.a. 1983: 222-225). Dieser Ausschnitt kann in Anlehnung an die soziokybernetische Theoriebildung als Kontrollkorridor bezeichnet werden (Aulin 1986: 115; Bühl 1990: 185f.). Solche Zusammenhänge sind typisch für Situationen, in denen mehrere Ziele verfolgt werden, die sich wechselseitig ausschließen oder nicht gleichzeitig erreicht werden können.

gegen gibt es bei kurvilinearen Beziehungen einen optimalen Punkt oder ein optimales Plateau, unter welches ein Absacken möglich ist. Während also die monoton steigende Beziehung als positiv rückgekoppelter Zusammenhang beschreibbar ist, handelt es sich bei der kurvilinearen Beziehung um ein situationsspezifisches Wechselspiel von positiven und negativen Rückkoppelungen.

An dieser Stelle ist ein einschränkende Bemerkung erforderlich. Unterstellt wird nicht, wie es diese idealtypische Darstellung suggeriert, daß es sich bei dem skizzierten Sachverhalt zwangsläufig um einen symmetrischen Kurvenverlauf handeln muß (was empirisch wohl eher unwahrscheinlich ist). Die soziokybernetische Theoriebildung steckt in bezug auf die Operationalisierung solcher dynamischer Zusammenhänge noch in den Kinderschuhen, weshalb quantifizierbare Aussagen im gegenwärtigen Forschungsstadium nicht möglich sind. Die Identifikation relevanter Kontrollparameter hat in diesem Zusammenhang andere Funktionen zu erfüllen. Erstens sollen fallspezifisch die Anteile monoton steigender und korridorhafter Zausammenhänge gegenübergestellt werden. Zweitens sollen diese Anteile zur jeweiligen Ebene, die ihnen zugrunde liegt, in Beziehung gesetzt werden. Drittens sollen auf dem damit erreichten Abstraktionsniveau Vergleiche der Systeme untereinander möglich werden, um viertens phasenabhängige typische (Lern-)Effekte benennen zu können.

Kapitel 2

ALEXIS: ein Bank-Beratungssystem

1 Zielsetzung

Der Bankservice der Post umfaßt Giro- und Spardienst. Kreditgeschäfte gehören nicht zum Aufgabenspektrum. Mit der beschlossenen Trennung der Bank- von den Postdiensten und der Liberalisierung des Marktes hegte die Postbank die Hoffnung auf eine Ausweitung ihres Produktangebots. Dem damit verbundenen verstärkten Wettbewerb wollte sie mit einem neuen Marketing in Form eines aktiveren und aggressiveren Einsatzes moderner Methoden sowie der Ausweitung des Personalbestandes an Bankberatern begegnen. Mit der bloßen Aufstockung der seit 1988 speziell ausgebildeten Postbankberater auf die Zahl von 400 hätten sich nun - so die Verantwortlichen - zwangsläufig Probleme mit der Aus- und Weiterbildung ergeben. Um dies zu verhindern, wurde ALEXIS entwickelt: "Dieses System soll die Postbankberater in die Lage versetzen, dem Kunden unter Nutzung eines speziellen DV-Programmes eine professionelle Beratung zu bieten und maßgeschneiderte Angebote zu unterbreiten." (Generaldirektion der Deutschen Bundespost Postbank vom 30.1.91) Neben den über die Personalsituation induzierten Wirtschaftlichkeitserwägungen spielte der Wunsch nach einem innovationsfreudigen und kundenfreundlichen Image eine mindestens ebenso wichtige Rolle. Daß aufgrund der technologischen Rückständigkeit gegenüber Banken ALEXIS nur als Insellösung, d.h. ohne Anbindung an existierende DV, realisiert werden konnte, wurde zwar als Problem gesehen, aber als notwendiges Übel in Kauf genommen.

Bei der Entwicklung sollte es sich um ein Endnutzer-Projekt handeln, also ein gemeinsames Team aus internen und externen Spezialisten. Als interne Spezialisten waren Berater vorgesehen, die als Experten ihr Wissen zur Verfügung stellten. Daneben sollten weitere Berater die inhaltliche Prüfung der erhobenen Fälle vornehmen. Externe Spezialisten waren für das Projektmanagement, die Wissensakquisition und das Software-Design verantwortlich.

Die Vorgaben für das Expertensystem sahen neben der stichwortbasierten Auskunft über das gesamte Leistungsspektrum und der Beratungsunterstützung bei allen Fragen hinsichtlich der Nutzung von Spar- und Giroleistungen auch eine Unterstützung bei Rechenaufgaben (Rendite, Kapitalisierung, Vorschußzinsen) sowie den Ausdruck eines Beratungsprotokolls und später auch von Formblättern vor. Außerdem sollte das System eine automatische Beratungsstatistik führen. Eine Anbindung an operative DV-Systeme war in der ersten Ausbaustufe nur über Diskettenaustausch vorgesehen. Der Zugriff auf Kundendaten waren erst für später geplant. Die Entwicklung gelangte bis zur Testphase, die sich über drei Monate erstreckte. Zu einer bundesweiten Einführung kam es allerdings nicht mehr. Nach Aussage der Pflegegruppe war die Abnahme der Erprobungsversion nur noch zähneknirschend erfolgt, da es sich bei ALEXIS ihrer Ansicht nach weniger um ein Expertensystem als vielmehr um eine in PROLOG programmierte Datenbank gehandelt habe. Ausschlaggebende Gründe für die Einstellung des Projekts waren neben der Enttäuschung über eine nur mangelhafte Performanz des Systems aber vor allem die neue Vertriebsstruktur der Postbank.

2 Von der Entwicklung zur Erprobung

Im Gegensatz zu den bei Expertensystemen bislang favorisierten regelorientierten Ansätzen sollte die Beratungsunterstützung im Postbankbereich fallbasiert (vgl. II.1.5) angegegangen werden. Um von einer Ausgangs- zur Ziellage zu gelangen, sollte der Berater dem Kunden Informationen mit möglichst geringem Aufwand bereitstellen. Die Beratung gliedert sich dementsprechend in drei Phasen: Der Berater versucht erstens, die Lage des Kunden zu erfassen. Bereits vorliegende Kundendaten wären dabei eine Hilfe, standen im Fall von ALEXIS aber nicht zur Verfügung. Zweitens bemüht sich der Berater, die nicht abstrakt, sondern situativ formulierten Wünsche des Kunden zu übersetzen, indem letzterem eine Standardlösung angeboten wird. Der Zielzustand wird daraufhin gemeinsam ausgehandelt. Die Lösung sollte drittens in Form eines Ausdrucks dokumentiert werden, was auf die Forcierung eines geschäftlichen Abschlusses zielt. Das Lösungs-Paradigma sah eine Organisation der Wissensbasis um Fälle herum vor, die idealiter 80% der praktisch vorkommenden Beratungssituationen abdecken. Sie wurden um Informationen aus Dienstanweisungen, Schulungsunterlagen und Produktinformationen ergänzt.

Wie sah die Wissensakquisition nun in der Praxis aus? Da die beiden Domänen des Spar- und Girodienstes ähnlich aufgebaut sind, konnte ich in der Rolle als Wissenstechnikerin im Vergleich der beiden Erhebungsphasen einen deutlichen Lerneffekt feststellen. Ein entscheidender Erfolgsfaktor dazu lag in der Interviewsituation. Die zweiunddreißigjährige Expertin mit abgeschlossenem Germanistikstudium und darauf erfolgter Umschulung zur Postbankberaterin zeigte sich wortgewandt und kommunikativ. Ohne Hang zu umständlichen Formalismen und steifem Sprachstil gelang es ihr, die entscheidenden Punkte der Beratungssituationen zu benennen. Der Lerneffekt spiegelte sich vor allem in einer "Emanzipation" der Expertin von der Interviewform des Dialogs mit mir als Wissenstechnikerin wider. Je mehr ähnliche Fälle bearbeitet wurden, desto eher "betrieb" die Expertin allein "Wissensakquisition". Das war der Fall, wenn dem weiteren Vorgehen eine theoretische abgeleitete Unterscheidung aufgrund der konzeptionell erarbeiteten Gliederung unterlegt werden konnte. Damit wurde die Struktur formaler, denn sie zwang die Beratung mehr von der Praxis weg. Welche Konsequenzen ergaben sich daraus? Statt der Abbildung konkreter Beratungsfälle wurden zunehmend thematisch passende Fälle generiert. Die Wissensakquisition entspricht damit weniger einem Extraktions- als einem Konstruktionsprozeß und kann im Korridor zwischen systematischer Vollständigkeit und Praxisrelevanz beschrieben werden:

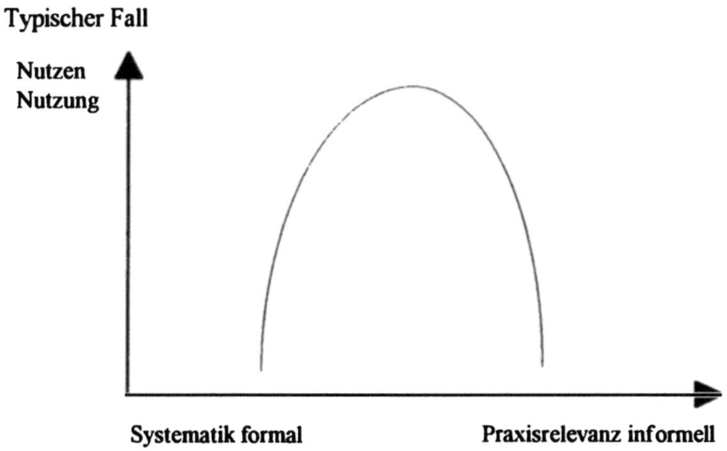

Abbildung 14: Wissensakquisition typischer Fälle

Als Vorgabe sollten tatsächliche, häufig auftretende, also typische Fälle erhoben werden. Dieses der Praxis entnommene Gliederungsprinzip kollidierte allerdings häufig mit einer heuristisch sinnvollen Struktur, wie sie beispielsweise Dienstanweisungen oder Schulungsunterlagen zugrunde liegt. Die Entscheidung für praktische Relevanz entsprach einer Entscheidung gegen systematische Vollständigkeit und umgekehrt. Was bedeutet das? Dem formaleren Vorgehen fielen die Bestandteile zum Opfer, in welchen zwar nicht unbedingt gegen die Dienstanweisung, aber zumindest nicht in voller Übereinstimmung mit ihr beraten werden muß. Explizit wird das als Schwelle registriert, wo nach Einschätzung der Expertin "der Schalterbeamte selber wissen muß, was er zu tun hat". Interessant sind diese Fälle, weil ihre Behandlung ein hohes Maß an Fingerspitzengefühl erfordert. Dabei geht es häufig um Marketingaspekte, wo der Schalterbeamte seinen Handlungsspielraum entweder zu seinem eigenen Vorteil, dem des Kunden oder der Postbank nutzen kann. Weil die Expertin Sanktionierungen durch die Prüfgruppe befürchtete, hielt sie sich in interpretationsbedürftigen Situationen lieber an die Vorschriften und reduzierte damit die Praxisrelevanz der implementierten Fälle.

Wie wirkt die Modellierung eines solchermaßen re-konstruierten Wissens (einer "Dienstanweisung") auf das Design von ALEXIS zurück? Weil die Fälle nicht situationsspezifisch aus unterschiedlichen Komponenten zusammengefügt, sondern komplett aufgerufen werden, verwandelte sich das Fallmodell von einem dynamisch konzipierten, mit verästelten Details hantierenden System in ein weitgehend statisch operierendes Programm. Die ständige Verfeinerung bzw. gleichzeitige Zuspitzung des Lösungsansatzes ging also weg von flexiblen Bausteinen hin zu starren Fällen. Dies erleichterte als angenehmen Nebeneffekt den Überblick über die behandelten Themenblöcke und gewährleistete ihren logischen Zusammenhang. Damit aber geht ein verändertes Anforderungsprofil an die Berater einher. Sie finden nicht, wie ursprünglich vorgesehen, über einen beliebigen Deskriptor, sondern nur noch mittels einer aussagekräftigen Überschrift den passenden Fall und müssen also ein höheres Maß an Vorwissen mitbringen. Damit resultiert die skizzierte Konstellation in einem bemerkenswerten emergenten Effekt: Expertise in Form lebensweltlichen, nichtsprachlichen Wissens wird an den Menschen zurückverwiesen bzw. gar nicht erst an das System delegiert. Weil das zur Implementierung vorgesehene Aufgabengebiet einer gründlichen Analyse unterzogen werden muß - und seiner irrtümlich unterstellten Komplexität entkleidet wird, verringert sich der maschinelle Beitrag zum "Gesamtsystem Expertise" erheblich.

"Die Zielsetzung des Erprobungsbetriebs bestand in erster Linie darin, für Beratungen die Einsatzmöglichkeiten DV-gestützter Verfahren (PC-Einsatz) zu erproben und die Vollständigkeit der Wissensbasis zu testen. Während des Probebetriebs sollte daher durch die beteiligten Postbankberater ermittelt werden, welche Lücken in der Wissensbasis geschlossen werden müssen." (Protokoll der Präsentation am 7.6.91 in Bonn) Zu diesem Zweck verfaßten die vier mit dem Test betrauten Personen Tagesprotokolle, welche die tatsächliche Nutzung und auftretende Fehler dokumentieren. Der Auswertung zufolge beanstandeten sie vor allem die gewöhnungsbedürftige Benutzeroberfläche, die umständliche Benutzerführung, die unvollständige Wissensbasis, den zu geringen Druckspeicher und die fehlende Abfrage des Kundenprofils. Vorschläge für die Weiterentwicklung bezogen sich auf die Speicherung der Protokolle, die Führung einer Kundendatei mit unterschiedlichen Kriterien für die Kundenbetreuung, den Zugriff auf zentrale Kundendaten, eine Terminverwaltung zur Planung von Kundenkontakten und eine integrierte Textverarbeitung.

In der Lesart der Auftraggeber sei die Akzeptanz bei den Testern gut gewesen, die Kundenakzeptanz dagegen mit überzogen geweckten Erwartungen einhergegangen. Leitendes Einsatzkriterium der Tester war ein "Erklärungsgewinn, weil die Zeit in der Kundenberatung nicht so eine wesentliche Rolle spielt. Für die Kunden ist eine schöne Atmosphäre wichtiger. Dafür nehmen sie auch Wartezeiten in Kauf" (Berater 4). Ein Erklärungsgewinn kann eher bei komplizierteren Fällen erzielt werden. Dabei geht es vor allem darum, durch das System auf neue, über das eigene Standardrepertoire reichende Ideen gebracht zu werden. Zu umfangreich und speziell durften die Fälle aber auch nicht werden. Denn dafür war das von der Wissenbasis abgedeckte Gebiet zu unvollständig. Auf einen solchermaßen gelagerten Korridor trafen die Tester auch dann, wenn langwierige Berechnungen erforderlich waren. Das kommt beispielsweise bei der längerfristigen Ausarbeitung eines Sparplans vor. Dafür wurde ein Algorithmus implementiert, der über mehrere Jahre hinweg die rentabelsten Kombination von Sparbüchern zusammenstellt. Solche sogenannten "Kombifälle" trafen von allen Anwendungsmöglichkeiten eigentlich den passendsten Ausschnitt, weil die Beratungen Rechenoperationen erfordern, länger dauern und schwer überschaubar sind. Zusätzlich läßt sich auf einem ausgedruckten Protokoll die Beratung nachvollziehen. Diese ansprechend programmierten Kombifälle gehen nach Ansicht aller vier Tester allerdings schlichtweg an der Praxis vorbei. Ein Kunde kombiniere nicht über Jahre hinweg drei bis vier verschiedene Sparbücher. Auch sei ihm die Auseinandersetzung mit fünf Seiten ausgedrucktem Text nicht zuzumuten. Der Einsatzkorridor zwischen Trivialität und Kompliziertheit wird auf dieser Folie um den Faktor der Praxisrelevanz nochmals verengt.

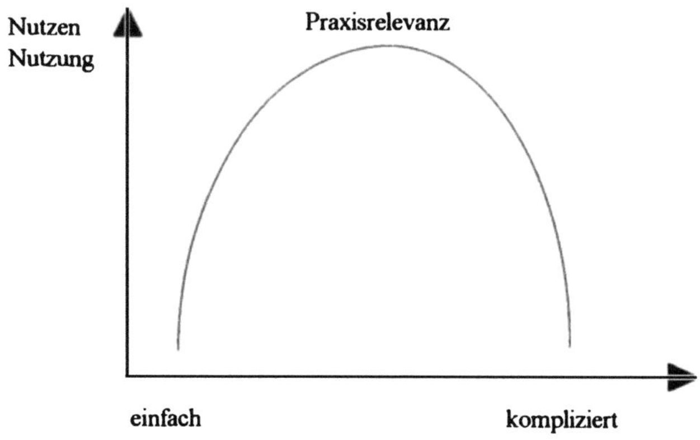

Abbildung 15: Praxisrelevante Nutzung

Was folgt daraus? Gemessen am Anspruch eines Expertensystems liegen die möglichen Arbeitserleichterungen nicht im inhaltlichen Bereich, weil der Wissenstand nicht über das Standardwissen eines Postbankberaters hinausgeht. Für die eingeschränkte Nutzbarkeit von ALEXIS als Expertensystem ist dessen unausgereifte Performanz dennoch nicht ursächlich verantwortlich. Daß ALEXIS nur als Informationssystem oder Taschenrechner eingesetzt werden kann, liegt zum einen an den "relativ einfachen und wenig erklärungsbedürftigen" (Protokoll der Präsentation vom 7.6.91 in Bonn) Angeboten der Postbank. Zum anderen operiert ALEXIS als isoliertes DV-System, also ohne Anbindung an Kundendaten, Terminverwaltung, usw. Diese beiden Aspekte verstärken sich in ihrer negativen Wirkung und stellen damit einen Einsatz eines Expertensystems in dieser Form in Frage. Warum? Mit der Umstrukturierung der Post stand eine Erweiterung des Produktangebots der Postbank zur Diskussion, die schlichtweg überschätzt wurde. Gleichzeitig sind die Berater gehalten, nur wenig erklärungsbedürftige Produkte anzubieten, da 95% der gesamten Produktabwicklung am Schalter geschieht. Die Schalteristen mit den rund 1200 zu erbringenden Dienstleistungen seien aber nicht weiter belastbar. Dieses entscheidende Manko läßt gleichzeitig Spielräume offen, die ein anderer Tester für sich zu nutzen wußte: "Was rein den Inhalt betrifft, wird die Beratung sicher nicht besser. Sieht man aber das Gesamtsystem, bezieht man auch Dinge wie das Image und die Optik mit ein, dann wird die Beratung eindeutig besser, denn der PC macht auf jeden Fall einen besseren Eindruck als die altmodische postlerische Hantiererei mit Bleistift und Zettel." (Berater 4)

Was blieb? Dominierender Aspekt bei der Beziehung zum Kunden war bei allen vier Testpersonen der professionellere Eindruck, den die Arbeit am PC vor allem Jüngeren gegenüber vermittelte. Da eine fachliche Unterstützung nur punktuell eingebunden werden konnte, zwang die Computernutzung dem Gespräch auch keine normierte Abfolge auf. Ein der freien Beratung gegenüber besser strukturiertes Vorgehen konnten die Tester deshalb auch nicht feststellen. Die Arbeit mit ALEXIS nahm nie so viel Konzentration in Anspruch, daß der gegenüber sitzende oder stehende Kunde "vergessen" worden wäre. Die fachliche Kompetenz erfuhr weder in der eigenen Wahrnehmung noch in der dem Kunden unterstellten Perzeption eine Unterminierung, weil die Performanz des Systems zu wenig hergab, um sich negativ auf die Beratungssituation niederschlagen zu können. Bei aller Kritik wurde eine Nutzung von ALEXIS unter tutoriellen Aspekten einhellig begrüßt. Vor allem Berufsanfänger könnten mit der ständigen Möglichkeit einer Rückversicherung und des Selbststudiums von dem System profitieren. Für eine routinemäßige Nutzung hätte ALEXIS aber vor allem in bezug auf eine Kundenpflege erheblich ausgebaut werden müssen: "Das das wäre für uns als Routiniers eine wirkliche Arbeitserleichterung." (Beraterin 3)

3 Das Scheitern von ALEXIS

Für eine solche Arbeitserleichterung fehlten die DV-technischen Voraussetzungen, was bei der Entwicklung von ALEXIS in Kauf genommen wurde. Ergebnis: ALEXIS interessiert heute niemanden mehr. Die Prioritäten haben sich verschoben. Laut Ausführungen des Auftraggebers geht es dem jetzigen Vorstand um die Entwicklung eines funktionierenden, DV-gestützten Kontoführungssystems. Marketing- und prestigerelevanten Projekten wie ALEXIS läßt dies keinen Raum. Damit können aus den gemachten Erfahrungen folgende erfolgskritische Punkte abgeleitet werden:

- *Integration*: Die Ergebnisse liefern einen Hinweis darauf, daß Expertensysteme nur als integrierte DV-Konzepte Erfolgschancen haben. Die gleichzeitige Erweiterung der Produktpalette, Konzeption und Integration eines Lösungskonzept als Reaktion auf die Wettbewerbssituation aber hätte das Management überfordert. Mit ALEXIS sollte deshalb klein angefangen werden, indem zunächst das erforderliche und verfügbare Know-how erhoben und bereitgestellt wurde. So konnte zumindest eine neue Methode, ein neues Werkzeug getestet werden.

- *Angebotsspektrum*: Die Testerfahrungen von ALEXIS machen zum zweiten deutlich, daß das Produktangebot der Postbank zu simpel ist, um über Dienstanweisungen hinausgehende Expertise zu Rate ziehen zu müssen. Aus wohl primär historisch zu erklärenden Gründen hat die Post ein nicht übermäßig anspruchsvolles Publikum, bei welchem sich keine komplizierten Lösungen lohnen. Die bestehenden sind nämlich so schlecht, daß interessierte Kunden, die sich mit gewinnbringenden Möglichkeiten der Geldanlage auseinandersetzen, zur Konkurrenz gehen werden. Das weiß das Unternehmen. Insofern ist die Postbank mit ihrem Konzept der einfachen Sparbücher gut bedient. Aus diesem Grund mußte beispielsweise bei ALEXIS das ursprünglich ambitionierte Deskriptorensystem radikal zusammengekürzt werden: Um einen Expertensystem-Ansatz zu rechtfertigen, hätte der Fallzugang künstlich verkompliziert werden müssen.
- *Isolierte Kommunikationsflüsse*: Aus dem Scheitern von ALEXIS wurden keine Lehren gezogen. Das ist schade. Durch den modularen Aufbau der gegenwärtig in Einführung befindlichen Standardsoftware zur Kontoführung könnten nämlich die Bedingungen geschaffen werden, ein System wie ALEXIS sinnvoll einzusetzen, z.B. als Schulungssystem. Damit von den gemachten Erfahrungen auch das gesamte Unternehmen profitiert, müßten aber die Kommunikationskanäle zwischen den einzelnen Fachabteilungen transparenter gestaltet werden.
- *Anforderungsprofil*: Bei einer bundesweiten Einführung von ALEXIS wäre dessen Akzeptanz bei den primären Nutzern keineswegs selbstverständlich gewesen. Die vier Testpersonen waren hochmotivierte Berater, die bereits vorher über einen persönlichen Bezug zu Mitarbeitern des Projekts verfügten, während der Erprobungsphase in ständigem Austausch mit ihnen standen und eine umfangreiche Betreuung erfuhren. Dieses Nutzerprofil kann aber nicht ungeprüft verallgemeinert und für die übrigen Postbankberater als typisch unterstellt werden. Was die Motivation der zukünftigen Nutzer betraf, war weder ein Anforderungsprofil definiert noch eine Bestandsaufnahme zur Einstellung bzw. potentiellen Akzeptanz der Mitarbeiter computergestützten Beratungsformen gegenüber erstellt worden. Hätten sich bei einem betrieblichen Routineeinsatz Probleme ergeben, wäre das Management dieser Situation hilflos gegenüber gestanden.
- *Problemdurchdringung I - Fallbasierter Ansatz als Lösungsparadigma*: Der fallbasierte Ansatz konnte nicht nur inhaltlich, sondern auch methodisch fruchtbar gemacht werden. Er förderte die Einfachheit der bestehenden Expertise zutage, konnte also als Mittel der Durchdringung eines Gegenstandes eingesetzt werden. Weil sich Fälle in ihrer Typizität einer Formalisierung entziehen, schließen sich ihre starre Repräsentationsform und

ihre dynamische Gestaltung tendenziell aus. Viel wichtiger wird damit die Auswahl der richtigen, der typischen Fälle. Was das Verhältnis zwischen gegenwärtigem Forschungsstand und Praxisrelevanz betrifft, wurde mit ALEXIS ironischerweise das Optimum aus dem Fallansatz herausgeholt. Denn die postulierte Anpassung im Sinne einer Selbstkorrektur von Fällen ist auf der Forschungsebene nicht gelöst und praktisch auch nicht erforderlich. An dieser Stelle wird ein Mißverhältnis zwischen Forschung und Praxis deutlich. Auch wenn die KI den fallbasierten Ansatz zu flexibilisieren imstande ist, löst sie damit keines der Probleme, die in der Betriebspraxis eines Expertensystems wie Alexis auftreten.

- *Problemdurchdringung II - Entmystifizierung der KI*: Als weiterer Effekt der Entwicklung kann der potentielle Lösungsbeitrag von KI-Programmen realistischer eingeschätzt werden, indem ein Expertensystem seiner scheinbaren Expertenhaftigkeit beraubt wird. Dies wurde möglich, weil der fallbasierte Ansatz eine Verbindung zwischen opaken regelbasierten Expertensystemen der KI und transparent organisierten, aber "dummen" Datenbanken der klassischen DV herstellt. Das ist bemerkenswert, weil dieser Effekt nicht durch den Schritt zu forcierter Formalisierung, logischer Strenge und Berechenbarkeit gewonnen wird, sondern im Gegenteil dadurch, daß die Grenzen der maschinellen Expertise offengelegt werden.

Eine solche Einsicht wird durch das gewählte Lösungsparadigma unterstützt, weil es mehr als regelbasierte Ansätze eine ganzheitliche Sichtweise von Expertise impliziert. Typische Fälle können nicht analytisch durchdrungen werden, eben weil sie "typisch" sind. Dieser Sachverhalt bestätigt die These, daß Nutzerfreundlichkeit weniger durch eine nur defizitär zu bewerkstelligende Imitation genuin menschlicher Verhaltensweisen als durch eine explizite Offenlegung der formalen maschinellen Operationsweise zu erreichen ist. Bemerkenswerterweise tauchte genau an der Stelle, wo bei der sinnvollen Verwendung eines Computersystems menschliche Expertise gefordert ist, von der Pflegegruppe der Vorwurf auf, bei dem ALEXIS handle es sich "nur" um eine Datenbank, da es sich gar nicht expertenhaft verhalte.

Kapitel 3

RHEUMA: ein medizinisches Diagnosesystem

1 Zielsetzung

Das Expertensystem RHEUMA wurde nicht entwickelt, um auf eine Wettbewerbssituation zu reagieren. Auch spielte die Notwendigkeit, einen Arzt bei seiner aktuellen Arbeit zu unterstützen, keine akute Rolle. Zu RHEUMA führte vielmehr die wissenschaftliche Neugier eines klinisch arbeitenden Arztes, den die Tätigkeit an einem forschungsorientierten medizinischen Institut mit informatischen und statistischen Methoden nach Umsetzungsmöglichkeiten für diese Kenntnisse suchen ließ. Das übergreifende, mit RHEUMA verbundene Ziel besteht in der Klärung der Frage, ob Expertensysteme in der Medizin einen meßbaren Nutzen haben. Medizinische Expertensysteme "kann man als Programm mit einer medizinischen Datenbasis beschreiben, das Ärzte und das klinische Personal bei der Diagnose, Therapie und Patientenführung unterstützt" (Schill 1990: 11). Mit RHEUMA sollen in einem Gebiet Erfahrungen gesammelt werden, in dem zu Routineeinsätzen von Expertensystemen noch kaum Erfahrungen vorliegen (John u.a. 1988; Wyatt 1990). Die ersten Forschungsbemühungen zielten also darauf, ein passendes Anwendungsgebiet zu identifizieren.

Rheuma ist ein "symptomatischer Gruppenbegriff für alle schmerzhaften Zustände des Bewegungsapparates" (Schewe 1989: 10) und umfaßt mehr als hundert verschiedene Krankheitsformen. Spezifische Probleme der Rheumatologie, die ein Expertensystem zu bewältigen hat, ergeben sich aus einem mit ca. 60% hohen Anamneseanteil an der Diagnose, der Vieldeutigkeit des Leitsymptoms Gelenkschmerz (mehrere Fachdisziplinen sind an der Diagnosefindung beteiligt), aus der meist nur langfristig möglichen diagnostischen Festlegung sowie einer hohen Therapie-Unsicherheit bei einem hohen Leidensdruck der Patienten. Die Diagnosekompetenz ist eine subjektgebundene schöpferische Leistung eines Arztes. Sie basiert darauf, unterschiedliche Wissensformen in den Diagnoseprozeß zu integrieren. Dabei handelt es sich sowohl um synthetisches wie auch anwendungsbezogenes Wissen. Zwischen Symptomen und Krankheit wird auf diese Weise sukzessiv ein Zusammenhang hergestellt.

Um dies zu unterstützen, setzt das Anwendungsszenario von RHEUMA bei der Anamnese von Rheumapatienten an. Sie ist mit einem erheblichen Dokumentations- und Zeitaufwand verbunden. Bei der computergestützten Anamnese stellt im Idealfall nicht mehr der Arzt die obligatorischen Eingangsfragen, sondern das medizinische Hilfspersonal (Arzthelferin). Beginnt der Arzt dann mit der Untersuchung, verfügt er bereits über die vollständige Standardanamnese und einen Differentialdiagnosevorschlag des Systems. Auf diesem Weg kann er sich auf die wesentliche Symptomatik konzentrieren. Muß er sich dagegen, wie es gegenwärtig der Fall ist, primär mit diagnostischen Problemen auseinandersetzen, kann er sich nur wenig um den Patienten als Person kümmern. Eine Vorverlagerung diagnostischer Aufgaben soll ihm dafür den Rücken freihalten. Damit profitiert von einer standardisierten, vorformulierten Anamnese nicht nur der Allgemeinarzt, sondern auch der auf Rheumaerkrankungen spezialisierte Experte. Eine solchermaßen durchgeführte Anamnese dauert mit zwanzig Minuten ebenso lange wie ohne Expertensystem. Im Stadium der klinischen Untersuchungen arbeitet der Arzt am System allein weiter. Er erhält einen Ausdruck über die wahrscheinlichste Diagnose, den er für den zu schreibenden Arztbrief verwenden kann. Dieses Dokument ergänzt er dann mit dem Therapievorschlag. Die Minimierung der sekretariellen Arbeit ist ein bewußt geplanter Nutzungsanreiz zur Akzeptanzsteigerung von RHEUMA. Überlegungen in Richtung einer Entlastung des Arztes gehen sogar noch weiter. Der Patient soll direkt an das System gesetzt werden und die gestellten anamnestischen Fragen selbst beantworten. Wie realistisch sind solche Zielvorstellungen?

2 Evaluierung

RHEUMA befindet sich seit rund fünf Jahren in Entwicklung. Eine solche Zeitspanne ist für ein Expertensystem in einem risikobehafteten Bereich wie der Medizin nicht selten, da der Arzt nicht nur für die Diagnose, sondern auch die sich daraus ergebenden Folgen verantwortlich ist. Rechtliche und auch moralische Gesichtspunkte müssen also in weit größerem Maß Berücksichtigung finden als beispielsweise bei einem beratungsunterstützenden System zur Telefonkonfiguration. Für die Messung dieser Dimensionen stehen bislang noch keine praktikablen Methoden zur Verfügung. Thematisierte

Nutzenparamter erstrecken sich primär auf den technisch-wirtschaftlichen Bereich (Gottinger 1988). Um ein System dagegen inhaltlich zu testen, müssen die Zielvorgaben klar sein. Dazu können die Richtigkeit (die Systemdiagnose wird mit der Diagnose einer ärztlichen Kontrollgruppe verglichen) und/oder der Aufwand der Diagnostik als Beurteilungskriterium herangezogen werden. Die Aufwandsmessung geht am stärksten den Weg einer echten Nutzenevaluierung. Nutzenparameter dazu sind Kostenminderung (durch frühe Diagnose, Einsparung diagnostischer Maßnahmen und kürzere Krankenhausaufenthalte) und die Verbesserung der Therapie (durch verbesserte Patienteninformation über zusätzliche therapeutische Maßnahmen). Dieser Ansatz ist am reizvollsten, aber auch am schwierigsten umzusetzen, da ein Kontrollkollektiv über einen längeren Zeitraum zur Verfügung stehen muß. Daneben sind auch randomisierte Tests erforderlich, bei denen vergleichbare Patientengruppen mit bzw. ohne Expertensystem untersucht werden. Dabei müßte neben der Richtigkeit der Ergebnisse vor allem der zeitliche und untersuchungstechnische Aufwand gemessen werden. Solche Evaluierungen wurden bislang kaum durchgeführt, weil sie einen erheblichen finanziellen wie auch organisatorischen Einsatz erfordern (Rossi-Mori/Ricci 1988: 293f; Gottinger 1988: 64). Deshalb zielen die bisherigen Bemühungen bei RHEUMA primär auf die Bewertung der diagnostischen Systemperformanz.

RHEUMA wurde auf Erfahrungen aufgebaut, die mit 409 bzw. 358 ambulanten, unausgewählten Patienten mit Gelenkschmerzen und deren anamnestischen Angaben gewonnen wurden (Schewe 1989). Die Evaluation basierte auf einem Vergleich der Computerdiagnose mit der Arztverdachtsdiagnose, der Arztverdachtsdiagnose mit der Enddiagnose und der Computerdiagnose mit der Enddiagnose. Dabei ist zu berücksichtigen, daß auch die Enddiagnose nur Wahrscheinlichkeitscharakter hat. Die Trefferquote des Systems auf der Grundlage ausschließlich anamnestischer Information lag bei 75% und entspricht der des Arztes. Der Arzt hat allerdings den Vorteil, daß er in der Anamnese durch Beobachtung noch Zusatzinformationen gewinnen kann, die dem Computer verschlossen bleiben. Der aus soziologischer Perspektive aufschlußreichste Einflußfaktor der Fehlerhäufigkeit ist die Nutzererfahrung in der Rheumatologie. Die Rheumaspezialisten erzielten signifikant bessere Ergebnisse als die Studenten. Der Grund liegt darin, daß der Experte früh zu einer Verdachtsdiagnose kommt und die folgenden Fragen in Richtung auf diese Diagnose beantwortet. Indem die Verdachtsdiagnose die Rolle eines sinnstiftenden Kontexts spielt, gibt der Arzt also bereits "validierte" Symptome an das Expertensystem weiter (dazu später). Keine Abhängigkeiten wurden dagegen vom Alter und Geschlecht der Patienten, der Anamnesedauer oder der Art der Erkrankung festgestellt. Ein Viertel der Expertensystem-Fehler waren durch falsche Regelstrukturen oder eine mangelhafte Regelbewertung verursacht. Beim Rest waren in 30% der Fälle mehrere gleichzeitig auftretende Rheumaerkrankungen für die Fehler verantwortlich. Die verbleibenden zwei Drittel kamen durch unterschiedliche Informationen von Expertensystem und Arzt zustande. Dem Expertensystem fehlen z.B. die blickdiagnostischen Möglichkeiten. Insgesamt ist also die Hälfte der Expertensystem-Fehler darauf zurückzuführen, daß das System über unvollständigere Informationen als der Arzt verfügt.

Ein weiterer Validierungsparameter ist die Bereitschaft potentieller Anwender, das System auch tatsächlich einzusetzen. Weil die in den Test involvierten (Krankenhaus-)Ärzte nicht der Zielgruppe der niedergelassenen Ärzte entsprechen, stellt sich eine Bewertung der praktischen Anwendung und des Routinebetriebs als außerordentlich schwierig dar. Dennoch müssen die gewonnenen Erfahrungen prospektive Aussagen auf zukünftiges Nutzerverhalten zulassen. Im Gegensatz zu einer erwartungsgemäß hohen Akzeptanz bei Patienten wird einem Großteil der Ärzte aber ein geringes Interesse an computergetützter Diagnostik bescheinigt. Neben technischen Entwicklungs- und Betriebsproblemen beanstanden letztere den fehlenden Nachweis einer Kostenreduktion und eines Nutzens für Arzt und Patient, die geringe Therapierelevanz und die fehlende Routineeinbindung als Gründe für den seltenen Expertensystemeinsatz (Schewe 1989: 176): So sind nur 52% der 44 befragten Ärzte in der Poliklinik bereit, Expertensysteme derzeit bei ihren Problempatienten einzusetzen. Im Gegensatz zu ihren Patienten (10%) empfanden 82% der Ärzte die Arzt-Patientenbeziehung durch den Computer beeinträchtigt. Auf welche Auswirkungen lassen diese Befunde beim Einsatz von RHEUMA schließen?

Zur weiteren Validierung arbeiteten zwei Ärzte der Rheumaambulanz insgesamt knapp drei Wochen mit dem System.[2] Nachdem die langsame und umständlich zu handhabende Vorgängerversion des Großrechners auf einen PC umgeschrieben und die Regelstruktur verbessert wurde, sollten Erfahrungen mit ausgewiesenen Spezialisten gesammelt werden. In beiden Fällen schlug das Experiment fehl. Setzt nämlich ein Arzt statt eines Studenten das System ein, benötigt er faktisch die doppelte Zeit, weil er durch das strukturierte, für ihn kontraintuitive Vorgehen paradoxerweise den Überblick verliert: Der Arzt würde den Patienten frei reden lassen und sich so ein Bild von seinem Zustand machen. Durch die starren Systemvorgaben weiß er nicht mehr, welche Fragen er bereits gestellt hat und was eigentlich vorlag. Handelt es sich bei fachlich ausgewiesenen Nutzern lediglich um eine falsche Ziel-

2 Die folgenden Ausführungen basieren auf Gesprächen mit den beiden Ärzten.

gruppe, muß dennoch die Frage nach der für eine sinnvolle Nutzung erforderlichen Fachkompetenz beantwortet werden.

3 Zur Arzt-Patient-Beziehung

Die gemeinsamen Interessen der mit der Evaluierung betrauten Doktoranden und Fachärzte liegen darin, die Anamnese korrekt und zeitsparend durchzuführen. Während aber die Ärzte vor allem den doppelten Zeitaufwand einer computergestützten Anamnese beklagen, heben die Doktoranden als Positivum deren Vollständigkeit und Systematik hervor. Diese Erfahrung ist rollenbedingt. Die Doktoranden fungierten als Hilfspersonal, das mit der weiteren Untersuchung nichts mehr zu tun hatte. Die Ärzte dagegen sollten auf Grundlage der anamnestischen Angaben zu einer Diagnose finden. Die Arbeit der Doktoranden trug vorbereitenden Charakter, die der Ärzte war ergebnisorientiert. Letztere mußten also beides leisten - die Erstellung einer vollständigen Krankengeschichte und die Identifikation des Leidens. Diese Doppelfunktion der Anamnese schlägt sich in einer ambivalenten Nutzenperzeption nieder. Wird ein Arzt auf ein ungewohntes Vorgehen festgelegt, läuft das für ihn auf doppelte Arbeit hinaus, da er gegen seine Intuition und Erfahrung handeln muß. Er nimmt das Expertensystem als Behinderung wahr. Diagnostisch kommt das System nicht zu besseren Ergebnissen, weshalb die Ärzte keinen fachlichen Nutzen daraus ziehen. Die Doktoranden dagegen verfügen über wenig klinische Erfahrung. Sie gehen die vorgegebenen Fragen durch, eignen sich damit ein strukturiertes Vorgehen an und erzielen so einen immensen Lerneffekt. Da sie die Systemdiagnosen mitverfolgen können, erfahren sie in ihrer Tätigkeit eine inhaltliche Unterstützung.

Wie sieht es neben dem inhaltlichen, also expertensystemspezifischen, mit dem Nutzen aus, der mit der dokumentarischen Funktion des Systems beabsichtigt ist? Die Ärzte werden durch die Möglichkeit, die Systemdiagnosen in den Arztbrief zu übernehmen, sekretariell tatsächlich unterstützt. Das ist aber nur dann der Fall, wenn ihnen diese Arbeit durch Hilfspersonal abgenommen wird. Dieser DV-bedingte Vorteil muß also den expertensystemspezifischen Nachteil aufwiegen. Die Doktoranden profitieren ebenfalls von der vollständigen und übersichtlichen Dokumentation. Sie tritt neben den bereits erzielten Lerneffekt und bietet weitere Sicherheit. Überträgt man diese Ergebnisse auf eine mögliche Unterstützung in der ambulanten Arztpraxis, sollte medizinisches Hilfspersonal die dokumentarische Arbeit des Arztes übernehmen. Dann wird die doppelte Funktion der Anamnese in doppelter Form ausgenutzt, indem nämlich die dokumentarische Komponente des Programms den sekretariellen und der expertensystemspezifische Teil den fachlichen Bereich unterstützt. Damit ist das Problem der erforderlichen Fachkompetenz aber keineswegs gelöst, weil die Erfahrung in der Rheumatologie einen signifikanten Einflußfaktor auf die Performanz des Expertensystems darstellt - mit wachsender Kompetenz steigt auch der Anteil richtiger Ergebnisse. Dementsprechend akkumulierte sich der Lerneffekt bei den Doktoranden. Im Verlauf der Evaluation, während der jeder rund hundert Patienten befragte, wurden die Systemdiagnosen besser.

Wie sind diese Ergebnisse zu interpretieren? Das System arbeitet nur dann gut, wenn es mit korrekten Daten versorgt wird. Daraus folgt, daß nur Personen mit dem System arbeiten sollten, die über die entsprechende fachliche Kompetenz verfügen. Genau das aber läuft dem ursprünglichen Einsatzszenario zuwider, welches als Fernziel eine Eigenanamnese der Patienten anvisiert. Führt eine andere Person als der behandelnde Arzt die anamnestische Untersuchung durch, sind darüber hinaus drei weitere Punkte zu berücksichtigen. Erstens tritt ein Patient einem Arzt aufgrund des höheren fachspezifischen Kompetenzgefälles anders gegenüber als einem Studenten, zweitens gehen auch die Doktoranden mit den Patienten fall- und schichtspezifisch unterschiedlich um und drittens beeinflussen auch sie das Antwortverhalten der Patienten. Diese Reaktivität der Befragungssituation ging in die Untersuchung nicht ein. Als Experten ihres Leidens sind die Patienten die autorisierteste Quelle, um ungefilterte Daten in das System einzugeben. Was die fachliche Kompetenz angeht, ist sie bei den Patienten allerdings am geringsten. Ob dieses Defizit durch ein größeres Maß an uninterpretierter Informationen kompensiert werden kann, ist aufgrund der für den Patienten ungewohnten Interaktionsform mit dem Computer zweifelhaft.

Wie also sieht die Alternative aus? Entweder werden die anamnestischen Daten vom Patienten selbst erhoben. Dann sind sie auf der einen Seite authentisch, direkt, unvermittelt und ungefiltert; auf der anderen Seite aber müssen Verständnisschwierigkeiten berücksichtigt werden, was zum Problem der Kontrolle führt. Die andere Möglichkeit besteht in der Erhebung durch den Arzt. Dann handelt es sich um bereits gefilterte und interpretierte Daten, die aber bereits "zensiert" sind. Wenn die eingegebenen Daten so stark von der dem Patienten und der dem System zwischengeschalteten Person abhängen, ist ein maschineller Umgang mit sowohl unvermittelter wie auch valide erhobener Patienteninformation eine naive Wunschvorstellung. Diese beiden Ansprüche stehen sich nämlich diametral gegenüber. Die geforderte Validität von Patienteninformationen liegt damit im Korridor zwischen Authentizität und Überprüfbarkeit, den ich als Validitätskorridor bezeichne:

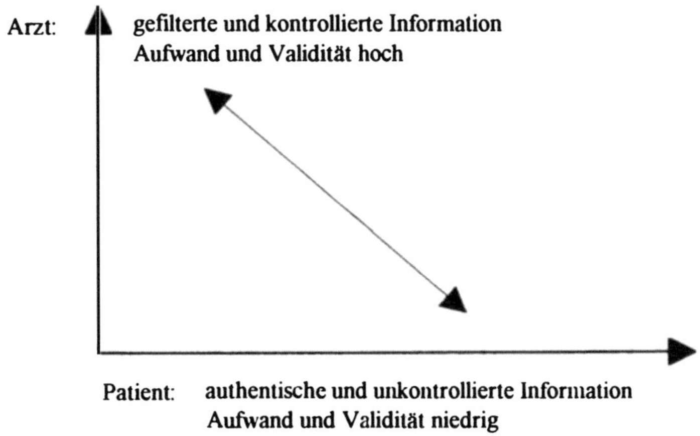

Abbildung 16: Validitätskorridor

Zwischen diesen beiden Erhebungstypen steht das "Hilfskraftmodell". Auch in diesem Szenario wird der schmale Ausschnitt zwischen erforderlicher Validität und vertretbarem Aufwand nicht getroffen, weil die vorhandene Fachkompetenz nicht auszureicht - die eingegebenen Informationen müßten nachbearbeitet werden.

Ein erfahrener Arzt erhält mit dem gleichen standardisierten Fragenkatalog andere, validere Informationen, weil er sich in seinem Fachgebiet auskennt und weiß, was er fragen muß. Er kennt die Zusatzfragen und kann die Antworten besser fixieren. Mit zunehmendem Wissen ist nicht nur die inhaltliche Operationsweise des Systems klarer nachzuvollziehen. Dieses Wissen erstreckt sich sowohl auf die fachliche wie auch auf die technische Nutzungskompetenz. Daraus können zwei Konsequenzen abgeleitet werden: Erstens kann das System dem eigenen Vorgehen besser angeglichen, zweitens auch besser kontrolliert werden. Das Erfahrungswissen des Arztes bezieht sich nicht nur auf den Umgang und die Weiterverarbeitung der erfragten Informationen. Viel entscheidender ist der Einfluß des ärztlichen Interaktionsverhaltens auf die Generierung und Gewinnung der Patienteninformationen, also die spezifische Bewältigung der Erhebungssituation. Geht es in einem solchen Verständnis um einen interaktiven Konstruktionsprozeß - was zeichnet ihn aus? Bei der computergestützten Anamnese wird der Patient dazu gezwungen, sich auf eine bestimmte Antwortvorgabe festzulegen. Der vorgeschaltete Schritt besteht darin, daß der Arzt diese Vorgaben als in einer Richtung beantwortbar präsentiert, der nachgeschaltete Schritt muß die Antwort so modifizieren, daß sie in das Antwortschema paßt. Es handelt sich also um eine im Vergleich zur freien Anamnese grundsätzlich andere Interaktionssituation. Während im freien Gespräch die Situation, also die Befindlichkeit des Patienten, im Idealfall gemeinsam definiert und ausgehandelt wird, polarisiert die Computeranamnese das Gespräch in dreifacher Hinsicht:

- *Aktive und passive Komponenten*: Gegenüber der freien Anamnese müssen die Patienten vorher gar nicht so genau um ihre Schmerzen wissen, weil ihnen nur die Antwortmöglichkeiten vorgegeben werden, unter denen sie sich entscheiden können: "Und das ist im Grunde genommen ein passiver Vorgang. Während das andere, das Anamnesegespräch ohne das Expertensystem, das ist eher ein aktiver Vorgang beim Patienten, weil der sich artikulieren muß." (Arzt 2)
- *Individuelle und interaktive Leistungen*: Kommt der Arzt zu keinem befriedigenden Ergebnis, muß er das System dennoch mit Daten versorgen, da es sonst nicht weiterrechnet. Erhält er die notwendigen Informationen nicht vom Patienten, muß er sie sich selbst zusammenreimen. "Manche Leute sind halt geistig nicht so fit. Und wenn sie es nach dem fünfzehnten Mal Erklären immer noch nicht verstanden haben, dann gibst du es schon irgendwann auf. Dann gehts halt nicht. Dann gibst du die voraussichtliche falsche Antwort ein - also die, die nicht auf die Frage die Antwort ist, sondern eine andere." (Doktorand 1) Am Ende bleibt der Arzt, ob mehr oder weniger routiniert, mit seiner Eingabe allein, er interpretiert sie selbst.
- *Dominanz*: Machtfaktoren, die in einem rollenbedingten Autoritätsgefälle zwischen Arzt und Patient wurzeln (vgl. II.5.1), treten durch den Einsatz von RHEUMA noch deutlicher ins Blickfeld. Problemlösungen müssen nicht egalitär ausgehandelt werden, sondern werden sehr wohl von der Person durchgesetzt, die über die höhere Fachkompetenz verfügt. Dies wird durch den Umstand, daß der Arzt neben seinem ausgewiesenen Wissensvorsprung auch technisch "am längeren Hebel" sitzt, nämlich am Computer, besiegelt.

Daß Antworten bei der computergestützten Anamnese einen zusätzlichen Interpretationsbedarf erfordern, liegt nicht nur daran, daß Patienten die Frage mitunter nicht verstehen[3], sondern daß die Unterschiedlichkeit der Antworten nicht von den Systemvorgaben abgedeckt wird. Im Gegensatz zur statischen Weiterbearbeitung der Patientenangaben in der freien Anamnese wer-

3 Zum Problem der schicht- und statusbedingten Kommunikationsprobleme zwischen Arzt und Patient vgl. Lüth 1974: 80-101.

den Patienteninformationen hier in einen dynamischen Prozeß eingebunden, der auf die Perzeption und das Handeln des Arztes sofort zurückschlägt. Wie macht sich das bemerkbar? Die Doktoranden erzielten signifikant schlechtere Ergebnisse, wenn sie sich den Zielvorgaben entsprechend mit Eigeninterpretationen zurückhielten und sich auf den Wortlaut der Patientenangaben verließen. Zwei Doktoranden wurden daraufhin vom untersuchenden Arzt aufgefordert, ihre Aussagen blickdiagnostisch zu überprüfen. Danach wurden die Ergebnisse besser. Dieses Verhalten wird durch den Effekt verstärkt, daß sich mit zunehmender Routine das Systemverhalten der eigenen Verdachtsdiagnose eher anpassen läßt. Nach einiger Zeit durchschauten die Doktoranden die systemische Operationsweise und stimmten ihr Eingabeverhalten entsprechend ab. Problematisch wird das allerdings, wenn man in einer bestimmten "Diagnoseschiene" steckt. Einige Schlüsselfragen weisen nämlich in eine bestimmte Richtung, aus der es nur noch schwer ein Zurück gibt: "Umständlich wäre es, hochzugehen, und es zu korrigieren. Aber dann mußt du das im Prinzip nochmal machen. Weil er (der PC, Anm. N.D.) dann neue Fragen stellt und unter Umständen in eine andere Richtung geht. Und das macht man natürlich möglichst nicht, um nicht noch mehr Zeit zu verlieren." (Doktorand 4)

Auch wenn durch das System kein verbindlicher Gesprächsverlauf vorgegeben ist, grenzt jeder Schritt den vorhandenen Handlungsspielraum in größerem Maß ein, als es in rein interpersonellen Dialogen der Fall ist. Der Computer kann mit der standardisierten Fragenabfolge dem Patienten gegenüber eine gesprächsdisziplinierende Funktion übernehmen. Diese Möglichkeit wird von den Doktoranden positiv beschrieben. Die starren Antwortvorgaben legitimieren nämlich das sonst als unangenehm empfundene Gefühl des "Abwürgen-Müssens" eines Patienten. Mit dem Expertensystem wird dem Patienten auf legitimierbarere Weise Verständnis abgewonnen als durch eigenes autoritäres Verhalten. Der dadurch bedingte schematischere Umgang mit den Patienten wird von ärztlicher Seite kritischer beurteilt. "Bei dem Kontakt, den man so untereinander hat, meine ich schon, daß der Computer ein bißchen dazwischen gestanden hat." (Arzt 2) Die Doktoranden beeinträchtigt ein solcher Normierungszuwachs in ihrem Verhältnis zu Patienten dagegen nicht. "Eigentlich soll man ja mit jedem Patienten gleich umgehen." (Doktorand 2) Im Vordergrund steht für sie der Gewinn einer guten Anamnese, die sich durch Strukturiertheit, Vollständigkeit und Systematik auszeichnet. "Das mach' ich einfach stur. Ob der jetzt 90 ist oder 20, der Patient, ist mir egal." (Doktorand 4) Im Gegensatz zum Status der Doktoranden ist die ärztliche Autorität fachlich abgesichert und bedarf weniger einer maschinell unterstützten rigiden Gesprächsführung als bei Doktoranden, die in engerer Weise einem studentischen Habitus verbunden sind.

4 Fehler der dritten Art

Bei den Unkorrektheiten, die sich aus dem Interpretationsspielraum der Patientenangaben ergeben, handelt es sich um eine der Arzt-Patient-Beziehung immanente Fehlerquelle. Anders verhält es sich dagegen mit expertensystemspezifischen Fehlern, die aus irrtümlicher Anwendung resultieren. Sie tauchen auf, wenn keine Vorselektion stattgefunden hat. Dann kann es passieren, daß ein Patient mit Hilfe des Systems untersucht wird, der überhaupt nicht "in das System paßt". Weil hier ein immanent logischer Ablauf möglich ist und die Fehler deshalb während der Anamnese nicht unbedingt bemerkt werden, spreche ich in diesem Zusammenhang von Fehlern der III. Art. Um einen Fehler handelt es sich, weil ein falscher Kontext aktiviert wird. Dieser Typ spielte bei der gesamten Evaluation keine Rolle. Weder von Ärzten noch von Doktoranden wurde er thematisiert. Das ist auch nicht verwunderlich, weil RHEUMA ausschließlich in der Rheumaambulanz eingesetzt wird, wo zum überwiegenden Teil von ambulanten Ärzten überwiesene Patienten mit Verdacht auf Rheuma behandelt werden. Daß "falsche" Patienten durch das System geschleust wurden, kam bei den Doktoranden fast gar nicht vor. Ganz anders sieht es dagegen aus, wenn ein niedergelassener Arzt zu entscheiden hat, wann er das System einsetzt und wann nicht. Verschärft wird diese Situation, wenn nicht er selbst, sondern Hilfskräfte die Voruntersuchung durchführen sollen.

Diese Erfahrung konnte ich in der Rolle einer teilnehmenden Beobachterin, welche die Patienten vor der eigentlichen Untersuchung computergestützt befragte, mehrfach machen. Von den zwölf Patienten, bei deren Untersuchung ich dabei war, "paßten" lediglich vier in das Expertensystem. Dieser Anteil ist deshalb niedrig, weil es sich bei der Rheumaambulanz ja bereits um eine starke Vorselektion handeln sollte. Bei fünf Patienten war sofort klar, daß sie aufgrund "unpassender" Beschwerden in der Ambulanz erschienen. Sie wurden gar nicht computergestützt befragt. In drei Fällen handelte es sich um "Ausreißer", die ich fälschlich, d.h. aufgrund nicht vorhandenen Fachwissens, durch das System schleuste. Mit einer solchen Negativbilanz hatte der zuständige Arzt nicht gerechnet. Während der Einweisung in die Arbeitsweise des Computers hatte er mich auf zwei Punkte aufmerksam gemacht, die ich während der Anamnese unbedingt beachten sollte:

- Da die Patienten einen Hang zu ausufernden Erzählungen haben, sei es wichtig, sie immer wieder auf die Logik der Gesprächsführung zurückzubringen.

- Wenn die Patienten über Gelenkschwellungen berichten, ist die Form und die Art der Rötung wichtig. Hier sollte möglichst plastisch mit körperlichem Zeigen und Anfassen gearbeitet werden.

Diese beiden Anweisungen schreiben eine kontrollierende Rolle der untersuchenden Person, die sich dafür aber ihres Hintergrundwissens bedienen muß, fest. Darüber hinaus werden ihr eindeutig vermittelnde Leistungen abverlangt. Sie wird als Filter zwischen dem Patienten und dessen uninterpretierter Information definiert. Das ist notwendig, weil das Expertensystem sonst mit irrelevanter, unstimmiger oder gar widersprüchlicher Information überfrachtet wird. Hier macht sich der fehlende Kontextbezug eines Expertensystems am stärksten bemerkbar, denn die digitale Verarbeitung erzwingt standardisierte Antwortvorgaben und damit klare Aussagen. In dieser Situation wird sehr viel Arbeit an den Arzt zurückverwiesen, der überhaupt einmal ein Krankheitsbild konstituieren, in einer für den Patienten verständlichen Weise den Möglichkeitsbereich stark eingrenzen und zuschneiden muß. Damit sinkt die Wahrscheinlichkeit, daß überhaupt noch etwas für die Diagnose Bedeutungsvolles aufgrund ungefilterter Patientenangaben entstehen kann.

Was folgt daraus? Auch wenn ein medizinischer Laie mit den oben aufgeführten Vorgaben in begrenztem Umfang arbeiten kann, muß er sich auf die Bedingung verlassen können, daß es sich bei den Patienten um vorselektierte Informanten handelt. Diese massive Einschränkung findet bei der Validierung von RHEUMA nur ungenügend Berücksichtigung. Dort wird von unausgewählten Patienten gesprochen (Schewe 1989: 2). Daß es sich mit der Beschränkung auf Patienten, die aufgrund eines Überweisungsscheins mit der Verdachtsdiagnose auf Rheuma (Gelenkbeschwerden oder Beschwerden am Bewegungsapparat) in einer Rheumaambulanz untersucht wurden, bereits um eine hochgradige Selektion handelt, wird nicht erwähnt. Die Entscheidung für oder gegen RHEUMA, die sich in der Praxis zu einem enormen Problem auswachsen kann, stellte sich für die Doktoranden in der Evaluierungsphase nicht.

Die bisherige Entwicklung von RHEUMA tangiert das Problem der passenden Fälle gar nicht. Dieses Problem ist aber für die Praxis nicht nur relevant, es stellt sich im Gegenteil noch schärfer. Warum? Ein Expertensystem wäre nicht nur für das Symptom der Gelenkschmerzen, sondern für mehrere Symptome notwendig, was das Problem der Auswahl des richtigen Expertensystems aufwirft. Kann ein Arzt bei der Entscheidung für das passende System bereits in Bedrängnis kommen, dürfte jede Hilfskraft damit hoffnungslos überfordert sein. Denkt man dieses Szenario weiter, wäre also im nächsten Schritt ein System erforderlich, das die Entscheidung für die Aktivierung der jeweils erforderlichen Komponente bzw. des passenden Systems unterstützt. Dabei aber kann kein Expertensystem helfen, denn eine solche Entscheidung erfordert den Rekurs auf eine übergeordnete Wissensebene, über die nur der innerhalb eines lebensweltlichen Kontexts interagierende Arzt verfügt. In der Realität führt also kein Weg an der ärztlichen Fachkompetenz vorbei. Nur er kann entscheiden, wann der Einsatz eines Expertensystems überhaupt lohnt. Diese Entscheidung erfordert zeitlichen und organisatorischen Aufwand - den er für die Behandlung des Patienten vielleicht sinnvoller nutzen könnte. Eine computergestützte Diagnose in der ambulanten Praxis nur durch Hilfspersonal oder gar den Patienten selbst vorbereiten zu lassen, dürfte sich nicht nur als aufwendig, sondern im Zweifelsfall auch als kontraproduktiv herausstellen. Der Grund dafür liegt in den beiden Faktoren der Wirtschaftlichkeit und Zuverlässigkeit, welche den Nutzen eines medizinischen Expertensystems wie RHEUMA bestimmen.

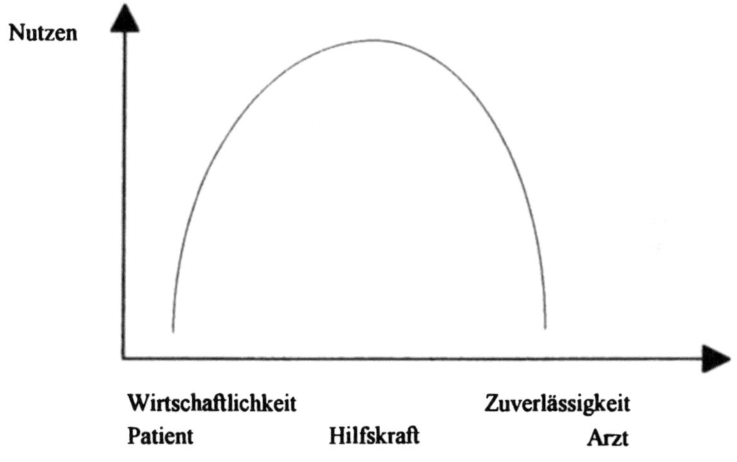

Abbildung 17: Wirtschaftlichkeit vs. Zuverlässigkeit

Die Wirtschaftlichkeit des Einsatzes hängt vom organisatorischen Aufwand ab, der sich aus ärztlichem Zeitaufwand und personellem und organisatorischem Kostenbedarf zusammensetzt. Je weniger sich der Arzt selbst einsetzen muß, desto wirtschaftlicher wird der Einsatz eines Expertensystems. Das läuft auf die Beteiligung von Hilfskräften bzw. im Idealfall auf die Mitarbeit der Patienten am Computer hinaus. Dem steht der Faktor der Zuverlässigkeit gegenüber. Die Vermeidung von Interpretationsfehlern und Fehlern der III. Art setzt valide Daten voraus, die Fachkompetenz und Kontrolle erfordern.

Die Zuverlässigkeit der Befunde hängt also zum entscheidenden Teil von der ärztlichen Beteiligung ab. Dieser Korridor bietet nur einen schmalen Kontrollausschnitt, der durch das Hilfskraftmodell abgedeckt werden soll. Dieses Modell erweist sich aber aus den angeführten Gründen als unrealistisch.

5 Zur Praxisrelevanz von RHEUMA

Einer maschinellen Anamneseerhebung sind dort Grenzen gesetzt, wo Kontextwissen zum Verstehen und Übersetzen der gemachten Angaben erforderlich ist. RHEUMA kann zwar mit Gewichtungsfaktoren (z.B. bei einer Schmerzskala) rechnen, sie aber nicht interpretieren. Die willkürlich festgesetzten Zahlen, die durch ihren Mangel an kontextuellem Bezug nur eine scheinbare Genauigkeit suggerieren, müssen vielmehr in normalsprachliche Entsprechungen rückübersetzt werden. Anders verhält es sich mit der dokumentarischen Funktion des Expertensystems. Unter diesen Vorzeichen könnte statt der diagnosevorbereitenden die sekretariell verwertbare Komponente eine breitere Nutzung erfahren und damit Nutzen stiften. Da die Entscheidung für RHEUMA als Expertensystem Fachkompetenz erfordert und nur in einem kleinen Ausschnitt der Fälle relevant wird, RHEUMA als anamnestisches Dokumentationssystem aber bei einer größeren Zahl Anwendung finden könnte, scheint der Ausbau der Dokumentationsfunktion vielversprechender zu sein. Dies erfordert allerdings eine Integration in den klinischen bzw. ambulanten Ablauf, welche die Mehrfacherhebung von Patienteninformationen und Laborbefunden überflüssig macht und eine langfristige Verlaufsdokumentation zuläßt. Dies brächte eine Zeiteinsparung und damit einen für den Arzt spürbaren Nutzen. Der Schritt zur Nutzung eines Expertensystems als Diagnoseunterstützung kann also nur über die Integration sekretarieller Funktionen geschehen. Wie sieht es also mit der Praxisrelevanz von RHEUMA als diagnoseunterstützendem System aus?

Befragt nach der Vorstellung, als zukünftiger Arzt selbst ein Diagnosesystem wie RHEUMA in der ambulanten Praxis einzusetzen, äußerten sich alle sechs Anfängerärzte skeptisch. Diese Zurückhaltung wurzelt im schmalen Einsatzkorridor des Systems. Die Eingrenzung des Gegenstands ist der schwierigste Teil der Diagnostik (Puppe 1986: 1368-1372) und muß vom Arzt vorgenommen werden. Hat er dies geleistet, benötigt er meist auch kein Expertensystem mehr. Wer profitiert also von RHEUMA, wenn der unerfahrene Berufsanfänger die Diagnosevorschläge nicht überprüfen kann und sich der Nutzen für den Routinier dagegen in engen Grenzen hält? Sinnvollerweise müßte medizinisches Hilfspersonal die Untersuchung vorbereiten, was neben der Frage nach der erforderlichen Fachkompetenz aber zusätzlich finanzielle Probleme aufwirft. "Das würde dann nur reinpassen, wenn ich dabei Zeit, mit anderen Worten: Geld = Personalkosten, einsparen könnte." (Arzt 2) Dieser Aspekt führt auch junge Ärzte, die noch mit der Vorstellung ins Berufsleben treten, nicht nur Krankenscheine abzurechnen, sondern sich für ihre Patienten auch Zeit nehmen wollen, in Rollenkonflikte. "Ich könnte mir prinzipiell vorstellen, mit so einem System zu arbeiten. Aber ich weiß nicht, ob ich das als Hausarzt finanziell machen würde." (Doktorand 2)

Vor diesem Hintergrund können folgende Ergebnisse festgehalten werden:

- *Ärzteprofil*: Organisatorische und finanzielle Aspekte avancieren für den niedergelassenen Arzt zu den eigentlichen, praxisrelevanten Einsatzkriterien. Daß ökonomische Randbedingungen über das berufsbedingt unterstellte Interesse von Ärzten an der Gesundheit ihrer Patienten dominieren, könnte sich - gleichsam als unbeabsichtigte Nebenwirkung - beim anvisierten Routineeinsatz von RHEUMA ironischerweise als die am eindeutigsten zu fixierende Erkenntnis herausstellen.
- *Fachkompetenz*: Ein Parameter, der sich entscheidend auf den wahrgenommenen Nutzen von RHEUMA auswirkt, ist die Fachkompetenz des Systemnutzers. Mit höherer Kompetenz nimmt der expertensystemspezifische im Vergleich zum sekretariellen Nutzen des Systems ab. Aus dem Faktum einer hohen erforderlichen Fachkompetenz lassen sich einsatzrelevante Korridore ableiten (vgl. Abb. 18).
- *Validitätskorridor*: Die Arzt-Patient-Interaktion birgt spezifische Kommunkationsrisiken, die im Spannungsfeld von Authentizität und Arztfilter zu lokalisieren sind. Sie wurzeln in den Interpretationsproblemen, die mit der Gewinnung valider Patienteninformationen verbunden sind.
- *Einsatzkorridor*: Von der Fachkompetenz hängt ebenfalls die "Treffsicherheit" des Systems ab. Fehler der III. Art kann nur der Arzt vermeiden. Forciert wird dieses Problem in der ambulanten Arztpraxis durch die erforderliche, aber mit einem organisatorischen Mehraufwand verbundene Vorselektion der Patienten.
- *Praxisrelevanz*: Das "Hilfskraftmodell" für den Einsatz von RHEUMA bei niedergelassenen Ärzten ist aus zwei Gründen kritisch zu bewerten. Zum einen ist das Problem der inhaltlichen Unterstützung aufgrund der mangelhaften Kompetenz des Hilfspersonals keineswegs gelöst. Zum anderen erfordert dieses Einsatzszenario einen erheblichen organisatorischen und

finanziellen Aufwand. Ob Ärzte die damit verbundene Belastung auf sich nehmen werden, ist fraglich.

Abbildung 18: Fachkompetenzbedingte Korridore

- *Emergente Effekte I - Problemdurchdringung*: Ein Expertensystem bringt nicht unbedingt den Nutzen, der mit seiner ursprünglicher Intention verbunden war. Wenn es dazu dient, den aktuellen Wissensstand zu repräsentieren, den anvisierten Anwendungsbereich besser beurteilen zu können, das vorhandene Wissen zu strukturieren und mehr Einblick in die Spezifika der eigenen Tätigkeit zu erhalten, hat die Auseinandersetzung mit der

Technologie jedoch viel gebracht. Diese Effekte können unter dem Stichwort der Problemdurchdringung, der Strukturierung eines Anwendungsgebiets subsumiert werden. Weiter ist in der Rheumatologie noch vieles unerforscht. Da hier noch immer klare Kriterien der Entscheidungsfindung fehlen, besteht in der Diagnostik ein hoher Bedarf nach einer Standardisierung. Einer der Hauptpunkte von RHEUMA ist die ausführliche Dokumentation der Krankheit. Über diesen Umweg kann eine brauchbare Datensammlung erstellt werden. Auf ihrer Grundlage können spezifischere Fragen, Tests und Untersuchungen entwickelt werden. Indem die bearbeitete Domäne genauer durchleuchtet wird, tragen Expertensysteme schließlich nicht nur zu einem systematischen Vorgehen, sondern auch zur Entmystifizierung der ärztlichen Tätigkeit bei. Das könnte eine gesellschaftlich sinnvolle Unterminierung der Ehrfurcht von Patienten gegenüber den "Göttern in Weiß" unterstützen.

- *Emergente Effekte II - Schulungssystem*: Alle Doktoranden stellen einmütig die Vorteile einer vollständigen Datenerhebung und Konsistenzüberprüfung in den Vordergrund, was die Diagnosefindung weniger willkürlich gestaltet und die Möglichkeit von Fehldiagnosen einschränkt. Daß Rheuma ein geeignetes Anwendungsgebiet darstellt, schlägt sich nicht nur bei Doktoranden, sondern auch bei Ärzten in der Einsicht nieder, RHEUMA könnte als Schulungssystem Verwendung finden:[4]

"Im Buch, da lernst Du die Krankheit Gicht, dann lernst du die Symptome dazu. Du lernst Migräne, wie das ausschaut. Dann kommt ein Patient, der hat Kopfweh. Dann hat der nämlich Kopfweh und nicht Migräne. Dann weißt Du nicht: Das kann ja auch Bluthochdruck sein. Er kann gestern gesoffen haben und kann deswegen Kopfweh haben. Oder er kann einen Tumor haben. Und da mußt Du nämlich vom Kopf her aus die Diagnose finden. Und nicht von der Diagnose die Symptome dazu. Das ist der Fehler der Bücher: Die gehen von der Diagnose zum Symptom. Und der Patient kommt mit dem Symptom. Und Du mußt zur Diagnose kommen. Das kann man durch sowas trainieren: Daß der Computer aus vorhandenen Patienten, die es wirklich schon mal in der Klinik gab, fünf Symptome gibt. Du mußt dann weiter fragen: Was hat er noch? Der Computer kommentiert dann Deine Fragen, oder hinterfragt, warum die Frage gestellt wird. Dieses logische Denken, dieses praktische Denken, was man im Studium eigentlich wenig lernt. Da lernst Du das Buch von vorne bis hinten. Und dann stehst Du erst mal auf Station. Und dann: Der Patient hat Bauchweh." (Doktorand 4)

4 Um die Möglichkeit von Expertensystemen als Unterrichtsmedien zu überprüfen, wurde im Zusammenhang mit RHEUMA von der DFG eine Studie bewilligt.

Kapitel 4

ExTel: ein Telefon-Konfigurationssystem

1 Zielsetzung

Bei dem dritten Beispiel handelt es sich um das von der Telekom 1990 bundesweit eingeführte Expertensystem zur Konfiguration von Telefonanlagen "ExTel".[5] Es soll die Kundenberatung in über 200 Telefonläden unterstützen. Hintergrund von ExTel war wie bei ALEXIS die bereits 1986 antizipierte Wettbewerbssituation. Die Telekom wollte ihre Marktanteile halten. Dazu sollten der Kundschaft möglichst hochwertige Apparate verkauft werden. Die fachliche Kompetenz der in den Telefonläden beschäftigten Kräfte hielt die Telekom für ergänzungsbedürftig. Ein elektronischer Assistent für das Verkaufsgespräch mußte her - und ExTel wurde entwickelt. Das Programm - es besteht aus einem Auskunfts- und einem Konfigurationsteil - gibt Hilfestellungen beim Aufbau einer Telefoneinrichtung und bei der Apparateauswahl. Daneben erfolgt die automatische Prüfung auf technische und rechtliche Machbarkeit. Nach Angaben der Telekom verbesserte ExTel 1990 den Service in 160 Telefonläden, unterstützte Beratungskräfte bei Auskünften, bei der kundenspezifischen Gestaltung von Telefoneinrichtungen und bei der Berechnung von Gebühren. Als Schulung reiche ein zweitägiges Training aus. Glaubt man der Selbstdarstellung des Unternehmens, müßte ExTel eine breite Zustimmung und Nutzung erfahren. Daß daran Zweifel angebracht sind, indiziert nicht nur die einschränkende Bemerkung, daß sich Mängel "teilweise hinsichtlich der Nutzungshäufigkeit" (Kohl 1990: 41) ergaben:

"Wenn es schneller arbeiten würde, würde man es wesentlich öfter einsetzen. Wir haben es eben oft, daß der Kundenansturm da ist. D.h. es bilden sich Schlangen an den Arbeitsplätzen. Und dann ist man ja wirklich unter Druck. Wenn ich dann noch da sitze

---

5 Die Angaben zu den mit ExTel verbundenen Zielsetzungen basieren auf Kohl 1990; Schwarz/Reuter 1991; Auskünften der bei der Telekom für ExTel verantwortlichen Führungskräfte und des in die Entwicklung eingeschalteten Unternehmensberaters.

mit meiner Maus, und ich muß das dann noch eingeben. Und das dauert ja unheimlich lange, bis sich dieses Bild erst mal aufbaut. Das find' ich 'ne Zumutung gegenüber den Kunden, die jetzt noch länger warten müssen. Da bin ich schneller, nehme mir einen Auftrag und schreib' das mit der Hand." (Beraterin)

Was steckt hinter einer solchen Erfahrung? Eine Telekom-intern durchgeführte Befragung vom Januar 1991, bei der 184 Telefonläden erfaßt wurden, stellte eine Nutzung in 98 Läden fest. Diese Zahl ist nicht haltbar. Nachfragen bei neun Läden, die von der Pflegegruppe als die in bezug auf ExTel emsigsten Nutzer bezeichnet wurden, ergaben in fünf Fällen eine Nutzung der lediglich nicht-expertensystemspezifischen Komponenten (Auskunftsteil). Zwei Läden wollten sich zu ExTel nicht äußern, zwei weitere Läden wiesen eine Voll-Nutzung auf (Auskunftsteil und Konfigurationskomponente). Von den neun Läden konnte ich somit sieben untersuchen, und von ihnen gibt es damit nur zwei, in denen ExTel den ursprünglichen Intentionen entsprechend eingesetzt wird. Um auch Nicht-Nutzer in die Untersuchung einzubeziehen, wählte ich drei Läden einer Großstadt aus, die über die Gründe ihrer ExTel-Ablehnung bereitwillig Auskunft gaben. Sie gehen als allgemeiner Nicht-Nutzungstyp in die Untersuchung ein. Doch noch einmal zurück zur Telekom-Befragung: Von den 184 Läden wurde das System in 31 Läden gar nicht installiert oder geliefert. In weiteren 55 Läden wird ExTel grundsätzlich nicht eingesetzt. Die Hälfte dieser Läden nennt als Hauptgrund, mit ExTel durchgeführte Beratungen seien zu umständlich und zu zeitintensiv. Daneben werde eine negative Kundenreaktion festgestellt, die Kundenfrequenz im Laden sei zu hoch, die Software nicht aktuell genug und die durchschnittliche Beratungskraft im Umgang mit dem System nicht genug geschult. ExTel wird trotz Funktionsfähigkeit und laufender Pflege - meiner Einschätzung nach und entgegen den Ergebnissen der Telekom-internen Befragungen - in 90-95% aller Läden kaum oder gar nicht genutzt. Woran liegt das?

Die meisten Vertriebskräfte sehen keinen Vorteil bei der Nutzung, denn sie verrichten ihre Arbeit ohne Expertensystem schneller. Die Nutzungswiderstände sind auf mehreren Ebenen zu lokalisieren: In technischer Hinsicht wird bemängelt, die vorhandene Expertise reiche nicht aus, sei zu wenig praxisrelevant, nicht nachvollziehbar, systemtechnisch nicht erklärungsfähig ("Das System hat's nicht"). Daneben stehen die organisatorischen Rahmenbedingungen der Telekom-Läden einem effizienten Einsatz von ExTel entgegen. Während zu Bundespost-Zeiten lediglich Anträge entgegengenommen wurden und Beratungen stattfanden, kamen durch den Verkauf von Telefonapparaten (und die zentrale Lage in den Fußgängerzonen) ein größerer Kundenandrang, Warteschlangen und damit mehr Arbeit hinzu. Das führt zu zeitlichen Engpässen. Weiter entspreche das Expertensystem den veränderten

Bedingungen der Wettbewerbssituation höchst unzureichend. Einerseits wird das Produktspektrum der Telekom als so einfach wahrgenommen, daß es gar kein Expertensystem erfordere. Für aufwendige Konfigurationen im Geschäftskundenbereich aber fehlen ExTel die notwendigen Informationen. Schließlich stellen die individuellen Nutzungskompetenzen eine kritische Einsatzvariable dar, weil das fachliche (inhaltlich-berufsspezifische) und technische (im Sinne von Computerkenntnissen und -fertigkeiten) Know-how der Vertriebskräfte ExTel über- bzw. unterfordert. Wie ist das zu verstehen? Verkaufskräfte kommen aus dem Stehgreif schneller zu Lösungen und halten sie für besser und vertrauenswürdiger als die des Systems. Eine Verkäuferin mit dreijähriger Erfahrung in der Kundenberatung stellt fest, "daß man da eigentlich schon alles kann, daß man da alles schon aus dem Kopf heraus zusammenstellt. Daß man das Gerät dann gar nicht mehr benutzt, weil es einfach zu träge ist." Andererseits beherrschen es viele nur unzureichend. Um es leicht bedienen zu können, ist Übung erforderlich. Das betrifft vor allem den Umgang mit der Maus und der grafischen, symbolorientierten Oberfläche. Neben der technischen Geschicklichkeit spielen bei der Nutzung fachliche wie auch kommunikative Kompetenzen (hier verstanden als Fähigkeit, die Interaktion mit dem Kunden zielorientiert auf die Verkaufsabsicht zu beziehen) eine entscheidende Rolle. Bei der Beratung mit ExTel entstehen nämlich Wartezeiten, die in vielen Fällen als unangenehm empfunden werden. Diese müssen überbrückt werden, was den Einsatz verkaufspsychologischer und kommunikativer Techniken erfordert.

2 Nutzungstypen

Da ExTel modular aufgebaut ist und nicht alle Komponenten gleichermaßen genutzt werden (müssen), kann das System sehr unterschiedlich eingesetzt werden. Gleichzeitig bietet die Modularität die Möglichkeit, den Modus der Systemnutzung als primäres Unterscheidungskriterium ganzer Nutzertypen zu verwenden. Wofür ist dies sinnvoll? Von den letztlich acht von mir untersuchten Läden gab es zwei, in welchen alle Mitarbeiter ExTel komplett, also den Informationsteil wie auch die Konfigurationskomponente, nutzten. Bei zwei weiteren Läden gab es jeweils zwei Mitarbeiter, welche ExTel ebenso einsetzten. Der Rest beschränkte sich auf den Informationsteil oder arbeitete gar nicht mit ExTel. In fünf Läden fand ExTel nur noch als Informationssystem oder keine Verwendung. Der eine Laden, in dem ExTel überhaupt nicht eingesetzt wird, steht prototypisch für drei weitere Läden der gleichen Großstadt, in welcher dem System das gleiche Schicksal widerfuhr. Verwendet man als Kriterium der Typenbildung nicht die individuelle, sondern die abgeleitete ladenspezifisch dominierende Einsatzform von ExTel, ergibt sich folgende Zuordnung:

- *Typ I der Voll-Nutzer - ExTel als Expertensystem*: Eine durchgängige, von allen Mitarbeitern einheitlich genutzte Expertensystemkomponente zeichnet nur zwei Läden aus. Bei der Voll-Nutzung wird ExTel während einer Beratung für die Konfiguration von Telefonapparaten eingesetzt. Daneben werden damit Verträge, Prospekte und Informationen ausgedruckt. Weiter findet es als Informationssystem sowohl für das Selbststudium wie auch für das schnelle Nachschlagen von Informationen (Preise, Gebühren, Stichwörter) Verwendung. Alle Befragten des jeweiligen Ladens beherrschen das System, nutzen es und nehmen es als Hilfsmittel der täglichen Arbeit wahr.
- *Typ II der Teil-Nutzer - ExTel als konventionelles DV-System*: Wer außer den beiden Pionier-Läden noch mit ExTel arbeitet, setzt es fast nur noch als Informations- oder Schulungssystem ein. Der Konfigurator findet kaum noch Verwendung. Bei dieser Teil-Nutzung gibt es einzelne, die von dem System überzeugt sind. Diese Überzeugung wird allerdings nicht (mehr) vom Team getragen. Die Nutzung von ExTel ist hier eine vorwiegend individuelle Entscheidung. Einzelnen Systemnutzern stehen Kollegen gegenüber, die mit ExTel nicht mehr arbeiten wollen oder aber sich noch nie damit auseinandergesetzt haben. Von den acht untersuchten Läden sind fünf diesem Typus zuzuordnen.
- *Typ III der Nicht-Nutzung*: Bei den Nicht-Nutzern wurde ExTel entweder nie installiert, die Terminals stehen im Keller, sind bereits wieder abgebaut oder werden nicht mehr eingeschaltet. Die meisten Beschäftigten im Laden wissen noch nicht einmal etwas von einem solchen System, ExTel spielt im Ladenalltag überhaupt keine Rolle. In die Untersuchung ging dazu ein Fall, der für drei weitere Läden steht, ein.

Weil die hier vorgenommene Unterscheidung von Nutzungstypen nicht auf der Zahl individueller Anwender, sondern auf der gruppenspezifischen Einstellung dem System gegenüber basiert, können mithilfe der Klassifikation die mit ExTel gemachten Erfahrungen systematisiert werden:

Perzeption von ExTel als	Ladentyp I	Ladentyp II	Ladentyp III
Unterstützung	Expertensystem Informationssystem	Informationssystem	-
Behinderung	-	Expertensystem	Expertensystem Informationssystem

Abbildung 19: Typenspezifische Nutzenmatrix

In einem weiteren Schritt erleichert diese Unterscheidung auch die Suche nach und die Verortung von nutzungsrelevanten Faktoren, indem die aufgeführten Akzeptanzwiderstände auf der Folie idealtypisch konstruierter Einsatzbedingungen, die aus der Beobachtung aller Telefonläden gewonnen wurden, rekonstruiert werden. Was heißt das? Jeder Laden verfügt über eigene Einsatzregeln und Vermeidungsstrategien. In jedem Laden werden auch spezifische Rollenzuschreibungen vorgenommen, die sich auf die Einsatzbreite des Systems beziehen. In diesem Sinn kann jeder der untersuchten Läden als Subsystem beschrieben werden. Einsatzbedingungen werden auf der technischen Ebene des Expertensystems, der Ebene der individuellen Kompetenzen, der organisatorischen Ebene der jeweiligen Ladensituation und schließlich der organisatorischen Rahmenbedingungen der Telekom erörtert. Dabei wird danach gefragt, ob die mangelhafte Akzeptanz auf Unsicherheiten beruht, die mit den jeweiligen Verhaltensspielräumen und Gestaltungsmöglichkeiten in Zusammenhang stehen. Sie gewinnen als Handlungs- und Kontrollkorridore vor dem Hintergrund der mit der Expertensystemtechnologie verbundenen Komplexitätsdikussion besondere Brisanz.

Die Nicht-Akzeptanz basiert - so die These - darauf, daß die vorhandenen Handlungs- und Kontrollkorridore zu schwach definiert, zu wenig vorformuliert sind, als daß sie ohne massive Unterstützungsmechanismen mit Akzeptanz gefüllt werden könnten. Andererseits machen sie deutlich, in welcher Breite und Form Eingriffsmöglichkeiten existieren.

Daraus ergibt sich folgendes Vorgehen: Am Operationsmodus des Expertensystems sollen zunächst die Probleme dargestellt werden, die von allen Telefonläden gleichermaßen bewältigt werden müssen. Zweitens wird vorgeführt, welche Strategien dazu individuell eingesetzt werden. Diese Handlungsoptionen werden drittens im Kontext des Telefonladens als relevantem Subsystem plaziert. Damit soll gezeigt werden, daß individuelle Handlungsoptionen nicht nur an systemische Imperative geknüpft sind, sondern daß die mit ExTel verbundene Informatisierung betrieblicher Bereiche notwendigerweise kommunikative Spielräume erzeugt, welche auf einen systemimmanenten Widerspruch von kommunikativer und instrumenteller Rationalität verweisen. "Insofern präsentiert sich die informationstechnische Durchdringung als zweckrational geplante Reorganisation mit emergenten Eigenschaften." (Malsch 1991: 74) Wie also verhält es sich mit der sozialen Aneignung von Technik?

3 Nutzungsanforderungen

ExTel soll Auskunft über das gesamte Leistungsspektrum des Fernmeldewesens geben, Konfigurationen für Telefonalagen im Privat- und Mischkundenbereich erstellen, Gebühren berechnen, Beratungsprotokolle ausdrucken und eine automatische Beratungsstatistik führen. Gestaltete sich die Entwicklung des Systems als weitgehend unproblematisch, tauchten beim Einsatz technische Probleme innerhalb folgender drei Dimensionen auf:

- *Zugang/Aufbau*: ExTel geht nicht nach vorab definierten Fragen vor. Alle gewünschten Komponenten müssen mit der Maus zusammengestellt werden, womit auch kein bestimmter Beratungsverlauf aufgezwungen wird. Nun könnte man meinen, genau dies entspreche dem Bedürfnis nicht nur der Kunden, sondern ebenso dem der Berater. Aber "das ist ja das Gefährliche. Da die meisten Kunden den Umgang mit PCs beherrschen oder zumindest darüber gelesen haben, erraten die auch, daß man ganz schnell umkonfigurieren kann" (Beraterin 15). Die Flexibilität eines solchen, auf Kundenwünsche angelegten Vorgehens wird also mit erhöhtem Zeit- und Erklärungsaufwand bezahlt. Die reduzierte Nutzung als Informationssystem dagegen bietet Sicherheit in technischen Details und bei der Aktualität der Preise, was das Nachschlagen in Dienstunterlagen, Preislisten und Prospekten sowie Rückfragen bei Kollegen oder Vorgesetzten und auch Anrufe im zuständigen Fernmeldeamt überflüssig macht.

- *Integration*: ExTel wurde wie ALEXIS als alleinstehendes System entworfen, d.h. es existiert keine Zugriffsmöglichkeit auf Kundenakten. Dies zwingt die Beratungskräfte dazu, den Kunden auszufragen, wichtige Details zu ermitteln, die er oftmals selbst nicht weiß. Dieser Vorgang kostet Einfühlungsvermögen, Geduld und Zeit. Aus diesem Grund steht die Anbindung an vorhandene Informationen in jedem Laden bei allen Nutzungstypen ganz vorn auf der Wunschliste. Auch überzeugte Nicht-Nutzer führen dieses Argument als entscheidendes Nicht-Nutzungskriterium an.
- *Reichweite der Expertise*: Bei der Entwicklung einigte man sich darauf, die Konfigurationsperformanz auf zwei Rufnummern zu begrenzen, da der anvisierte Bereich damit abzudecken sei. Für den Privatkundenbereich reicht dieses Spektrum auch völlig aus. Nun möchte die Telekom aber verstärkt Geschäftskunden in die Läden holen, wofür das System nicht primär konzipiert war. ExTel macht in diesem Zusammenhang die Grenzen der Verkaufsorientierung innerhalb eines Korridors deutlich: Eine Gruppenleiterin des Voll-Nutzungstyps geht am Morgen vor Ladenöffnung die Post durch und fischt die Grenzfälle heraus, die üblicherweise an den Geschäftskundenvertrieb weitergeleitet werden. Mit ihrem Wissen kann sie diese Aufträge selbst bearbeiten und steigert damit den Ladenumsatz. Lieber würde sie solche Fälle mit ExTel lösen und drängt deshalb die Pflegegruppe ständig nach einer Erweiterung der Wissensbasis. Anders reagiert eine Vetriebskraft des zweiten, des Teil-Nutzungstyps. Sie übernimmt die mit dem Expertensystem mögliche Beschränkung auf den Privatkundenbereich akribisch in die Definition ihrer Aufgabe, indem sie beim Verkauf eines semiprofessionellen Geräts kapituliert. "Eine Anlage daran verkaufen? Die »focus« kann ich nicht. Will ich auch nicht können. Weil das sind Geschäftsleute, die das nutzen. Und für die bin ich nicht zuständig." (Beraterin 18).

Diese aus einer Expertensystem-immanenten, also technisch geleiteten Perspektive gewonnenen Beobachtungen werfen ein Schlaglicht auf die relevanten Dimensionen, welche in die Nutzung eingehen. Auf der individuellen Ebene sind dies technische, fachliche und kommunikative Kompetenzen innerhalb eines Geflechts aus technischen, personellen und organisatorischen Voraussetzungen: Das Subsystem Telefonladen, in dem der vorgesetzte Gruppenleiter eine Schlüsselstellung einnimmt, fungiert als Umschlagplatz zwischen externen Bedingungen und individuellen Gestaltungsmöglichkeiten in Form von Nutzungs- und Verweigerungsstrategien. Ihn will ich ausloten, um daran Möglichkeiten und Grenzen von Eingriffsmöglichkeiten aufzuzeigen. Dazu werden fachliche, technische und kommunikative Kompetenz unterschieden:

Das Interesse der Telekom zielt auf eine Umsatzsteigerung durch den verstärkten Absatz höherwertiger Geräte. Dazu bieten die Telefonläden zwei kleine Telekommunikationsanlagen an: die »amex« mit einer und die »focus« mit zwei Rufnummern. Vor allem die »focus« soll auch Bedürfnisse von Geschäftskunden abdecken. Für beide Anlagen gab es 1991 Vermarktungsvorgaben (Kirschbaum 1991). Davon wurden bei der »focus« gerade 5% erreicht. Bei der kleineren »amex« liegt der Zielerreichungsgrad dagegen bei 84%. Nach Angaben der für Personalfragen Zuständigen in der Generaldirektion reicht das im Laden vorhandene Qualifikationsniveau der mit A6 bis A8 bewerteten Vertriebskräfte bis zum Verkauf einer »amex«. Bei der »focus« und dem inzwischen breiter gewordenen Angebot an Dienstleistungen mit den unterschiedlichen Varianten und Kombinationen stoßen die Kräfte an die Grenzen ihrer *Fachkompetenz.* Dennoch bleibt auch nach der Einführung von ExTel eine signifikante Zurückhaltung beim Verkauf hochwertiger Geräte.

Fragt man Vertriebskräfte nach der Unterstützung, die sie durch ExTel erfahren, wird die Nicht- bzw. seltene Nutzung meist damit begründet, daß die eigene Erfahrung und das eigene Know-how weit über die Performanz des Systems hinausreiche. Dann wird das Gerät gar nicht mehr benutzt, "weil es einfach zu träge ist. Wenn aber eine Kollegin neu in den Laden kommt, und noch nicht viel an Beratung vorher gemacht hat, und die eine oder andere Information braucht, dann find' ich es sinnvoll." (Beraterin 23) Hilfreich ist der Einsatz also vor allem ohne den Erfahrungshintergrund von Beratungen. Die häufigste Verwendung findet ExTel bei unerfahrenen Kräften aber lediglich als Informationssystem, um im Lexikon Begriffe nachzuschlagen, um Produktbeschreibungen als Prospektersatz auszudrucken, um inhaltlich Sicherheit zu gewinnen. Hier stimmt die Behauptung, ohne ExTel seien nach kurzer Zeit Beratungen schneller möglich. Dieses Argument, ExTel sei zu langsam, wird dann auf den gänzlich anders gelagerten Fall der Konfiguration von Anlagen übertragen. Um ExTel als fachliche Unterstützung einzusetzen, muß ein Teil dieser Kompetenz an das System abgetreten werden. "Dann sag' ich: Tut mir leid, das weiß ich nicht. Aber hier, dieser Freund weiß es ja. Da können wir gleich mal nachgucken." (Beraterin 7) Um dies dem Kunden zu sagen, ist Selbstbewußtsein erforderlich. Ein solches Selbstbewußtsein drückt eine spielerisch distanzierte und in dieser Form ironisierte persönliche Beziehung zum Computer aus. Auf eine solche Haltung war nur in Läden des Typs I zu stoßen. Obwohl dort nicht alle Kräfte eine ExTel-Schulung absolviert hatten, fühlen sie sich im Umgang mit dem System sicher, was sich in einem souveränen Umgang mit der Technik äußert. "Sie sehen jetzt, das System stellt das zusammen. Er denkt jetzt. Ich sag' immer: Er. Er denkt jetzt. So. Und heute überlegt er mal ein bißchen genauer." (Beraterin 1) Wird ExTel kompetent eingesetzt, werden Nutzenaspekte wie die folgenden genannt: Die Systemlösung in Form eines Ausdrucks kommt beim Kunden aufgrund der damit verbundenen Vollständigkeit, Übersichtlichkeit, Aktualität, Verbindlichkeit und Glaubwürdigkeit gut an. Damit ersparen sich die Vertriebskräfte Nachschlagen in Prospekten und Preislisten, das Führen von Aktenordnern, Nachfragen bei Vorgesetzten und Kollegen wie auch Anrufe in Dienststellen. Das System vermittelt Sicherheit und es entlastet von lästigem Faktenwissen.

Damit existiert auf fachlicher Seite folgender Korridor: In positiver Hinsicht bietet ExTel erfahrenen Nutzern eine Absicherung bzw. Bestätigung des eigenen Know-hows. Es kann als Hilfsmittel eingesetzt werden, um (z.B. nach längeren Arbeitsunterbrechungen) schnell wieder an den alten Stand geführt zu werden. Der Nutzen kann erfahren werden, weil ExTel bei versierten Beratern ganz klar als Handwerkszeug definiert wird. Hier entstehen keine Konflikte in bezug darauf, daß ein "intelligentes" Computersystem einen Berater ersetzen könnte. Die Unterstützung für Neueinsteiger besteht primär darin, daß sie wie bei einem konventionellen DV-System schnell und zuverlässig auf Informationen zugreifen und so Erfahrungen sammeln können. Auf der anderen Seite fühlen sich erfahrene Kräfte durch die schwerfällige Arbeitsweise des Systems behindert, da sie ihre Arbeit auf gewohnte Art und Weise schneller verrichten können. Unerfahrene Kräfte schließen sich diesem Argument an, wobei sie die Informationskomponente allerdings noch häufiger nutzen. Sie perzipieren den Zeitnachteil nicht so negativ bzw. nehmen ihn eher in Kauf.[6] Das legt die Vermutung nah, daß sich Anfänger mit dem Umgang von ExTel als Gesamtsystem überfordert fühlen. Das ist insofern bemerkenswert, als es den Vorstellungen der Telekom zufolge gerade um diese Zielgruppe geht - um die Vertriebskräfte, die noch nicht auf längere Erfahrungen im Verkauf und im Umgang mit Kunden zurückblicken können. Weniger Qualifizierte fühlen sich nicht sicher genug und projizieren dieses Gefühl nicht nur auf den Computer, sondern auch auf die Perzeption des Kunden. Zur sinnvollen Nutzung von ExTel gehört also das Wissen um Zusammenhänge, die das System nicht vermittelt. Daneben ist aber auch und vor allem Sicherheit in der technischen Handhabung erforderlich.

---

6 Diese unterschiedlichen Nutzungsmodi von erfahrenen Kräften und Neueinsteigern entsprechen der spezifischen Nutzenperzeption von Ärzten und Doktoranden bei RHEUMA.

Im Gegensatz zur fachlichen Kompetenz, die sich auf den Bereich vertriebsrelevanten Wissens erstreckt, bezieht sich die *technische Kompetenz* auf Fertigkeiten im Umgang mit ExTel. Für die Vermittlung dieser Fähigkeiten werden zwei Arbeitstage in einem eigens für Fortbildungen eingerichteten Schulungszentrum veranschlagt. Nur wenige der Teilnehmer verfügten davor über irgendwelche PC-Kenntnisse. Daß es mit einer Schulung allein nicht getan ist, machte aber erst die Praxis deutlich. Alle vier Läden des zweiten Typs nutzen ExTel in der Anfangszeit erheblich mehr.[7] Das wird vor allem mit den veränderten Rahmenbedingungen aufgrund der Wettbewerbssituation begründet. Kommen die motivierten ExTel-Novizen nämlich in den Ladenalltag zurück, treffen sie oftmals auf Umstände wie diese: Die Geräte sind noch nicht installiert, die Vorgesetzten zeigen kein Interesse an ExTel, aufgrund des großen Kundenandrangs fehlt die Zeit und der Raum zum Üben, Mißgeschicke aufgrund mangelnder Routine führen schnell zu Enttäuschungen. Diese und die folgenden Faktoren verhindern die Ausbildung der erforderlichen Routine. Das führt dazu, daß viele Kräfte mit ExTel schlichtweg nicht umgehen können:

- Aufgrund einer hohen Fluktuation treffen die Schulungen die Falschen,
- das erworbene Wissen veraltet rasch,
- die beiden Lehrgänge zum Verkaufstraining allgemein und zu ExTel speziell sind zu wenig aufeinander bezogen,
- die Handlungsanweisungen in bezug auf Einsatzkriterien von ExTel bleiben zu vage und überfordern die Vertriebskräfte.

Der wohl am meisten unterschätzte Faktor beim Umgang mit ExTel betrifft aber die erforderliche Übung. Man muß bestimmte Tricks und die verwendeten Abkürzungen kennen, um schnell an die gewünschten Informationen zu kommen. Diese Schwierigkeiten gründen nun nicht auf Unzulänglichkeiten der DV-Technik, sondern verweisen auf Korridore im Bereich *kommunikativer Kompetenz*: Die Geschichte der Post stellte die Berater von Verkaufserfordernissen weitgehend frei. Sie konnten sich darüber freuen, einen Kunden gut beraten zu haben. Die bis vor zwei Jahren mit der Verkaufsschulung der Mitarbeiter beauftragte Akademie stellte fest, daß Postler "mentalitätsmäßig"

7 Dieser Befund deckt sich mit Beobachtungen der zentralen Pflegegruppe, die im Gegensatz zur Anfangsphase einen rapiden Rückgang von Beschwerden, Kritiken, Vorschlägen, Reaktionen eingesteht. Während des Betriebsversuchs war die Beteiligung sehr groß, ging dann aber zurück. Bei rund 30 hochmotivierten Läden der Anfangsphase gab es damals zwei bis drei Faxe am Tag. Inzwischen treffen manchmal 2 bis 3 Wochen gar keine Rückmeldungen ein.

keine Verkäufer seien. Ein schwach verkaufsorientiertes Mitarbeiterprofil könnte sich nun aber als entscheidendes Hindernis für die Erreichung der Zielvorstellungen der Telekom entpuppen. Fachkompetenz basiert darauf, Probleme einer eingegrenzten Domäne wahrzunehmen, zu erkennen und zu lösen. Seit der Umstrukturierung der Behörde hat nun nicht mehr das als intersubjektiv befriedigend empfundene Beratungsgespräch als primäres Erfolgskriterium eines gelösten Problems zu gelten, sondern der Verkaufsabschluß.

> Die dafür erforderliche Verkaufsorientierung fußt neben der fachlichen Sicherheit vor allem auf kommunikativer Kompetenz. Sie definiere ich als die Fähigkeit, mit einem menschlichen Gegenüber Gegenstände verhandeln zu können, und diese Interaktion zielorientiert auf die mit dem Gespräch ursächlich verbundene Intention des Verkaufens zu beziehen.[8]

Um ExTel in ein Verkaufsgespräch zu integrieren, müssen fachliche, technische und kommunikative Kompetenz in spezifischer Weise ineinander greifen:

"Diese Zeit, die ExTel zu langsam ist, die muß man überbrücken durch Kundengespräche. Die Einbindung von ExTel in das Kundengespräch ist eine Sache der Handhabung, die man lernen muß. ExTel läuft quasi mit. Sie müssen also ExTel beherrschen. Müssen, wenn man so will, mit dem einen Auge auf ExTel gucken, das aufbauen, während Sie mit dem anderen beim Kunden und dessen Problemen sind. Nur dann ist gewährleistet, daß wenn der Kunde fertig ist mit seinen Wünschen, dann schon das fertige Bild aufgebaut ist." (Beraterin 15)

Die fachliche Kompetenz bezieht sich auf objektive Gegenstände in der Welt. Die technische Kompetenz betrifft die instrumentelle Beziehung von Mensch und Computer. Die kommunikative Kompetenz sprengt diesen einfach strukturierten Zusammenhang, indem das wechselseitige Bewußtsein vom Verhalten des anderen eine interpersonale Beziehung herstellt und die Einbeziehung des Computers die vormals zweistellige Beziehung zwischen Berater und Kunde zu einer dreistelligen von Berater, Kunde und Computer transformiert. Was bedeutet das? ExTel soll das Gespräch mit dem Kunden be-

8 Zur "Messung" dieser Kompetenz diente vor allem das von den Vertriebskräften thematisierte Empfinden und Vorgehen, wenn es darum ging, die bei der Arbeit mit ExTel entstehenden Wartezeiten zu überbrücken. Ergänzend wurde mittels eines Fragebogen untersucht, ob die Beschäftigten in ihrer täglichen Ladenpraxis typische Verkaufs- und Gesprächstechniken einsetzen.

gleiten, keinesfalls dominieren. Was aber passiert? "Wenn ich am Computer was raussuche, muß ich mich mehr darauf konzentrieren und kann mich nicht um den Kunden kümmern." (Beraterin 16) Um die entstehenden Leerzeiten kommunikativ zu füllen, muß eine Beziehung zum Kunden hergestellt werden. Die Vertriebskraft muß also simultan hören, sehen, sprechen und mit den Händen die Tastatur bedienen. Wo dies nicht gelingt, fehlt vor allem die Sicherheit mit ExTel. Unabhängig davon, ob ExTel als Informations- oder Konfigurationssystem eingesetzt wird, entstehen Wartezeiten. Ob sie als unangenehm und störend empfunden werden, hängt von der kommunikativen Kompetenz der Berater ab. Da es in jedem Verkaufsgespräch darum geht, explizite und implizite Kundenwünsche in der Form aufzubereiten, daß sie in einen Verkaufsabschluß münden, und für Verkäufer der Abschluß das dominierende Erfolgskriterium darstellt, kann vom Umgang mit Wartezeiten die Brücke zum mehr oder weniger vorhandenen Verkaufsprofil geschlagen werden. Da die Wartezeiten in die Kommunikation mit dem Kunden situativ eingebunden sind, werden sie nur dann nicht als belastend wahrgenommen, wenn sie auch kommunikativ überwunden werden. Kommunikative Kompetenz manifestiert sich nun aber keineswegs als singuläre Angelegenheit.

Kernpunkt bei der Konstitution einer Beziehung ist nicht der Modus, wie der Gesprächspartner, sondern wie die Beziehung insgesamt wahrgenommen wird. Die Untersuchung von Interaktionsmustern im Gegensatz zu Merkmalen oder Haltungen der handelnden Akteure erfordert aus zwei Gründen eine andere Einstellung. Erstens definieren wir implizit die Beziehung, indem wir sowohl auf der Inhalts- wie auch auf der Beziehungsebene kommunizieren. Diese Beziehungsdefinition fließt in die Beratungssituation mit ExTel konstitutiv ein. Dabei auftretende Konflikte wurzeln nun nicht darin, daß ExTel einen bestimmten Beratungsverlauf vorschreibt oder prädeterminiert. Der Handlungsspielraum, der dem Berater zur Verfügung steht, kann vielmehr zum Problem werden, wenn er ihn nicht zu nutzen imstande ist. ExTel macht die zur Verfügung stehenden Korridore nämlich in peinlicher Weise explizit. Dazu zwei Beispiele:

Eine zwanzigjährige Verkäuferin in einem Laden des Typs II mit absolvierter ExTel-Schulung und langjährigen PC-Erfahrungen verwendet ExTel nicht als Konfigurations-, sondern ausschließlich als Informationssystem. Bei der Beziehung zum Kunden muß vom Berater beständig zwischen Nähe und Distanz vermittelt werden. Dabei steht man vor dem Terminal sehr eng beieinander. Sitzt man sich dagegen am Tisch gegenüber, ist eine größere Distanz gewährleistet. Das entspricht den Vorgaben der Verkaufsschulung, die einen Abstand zum Kunden von einem Meter empfiehlt. Die Beratung am Computer verhindert diese Möglichkeit der Distanzierung, weil man auf den Kunden ganz anders zugehen muß. "Kommen Sie her und schauen Sie rein!" sei so eine Standardfloskel, mit der man den Kunden ans Gerät holen müsse. So habe man kaum Freiraum und "klebt am Kunden". Damit kommt sich die Beraterin aufdringlich vor. Das sei nicht nur eine subjektive Einschätzung, sondern werde auch vom Kunden so wahrgenommen. ExTel zwinge nämlich dazu, den Kunden mehr zu fragen. Was die Situation für diese Kraft nun so belastend macht: Der Kunde läßt sich nicht einfach ausfragen, denn ExTel bringt ihn auf den Geschmack, ebenfalls viel wissen zu wollen. Dann passiert es, daß der Kunde den Spieß richtiggehend umdreht, was vor allem bei Geschäftskunden verstärkt vorkomme. Weil sie wissen wollen, was sich auf dem Bildschirm abspielt, dreht sich die Frage-Antwort-Sequenz zum einen um, der Kunde "quetscht einen richtig aus." Zum anderen steht plötzlich nicht mehr der Beratungsgegenstand im Vordergrund, sondern der Aktionsmodus des Computers. Weil sie sich durch ExTel in einer dem Kunden gegenüber gleichzeitig bedrängten und bedrängenden Rolle fühlt, schreibt die Beraterin dem Kunden eine Umkehrung des eigentlich vorgesehenen Beratungsverhältnisses zu, worauf sie mit Aggressivität und Abwehr reagiert. Vor diesem Hintergrund wird die eigene Unsicherheit im Umgang mit dem Kunden und dem System auf den Kunden projiziert: Vor allem Geschäftskunden seien ungeduldig, weshalb ihnen der zusätzliche Zeitaufwand mit ExTel nicht zuzumuten sei. Durch die Warterei werden sie nervös, setzen die Beratungskräfte unter Druck und schaffen damit eine streßbeladene Situation. Unter diesen Bedingungen verschreibe man sich schneller und vor allem am Terminal seien dann häufigere Pannen vorprogrammiert. Eine routinierte Vertriebskraft berichtet dagegen folgendes: "Voraussetzung ist natürlich die gezielte Fragestellung. Daß ich eben frage: Was haben Sie für Vorstellungen? Und: Für welchen Zweck? So einfach, daß ich mich mit dem Kunden beschäftige. Das muß aber zack zack gehen. Das muß flüssig sein. Nicht, daß ich gemeinsam mit dem Kunden jetzt in den Bildschirm... schön langsam... mal gucke.. bis dort die Hand und die Pfeile springen. Sondern daß da schon Konversation da ist. Mir geht das eigentlich wie Ping-Pong hin und her." (Beraterin 32)

Daß die Nutzung eines beratungsunterstützenden Systems in so hohem Maße kommunikative Kompetenz erfordert, wurde bei der Entwicklung und Einführung von ExTel nicht berücksichtigt. Ist für den Einsatz von ExTel nicht nur eine andere Gesprächstechnik, sondern auch eine spezifische Einstellung dem Kunden gegenüber erforderlich, muß darüber hinaus die Perzeption des Kunden durch die Verkaufskräfte wie auch deren Perzeption der Interaktion koordiniert werden. Dabei greifen mehrere Ebenen ineinander.

- Die Perspektive der *Eigenkompetenz*: Die Eigenkompetenz setzt sich aus fachlichen, technischen und kommunikativen Anteilen zusammen und vermittelt den Grad an subjektiver Sicherheit dem Kunden gegenüber. Die

Fachkompetenz bemißt sich nach der Dauer des Einsatzes im Telefonladen bzw. in der Kundenberatung. Die technische Nutzungskompetenz wird vor allem im ständigen Umgang mit ExTel erworben. Neben zeitlichen und räumlichen Übungsmöglichkeiten hängt sie vor allem von der subjektiven Einstellung zum System und damit wiederum von der kommunikativen Kompetenz ab. Technische Kompetenz ist freilich die Minimalbedingung beim Einsatz von ExTel. Im Idealfall wirken die drei Kompetenzen wechselseitig verstärkend ineinander.

- Die Meta-Perspektive der *Kundenwahrnehmung* mit der entscheidenden Klassifizierung von Geschäfts- und Privatkunden: Geschäftskunden wird ein sicheres Auftreten zugeschrieben, mehr Fachkompetenz unterstellt und ein größeres Maß an Ungeduld und Zeitknappheit zugebilligt.
- Die Meta-Perspektive der *Wahrnehmung der Kundenbeziehung*, wobei der Frage des richtigen Einsatzzeitpunkts von ExTel ein prominenter Stellenwert zukommt.
- Die Meta-Meta-Perspektive der *antizipierten Kundenreaktion*, wobei der PC am Arbeitsplatz ein höheres Maß an Zuständigkeit (Professionalität, Verbindlichkeit, visuelle Erfahrbarkeit) vermittelt. Dies kann mit der Zuschreibung erhöhter Kompetenz einhergehen, aber ebenso einen zusätzlichen Erklärungsbedarf erzeugen.

Die Nutzungsspielräume lassen sich auf diesen Ebenen innerhalb von Korridoren nachzeichnen, was am Schluß geschehen soll.

4 Die ladenspezifische Nutzung von ExTel

Läden des zweiten Nutzungstyps zeichnen sich dadurch aus, daß ExTel nicht mehr in voller Breite, sondern nur noch in reduzierter Form, beispielsweise als Informationssystem, eingesetzt wird. Das war nicht immer so. Wie bei den Läden des Typs I fand während der Anfangsphase eine häufigere und auch breiter gestreute Nutzung statt. Diese Reduktion auf wenige Komponenten wird mit der neuen Wettbewerbssituation begründet, in welche ExTel konzeptionell nicht mehr passe. Die durch den Wettbewerb diktierten Rahmenbedingungen schlagen aber nicht ungefiltert auf die Wahrnehmung und Verarbeitung der Vertriebskräfte durch. Externe Imperative werden in erster Linie durch die Vorgesetzten vermittelt. Sie sorgen für die konkreten Vorgaben, die von den Mitarbeitern umgesetzt werden müssen. Bei diesen vorgesetzten Gruppenleitern handelt es sich um Personen, die entweder "von unten" aus dem Verkauf kommen und sich für diesen Führungsposten durch langjährige Erfahrung qualifiziert haben oder häufiger um vormalige Sachbearbeiter, die aufgrund der mit dieser Stelle verbundenen Dotierung vom (Fernmelde-)Amt in den Laden versetzt wurden. Eine solche Beförderung kann durchaus den Charakter haben, daß die betreffende Person auf diese Position gezwungen wird.

Gruppenleiter sollen Führungsaufgaben wahrnehmen. Dazu gehört nicht nur fachliche Kompetenz, sondern auch selbstkritisches (und in diesem Zusammenhang auch "positives"), konzeptionelles, vernetztes, langfristiges, kurz: systemisches Denken. Ihre Aufgabe in bezug auf ExTel besteht darin, zwischen dem Interesse des Unternehmens an höheren Umsatzzahlen durch den Absatz höherwertigerer Geräte und Dienstleistungen und dem der Vertriebskräfte an einer befriedigenden Arbeitssituation einen Ausgleich herzustellen. Vor diesem Hintergrund fällt ihnen beim Modus der Nutzung von ExTel eine Schlüsselrolle zu. Stehen sie ExTel ablehnend gegenüber, hat sich der Einsatz für den betreffenden Laden erledigt. So sieht es in vier von fünf Läden einer Großstadt aus, obwohl ExTel dort entwickelt und erprobt wurde. Ähnlich wirkt sich "wohlwollende Gleichgültigkeit" aus. Fehlt neben einem echten Interesse die technische Kompetenz, nützt es wenig, wenn alle Mitarbeiter die Bedienung von ExTel einmal gelernt haben. Wird eine einmal vorhandene Motivation nicht permanent erneuert, sehen die Mitarbeiter sehr schnell nicht mehr den Sinn in ihrem Tun. Dabei kann oftmals ein Interesse am System vorausgesetzt werden, weil es vielen mit zunehmender Übung einfach Spaß macht, am PC zu arbeiten. Überraschenderweise weisen sogar die meisten der Vetriebskräfte, die vom Nutzen des Systems überzeugt sind, darauf hin, daß sie nur aufgrund des Drucks ihres Vorgesetzten zur Arbeit mit ExTel zu bewegen waren. "Das war bei mir auch so. Ich wär ohne weiteres sicher nicht... Die Geräte wurden hingestellt, und man ist ja auch erst interessiert. Aber so: Gott, Computer, hast' noch nix mit zu tun gehabt, traut man sich nicht 'ran." (Beraterin 24)

Dieser Sachverhalt spiegelt zum einen die mangelhafte Autorität vieler Gruppenleiter, zum anderen den Handlungsspielraum wider, der ihnen zur Verfügung steht. Er liefert darüber hinaus Hinweise, daß ein Nutzungszwang nicht unbedingt negativ perzipiert werden muß. Er entläßt Gruppenleiter nämlich aus der Verantwortung, Anweisungen legitimieren zu müssen. Diese Verantwortungsscheu von Vorgesetzten (ein Indikator für mangelhafte Führungskompetenz) fördert ExTel im Nutzungstyp II deutlich zutage. Da kein allgemeiner Nutzungszwang existiert, liegt der Nutzungsmodus von ExTel zu einem großen Teil am persönlichen Interesse des Gruppenleiters. Diese Beobachtung unterstreicht der Vergleich mit den beiden Läden des ersten Typs, welche über zwei starke Führungspersönlichkeiten verfügen. Daneben spielen strukturell bedingte Startvorteile wie persönliche Kontakte zur Pflegegruppe, ladeninterne Schulungsmaßnahmen ("training on the job"), einsatzfreundliche Räumlichkeiten, Aufgabenteilung, ausgeprägter Teamgeist und geringe Fluktuation eine wichtige Rolle. Solche strukturellen Erfolgsfaktoren werden aber nur bei motivierten und motivierenden Vorgesetzten wirksam.

Welche Handlungskorridore lassen sich also auf der Ebene der Ladenorganisation ableiten? Sie werden bei einem Laden des Nutzungstyps II deutlich. Die Initiative und die persönlichen Beziehungen der dortigen Gruppenleiterin führte dazu, daß der Laden als einer der ersten mit ExTel ausgestattet wurde. Die Anfangsbegeisterung war groß. Nach zwei Jahren war sie verflogen. "Mit der Pflege hat's nicht mehr hingehauen." (Beraterin 15) Gemeint ist damit zunächst die Software-technische Seite. Dahinter steckt aber viel mehr. Zur Pflege eines Expertensystems gehört auch die Pflege des organisatorischen Umfelds. Dieser Faktor besiegelte in diesem Fall das Scheitern von ExTel als Expertensystem. Wie kam es dazu? Der mit ExTel erforderliche Aufwand steht in der Perzeption aller Mitarbeiter in keinem Verhältnis zum Nutzen. Zur Zeit der Umstrukturierung war das graue Telefon der Standardapparat. Als dann neue Geräte auf den Markt kamen, dachte man, ein Expertensystem wäre nötig, um die zukünftige Produktvielfalt noch überschauen zu können. So viele Produkte sind es aber gar nicht geworden. Der Markt hat sich anders entwickelt, was damals nicht absehbar war. ExTel kann als beratungsbegleitende Unterstützung, wie es intendiert war, nicht eingesetzt werden, weil aufgrund der neuartigen Wettbewerbssituation nur noch verkauft und kaum noch beraten werde: Als Expertensystem trifft ExTel nicht das richtige Anwendungsgebiet und arbeitet zu langsam. Die Umdefinition von ExTel in ein Informationssystem, also "InTel", wurde aus der Not geboren und erfolgte, nachdem die Idee von ExTel als Konfigurationssystem bereits gestorben war.

"Wir laufen 'rum und ziehen uns irgendwie eine Info heraus, die wir nachlesen müssen. Und da kamen wir darauf: Mensch, da haben wir so ein Ding stehen. Könnten wir da jetzt irgendwie reingehen? Das würde auch auf dem Bildschirm da stehen. Das wäre auch zusätzlich für den Kunden, diese Sicherheit zu bekommen. Weil das hat dann Hand und Fuß, denn man kann ihm das ausdrucken. Und da haben wir uns überlegt, wenn wir schon so eine teure Hardware da stehen haben und immer noch Leute dran arbeiten, die das pflegen, dann müßte man das zeitgerechter und praxisnäher nutzen können." (Beraterin 15)

Vor diesem Hintergrund wurde ExTel in diesem Laden radikal der Praxis angepaßt: ExTel als "InTel" eröffnet nun eine Palette von Möglichkeiten, an die vorher gar nicht gedacht wurde. Das System wird beispielsweise mit Erfolg als Schulungsinstrument eingesetzt. Die Phantasie der Mitarbeiter bei der unterschiedlichen Nutzungsform von ExTel spricht auch dafür, daß es als Hilfsmittel für den Dienstunterricht verwendet werden kann. Die Nutzung als reines Informationssystem bietet zusätzliche Vorteile, weil die Handhabung schnell erlernt wird und Nutzeneffekte in Form einer Zeitersparnis und einer positiven Kundenreaktion unmittelbar erfahrbar sind. So liefert die Informationskomponente aktuelle und verläßliche Informationen, entlastet vom Wissen um Preise, und ermöglicht den Ausdruck von Produktinformationen, die an der Stelle nicht vorhandener oder veralteter Prospekte verwendet werden. Diese werden deshalb auch schon auf Vorrat ausgedruckt. Bei dieser ladeninternen Umdefinition von ExTel in "InTel" werden Gestaltungsmöglichkeiten auf der Ebene der räumlichen und zeitlichen Organisation wie auch der Schulungserfordernisse im Hinblick auf eine "Resteverwertung" wahrgenommen und als solche aber positiv bewertet. Als Schlüsselerfahrung führte das Gefühl, der Wettbewerbssituation mit ExTel nichts Adäquates entgegensetzen zu können und von der Pflegegruppe alleingelassen zu sein, zu diesem Schritt: Die Folgen der ambivalenten Rolle der Telekom zwischen Wettbewerb und Monopol verunsichert die Beschäftigten in den Telekom-Läden und weist auf einen breiten Reaktionskorridor hin, der den häufigen Nichteinsatz von ExTel begründet. Der Spannungsbereich liegt dabei zwischen folgenden Polen:

- *Verkaufen vs. Beraten*: Bis 1990 lief in den Telekom-Läden ausschließlich das Beratungsgeschäft. Kassen gab es keine. Der Kunde kam als Bittsteller, denn die Post verfügte über das Monopol. Daß ein unzufriedener Kunde zur Konkurrenz geht, schlägt sich für die einzelne Vertriebskraft (immer noch) nur insofern nieder, als daß ihr damit Arbeit erspart wird.
- *Verkaufen vs. Vermieten*: Behielt in früheren Zeiten der Kunde zehn Jahre lang sein einfaches Telefon mit Wählscheibe, unterliegt das Fernsprechgerät inzwischen der raschen Abfolge von Moden. Daraus ergibt sich für die Telekom die Frage, ob eine Kundenbindung durch Verkauf ebenso gewährleistet wird wie durch die Vermietung von Geräten, die einen der privaten Konkurrenz gegenüber weitergehenden Service (Rücknahme und Umtausch) beinhaltet.
- *Umsatzziel von Masse (Privatkunden) vs. Qualität (Geschäftskunden)*: Bis in die höchsten Etagen umstritten ist die Frage, ob eine Umsatzsteigerung in den Telekom-Läden primär über den Absatz vieler einfacher oder weniger hochwertiger Geräte zu erzielen ist. Dazu liegen keine Vergleichsrechnungen vor.

- *Zielgruppe von Privat- vs. Geschäftskundenbereich*: Im Privatkundenbereich müssen im Gegensatz zum Geschäftskundenbereich aufgrund der geringen Gewinnspanne mit möglichst geringem Aufwand Massen umgesetzt werden. Das in ExTel repräsentierte Produktangebot ist für den Geschäftskundenbereich aber begrenzt. Es gibt keine klaren Vorgaben, wo die Trennungslinie zum technischen Vertrieb zu ziehen ist, der sich mit Hausbesuchen um die Geschäftskunden kümmert. Vielmehr befinden sich Geschäfts- und Privatkundenbereich in einer unproduktiven Konkurrenzsituation. Die einzelnen Läden müssen deshalb selbst entscheiden, welchen Professionalitätsgrad sie abdecken können und wollen.

Nicht nur die durch den Wettbewerb entstandene neue Situation des mit Kundenschlangen gefüllten Ladens minderte das Interesse an ExTel, sondern auch die Pflege des Systems. Über Zeiträume von einem halben Jahr hinweg sei von ExTel und von Neuerungen nichts mehr zu hören gewesen. Weder von der Pflegegruppe noch einer anderen übergeordneten Ebene habe sich irgend jemand nach ExTel oder den aktuellen Problemen damit erkundigt. So fühlen sich manche Läden schlichtweg vergessen. An diesem Punkt schlägt sich der Vorteil eines bundesweit eingesetzten Systems mit der damit verbundenen Möglichkeit, eine speziell und ausschließlich dafür ins Leben gerufene Projektgruppe mit der Pflege des Systems zu betrauen, äußerst hinderlich nieder. Bei direkten Einflußmöglichkeiten auf den Umfang des repräsentierten Wissens kann man die für die speziellen Bedürfnisse erforderliche Fassung in Auftrag geben oder kaufen, was in einem bürokratisch organisierten Unternehmen wie der Telekom nicht möglich ist.

Zur Pflege von Expertensystemen gehört aber mehr als die Berichtigung von Fehlern, die Erweiterung und Anpassung der Wissensbasis und Regelstruktur. Die Pflege von Expertensystemen umfaßt auch und vor allem die Entfaltung und Konsolidierung der Motivation - mit den Gruppenleitern als den primären Adressaten. Ihr breiter Handlungskorridor äußert sich darin, daß sich aufgrund der Einstellung der jeweiligen Gruppenleiter mit hoher Wahrscheinlichkeit der Nutzungsmodus prognostizieren läßt. Hier hätten Kontrollmechanismen einer höheren Ebene in bezug auf Motivation, Fach- und Führungswissen wie auch Erfolgskontrolle anzusetzen. Warum? Die widersprüchliche Situation im Korridor zwischen einem historisch und strukturell entstandenen Beamtenprofil und einem gleichzeitig großen Handlungsspielraum der Gruppenleiter produziert ein Betreuungsvakuum, das ladenintern nur unter der Voraussetzung idealer Randbedingungen, also unter Ausnahmebedingungen, positiv perzipiert und konstruktiv ausgefüllt wird. Im Zusammenhang mit ExTel ist erstaunlich, daß während der Einführungsphase kein Konzept vorgesehen war, den Gruppenleitern ExTel in intensiverer Form nahezubringen als lediglich mittels einer Schulung, wie alle anderen Kräfte sie auch absolvierten. Kein Gruppenleiter wurde automatisch, also qua Amt, zur Schulung geschickt; viele kennen ExTel gar nicht. Die Führungskräfte - und das betrifft Gruppenleiter wie Stellenvorsteher gleichermaßen - sind kaum in das Konzept ExTel eingebunden. Wie gezeigt wurde, hängt der Erfolg eines Projekts einer solchen Größenordnung aber davon ab, daß der Einsatz in der Führungsebene nicht nur gefordert, sondern auch massiv gefördert wird. Die dazu notwendige Pflege bedarf eines ausgefeilten Betreuungskonzepts. An ein solches wurde kein Gedanke verwendet. Neben der Besetzung der Gruppenleiter-Positionen mit den richtigen Personen, der genauen Analyse des Anforderungsprofils der Gruppenleiter und Vertriebskräfte, einer Erfolgskontrolle und Motivation der Vertriebskräfte hätte das Konzept vor allem zu klären, wie relevante Informationen ebenenübergreifend transportiert werden können. Das klingt banal, stellt die Telekom aber vor ungeahnte Probleme. Sichtbar wird dies bei einem entscheidenden Versäumnis während der Einführung von ExTel: Die Anstrengungen beschränkten sich auf die technische Mikroperspektive des Ladens. Überlegungen zur zu erwartenden Akzeptanz von ExTel bei Vertriebskräften und Gruppenleitern gingen in die Konzeption nicht ein. Weil die Läden auf isolierte Subsysteme reduziert wurden, erkannte niemand die Rolle des Gruppenleiters als Katalysator, als Multiplikator bzw. als entscheidende Bremse. Weil die den Gruppenleitern und Vertriebskräften zur Verfügung stehenden Handlungskorridore nicht ausreichend definiert waren, wurden sie - weil es kurzfristig am bequemsten war - mit Nicht-Akzeptanz "gefüllt".

5 Nutzungsparameter und Korridore

Die Probleme, mit denen die Telekom zu kämpfen hat, entstanden nicht durch ExTel, sondern durch eine Wettbewerbssituation, die das Unternehmen bislang noch überfordert. Das spiegelt sich in unklaren Zielvorgaben, unkoordinierten Informationsflüssen, Fehleinschätzungen von Können und Grenzen der Mitarbeiterinnen und Mitarbeiter sowie fehlenden Kontrollkonzepten. Die erfolgsrelevanten Faktoren sind über verschiedene Ebenen verteilt und können nun systematisiert werden (vgl. Abb. 20):

Ebene	Parameter	Linear	Kurvilinear
Mikroebene I	individuelle Kompetenzen	technisch kommunikativ	fachlich Motivation
	Merkmale der sekundären Nutzer		Vorwissen Auftreten Zeitbudget/Kunde
	Beratungsverlauf		Zeitbudget/Berater Einsatzzeitpunkt Autoritätsbeziehung
Mikroebene II	Technik	Integration	Geschwindigkeit Aufbau/Zugang Reichweite Expertise
Mesoebene	Personalpolitik	Fluktuation	Schulung Motivation Auswahl der Gruppenleiter
Makroebene	Wettbewerb		Verkauf vs. Beratung Verkauf vs. Vermietung Qualität vs. Masse Privat- vs. Geschäftskunden

Abbildung 20: ExTel-spezifische Korridore

Mikroebene I: individuelle Parameter

- *Technisch*: Zwischen der technischen Kompetenz und der Nutzung kann ein linearer Zusammenhang angenommen werden, da mit zunehmender Übung die Sicherheit wächst und das System immer effektiver, d.h. vor allem zeitsparender eingesetzt werden kann. Auf der anderen Seite wird ExTel bei technischer Unsicherheit wenig bis überhaupt nicht genutzt.
- *Kommunikativ*: Zwischen der kommunikativen Kompetenz und der Nutzung besteht ebenfalls ein linearer Zusammenhang, da ExTel die Bereitschaft, auf den Kunden zuzugehen, voraussetzt. Am leichtesten tun sich diejenigen mit ExTel, für welche die Systemwartezeiten keine Belastung darstellen.

- *Fachlich*: Ein Korridor besteht in bezug auf die Fachkompetenz. Bei zu großer fachlicher Unsicherheit fehlt das Vermögen, die Systemlösungen nachvollziehen zu können. Bei hoher Kompetenz sinkt wiederum der Nutzen, da die eigenen Lösungen über denen des Systems liegen können. In beiden Extremfällen wird ExTel als Hindernis und nicht als Hilfsmittel wahrgenommen. Die Bestimmung der erforderlichen, aber nicht zu überschreitenden Fachkompetenz wurde bislang versäumt. Sie deckt vorwiegend den Bereich ab, wo es um Entlastung von Faktenwissen (aktuelle Preise) und die Sicherheit in bezug auf technische Details geht.
- *Motivation*: Auch die Motivation liefert keinen monoton steigenden Zusammenhang. Unmotivierte Mitarbeiter nutzen ExTel nicht. Eine hohe Motivation kann aber nicht mit großen Versprechungen produziert werden, die ihrerseits hohe Erwartungen wecken und mit Enttäuschungen einhergehen.
- *Vorwissen*: Der Kunde muß ungefähre Vorstellungen haben, er soll aber nicht schon genau wissen, was er will. Er darf nicht unsicher sein, weil er sonst überhaupt keine Wünsche äußert. Zu selbstbewußt und kritisch sollte er allerdings auch nicht auftreten, da er sonst viele Beratungskräfte verunsichert. Gleichzeitig muß er die Beratung an ExTel als professionell und verbindlich empfinden - sie soll dem Berater Prestige verschaffen. Andererseits darf der damit erzielte Imagegewinn nicht ausschließlich dem System zugeschrieben werden, sondern soll auf der Eigenkompetenz des Beraters basieren und als solche wahrgenommen werden.
- *Auftreten*: Der Kunde muß eine gewisse Aufgeschlossenheit gegenüber Computern mitbringen, darf sich aber nicht zu sehr für technische Details begeistern, weil er sonst nur noch am PC spielt. Er sollte also die Performanz des Systems ernst nehmen und sie nicht als Spielerei abtun. Andererseits sollte er dem System nicht unkritisch gegenüberstehen und ausgedruckte Verträge unbesehen unterschreiben, weil dies im Nachhinein häufig Beschwerden aufgrund falscher Eintragungen mit sich bringt.
- *Zeitbudget des Kunden*: Er muß Zeit haben, darf aber nicht zu viel Beratungsaufwand und persönliche Betreuung beanspruchen.
- *Zeitbudget des Beraters*: Der Berater muß für den Kunden genug Zeit haben. Trotzdem soll er das Verkaufsgespräch möglichst rasch zu einem Abschluß bringen.
- *Einsatzzeitpunkt*: Eine Beratung kann nicht sofort an ExTel beginnen, sondern muß zunächst den Kunden sondieren. Berät man aber den Kunden ausführlich an den gezeigten Apparaten, kann der richtige Zeitpunkt, um an ExTel umfangreichere Angebote zu unterbreiten, bereits verpaßt sein.

- *Autoritätsbeziehung*: Der Berater soll stets eine direkte Beziehung zum Kunden aufrechterhalten und auf ihn eingehen, darf sich aber nicht den Beratungsverlauf diktieren lassen. ExTel erfordert also, daß der Kunde seinem subjektivem Empfinden nach die Initiative behält, der Berater das System aber gleichzeitig kundendisziplinierend einsetzen kann.

Damit kann folgendes Ergebnis festgehalten werden (Korridor I): Nur beim Verhältnis von individuellen Kompetenzen der Vertriebskräfte (primäre Nutzer) und der Nutzung können überhaupt monoton steigende Beziehungen unterstellt werden. Verfolgt man dagegen die Abhängigkeit der Nutzung von Merkmalen der Kunden (sekundäre Nutzer) und vom Beratungsverlauf, sind nur noch kurvilineare Beziehungen zu beobachten. Das dominierende zugrundeliegende Modell ist damit der Korridor.

Mikroebene II: technische Parameter

- *Integration*: Ein linearer Zusammenhang kann nur in bezug auf die Integration des Systems unterstellt werden. Je mehr Komponenten in integrierter Form (in Form einer der bereits bestehenden DV-Systeme) einsatzfähig sind, desto mehr Doppelarbeit fällt weg.
- *Geschwindigkeit*: Beim Problem der Wartezeiten sieht es in technischer Hinsicht schon nicht mehr so eindeutig aus. Lange Wartezeiten behindern die effektive Nutzung. Operiert das System dagegen sehr schnell, kann vor allem der sekundäre Nutzer, dem die Funktionsweise nicht vertraut ist, verunsichert werden.
- *Aufbau*: Ein freier, kundenorientierter Aufbau dauert oftmals zu lang. Die Abrufung von Standardfällen erweist sich dagegen als zu starr. Dieses technische Problem findet seine Entsprechung in dem oben aufgezeigten Nutzungskorridor, wonach ein Kunde weder zu unschlüssig sein noch zu genau wissen sollte, was er haben will.
- *Reichweite der Expertise*: Für ein Konfigurationssystem, das die Bedürfnisse von Geschäftskunden abdecken soll, reicht die Expertise nicht in allen Fällen aus. Andererseits schaffen die vorhandenen Informationen in ihrer Vielfalt bereits Verwirrung bzw. sind für einen Ausdruck zu umfangreich, weshalb oftmals übersichtlicheres Prospektmaterial vorgezogen wird.

Die Technik betreffend dominieren ebenfalls Korridor-Beziehungen (Korridor II). Bei der Weiterentwicklung von ExTel käme es also darauf an, die Vorteile der beiden genannten Zugangsweisen miteinander zu verbinden. Eine Möglichkeit dazu besteht darin, auf dem Bildschirm ein Formblatt mit einer Kurzberatung aufzurufen, auf welchem nur noch Kurzeingaben technisch kombiniert und preislich addiert werden. Diese Idee der Pflegegruppe rückt allerdings von der ursprünglichen Marketing-Strategie ab, die an den Kundenwünschen ansetzte und "verbot", bereits eingangs zu "wissen", was der Kunde will.

Mesoebene: Organisation der Telekom-Läden und Rolle der Gruppenleiter

- *Fluktuation*: Lineare Zusammenhänge bestehen am ehesten in bezug auf die Fluktuation im Laden. Je höher die Fluktution, desto mehr Mitarbeiter beherrschen ExTel nur mangelhaft bzw. müssen ladenintern nachgeschult werden. Andererseits garantiert eine personelle Kontinuität die Erhaltung bzw. Weiterentwicklung und Vervielfältigung ExTel-relevanter Kompetenzen.
- *Schulung*: Nicht für alle Mitarbeiter besteht die Möglichkeit einer externen Schulung, aber alle sollten ExTel beherrschen. Stehen mehr Schulungsplätze zur Verfügung, besteht die Gefahr, daß Schulungen als Kaffeekränzchen umfunktioniert werden. Deshalb sollte die Vergabe von ExTel-Kursen am tatsächlichen Qualifikationsbedarf ansetzen. Dabei muß entschieden werden, ob beispielsweise das Kriterium der Motivation, der Wartedauer oder der zeitlichen Zugehörigkeit zum Laden als relevant erachtet wird.
- *Motivation*: Die Vermittlung von ExTel durch die Gruppenleiter spielt sich ebenfalls innerhalb eines Korridors ab. Sie müssen Motivation vermitteln, wozu bisweilen Druck erforderlich sein kann. Solche Bemühungen können auf der anderen Seite scheitern, wenn sich die Mitarbeiter Streßsituationen ausgesetzt fühlen. Untergraben die Vorgesetzten dergestalt deren Motivation, reagieren die Vertriebskräfte nicht mit Kooperation, sondern mit Verweigerung.
- *Auswahl der Gruppenleiter*: Sie erfordert - die entsprechende fachliche Qualifikation sei hier unterstellt - ein Abwägen zwischen formalen und persönlichkeitsspezifischen Gesichtspunkten. Kommt jemand laufbahntechnisch für den Posten in Frage, ist er deshalb nicht zwangsläufig eine geeignete Führungskraft oder ein guter Verkäufer. Ein guter Verkäufer dagegen kann über erhebliche Defizite in bezug auf Führungsqualitäten verfügen, wie umgekehrt eine Person mit Führungsqualitäten ebenso mangelhafte Verkaufsfähigkeiten aufweisen kann.

Was folgt aus diesen Beobachtungen? Auch ein Maximum in einem der Aspekte reicht so lange nicht aus, wenn ein bestimmtes Minimum im verbleibenden Aspekt unterschritten ist (Korridor III). Alle vier Punkte stimmen darin überein, daß sie Korridore markieren, die nur durch Strategien des Satisficing und nicht durch solche der Maximierung unter Kontrolle gebracht werden können.

Makroebene: Wettbewerb

Wie bereits ausgeführt, kann die Wettbewerbssituation anhand folgender Pole, die innerhalb eines Korridors verortet werden, veranschaulicht werden:

- Verkaufen vs. Beraten
- Verkaufen vs. Vermieten
- Qualität vs. Masse
- Privat- vs. Geschäftskundenbereich

Die Auswirkung des Wettbewerbs auf die Organisation der Läden und die darin beschäftigten Mitarbeiter hängt nun stark davon ab, welche Rolle der Gruppenleiter als Schaltstelle zwischen den Ebenen spielt. Selbstbewußt gehen die Mitarbeiter mit dem Wettbewerb um, die sich optimistisch den neuen Aufgaben stellen, indem sie auf Gruppensolidarität, funktionierende Kommunikationsflüsse, nach außen gerichtete persönliche Kontakte und auch auf Hilfsmittel wie ExTel bauen. Verunsichert reagieren Läden mit hoher Fluktuation, wenig Außenkontakten, schwacher Einbindung in die Konzeption von, deshalb auch wenig Interesse an und Vertrauen in ExTel. Der vorgenommene Vergleich von monoton steigenden und kurvilinearen Abhängigkeiten der Nutzung ExTels von kontrollrelevanten Parametern rechtfertigt somit folgende These:

Probleme beim Einsatz von ExTel ergeben sich in so massiver Form, weil eine Reihe nutzungsrelevanter Parameter nicht nur zu wenig Beachtung finden, sondern darüber hinaus nur selten in einen monoton steigenden Zusammenhang gebracht werden können. Die entscheidenden Beziehungen sind nur innerhalb von Korridoren formulierbar. Aus diesem Grund erweist sich nicht nur ein Zuwenig an kritischen Erfolgsfaktoren als "ExTel-gefährdend", sondern auch ein Zuviel (Korridor IV).

Teil IV

Zu einer Soziologie von Expertensystemen

Übersicht

Expertensysteme als technische Artefakte besetzen ein Feld, in welchem sich die Soziologie noch nicht heimisch fühlt. Zu einer programminternen Auseinandersetzung fehlt ihr die technische Kompetenz, die Bestimmung nutzerfreundlicher Kriterien überläßt sie der Ergonomie und Psychologie, und die Entwicklung von Nutzenkonzepten schlägt sie der betriebswirtschaftlichen Domäne zu. Dieser Zurückhaltung tritt im folgenden ein soziokybernetisch motiviertes Programm entgegen: Bei der Entwicklung und dem Einsatz von Expertensystemen ist der Übergang von der Kybernetik I zur Kybernetik II durch alternierende Rückkoppelungsmechanismen (bei Maschinen) gekennzeichnet, was vor dem Hintergrund der Komplexitätsdiskussion den Gegenstand des ersten Teils darstellt. Mit dem Übergang von der Kybernetik II zur Kybernetik III treten Aspekte der Selbstorganisation in den Vordergrund, als deren prototypisches Phänomen das menschliche Gehirn angesehen werden kann. Dieser Domäne "Mensch" in seiner speziellen interaktiven Ausprägung widmet sich der zweite Teil. Die Kybernetik IV schließlich sprengt den Rahmen identifizierbarer Kontrollinstanzen, welche mit Einschränkungen noch für Systeme der Kybernetik III unterstellt werden können. Sie beschäftigt sich mit untereinander vernetzten Systemen, als deren komplexestes die Gesellschaft den Gegenstand der Soziokybernetik markiert. Gesellschaftliche Subsysteme sind u.a. (betriebliche) Organisationen, welche die Einsatzbedingungen von Expertensystemen im dritten Teil vorzeichnen. Diese drei Dimensionen von Maschine, Mensch und Organisation stecken nun den Rahmen ab, innerhalb dessen theoretisch abgeleitete und empirisch ermittelte Befunde zu einem techniksoziologischen Mehrebenenansatz verbunden werden können. Dieses Programm soll im vierten Teil grob umrissen werden.

Setzt sich die Soziologie mit technisch vermittelten Gegenständen bzw. technisierten Interaktionskontexten auseinander, hat sie ihren Standort als Sozialwissenschaft zu reflektieren. Das betrifft zum einen die Kritik und die De- bzw. Rekonstruktion unbrauchbarer, verkürzter und ergänzungsbedürftiger Ansätze (Kapitel 1), zum anderen die konstruktive und begründete Skizze einer alternativen Entwicklungsrichtung (Kapitel 2). Als Soziologie von Expertensystemen muß sie sowohl ihre Beiträge für die Informatik/KI als Input definieren wie auch Rückwirkungen als Output verarbeiten (1.1). Sollen Computer wie Verhaltensstrukturen als sozial konstituierte Gebilde behandelt werden, ist eine Modifikation bisheriger soziologischer Zugänge zum Faktum KI erforderlich. Um den sozialen Kern beim Umgang mit intelligenter Software nicht nur im Entstehungszusammenhang und im Hinblick auf Folgen, sondern konkret an der Schnittstelle von Mensch und Maschine festmachen zu können, bedürfen der Technik- wie auch der Kommunikationsbegriff einer wissenssoziologischen Zuspitzung (1.2). Sodann soll eine praxisrelevante Erweiterung die dafür relevanten Untersuchungsebenen nicht nur vorzeichnen, sondern vor allem Perspektiven auf ihre Integration eröffnen. Dieser Komplex wird unter dem Stichwort des Mehrebenenansatzes systemtheoretisch erörtert (2.1), um die empirischen Implikationen eines modularen Nutzenkonzepts im Hinblick auf die Entwicklungs- (2.2) und Nutzendimension (2.3) in das Zentrum eines genuin soziologischen Zugangs zu emergenten Funktionen von Expertensystemen (Kapitel 3) stellen zu können.

Kapitel 1

Wo steht die Soziologie?

Werden Expertensysteme in ihren Auswirkungen als sozioorganisatorische "Trendverstärker" diskutiert, kann die Rolle der Soziologie in erster Annäherung als die eines "Warners" umrissen werden:

- Erst soziologische Überlegungen ermöglichen eine kybernetische Standortbestimmung von Expertensystemen (Teil I).
- Ohne eine soziologische Perspektive ist kein tiefes Verständnis des interaktiven Dialoggeschehens zwischen Mensch und Maschine und dessen Grenzen zu gewinnen (Teil II).
- Nur soziologische Zugänge liefern eine erweiterte Nutzenanalyse anhand eines Korridorkonzepts (Teil III).
- Ohne Soziologie kann also weder die Entwicklung noch das Scheitern von Expertensystemen und damit der empirisch relevante Beitrag der einzelnen wissenschaftlichen Disziplinen adäquat erklärt werden (Teil IV).

Diesen Komplex sollte die Soziologie als Eigenleistung verbuchen.

Um einen angemessenen Zugang zu Phänomenen im Kontext neuer Kommunikationstechnologien zu gewinnen, muß die Soziologie ihre extern zugeschriebene und intern akzeptierte Illegitimität in bezug auf technische Fragen überwinden. Die Perzeption der eigenen gesellschaftlichen Irrelevanz äußert sich nämlich in einem bewundernden Aufblicken zu den (informations-)technischen Wissenschaften und der Scheu, sich in Domänen, die über genuin soziologische Betätigungsfelder wie beispielsweise die Technikfolgenabschätzung hinausgehen, aktiv einzumischen. Damit hinkt die Soziologie technischen Phänomenen beständig hinterher, anstatt an ihrer Gestaltung ursächlich mitzuwirken.

Wie macht sich diese soziologische Zurückhaltung bemerkbar, wie begegnet die Soziologie dem Faktum KI auf wissenschaftlich-disziplinärer Ebene?

1 Kritik der falschen Interdisziplinarität

Bestärkt durch kommerzielle Erfolge und die Popularität von Expertensystemen fühlt sich die KI als *die* zuständige Domäne für Wissen.[1] Der Gleichsetzung von menschlichen und maschinellen Symbolverarbeitungsprozessen und dem methodischen Anspruch, Theorien des Geistes auf dem Computer "empirisch" zu überprüfen, liegt ein Selbstbewußtsein zugrunde, das mit einer zunehmenden Professionalisierung der KI-Forschung korreliert.[2] Nähert sich die Soziologie der KI, thematisiert sie den Computer nicht nur als Erkenntnisobjekt, sondern auch als Erkenntnismittel. An dieser Stelle bleibt aber der Gegenstand der Auseinandersetzung merkwürdig unklar. Sind technische Artefakte, geronnenes Wissen oder aber spezifische Handlungsmuster Objekte soziologischen Interesses? Läßt sich die Soziologie mit ihrem Fasziniertsein vom Computer lediglich auf den damit verbundenen Außenaspekt ein, nämlich darauf, was die KI mit dem Gerät alles anstellt? Dann reflektiert sie nicht, welche Problemstellungen sie aus welchen Gründen herausgreift bzw. ausblendet, übernimmt unhinterfragt die von der KI gewählten Gegenstände und untersucht sie - meist als zeitlich und sachlich nachgelagerte Folgen- und Akzeptanzforschung - auf ihre sozialen Auswirkungen hin.

Im Gegensatz zu diesem bescheidenen Vorgehen macht die KI viel unbekümmerter Anleihen in fremden Fachgebieten, ohne jemals ihre eigene szientistische, reduktionistische und technizistische Grundorientierung in Frage zu stellen.[3] Weil die Soziologie diesem Sachverhalt wenig entgegensetzt, führt eine von der KI initiierte und aufoktroyierte "Interdisziplinarität" nun gerade nicht zu einer konstruktiven Zusammenarbeit verschiedener Disziplinen, sondern - wie es beim Bau von Expertensystemen nachgezeichnet werden kann - zu einem reduktionistischen Vorgehen. Statt im Prozeß der Wissensakquisition die Bereitschaft zum kontinuierlichen Lernen konstitutiv zu verankern, indem nämlich Wissensakquisition als konstruktiver Modell- und Wissensbil-

---

1 So hält Schank (1986: 8-26) die KI für die Wissenschaft des "Selbstverständlichen".

2 Dafür sprechen eine zunehmende Resonanz in der technischen Literatur, staatlich geförderte Forschungsprogramme, Disziplinbildung an den Hochschulen und Arbeitsgemeinschaften von Nationen und Firmen (D'Avis 1987).

3 Ungeachtet der zahlreichen Rückschläge, welche die KI bei ihrem ehrgeizigen Programm der Simulierung menschlicher Intelligenz bisher einstecken mußte, wähnt sie sich bereits im Stadium der VKI (für Verteilte Künstliche Intelligenz), welche durch die Entwicklung und Analyse intelligenter Gemeinschaften von interagierenden und koordinierten Wissensbasen geprägt ist. Dabei sollen mehrere KI-Techniken und Problemlösungsmechanismen konstruktiv zusammenwirken (von Martial 1992). Daß sie dabei über Postulate nicht hinauskommt, scheint in diesem Zusammenhang aber keine beunruhigende Rolle zu spielen.

dungsprozeß produktiv in eine Entwicklungsmethodologie integriert wird, reduziert die KI diesen entscheidenden interaktiven Prozeß auf die individuell zu bewältigende, maschinelle Kopie formal rekonstruierbarer menschlicher Informationsverarbeitung (Feigenbaum/McCorduck 1984: 80). Diese Überheblichkeit ist kein Exklusivum der KI, sondern verstärkt vielmehr ein in technischen Disziplinen vorherrschendes Selbstverständnis, das "weichen" Aspekten wie Akzeptanz, Legitmität, Ethik usw. lediglich einen nachgeordneten Stellenwert einräumt. Von Bewertungskriterien ist dann nur noch insofern die Rede, als sie in den Zuständigkeitsbereich der Sozialwissenschaften fallen (Duddeck 1987). Statt mit Alternativkonzepten reagieren die Sozialwissenschaften auf diese Rollenzuschreibung mit Unterwürfigkeit. Waren Ingenieure historisch gesehen die ersten, die wissenschaftliches Wissen systematisch und zielgerichtet umsetzten, entschuldigen Sozialwissenschaften ihren geringen Grad der Mathematisierung und damit perzipierte Methodendefizite mit dem Verweis auf ihre noch junge Geschichte, manövrieren sich in die Defensive und akzeptieren damit einen untergeordneten Status. Statt im High-Tech-Zeitalter der Akzeptanzkrisen Orientierungswissen zu liefern, haben sie zur Technikentwicklung wenig beizutragen (Henderson 1991; Weingart 1989; Weymann 1989: 133). Als Konsequenz sehen sich Naturwissenschaftler und Ingenieure eher imstande, kompetent Sozialwissenschaft zu betreiben als umgekehrt.[4] Die Soziologie hingegen beschränkt sich artig auf ihre traditionell angestammten Gebiete, wie z.B Akzeptanz- und Einstellungsforschung, womit sie den mit Expertensystemen verbundenen Herausforderungen nur mangelhaft gerüstet gegenübersteht. Dieser Minderwertigkeitskomplex resultiert zum einen aus überzogenen Erwartungen, die mit einer "Versozialwissenschaftlichung" der Gesellschaft in den siebziger Jahren geweckt und in den Achtzigern nicht eingelöst wurden. Ganz im Gegenteil verstärkte eine prekäre Situation des Arbeitsmarktes die immer noch zu konstatierende Konjunkturflaute der Soziologie. Diese extern induzierten Gründe

4 Ein Beispiel dafür bietet die von Physikern betriebene Mobilitäts- und Migrationsforschung im Rahmen der Synergetik, die bei der Modellierung auf vorsoziologische Variablen rekurriert. Indem sie mit an- und abstoßenden Kräften operiert (Dynamik von vielen Teilchen), zeichnet sie Migration physikalisch nach, ohne sie - was aber sozialwissenschaftlich entscheidend ist - zu erklären. Weil die Operationalisierung sozialer Variablen wie Mieten, Gehälter, Aufstiegschancen, Freizeitwert usw. nicht in den Zuständigkeitsbereich der Physik fallen, werden sie in letzter Instanz durch physikalische Größen ersetzt. Statt an dieser Stelle mit interdisziplinärer Arbeit anzusetzen, wird die Soziologie lediglich als Hilfswissenschaft bemüht, von der "ver-rechenbare" Variablen abgefordert werden (vgl. Weidlich/Haag 1988).

sind aber nur eine Seite der Medaille, die über disziplinimmanente theoretische Mängel nicht hinwegtäuschen können.

Die Technikfolgenabschätzung[5] definiert sich über einen temporalen Aspekt, was erhebliche Probleme nach sich zieht. Will sie Abhängigkeiten (als einfache Kausalbeziehungen, Wirkungsketten oder systemische Zusammenhänge) unterscheiden, technische, wirtschaftliche und soziale Folgen abschätzen, zwischen schwerwiegenden zentralen und peripheren Folgen differenzieren, um mögliche Effekte prospektiv zuzuordnen und zu bewerten, muß sie retrospektiv die jeweiligen Rahmenbedingungen freilegen und die unterlagerten Interessen erkennen. Die Wahl des Zeitpunkts geht dabei konstitutiv in die Qualität der Ergebnisse ein: Entweder setzt sie (zu) spät an, oder aber die Prognosen werden ungenau. Dieser Korridor ist bei Expertensystemen besonders kritisch, da ihre Entwicklung zum einen lang dauert und zum anderen ihr tatsächlicher Diffusionsstand nicht zu ermitteln ist (Kornwachs/Bullinger 1990: 58f). Was folgt daraus? Weil das noch frühe Stadium der Diffusion von Forschungen zu Expertensystemen Spekulationen in alle Richtungen zuläßt und damit positive und/oder negative Tendenzen überhöht und Interdependenzen nicht genug deutlich gemacht werden, ist eine Technikfolgenabschätzung bei Expertensystemen nicht sinnvoll. Ihr geht es zwar darum, soziale Implikationen bei der Einführung neuer Techniken zu identifizieren, um potentiellen sozialen Konflikten bereits im Vorfeld begegnen zu können. Dennoch genügt es nicht, Technikfolgen als Handlungsfolgen zu thematisieren. Soll nämlich lediglich im Sinne einer Aufklärungsfunktion ein Bewußtsein für Handlungsspielräume wiedergewonnen werden, verleitet der Folgenbegriff zur verkürzten, unter systemtheoretischen Prämissen nicht haltbaren Annahme individuell zuschreibbarer Handlungsabsichten und -folgen. Der Folgenbegriff sollte deshalb durch den Potentialbegriff ersetzt werden (Bechmann 1987: 40f). Technik impliziert nämlich einen breiten Aktionsspielraum, während sich die Realfunktion in den konkreten Verwendungszusammenhängen konstituiert.

5 Unter dem Label der Technikfolgenabschätzung werden Aspekte der Sozialverträglichkeit thematisiert, wobei taylorisierende Effekte der Technik- und Arbeitsgestaltung sowie Fragen der Akzeptanz im Vordergrund stehen. Indem Sozialverträglichkeitsanalysen Risiko- und Akzeptanzanalysen durch die Unterscheidung zwischen dem, was sozial akzeptabel ist und was sozial akzeptiert wird, verbinden, ist Sozialverträglichkeit keine Eigenschaft einer Technik allein (Akzeptabilität); auch nicht die Bereitschaft der Betroffenen, eine Technik zu akzeptieren (Akzeptanz). Entscheidend ist vielmehr die Entwicklung und Durchsetzung von Verfahren zur Beteiligung der Betroffenen an der Technikgestaltung (Partizipation). (Vgl. Dostal 1990; Daniel; Rammert 1993; Tschiedel 1989: 94).

Die sozialwissenschaftlich relevante Aufgabe liegt damit in einer Erweiterung der Perspektive von Folgenbetrachtungen zur Frage nach Kontrollierbarkeit. Dazu muß die Sichtweise linearer und kausaler Handlungszusammenhänge zugunsten der Betrachtung von Wirkungskreisläufen aufgegeben werden. Bei der Beantwortung dieser Frage steht die Soziologie noch weitgehend am Anfang.[6]

Ob nun eher aus diesem Sachverhalt oder aber aufgrund der in technischen Zusammenhängen auffälligen Unsichtbarkeit der Soziologie auf konzeptionelle Defizite zu schließen ist, sei dahingestellt - bei der keineswegs neuen Rede von einer "Krise der Soziologie" ist nicht klar, wie weit eine konstatierte Skepsis gegenüber einer mangelhaften Generalisierbarkeit und "Objektivität" der Erkenntnisse sowie einem ambivalenten Verhältnis von Verwendung soziologisch produzierten Wissens (Nutzlosigkeitssorgen vs. Vernutzungsbefürchtungen) extern zugeschrieben oder lediglich intern perzipiert wird. Diese ungeklärte Rolle der Sozialwissenschaften nicht nur innerhalb der Wissenschaften, sondern vor allem im Hinblick auf gesellschaftliche Praxis, markiert den Beginn der in den frühen achtziger Jahren initiierten wissenssoziologisch motivierten Verwendungsforschung.[7] Als Hauptproblem formuliert diese die empirische Identifikation (oder auch das Verschwinden) sozialwissenschaftlichen Wissens in der gesellschaftlichen Praxis. Dieses Aufspüren gestaltet sich schwierig, weil die An- und Verwender und nicht die Produzenten darüber entscheiden, was als Wissen solcher Herkunft zu gelten habe. Weil sozialwissenschaftliches Wissen darüber hinaus nicht einfach angewandt werden kann, sondern mit Beständen lebensweltlichen Wissens kompatibel gemacht werden muß und im Verwendungsprozeß durch die Praxis verändert wird, gibt es kein "an und für sich soziologisches" Wissen, welches in der Verwendungssituation seiner soziologischen Identität entkleidet und "trivialisiert" werden könnte. Die ständige Präsenz der Gesellschaft als Forschungsgegenstand der Sozialwissenschaften und die Vertrautheit, mit der sich jeder Wissenschaftler immer schon in dieser Domäne bewegt, erleichtern die Perzeption sozialwissen-

6 Wie wenig sich soziokybernetisches Denken jenseits der von Luhmann aufgeworfenen Debatte zur Autopoiesis gesellschaftlicher Wandlungsprozesse in der Soziologie durchgesetzt hat, zeigen Geyer/van der Zouwen (1991) anhand einer empirischen Auswertung von soziokybernetischen Schlüsselbegriffen in soziologischen und systemtheoretischen Fachzeitschriften seit 1970.

7 Die Verwendungsforschung zog unter der Fragestellung, wie die Gesellschaft mit dem sozialwissenschaftlich produzierten Erkenntnisangebot umgeht, eine empirische Bilanz der "versozialwissenschaftlichten" Gesellschaft der sechziger und siebziger Jahre (Beck/Bonß 1989; Lau 1990; Wingens/Fuchs 1989; Dewe 1991).

schaftlicher Erkenntnisse als trivial (oder falsch). Soziologisches Wissen erscheint also nicht als irrelevant, weil es falsch, sondern weil es Allgemeingut geworden ist.[8] Dieser Prozeß kann als "Versozialwissenschaftlichung" des Alltags und der Gesellschaft bzw. als Entzauberung der sozialen Welt bezeichnet werden (Wingens/Fuchs 1989: 218; Weymann 1989: 137).

Daß ihr bei der Auseinandersetzung mit neuen Kommunikationstechnologien die Arbeit damit nicht ausgeht, scheint die Soziologie noch gar nicht wahrgenommen zu haben. Im Gegenteil ist die paradoxe Situation zu beobachten, "daß gerade da, wo sich ein riesiges Feld für sie eröffnet, die Industriesoziologie sich aus diesem zurückzieht und dieses vollständig den anderen Wissenschaftsdisziplinen wie der Informatik, der Betriebswirtschaft und der Ergonomie überläßt" (Bollinger/Weltz 1989: 248). Distanziert sich die Soziologie von aktiver Gestaltung von Arbeitsprozessen in Betrieben, um nicht in Interessenkonflikte zu kommen, muß sie sich freilich nicht wundern, daß von Unternehmerseite keine Nachfrage nach soziologischem Sachverstand zu verzeichnen ist. Daß soziologische Beratung von Unternehmen ein Exotikum darstellt, liegt weniger an Vorurteilen gegenüber der Soziologie, sondern an der Unwissenheit, wozu diese einsetzbar sein soll. Wie in den Fallbeispielen deutlich wurde, verfügen Unternehmen in den seltensten Fällen über soziologisches Know-how - weil sich die Soziologie entweder nicht bemerkbar oder nicht verständlich macht. Ihre konstruktive Rolle bestünde sowohl darin, die *Einführung* technischer Innovationen als sozialen Aneignungsprozeß zu rekonstruieren, wie auch in der Aufgabe, die unterschiedlichen Logiken, Rationalitäten und Sichtweisen solcher Aneignungsprozesse zu moderieren und zu integrieren. Erst wenn ihr das gelänge, könnte sie im Sinn einer beobachtenden Teilnahme in betriebliche Arbeitsbedingungen und -prozesse gestaltend eingreifen, was diese Form der Unternehmensberatung neben ihrer praktischen Relevanz gleichzeitig zu einer Erkenntnismethode qualifizieren würde.

2 Zum Technik- und Kommunikationsbegriff

Um soziologisches Wissen nicht zu Handlangerdiensten verkommen zu lassen, sollten die Fragen, ob sich Expertensysteme für das Erfahren der eigenen Arbeitstätigkeit polarisierend im Sinne von arbeitszerlegend oder inte-

---

8 Ein ähnliches Trivialisierungsproblem stellt sich der KI, wenn es nämlich um Eingrenzung und Bestimmung des Intelligenzbegriffs geht.

grierend auswirken, ob sie zu einer Bereicherung/Erweiterung oder Verarmung der Handlungsoptionen führen und ob bzw. welche intendierten und nicht-intendierten Folgewirkungen sie zeitigen, in einen breiteren Rahmen gestellt werden. Dazu bietet die Technikgeneseforschung einige Anknüpfungspunkte (Rammert 1990). Sie fokussiert nicht den Verwendungs-, sondern den Entstehungszusammenhang der Technik. Für die Entwicklung und den Einsatz von Expertensystemen ist dabei zum einen von Bedeutung, daß spätere Folgen einer Technik bereits zu einem erheblichen Teil im Vorfeld ihrer Entwicklung und Konstruktion antizipiert werden können (vgl. IV.2.3). Sodann können während des Prozesses der Problemauswahl, Wissensakquisition und Evaluierung die Akteure, ihre Interessen und Orientierungen bereits in prospektiver Hinsicht untersucht werden. Weil es sich aufgrund der flexiblen Gestaltbarkeit der Modellierung und Repräsentation von Wissensbeständen zwar nicht um eine qualitativ andere Entwicklungs- bzw. Programmiertechnik, aber um eine ablauftechnisch unerprobte organisatorische Vorgehensweise handelt, prägen die Vorstellungen der Auftraggeber und Entwickler über Wissen, Kommunikation und Organisation die Gestalt der Wissenstechnologie entscheidend mit.

Konzipiert man Technik in diesem Sinn als "Tat-Sache" (Bardmann u.a. 1992: 205), kann sie - in Abgrenzung zu industriesoziologischen und ideologiekritischen Aussagen, welche Technik z.B. als Herrschaftsinstrument in bloßer Opposition zu ingenieurwissenschaftlichen Zuschreibungen thematisiert (Marcuse 1967; Habermas 1968) - aus dem engen Rahmen funktionaler bzw. ökonomischer Sinnsetzungen herausgelöst und ihre Verbindung mit vielfältigen Sinnbezügen nicht nur im Verwendungs-, sondern auch im Entstehungskontext aufgezeigt werden. Technik zeichnet bestimmte Möglichkeiten vor und schließt andere aus. Gleichzeitig ist Technik auch formbar, läßt sich mit unterschiedlichen Sinnsetzungen füllen und eröffnet neue Handlungs- und Gestaltungsmöglichkeiten. Einer solchen Sichtweise verschreiben sich Ansätze der neueren konstruktivistischen Wissenschafts- und Wissenssoziologie mit der Absicht, eine Brücke zwischen der Trennung von Wissenschaft und Technologie zu schlagen (Collins u.a. 1985; Pinch/Bijker 1987; Woolgar 1985). Dabei können wissenschaftskultur- und gegenstandsbezogene Zugänge unterschieden werden: Eine an der KI als Wissenschaftspraxis orientierte Annäherung der Soziologie besteht darin, KI nicht als eine abstrakte Ansammlung von Theorien oder Techniken, sondern als Wissenssystem zu begreifen (Bloomfield 1987: 59). Hängt das Wissen (der Denkstil) der KI nämlich von sozialen Settings der beteiligten Gruppen ab - geht es also um die Kultur der KI -, kann danach gefragt werden, warum innerhalb der KI bestimmte Glaubenssätze geteilt werden. Praktiken und Programme der KI werden in dieser Perspektive wie andere Wissens- und Wissenschaftsgebiete auch als eine soziale Konstruktion aus der sozialen Gruppierung der Beteiligten heraus rekonstruiert. Über den Verwendungszusammenhang geht die Soziologie dann insofern hinaus, als sie den Forschungsprozeß von innen, also in seiner sozialen Bedingtheit ausleuchtet. Gelingt ihr dies, übernimmt die Soziologie nicht einfach den Diskurs der KI, sondern legt die Lücke zwischen Programm und Forschungspraxis der KI offen.

Im Sinne eines "gerätesoziologischen" Diskurses dagegen werden Computer als legitimer Gegenstand soziologischer Forschung ausgewiesen. In bezug auf Expertensysteme bedeutet das, daß sie als Speicher und Transfermedium für technisches Wissen betrachtet werden und im nächsten Schritt als Instrument zur Analyse von Wissen dienen können. In diesem Zusammenhang beschäftigt sich die Wissenssoziologie mit dem Modus, wie die einzelnen Wissenstransformationen stattfinden und wo die Grenzen der Formalisierung liegen. Teilen KI und Soziologie mit "Wissen" den gleichen Gegenstand, müssen auch die internen Beziehungen offengelegt werden. Eine solche Beziehung macht beispielsweise die interpretative Flexibilität bei der Zuschreibung menschlicher Fähigkeiten deutlich. Simuliert eine Maschine genuin menschliche Fähigkeiten, werden diese Fähigkeiten gleichsam "entmenschlicht". Dabei besteht allerdings die Gefahr, daß Konstruktivisten die Menschenähnlichkeit von Computern und Maschinenähnlichkeit von Menschen kaum noch unterscheiden, um dann im nächsten Schritt Computer zu sozialen Akteuren zu erklären (Joerges 1989). Bleibt dabei offen, ob menschlichem Handeln ein Allgemeinanspruch auf das Prädikat "sozial" abgesprochen, oder ob eher intelligenten Maschinen Subjekthaftigkeit zuerkannt wird, kulminiert diese Entdeckung und Sichtweise des Computers darin, den Akteursbegriff und damit auch den Handlungsbegriff der Soziologie zu revidieren.

> Die sozialkonstruktivistische Technikforschung krankt ebenso wie die Technikfolgenabschätzung an einer zeitlich und damit auch konzeptuell verkürzten Perspektive. Entweder bleiben Entstehungszusammenhang oder Folgen unterbelichtet. Additiv können diese beiden Sichtweisen aber nicht verbunden werden, weil auf der praktisch relevanten organisatorischen und sozialen Ebene die zeitliche Dynamik konstitutiv in den maschinellen Kontext eingeht. Ob im jeweiligen Zeitabschnitt verschiedene Parameter für die spezifischen Entwicklungs- und Einsatzbedingungen verantwortlich sind, es sich also um unterschiedliche Dynamiken handelt, ist damit keineswegs ausgemacht.

Faßt man Computer als gegenständliche Artefakte mit Handlungscharakter, fungieren sie ebenso als Symbole wie auch als Symbolvermittler. Weil nicht nur in der KI (wie vor allem im Kontext der Nutzermodellierung), sondern mitunter auch in der konstruktivistischen Wissenschaftssoziologie diese zwei Dimensionen durcheinander geraten, dringen solche Versuche nicht bis zum sozialen, handlungsrelevanten Kern der Mensch-Maschine-Beziehung vor. Dieser kommt in der Entscheidung zum Vorschein, ob der Computer als passives Medium fungiert oder als Dialogpartner agiert. Damit kann die im dialogtheoretischen Teil aufgeworfene Frage nach der Kommunikationsperformanz oder "Handlungsfähigkeiten" von Computern im Hinblick auf das subjektive Selbstverständnis der menschlichen Dialogpartner noch einmal aufgegriffen werden. Der Kommunikationsstatus von Computern ist nicht nur in der KI, sondern auch in der informatischen HCI-Forschung umstritten. Das liegt daran, daß sie nicht klar zwischen der Kommunikation "mit" und "durch" den Computer unterscheiden. Die mit dem Siegeszug der KI sich verbreitende Dialogmetapher indiziert nicht nur eine Hinwendung zu Computern als Dialogpartner. Die beiden Pole der Mensch-Maschine-Interaktion korrespondieren auch mit zwei unterschiedlich institutionalisierten wissenschaftlichen Stoßrichtungen der Informatik, welche die Aspekte der Funktion und Form von Software verschieden interpretieren und gewichten. Während Untersuchungen zur "utility" als Effizienz und Nutzen von Software mit der Fokussierung von funktionaler Flexibilität von Informationssystemen in Europa dominieren, bemessen sich vor allem in den USA entwickelte Konzepte der "usability" im Sinne von Brauchbarkeit der Software an der Konsistenz und Nutzerfreundlichkeit (Keeler/Denning 1991; Grudin 1992).

Diese beiden Entwicklungslinien werfen ein bezeichnendes Licht auf den Standort der KI zwischen technischen und sozialen Wissenschaften. Mit dem Übergang von "utility" zu "usability" geht bereits die Informatik über rein technische Aufgabengebiete hinaus. Damit sammelt sich in dieser Disziplin "interaktiver", d.h. dialogspezifischer Zündstoff an, den die KI mit ihrem Anspruch der formalen Bewältigung von Dialogprozessen potenziert und in die Entwicklung von Expertensystemen trägt. Konnten ihre Bemühungen mit dem Rekurs auf den Kognitivismus als Grundlagenwissenschaft noch "disziplinimmanent" aufgefangen werden, weist die informatisch verwurzelte HCI-Forschung konstitutiv über eine individualistische auf eine interpersonelle Perspektive hinaus - mit welchen Folgen?

Der Begriff der "technisierten Kommunikation" soll der Tatsache Rechnung tragen, daß gesellschaftliche Kommunikation nur noch als Symbiose von elementaren und technisch vermittelten Kommunikationsformen möglich ist. Definiert Weingarten technisierte Kommunikation als Prozeß, bei dem "einzelne Komponenten isoliert und nach dem Prinzip des kleinsten Kraftmaßes optimiert" (Weingarten 1988: 59f) werden, legt er dieser Interaktionsform eine ausschließlich instrumentelle Tendenz zugrunde. Kann aber die Informatisierung der Gesellschaft tatsächlich so eindeutig-eindimensional beschrieben werden? Hängt nicht eine damit heraufbeschworene Krisenhaftigkeit von der Intention und dem Modus ab, wie Computer (instrumentell vs. interaktiv im Sinne von kommunikativ) eingesetzt werden? Schränkt man den instrumentellen Aspekt auf den Begriff des informatorischen Handelns ein, also einer Handlungsform, die "sich zum Zweck der Raum- und Zeitüberwindung sowie der Verarbeitung von Informationen bestimmter Materialisierungen von Zeichen bedient" (Weingarten 1990: 130), eröffnet dies zumindest die Möglichkeit, zwischen der instrumentellen und interaktiven Dimension zu unterscheiden. Eine begriffliche Trennung dieser beiden Einsatzformen ist aus zwei Gründen geboten. Wie erstens die konstruktivistische Unterbestimmung des Handlungs- und Akteurbegriffs zeigt, ist der kommunikative Status von Computern auch in der Soziologie keineswegs unumstritten (Perspektive des Computers). Zweitens versuchen sogar handlungstheoretisch ansetzende Überlegungen, menschliche kommunikative Fähigkeiten im Kontext einer erweiterten maschinellen Dialogfähigkeit zu re-interpretieren (Perspektive der Akteure).[9] Dabei werden - so die hier vertretene These - die Begriffe der Handlung und Subjektivität voreilig zur Disposition gestellt, weshalb dieses Vorgehen in letzter Konsequenz zu einem Ausschluß des menschlichen Aktors aus dem Interaktionsgeschehen führt. Wie kommt es dazu?

Weil Hartmann den kommunikativen Status der Mensch-Maschine-Interaktion zwischen instrumenteller und interpersonaler Ebene verortet und "die Technisierung von Interaktionsfeldern selbst als Kommunikationsproblem auffaßt" (1992: 14), erscheint ihm der Rahmen des zweckrationalen Handelns konsequenterweise als zu eng. Damit transzendiert er - entgegen seiner Behauptung - aber noch nicht den Bereich technischen Handelns: Wird vor allem beim Simulationsaspekt deutlich, daß an die Stelle der Gegenständlichkeit die Regelstruktur des Programms tritt und dabei operative Tätigkeiten wegfallen, folgt daraus keineswegs, daß die Handlungseffekte nicht mehr vom Menschen, sondern vom Programm ausgehen. Entscheidend ist nämlich nicht, ob das System die Wirkung erzeugt, die das Subjekt nur noch auslösen kann, sondern ob die mit der Handlung verbundene Intention erfüllt wird. Diesem Sachverhalt begegnet Hartmann mit einem experimentellen Handlungsbegriff[10], womit das Programm - weil ihm eine Eigendynamik zugespro-

9 Daß und warum dies zu kurz greift, wird an Hartmann (1992) vorgeführt.

10 Bei solchen experimentellen Interaktionen, die nur innerhalb technisierter Interaktionskontexte auftauchen, geht es gerade nicht "um die stringente Umsetzung einer einmal antizipierten Idee und die möglichste Ausschließung aller Neben- und Stör-

chen wird - den linearen Zusammenhang zwischen Handlungszweck und Handlungseffekt aufhebt. Statt diesen "Zwitterstatus" zu Ende zu denken, macht Hartmann einen Rückzieher. Weil die sozialwissenschaftliche Theoriebildung mit der von der Informatik provozierten Begriffsverschiebung von Arbeit zu Interaktion noch nicht Schritt halte, müsse - gleichsam in Ermangelung einer besseren Alternative - auf die interpersonelle Theorie kommunikativen, also verständigungsorientierten Handelns zurückgegriffen werden. Um aber den Verweis auf Verständigung nicht nur als Maßstab, sondern auch als implementierungsrelevante Operationalisierung zu legitimieren, müßte die kommunikative Qualität der Mensch-Maschine-Interaktion nachgewiesen werden. Das kann nicht gelingen, weil die im Zusammenhang mit der Emergenz des experimentellen Handlungsbegriffs konstatierte Komplexität nicht dem Medium Computer, sondern - wie es in den Fallbeispielen deutlich wird - der Beziehung von Mensch und Maschine entspringt. Der Widerspruch, in den sich Hartmann verwickelt, besteht mit anderen Worten darin, daß er den instrumentellen Handlungsbegriff für die menschliche Kommunikation mit dem Computer als verkürzt postuliert, aber ausschließlich auf dessen Implikationen zurückgreifen muß - weil er die Mensch-Maschine-Interaktion nicht als verständigungsorientiert nachweist. Das wiederum ist nicht möglich, weil der Mensch-Maschine-Interaktion der Rückgriff auf einen verständnissichernden Kontext fehlt und weil der Erfolgsmaßstab symbolisch vermittelter Interaktionen im Gegensatz zu Systemen zweckrationalen Handelns anders operationalisiert werden muß (Habermas 1968: 64).

Aus diesem Grund liegt der Bezug auf ein zweckrationales Modell näher als der Rekurs auf Verständigung. Interpersonelle Verständigung funktioniert auf der Basis von Mechanismen, die sich in der Mensch-Maschine-Interaktion dysfunktional auswirken müssen, weil sie einer Nutzerillusion Vorschub leisten. Für Maschinen gibt es keine Lebenswelt. Deshalb muß aber nicht - wie es bei Hartmann geschieht - der Subjektbegriff zugunsten des zwischen instrumenteller und kommunikativer Konnotation unentschiedenen Begriffs der "experimentellen Interaktion" verabschiedet werden. Auch der computergestützte Technikbezug basiert auf einem instrumentellen Subjekt-Objekt-Verhältnis. Computer bewältigen Dialogprozesse nur, wenn indirekte Sprechakte und Kontextimplikationen rigoros ausgeblendet werden (vgl. II.4). Daraus kann als Konsequenz abgeleitet werden, daß der Kommunikationsbegriff im Hinblick auf die Mensch-Maschine-Interaktion eher reduziert als erweitert werden muß.

---

effekte" (Hartmann 1992: 273), sondern um das Moment des Zufalls. Eine entscheidende Rolle spielt die Bereitschaft, sich überraschen zu lassen, womit im Arbeitsprozeß das algorithmische Modell erst erforscht wird.

Kapitel 2

Zur Soziologie von Expertensystemen als Mehrebenenansatz

1 Bezugsrahmen eines modularen Nutzenkonzepts

Expertensysteme sind keine komplexen Systeme. Um der Logik ihres Nutzens und Scheiterns auf die Spur zu kommen, hat sich die kontrafaktische Annahme ihrer Komplexität als hilfreich erwiesen - weil sie den Blick auf den Zusammenhang der bislang getrennten Aspekte der Technik und Organisation lenkt. Wie im bisherigen Verlauf der Arbeit deutlich wurde, bedürfen die untersuchten Dimensionen der Expertensystementwicklung spezifischer, angepaßter Forschungsansätze und Methoden, die über die kausalanalytische Differenzierung von Ursache- und Wirkungsverhältnis hinausgehen. Weil eine als Methode eingesetzte Systemtheorie weder einen Unterschied zwischen Natur-, Ingenieur- und Sozialwissenschaften noch zwischen Mikro- und Makrophänomenen kennt (Krausser 1973: 216), kann daraus eine deutliche Kritik an techniksoziologischen Konzeptionen abgeleitet werden, welche diese Aspekte zu einem sich ausschließenden Verhältnis stilisieren: Bei einem Primat von systemlogischer Steuerung operiert die Strukturlogik auf der Makroebene und überzeichnet die Determiniertheit der technischen Entwicklung; eine bevorzugte Aktorzuschreibung dagegen überbetont die einzelne Definitions- und Entscheidungs-, Konstruktions- und Kontrollmacht auf der Mikro- und Mesoebene (Rammert 1992: 8-16). Ein dazu alternativer Mehrebenenansatz rechtfertigt sich aber nicht nur aus KI-internen Gründen.[11] Umreißt die KI das Forschungsgebiet, "das sich damit befaßt, Maschinen Handlungen bei-

---

11 Der Versuch der KI, menschliche Denkprozesse auf einen einzigen Erklärungsansatz (z.B. top-down- oder bottom-up-, fall- oder regelbasierte Repräsentationsformen) zurückzuführen, kann als gescheitert betrachtet werden, weil - so KI-Papst Minsky - die Macht der Intelligenz nicht von einem einzelnen, perfekten Prinzip, sondern "von unserer ungeheuren Vielfalt" herrührt (1990: 308).

zubringen, die nach Ansicht der Menschen Intelligenz voraussetzen", untersucht sie im Hinblick auf eine maschinelle Implementierung, wie Interaktionen als Resultat "vollbringen können, was ihren Teilen allein nicht möglich ist" (Minsky 1990: 328f). Ein solches Emergenz-Argument impliziert ein Transformationsproblem (Esser 1989: 68), das aber keineswegs als KI-spezifisches bezeichnet werden kann.

Es besteht - bezogen auf den Einsatz von Expertensystemen - darin, aus einer Aggregation der erklärten Handlungsfolgen (Problem- und Zieldefinition) unter Einführung weiterer empirischer und analytischer Informationen (organisatorisches Umfeld, technische Einsatzbedingungen usw.) das Phänomen der verweigerten bzw. reduzierten Nutzung abzuleiten. Ergebnis: Die organisatorischen Handlungsfolgen sind in dem gezeichneten Kontext von den individuellen Handlungsabsichten unabhängig (Emergenz oder Makroproblem), womit sie als von Akteuren "produzierte" Phänomene verständlich gemacht werden müssen. An dieser Stelle konvergieren die Konzeptionen maschineller (Teil 1), menschlicher (Teil 2) und organisatorischer (Teil 3) Dialogfähigkeit als komplexes Phänomen.

Dennoch dürfen dabei auftretende Paradoxien und Widersprüche nicht in einen linearen Erklärungszusammenhang "gebogen" werden. Erklärt man Strukturen unter Berücksichtigung von Transformationsregeln als nichtlineare, nichtadditive Folge individueller Handlungen, bedarf dieses Vorgehen zusätzlicher Informationen (Transformationsregeln oder Spezifizierung der Aggregationsregeln). Dabei gewinnt in Anlehnung an Becks Individualisierungsthese die Annahme zunehmend an Plausibilität, "daß es eindeutig soziologische Tatbestände für die Akteure als unmittelbar handlungsbestimmenden externen Zwang immer weniger gebe" (Esser 1989: 58). Entsprechend zeigen die Fallbeispiele, daß der Einsatz von Expertensystemen nicht als abgeleitetes Produkt eines zielgerichteten Prozesses zweckrational handelnder Akteure gefaßt werden kann, sondern als Ergebnis situativen Handelns, eines Widerstreits verschiedener Interessen und Rationalitäten beschrieben werden muß. Dazu möchte ich folgende Thesen formulieren:

- Erst wenn man bei Prozessen der Technisierung und Informatisierung auf die Annahme einer linearen Gerichtetheit der Entwicklung verzichtet, kann Technik als soziales Projekt begriffen werden.
- Weil die Regeln des Umgangs Technik zu einer sozialen Größe machen, gestattet eine auf mehreren Dimensionen und Ebenen ansetzende Betrachtungsweise die Identifikation und Rekonstruktion emergenter Effek-

te. Dazu müssen Expertensysteme in einen organisatorischen und sozialen Kontext gestellt werden.
- Für die soziologische Praxis hat dies sowohl in methodischer wie auch in inhaltlicher Hinsicht einschneidende Konsequenzen: Erst der Rückgriff auf mehrdimensionale Forschungsansätze, ein Mißtrauen gegenüber offiziellen Darstellungen des Managements bei einer gleichzeitigen Vertrautheit mit betrieblichen Entscheidungs- und Legitimationsprozessen erlaubt die adäquate Berücksichtigung der verschiedenen Wirklichkeiten in Unternehmen.

Diese Forderung nach einem Mehrebenenansatz soll im folgenden Schritt eingelöst werden. Dazu werden die angerissenen industrie-, technik- und wissenssoziologischen Argumentationslinien innerhalb eines soziokybernetischen Rahmens expertensystemspezifisch integriert. Im Rückgriff auf die drei Fallbeispiele geschieht dies durch die Bestimmung allgemeinerer Nutzungsparameter - als modulares Nutzenkonzept. Die Modularität von Expertensystemen liefert nämlich den entwicklungslogisch angelegten und empirisch bestätigten Anknüpfungspunkt einer auf mehreren Dimensionen ansetzenden Betrachtung und Rekonstruktion nutzungsrelevanter Parameter. Steht dabei die Identifikation von Kontroll- und Eingriffsmöglichkeiten im Vordergrund, sollen letztere mit manifesten und latenten Intentionen, die mit dem Einsatz von Expertensystemen verknüpft sind, in einen sozialwissenschaftlichen Zusammenhang gebracht werden, um daraus schließlich die tatsächlichen Funktionen "intelligenter" Programme soziologisch herauszupräparieren.

Angelehnt an den Lebenszyklus (vgl. Abb. 21) eines Expertensystems ergibt sich daraus folgendes Vorgehen: Als relevante Dimensionen werden zunächst Rollendefinition (Management, Entwickler/Experten, Nutzer) und Nutzen (beabsichtigt und emergent bzw. manifest und latent) unterschieden. Ausgehend von der Zieldefinition werden die im ersten Teil der Arbeit vorgestellten Entwicklungsparameter auf der Folie ihrer Umsetzung und Nutzungsrelevanz rekonstruiert. Dies vollzieht sich innerhalb eines zeitlichen Kontinuums und ist als dynamischer Prozeß zu begreifen (2.2). Im Zentrum einer nutzungs- und nutzenorientierten Betrachtung steht die Einsatzphase. Sie wird unter einem dreifachen Blickwinkel ausgeleuchtet (2.3):

- Der Aspekt der *Be-Nutzung* beschreibt die Nutzenaspekte aus der Sicht der Anwender.
- Das Moment der *Problemdurchdringung* skizziert die daraus resultierenden ebenenübergreifenden Kontrollparameter und Eingriffsmöglichkeiten.

- Ausführungen zur *Aus-Nutzung* umreißen das Potential der emergenten Effekte und die sich für das Management daraus ableitbaren Lösungsmög- lichkeiten bzw. die bereits realisierten Umsetzungen.

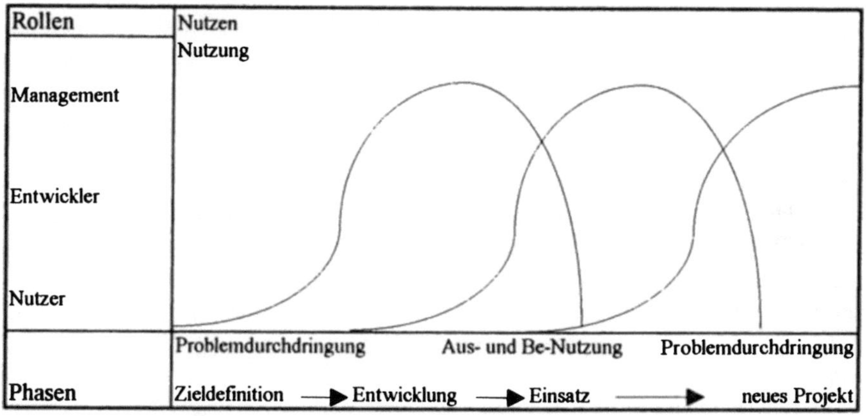

Abbildung 21: Sozio-organisatorischer Lebenszyklus von Expertensystemen

Was folgt daraus? Zwischen der Zieldefinition, der Entwicklung, der Einführung und einem meßbaren manifesten Nutzen existiert kein linearer Zusammenhang. Dafür ist die Dimension der Nutzung verantwortlich, über deren Modus in keinem der drei Beispiele ausreichend kontrollrelevantes Wissen zur Verfügung stand bzw. generiert wurde. Weil die Nutzungsdimension der Einsatzphase und dem Nutzen zwischengeschaltet ist und innerhalb von Entwicklungs- und Einsatzkonzepten nur selten als eigenständiger Parameter Berücksichtigung findet, wird sie für die Praxis ungeprüft als gesicherte Größe unterstellt - mit fatalen Folgen. Nur so ist erklärbar, warum im Bereich von Informationstechnologien neue Projekte in Gang gesetzt werden, ohne das Problemlösungspotential bereits entwickelter Systeme (voll) auszunutzen. Gründe für gescheiterte Projekte werden zuerst auf technischer Ebene vermutet und gesucht - freilich mit wenig Aussicht auf Erfolg. Deshalb wird das mit dem geplanten Einsatz von Expertensystemen verbundene Lernpotential konsequenterweise nicht einmal in Ansätzen ausgeschöpft. Welche Alternative ist denkbar?

2 Entwicklung, Einsatz und Scheitern

Die primäre Unterscheidung der beteiligten Rollen von Management und Nutzern erfolgt aus dem Motiv, beobachtete Effekte an vorab formulierte Zielformulierungen anknüpfen zu können. Bei ExTel und ALEXIS war die perzipierte Wettbewerbssituation der auslösende Faktor, der das Projekt anstieß. Um Weiterbildungskosten zu vermeiden, sollte durch den Einsatz eines beratungsunterstützenden Expertensystems die befürchtete Qualifikationslücke gar nicht erst entstehen. Dahinter stand die Absicht, die Quantität und Qualität der Beratungsleistung zu verbessern. Sollten bei ExTel primär Marktanteile gehalten werden, zielte ALEXIS auf einen Professionalisierungsschub, um zu den Banken aufzuschließen. Im Gegensatz dazu dominierte bei RHEUMA das Forschungsinteresse, den Nutzen von Expertensystemen in der Medizin praktisch zu überprüfen. Mit einem diagnoseunterstützenden System an der Seite sollten Ärzte Risiken bei der Entscheidungsfindung reduzieren können. Bei allen drei Systemen handelt es sich um "Anamnesesysteme", weil sie zu einem frühen Zeitpunkt und unter Beteiligung der sekundären Nutzer in den Interaktionsprozeß einbezogen werden. Indem sie den gesamten Interaktionsverlauf begleiten und neben fachlichen auch "sekretarielle" Erfordernisse abdecken sollen, liegt ihnen eine auf mehrere Ebenen verteilte und damit integrative Absicht zugrunde.

> Diese Zieldefinition markiert einen Korridor, weil - so die hier formulierte These - der integrative Ansatz auf eine ebenenübergreifende Unterstützung zielt, gleichzeitig aber nur modularisiert umgesetzt werden kann. Diese Modularisierung ist der Zieldefinition inhärent und fungiert, weil nur unzureichend kontrollierbar, als entwicklungsimmanenter "Zündstoff". Damit entsteht zwangsläufig das Problem der späteren Re-Integration vormals auseinanderdividierter Prozesse, was der betriebliche Einsatz klar zutage fördert.

Daß es sich bei der Unterscheidung von Zieldefinition und Entwicklung um keine scharf voneinander abgrenzbaren Phasen handelt, wird bereits bei der Problemauswahl deutlich. Bei der Strukturierung des Poblembereichs werden Zieldefinitionen umgesetzt, welche direkt oder vermittelt in eine Perzeption des Nutzens durchschlagen. ExTel und ALEXIS zeichnen sich durch ein Anwendungsgebiet aus, das sich für eine Modellierung als zu simpel und wenig umfangreich herauskristallisiert. Dieser Umstand spiegelt sich in der vagen Formulierung von Einsatzkriterien, die auf Korridore im Bereich der Nutzerkompetenz und der Fallabhängigkeit verweisen. Entstehen bei ExTel Nutzungshindernisse in Form mangelnder Kompetenzen, existiert bei ALEXIS noch nicht einmal ein Konzept zum erforderlichen Kompetenzniveau. RHEUMA scheint das Anwendungsgebiet zumindest in Hinblick auf Lern- und Schulungseffekte am besten getroffen zu haben. Einsatzkriterien sind dagegen unklar, wenn es beim niedergelassenen Arzt um die Abwägung finanzieller und fachlicher Interessen geht.

Die gewählten Lösungsparadigmen decken das Spektrum der Fall- bis zur Regelbasierung ab. Der Wissensakquisitionsprozeß machte in allen drei Fällen den Komplexitätsgrad der relevanten Expertise deutlich, der von RHEUMA über ExTel bis ALEXIS abnimmt. Bei ALEXIS spiegelte sich das in der notwendigen Modifikation des fallbasierten Lösungsparadigmas, das den praktischen Erfordernissen erheblich angepaßt werden mußte. Für den Einsatz kritisch wirkte sich diese zentrale Phase nirgends aus. Bei der Dialogkomponente handelt es sich - Vorstellungen der KI-Forschung gemäß - um das Fenster zum Anwender, also die genuin intelligente Komponente eines Expertensystems. Sie markiert gleichzeitig die größte Lücke zwischen Forschungsanspruch und Realität. Alle drei Systeme agieren in dem Sinn "dumm", daß sie keine Mißverständnisse hinsichtlich ihrer kommunikativen Performanz hervorzurufen imstande sind. Kommunikative Kompetenz bleibt damit eine menschliche Angelegenheit. Probleme der langen Antwortzeiten, Normierung, veränderten Beratungstechnik, der erforderlichen technischen Nutzungskompetenz, Fallgestaltung und -auswahl, der Dialogführung und Modifikation getätigter Eingaben führen deshalb auch nicht zu einer überzogenen Erwartungshaltung der primären Nutzer. Zumindest das ist positiv zu werten. Hinderliche Auswirkungen auf den Interaktionsverlauf ergeben sich dagegen in bezug auf die Perzeption und Relevanz der sekundären Nutzer. Sie wurzeln im Status der Programme als Anamnesesysteme, weil der Gesprächserfolg als Aushandlungsprozeß zu begreifen ist, die Schnittstelle nah am System liegt, die Systeme früh ansetzen und den gesamten Interaktionsverlauf begleiten. Deshalb müssen die primären Nutzer für eine effektive Nutzung eine hohe Interpretationsleistung erbringen. Der Erfolg hängt also davon ab, daß das System nicht mit objektiven, kontextneutralen, sondern nur mit bereits interpretierten Daten zu Lösungen kommt. Liegen aber Daten in dieser operationalisierten Form vor, ist das Problem fast gelöst und der Einsatz eines Expertensystems nur noch schwer plausibel zu machen.

Bei allen drei Systemen ist eine zeitliche Fixierung der einzelnen Phasen kaum möglich. Evaluation, betrieblicher Einsatz und Pflege sind in der Praxis nur schwer voneinander abzugrenzen, der Übergang von der Entwicklung zum Einsatz vollzieht sich fließend. Unterschieden wurde überall eine inhaltliche Validierung der Systemperformanz wie auch eine explizit festgelegte Erprobungsphase mit entsprechend akzentuierten Testkriterien. Kritisch ist in allen drei Fällen festzuhalten, daß keine Anstrengungen unternommen wurden, den Schluß vom Motivationsprofil der Testteilnehmer auf das der prospektiven Anwender zu hinterfragen. Obwohl für eine Evaluation überall Nutzer erforderlich waren und auch einbezogenen wurden, tauchen sie bei der Konzeption der Pflege nur am Rande auf (ExTel), oder es existiert noch nicht einmal ein Pflegekonzept (RHEUMA).

Die praktische Realisierung dieser fünf Phasen kann nun auf die Zieldefinition rückbezogen werden. Beabsichtigt waren bei ExTel und ALEXIS präventive Reaktionen auf die erwartete Wettbewerbssituation. Die Problemanalyse erfolgte in beiden Fällen verkürzt bzw. sparte wichtige Dimensionen aus. Bildet bei ExTel eine in bezug auf den Wettbewerb unklare Zieldefinition einen hinderlichen Faktor, ist es bei ALEXIS das veränderte Vertriebskonzept, das die Einstellung des Projekts bewirkte. Unabhängig davon aber hätte das begrenzte Angebotsspektrum der Postbank auch im Fall einer Weiterführung wahrscheinlich die Nicht-Nutzung des Systems zur Folge gehabt. Bei RHEUMA ist ein unklar definierter Zielgruppenbedarf zu konstatieren. Dies wird deutlich, wenn es um die Benennung dominierender Nutzenkriterien für den ambulanten Einsatz des Systems bei niedergelassenen Ärzten geht. Die Entwicklungsphase bis zu diesem Punkt liefert Einblicke in die relevanten Nutzungsdimensionen und eröffnet eine Sicht auf die sensiblen Parameter. Es sind dies nutzer- und fallabhängige Einsatzkriterien, die im Stadium der Problemauswahl wurzeln. Wie die Praxis zeigt, sind Versäumnisse in dieser Phase später kaum noch wiedergutzumachen, weil sie sich im weiteren Verlauf - Stichwort der Nichtlinearität und Irreversibilität - potenzieren. Während der Wissensakquisition führen sie zu einer zu kurz greifenden Modellierung der Expertise oder praxisfremden Ausgestaltung (ALEXIS). Für die Gestaltung der Dialogkomponente machen sich Mängel in umständlicher Hantierung, zu geringer (ExTel) oder starker (RHEUMA) Normierung und unakzeptablen Wartezeiten (ExTel) bemerkbar, was sich negativ auf die Interaktion mit den sekundären Nutzern auswirkt. Evaluierung und Pflege fungieren somit als prospektive Simulation des praktischen Einsatzes, ohne aber praxisrelevante Dimensionen des erforderlichen Nutzerprofils adäquat zu berücksichtigen. Hier zeigt die Gegenüberstellung von ExTel und ALEXIS, daß latente Probleme mit fortgeschrittenem Stadium einerseits immer deutlicher sichtbar werden, daß aber die Güte eines praxisbewußten Projektmanagements darin liegt, latente Signale zu einem frühen Zeitpunkt wahrzunehmen und zu entschlüsseln. Was heißt das?

Der Nutzen von Expertensystemen liegt in ihrer *Nutzung*. Die Nutzung von Expertensystemen beginnt nicht mit dem betrieblichen Einsatz, sondern mit der Zieldefinition. Damit steht die Frage nach dem Nutzungsmodus im Zentrum. Der Nutzen von Expertensystemen kann in dreifacher Weise festgemacht werden, nämlich in der *Be-Nutzung*, der *Problemdurchdringung* und der *Aus-Nutzung*.

Diese Unterscheidung verfolgt den Zweck, das emergente Potential von Expertensystemen im Hinblick auf ihre Unterstützung beim Prozeß des Problemlösens herauszustreichen.

Es besteht darin, daß Expertensysteme aus systemischer Perspektive als Problemlösungs*methode* eingesetzt werden können und wurzelt im ebenenübergreifenden Anspruch der Zieldefinition.

Expertensysteme werden konzipiert, um einen bestimmten Nutzen zu bringen. Dazu sind unterschiedliche Faktoren, Ebenen, Funktionen und Randbedingungen zu berücksichtigen. Zur sinnvollen Umsetzung der einzelnen Teilsaspekte ist ein modularer Ansatz erforderlich. Ein Telefonkonfiguationssystem soll gleichzeitig Verträge ausdrucken, ein Geldanlageberatungssystem Beratungsprotokolle liefern, ein Diagnosesystem den Arzt beim Schreiben des Arztbriefes entlasten. Dieser modulare Aufbau ist der Entwicklung von Expertensystemen inhärent. Gleichzeitig bietet er Nutzern die Möglichkeit der "Unterminierung" der Zielvorstellung, indem die ursprüngliche Rolle des Expertensystems (als Infosystem, Prospektersatz, Taschenrechner, Schulungsmittel, Arztbrief usw.) umdefiniert wird. Daß dieses Potential nicht eindimensional erfaßt werden kann, zeigen die Defizite im Entwurfs- und Entwicklungsprozeß der drei Beispiele. Sie basieren im Kern darauf, kritische Erfolgsfaktoren ausschließlich im Kontext einer dominierenden Systemlogik (ökonomisch oder technisch) zu vermuten und die Entscheidungs- und Kontrollmacht einzelner Aktoren hoffnungslos überzubewerten. Die betriebliche Realität kann aber nicht so grob gezeichnet werden. Instrumentelle Rationalisierungen im Kontext von Expertensystem-Anwendungen bergen kommunikativen Zündstoff, weil dort reale menschliche Arbeit mit der formalen Organisation und eingesetzter Technik konvergieren (Malsch 1991). Einer solchen betrieblichen Komplexität ist nur beizukommen, wenn Verwendungs-, Erzeugungs- und Folgenkontexte in einer prozessualen Perspektive voneinander abgegrenzt, wenn technische und nicht-technische Integrationsformen sowohl aus der Handlungsperspektive der Akteure wie auch der Organisationen beschrieben und wenn physische und institutionelle Koppelungen von Computern an Organisationen unterschieden werden. Diesem Sachverhalt versucht die Annahme einer "Wirklichkeit von Expertensystem-Einsätzen innerhalb von Korridoren" gerecht zu werden: Es ist falsch, Technik in Form von Computeranwendungen als instrumentelle Verfahrensweisen per se zu qualifizieren. Der Vielschichtigkeit der Verwendungsmodi sollte vielmehr mit einem soziologischen Konzept der Modularität begegnet werden.

3 Be-Nutzung, Problemdurchdringung und Aus-Nutzung

Ein Nutzungskorridor basiert auf individuellen Nutzungsmodi, kann im Fall von ExTel aber auch ladenspezifisch formuliert werden. Diese Überlegung soll nun für die diskutierten Nutzendimensionen fruchtbar gemacht werden, indem die Be-Nutzung das zu lösende Problem vor Augen führt, die Problemdurchdringung für dessen Analyse sorgt und die Aus-Nutzung Lösungsmöglichkeiten umreißt: Die Dimension der *Be-Nutzung* deckt die manifesten Effekte ab, die sich für die Nutzer ergeben. Ihre Nutzenwahrnehmung kann dabei in Abhängigkeit von ihrer Kompetenz rekonstruiert werden (vgl. Abb. 22). Sie läßt sich im Fall von RHEUMA dadurch rechtfertigen, daß je nach fachlichem Kompetenzniveau unterschiedliche Nutzeneffekte eintreten, die - ebenso wie bei ExTel - innerhalb eines Korridorkonzepts plausibel erklärbar sind. Im Unterschied zu RHEUMA sind bei ExTel darüber hinaus kommunikative Kompetenzen grundlegende Vorbedingungen, um Nutzeneffekte erzielen zu können. Da bei ALEXIS aufgrund der geringen Zahl und der motivationsbedingten Homogenität der Testpersonen keine Kompetenzunterschiede festgestellt wurden, ging diese Dimension nur in Abgrenzung vom potentiellen Nutzen für unerfahrene Beratungskräfte ein. Abstrahiert man von diesen Befunden auf allgemeinere Nutzenaspekte, kommt man zu folgenden Ergebnissen:

> Die expertensystemspezifischen Vorteile, welche die fachliche Arbeit unterstützen sollen, beschränken sich weitgehend auf sekretarielle Effekte, die an einen reduzierten Dokumentations- bzw. Verarbeitungsaufwand gebunden sind. Daneben erlangen Aspekte, die mit dem System als Expertensystem gar nichts oder nur in nachgeordneter Form etwas zu haben, eine weit größere als ursprünglich angenommene Bedeutung. Welche kommen dafür in Frage?

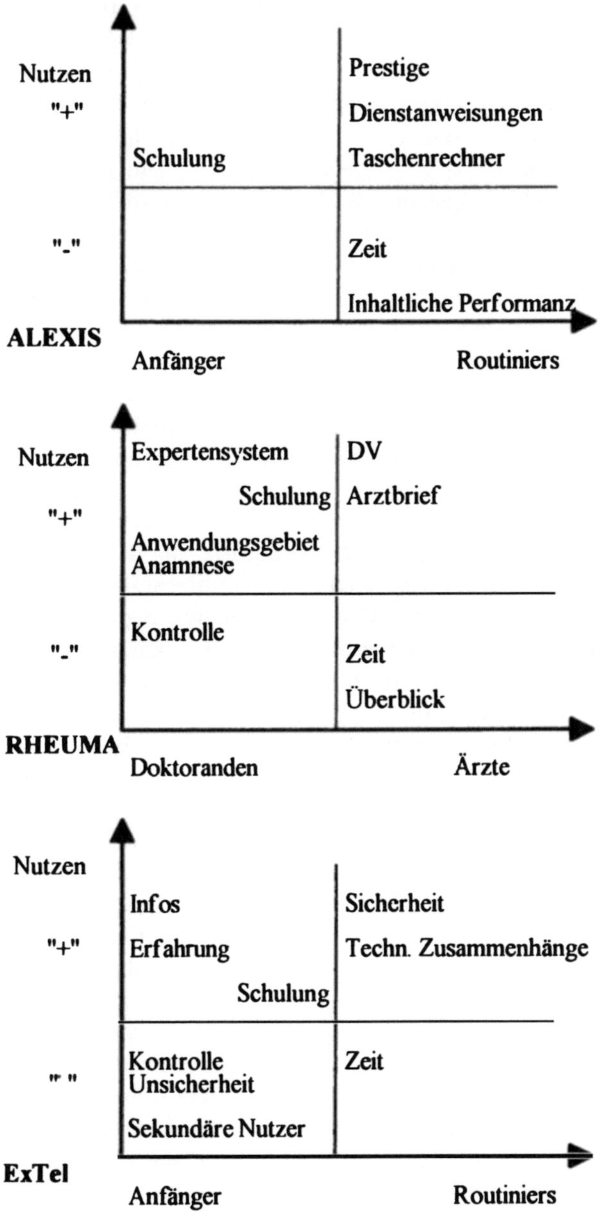

Abbildung 22: Fachkompetenzspezifische Nutzenmatrix

Mit ExTel und ALEXIS konnten Imageeffekte nicht nur für das Unternehmen, sondern ebenso für die Mitarbeiter erzielt werden. Vor allem bei RHEUMA spielte die Schulungsdimension eine wesentliche Rolle. In allen drei Fällen berichten die meisten Anwender über einen Abbau der Hemmschwelle Computern gegenüber. Hier ist also ein deutlicher Akzeptanzeffekt zu verzeichnen. Auf der anderen Seite schlagen vor allem Probleme im Hinblick auf die Kontrollierbarkeit des Systemverhaltens und dessen Ergebnisse negativ zu Buche. Hauptverantwortlich dafür ist das jeweilige fachliche Niveau, an welches sich das Problem des als akzeptabel zu veranschlagenden Zeitaufwands knüpft. Es resultiert ebenso aus der mangelnden Integration der Systeme an vorhandene DV-Lösungen. Damit hat eine Insellösung, wie sie bislang noch alle drei Systeme darstellen, keine Chance.

Der genuin emergente Effekt der *Problemdurchdringung* bezieht sich auf die beiden Dimensionen der Strukturierung eines Anwendungsgebiets und des Einblicks in die relevanten Korridore. Damit wird zum einen der Bezug zur einleitenden Phase der Problemdefinition hergestellt, zum anderen können die mit der Be-Nutzung verbundenen Nutzererfahrungen auf einer abstrakteren Ebene reflektiert werden. Die Strukturierung des Problembereichs kann eine Neubewertung des Expertensystemeinsatzes zur Folge haben. Je früher diese Erkenntnis einsetzt, desto eher können negative Erfahrungen vermieden werden. Bei ALEXIS hätte bereits früh erkannt werden können, daß die zugrundeliegende Expertise für eine Expertensystem-Lösung zu wenig hergibt. Konsequenz hätte dann die Reduktion auf eine Taschenrechnerlösung oder die Erweiterung des Produktspektrums sein müssen. Stattdessen wurden die Prioritäten neu verteilt, das System fertig entwickelt, um es dann zu den Akten zu legen. Bei RHEUMA dagegen weisen die praktischen Einsatzschwierigkeiten mit Ärzten auf eine verfehlte Zielgruppe hin. Ein Schulungssystem für Studenten oder ein gepflegter Datenpool für die Forschung hätte mehr Chancen. Bei ExTel schließlich wird die Diskrepanz zwischen Produktangebot und erforderlicher Unterstützung deutlich. Ohne breit gestreute Stützmechanismen stößt eine Computeranwendung, die über den Einsatz der Infokomponente hinausgeht, auf keinen Bedarf. Der Aspekt der Problemstrukturierung kann damit ein pragmatischeres Verständnis der Expertensystemtechnologie fördern, indem überzogene Ansprüche reduziert werden.

Der Einblick in einsatzrelevante Korridore bezieht sich in erster Linie auf die Nutzerkompetenz und die Fallabhängigkeit. Dabei kommt es vor allem darauf an, die Form der festgestellten Zusammenhänge zu klären. Monoton steigende Abhängigkeiten erfordern andere Steuerungsmechanismen als kurvilineare. Sie können einander gegenübergestellt werden, um im nächsten Schritt daran aufzuzeigen, auf welcher Ebene diese Zusammenhänge zum

Tragen kommen. Gleichzeitig müssen die sensiblen Parameter benannt werden. Bei ExTel ist es auf der Mikroebene die spezifische Kombination individueller Kompetenzen, auf der Mesoebene die Rolle der Gruppenleiter und auf der Makroebene die organistorisch vermittelten Imperative des Wettbewerbs. Bei ALEXIS schlägt sich das bescheidene Produktspektrum in einer simplen Expertise nieder und rechtfertigt damit "von Haus aus" schon keinen Expertensystem-Einsatz. Deshalb dominieren hier auch Imageaspekte über die inhaltliche Performanz. Bei RHEUMA schließlich markiert die Fachkompetenz des primären Nutzers die Achillesferse des Erfolgsszenarios. Aus ihr lassen sich die grundlegenden Interpretationsprobleme und Fehler der III. Art ableiten, die in die einsatzrelevanten Wirtschaftlichkeitsüberlegungen der anvisierten Ärzte eingehen.

Der Aspekt der *Aus-Nutzung* schließlich umreißt Möglichkeiten, die sich dem Management durch den Einblick in die skizzierte Problemkonstellation ergeben. Hier wird sichtbar, in welcher Form Expertensysteme als emergente Mittel der Problemlösung eingesetzt werden könnten. Auch ein fehlgeschlagenes Projekt liefert Einsichten in mögliche Erfolgsfaktoren. Die Lehren von ALEXIS bestehen beispielsweise darin, daß aus dem Scheitern organisatorisch nichts gelernt wurde. Was den weiteren unternehmensinternen Aufbau eines Kontoführungssystems betrifft, sind keine Rückwirkungen von ALEXIS zu erwarten. Anstalten, interne Kommunikationsflüsse in der Form zu koordinieren, daß abteilungs- und ebenenübergreifend zumindest Erfahrungen ausgetauscht werden, sind nicht zu erkennen. Konsequenzen sind lediglich auf der Entwicklungsebene zu beobachten, nämlich in bezug auf die empirische Tragfähigkeit des fallbasierten Lösungsansatzes. Seine Praxisrelevanz liegt ironischerweise nicht in der forschungstechnisch möglichen Variationsbreite, sondern in der radikalen Reduktion auf die wesentlichen Merkmale.

Wie auch bei ALEXIS wurde bei RHEUMA und ExTel der Status der bisherigen Insellösung nur als Notlösung akzeptiert. So wird derzeit an einer Neukonzeption von ExTel gearbeitet, die auf einer Anbindung an die bestehende DV-Landschaft basiert. Bei RHEUMA wurde die Notwendigkeit einer Integration und einer Verlaufsdokumentation zumindest in der erforderlichen Schärfe erkannt. ExTel machte daneben vor allem deutlich, daß der Einsatz eines Expertensystems nicht einfach verordnet werden kann. Die fast durchgängige Verweigerung der meisten Mitarbeiter in den Telefonläden kann somit als Machtdemonstration der Anwender interpretiert werden. Diese Erkenntnis wirft auch ein Licht auf das bei der Telekom beschäftigte Mitarbeiterprofil, was in bezug auf die Weiterentwicklung von ExTel noch eine genauere Ausleuchtung erfordert. Auf technischer Ebene sollen die negativen Erfahrungen mit der als zu frei empfundenen Dialogführung konstruktiv verarbeitet werden, indem von einem regel- auf einen fallbasierten Ansatz umgestellt wird. Was die interne Durchlässigkeit der Ebenen und Gestaltung der Kommunikationsflüsse angeht, handelt es sich wie bei ALEXIS um ein grundsätzliches Problem von Großunternehmen. Auch bei ExTel könnte aus den bisherigen Fehlschlägen mehr gelernt werden, wenn die Erfahrungen untereinander besser kommuniziert würden. Inwieweit diese Lehren in eine Neugestaltung der Organisation von Kommunikationsflüssen eingehen werden, ist freilich noch offen. Lehren von RHEUMA betreffen einmal die Erkenntnis, daß ein medizinisches Expertensystem einer langen und intensiven Evaluation bedarf. Sie kann nicht auf die Systemperformanz beschränkt werden, sondern bezieht sich auch und in praktischer Hinsicht besonders auf das Profil der prospektiven Nutzer, nämlich der Ärzte. Hier könnten interessante Erkenntnisse darüber gewonnen werden, welche Einsatzkriterien in der praktischen Kosten-Nutzen-Rechnung eines Arztes die entscheidende Rolle spielen, der finanzielle Aufwand oder fachliche Nutzen. Schließlich besteht das vielleicht entscheidende Potential von RHEUMA in seiner Modifikation zu einem Schulungssystem, was derzeit untersucht wird.

Kapitel 3

Emergente Funktionen und funktionale Emergenz

Weil die zu bewältigende Komplexität nicht im Expertensystem, sondern in den sozio-organisatorischen Randbedingungen wurzelt, müssen technisch reduzierte, weil nur direkt an Symptomen kurierende Eingriffe kapitulieren. Im Vordergrund der Aus-Nutzung stehen organisatorische Lösungs- und Umsetzungsstrategien. Hier zeigt sich am deutlichsten das Potential von Effekten, denen mit direkten Steuerungsmaßnahmen nur unzureichend beizukommen ist. Solche als "emergent" bezeichnenten Folgen treten aber nicht gänzlich unvorbereitet ein. Eine reflektierte Zieldefinition und eine gründliche Problemdurchdringung schränken die Freiheitsgrade, innerhalb derer sie sich manifestieren, bereits im Vorfeld erheblich ein und reduzieren damit Komplexität. Emergente Effekte können prinzipiell früher antizipiert werden, als es bislang geschieht. Das wird z.B. bei der Konzeption von ALEXIS deutlich, wo kein Gedanke an das spätere Nutzerprofil verschwendet wurde, oder bei RHEUMA, wo einsatzrelevante Kriterien, wie Interpretationsprobleme und Fehler der III. Art, in der Evaluation gar nicht auftauchen. Weiter wird dort nicht thematisiert, anhand welcher Kriterien Ärzte möglicherweise eine Entscheidung für oder gegen die Anschaffung eines Expertensystems wie RHEUMA treffen werden. Bei ExTel dagegen fehlt die Kenntnisnahme des eminent wichtigen Stellenwerts der Gruppenleiter, nämlich für die notwendige Pflege ihrer Motivation und der Gruppendynamik.

Alle diese Punkte haben gemeinsam, daß es sich um Probleme handelt, die wenig mit der internen Architektur eines Expertensystems zu tun haben. Ein technisches System stellt immer nur *ein* Element in einer sozialen Umgebung dar.

Dieses Faktum wird in allen drei Fällen nur ungenügend berücksichtigt. Werden aber soziale "Verunreinigungen" im Sinne von technisch nicht erkenn- und faßbaren intervenierenden Variablen als lästige Randerscheinung ausgeklammert, wird also das Einsatzszenario von Expertensystemen auf ein rein zweckrationales, nämlich ökonomischen und technischen Imperativen unterworfenes und linear planbares Softwareprojekt reduziert, kann dessen soziale Dimension konsequenterweise nicht adäquat berücksichtigt werden bzw. tritt gar nicht erst ins Blickfeld. Wie der Forschungsstand und die Einsatzpraxis zeigt, kann von einer Bewältigung von Komplexität durch Expertensysteme keine Rede sein. Ein Expertensystem "verkraftet" im schwierigsten Fall Kompliziertheit. Nutzenüberlegungen greifen dementsprechend zu kurz, wenn mit überholten Planungsmustern in linearer Weise von der Entwicklung auf den tatsächlichen Einsatz von Expertensystemen geschlossen wird, ohne die sozialen "Verunreinigungen", also den entscheidenden, technisch nicht zureichend erfaßbaren Zwischenschritt der Nutzung mitzubedenken. Bringen die untersuchten Expertensysteme zum überwiegenden Teil einen Nutzen, wie ihn auch konventionelle DV-Lösungen wie Bürokommunikationssysteme zu stiften imstande sind, liegt das eigentliche Potential kaum in beabsichtigten "intelligenten" Leistungen, weil sie nach wie vor der Mensch erbringen muß.

Die über die Handlungsintention hinausgehenden Dimensionen des Unvorhergesehenen, Ungeplanten, Überraschenden und Unbewußten birgt - so die hier vertretene These - den entscheidenden, sozial verankerten Zündstoff beim Einsatz von Expertensystemen.

Zu einer umfassenden Verortung und Systematisierung von Nutzeffekten und Funktionen sollen diese in der Informatik und im Management unliebsamen und meist vernachlässigten sozialen Faktoren abschließend neben der bislang vorherrschenden Sichtweise geplanter, linear steuerbarer und beobachtbarer Folgen als emergenter Funktionskomplex gewürdigt werden, innerhalb dessen eine DV-technische Umsetzung organisatorischer Probleme erst praktische Bedeutung gewinnt. Dazu ist zunächst eine begriffliche Bestimmung und eine Typologie emergenter Funktionen notwendig (1), um Vorschläge einer künftigen Forschungs- und Entwicklungsstrategie an das emergente Potential von Expertensystemen knüpfen zu können (2).

1 Zur Kritik des Funktions- und Emergenzbegriffs

Wie im ersten Teil bereits ausgeführt wurde, zielt die Soziokybernetik auf die Identifikation und Beschreibung von Gesetzmäßigkeiten und kontrollrelevanten Parametern gesellschaftlicher Systeme. Eine funktionalistische Stoßrichtung begründet dabei die Selbständigkeit des Systems gegenüber Handlungen, wobei beobachtbare Effekte nicht aus Bedürfnissen und intentionalem Handeln, sondern aus systemischen Verschaltungen und Rückkoppelungen abgeleitet werden. Daß sie dieses Vorhaben nicht widerspruchsfrei durchhält, kommt in der Unterscheidung manifester und latenter Funktionen[12] zum Ausdruck. Auch letztere bleiben dem Zusammenhang intentionalen Handelns verhaftet. Damit sind aber weder organisationsintern produzierte Folgen in den Griff zu bekommen noch können komplexe Phänomene adäquat erfaßt werden. Um Folgen, die nicht auf intentionales Handeln zurückgeführt werden können, einen eigenständigen, über nicht-intendierte *Neben*folgen hinausreichenden Status zuschreiben zu können, dürfen soziale Sachverhalte nicht nur unter dem Aspekt sinnhaften oder interessegeleiteten Handelns beschrieben werden. Erst wenn systemische Beziehungen und ihre ebenentranszendierenden Interaktionen in einen funktionalen Rahmen eingehen, kann die Entwicklung und der Einsatz von Expertensystemen als dynamischer, mit Merkmalen der Komplexität behafteter Prozeß nachgezeichnet werden. Um eine funktionale Typologie als Formalkonzept plausibel und auch empirisch fruchtbar zu machen, muß deshalb der begriffliche Rahmen genauer gefaßt werden. Dies wurde mit der Einführung des Komplexitätsbegriffs im ersten Teil vorbereitet und geschieht im folgenden mit der Präzisierung des Emergenzbegriffs.

Nach Auffassung Luhmann-geprägter Systemtheoretiker ergibt sich aus der Größenzunahme von Systemen ein Zwang zur Selektion und Differenzierung (Willke 1987: 97-106; Böse/Schiepek 1989: 44f). Aus dem Wachstumsprozeß des jeweiligen Systems wird sodann die Ausbildung von Komplexität und Emergenz als systemproduziert abgeleitet. Erst komplexe Systeme bringen emergente Eigenschaften hervor, weil ihre Ordnungs- bzw. Organisationsstruktur nicht auf die aggregierten Eigenschaften ihrer Bestandteile zurückgeführt werden kann. Diese Konzeption entspricht nun weitgehend der klassischen naturwissenschaftlichen wie auch philosophischen Bestimmung

12 Manifeste Funktionen sind von den Akteuren beabsichtigt, ihnen bewußt und objektiv feststellbar, während (unbeabsichtigte und unbewußte) latente Funktionen anhand objektiver Handlungsfolgen rekonstruiert werden. Dabei grenzt Merton (1957: 19-36; S.71-81) lediglich die Perspektive des Beobachters (objektive Konsequenzen) von derjenigen der Betroffenen (subjektive Dispositionen wie Motive und Ziele) ab, womit Funktionen entweder positiv (Beitrag zur Anpassung des Systems), negativ (dysfunktionale Anpassungsminderung) oder nichtfunktional (neutral im Hinblick auf Anpassungsleistungen) bewertet werden.

des Ganzen, das mehr ist als die Summe seiner Teile.[13] Im Zusammenhang von Sozialsystemen kommt es aber darauf an, "die Teile und ihre Relationen anzugeben, die durch ihr Zusammenwirken Neues entstehen lassen" (Hejl 1992: 288). Emergenz bezieht sich damit auf organisationsbedingte Systemeigenschaften. Weil dabei jede Systembildung mit Emergenz gleichgesetzt wird, reicht diese Qualifizierung für eine trennscharfe Fassung des Emergenzbegriff noch nicht aus.

Daß der Komplexitätsbegriff die zeitliche Dynamik des Systemverhaltens berücksichtigen muß, wurde im ersten Teil diskutiert. Stellt Emergenz ein grundlegendes Komplexitätsmerkmal dar und ergibt sich die Ausbildung neuer Emergenzniveaus aus wachsender Komplexität, vernachlässigt die Luhmannsche Begriffsbestimmung die dynamische Rolle, welche die Verknüpfungsregeln bzw. Relationierungsmechanismen bei der Ausbildung emergenter Phänome spielen. Die Berücksichtigung der zeitlichen Komponente bei einem gleichzeitigen Primat der Relation gegenüber den Systembestandteilen schließen sich aber gar nicht aus. Wenn nämlich "Eigenschaften nur noch aneinanderhängen können und deshalb als Relatoren bezeichnet werden" (Schwegler 1992: 29)[14], können solche (flüchtigen) Relatoren auch zu Relatorennetzen verbunden werden, in welche der Zeitbezug durch parametrisierbare Zeitvariablen eingeht. Die Einführung eines solchen Relatorkonzepts erlaubt nun eine erweiterte Interpretation von Emergenz. In einer bestimmten Zeitspanne enthält ein System nur bestimmte Relatoren. Zu einem auftretenden Zeitpunkt und auch für eine bestimmte Dauer taucht plötzlich ein neuer, ein "emergierter" Relator auf. Neue Relatoren können das System dominieren, neuorganisieren oder auch Schnittstellen zwischen einzelnen Systemen überbrücken.

---

13 Dieser Auffassung zufolge kann die Komplexität eines Systems mit dem Überschreiten einer kritischen Masse nicht mehr adäquat als Aggregation der Teile begriffen werden. Das über die Summe hinausgehende andere ist das Emergente. Davon unterscheidet sich eine "moderne" Version nicht grundlegend, die von Emergenz spricht, "wenn durch mikroskopische Wechselwirkung auf einer makroskopischen Ebene eine neue Qualität entsteht, die nicht aus den Eigenschaften der Komponenten herleitbar (kausal erklärbar, formal ableitbar) ist, die aber dennoch allein in der Wechselwirkung der Komponenten besteht" (Krohn/Küppers 1992: 389).

14 Soll die zeitliche Komponente bei systemischer Komplexität und Emergenz ausreichend Berücksichtigung finden, spielt neben dem Aufbau von Emergenz auch die Auflösung oder Absorption sozialer Systeme als Zerfall von Interaktionen (z.B. bei der Frage nach Gründen und Modi des Scheiterns von Expertensystemen) eine wichtige Rolle. Sind im Kontext sozialer Systeme diese beiden Prozesse aufeinander bezogen, spricht man von Imergenz (Hejl 1992: 287).

Als entscheidender Schritt ist hier festzuhalten, daß die Systemorganisation eine gleichermaßen aktivierende und selegierende Rolle spielt, weshalb die isolierte Betrachtung von Komponenten (z.B. Handlungsintentionen) in eine Sackgassen führen muß. Die intentionale Aktor-Zuschreibung von Handlungsfolgen kann also überwunden werden, ohne auf das Moment des Größenwachstums als entscheidende Voraussetzung der Ausbildung von Komplexität zurückgreifen zu müssen.

Wie sieht es mit der praktischen Bedeutung der angestellten Überlegungen aus? Das betriebliche Handlungssystem setzt sich aus den Subsystemen Technik, Mensch und Organisation zusammen, deren spezifische Verschaltungen erst Komplexität und Emergenz produzieren. Auf der Folie der im vierten Teil diskutierten disziplinären Beiträge und Zugänge und im Hinblick auf eine Typologie der Funktionen von Expertensystemen konvergieren dialogtheoretische Probleme, systemtheoretische Postulate und empirische Manifestationen des Forschungsobjekts "Expertensysteme als komplexe Systeme im betrieblichen Kontext" in einem funktional geprägten Emergenzbegriff: "Emergent werden Eigenschaften komplexer Systeme genannt, die auftreten, wenn das Erklärungsarsenal, das zum Verständnis von Teilkomponenten ausreicht, bei der Analyse des Gesamtsystems wesentlich erweitert werden muß." (Stöckler 1990: 7) Emergent sind dabei nicht nur Eigenschaften, sondern auch Phänomene und Gesetze. Bei einem solchen pragmatischen Verständnis setzt Emergenz nicht schon automatisch auf jeder komplexen Ebene, sondern erst beim Wechsel von Beschreibungsebenen an. Das hat den Vorteil, nicht unbegrenzt viele Eigenschaften als emergent bezeichnen zu müssen. Der mit einer Erweiterung des Erklärungsarsenals verbundene begriffliche Schachzug besteht deshalb darin, die unterschiedlichen Implikationen auf verschiedenen Ebenen zu thematisieren und zueinander in Beziehung zu setzen - was in die Forderung eines Mehrebenenansatzes, die in der vorliegenden Arbeit vertreten wird, konstitutiv eingeht. Steht damit die fallspezifische und problemangepaßte Mixtur von Sichtweisen und Methoden im Vordergrund, können folgende Anforderungen an einen analytisch trennscharfen und empirisch tragfähigen Emergenzbegriff formuliert werden:

- Er muß als Komplexitätsmerkmal die zeitliche Dynamik einbeziehen (und damit auch das Moment der Imergenz berücksichtigen);
- er muß einen Bezug zwischen den zu erklärenden Phänomen und den zur Verfügung stehenden disziplinären Erklärungskonzepten herstellen;
- dazu muß er intra- und interebenenspezifische Verschaltungen (Relationierungen) erfassen;

- schließlich muß er eine angemessene Perspektive auf nicht prognostizierte bzw. nicht prognostizierbare und "Expertensystem-transzendierende" Faktoren zulassen.

Um diesen Forderungen gerecht zu werden, unterscheide ich eine endogene und exogene Dimension sowie Expertensystem-immanente und Expertensystem-transzendierende Funktionszusammenhänge.

Verortung	**Exogen (A)**		**Endogen (B)**
Wirkungsrahmen	auf Zielkonzept rückführbar (AA)	auf Zielkonzept nicht rückführbar (AB)	Empirie/ Theorie
expertensystem-spezifisch (1)	beabsichtigte Effekte (AA1)	(AB1)	
expertensystem-unspezifisch (2)	(AA2)	unberücksichtigte Faktoren (AB2)	Lerneffekt WS (B2)

Abbildung 23: Typologie emergenter Funktionen

Die Unterscheidung von endogener und exogener Dimension zielt auf eine zeitliche und disziplinäre Verortung der Effekte. Exogene Funktionen umreißen die Entwicklungs- und Einsatzphase aus der Sicht der betrieblichen Praxis, während endogene Faktoren die wissenschaftliche Binnenperspektive sowohl der KI wie auch der Soziologie (als dem Einsatz zeitlich vor- und nachgeordnetem Zusammenhang) fokussieren. Hier macht die Entwicklung von Expertensystemen zum einen transparent, welche Kultur bzw. welcher Denkstil in der KI-Forschung dominiert, und zeigt zum anderen, welcher (relativ geringe) Stellenwert technischen im Gegensatz zu nicht-technischen Problembereichen beigemessen werden sollte. Die Soziologie kann in diesem Zusammenhang beispielsweise darauf hinweisen,

- in welchem Umfang die KI auf soziologisches Wissen rekurrieren muß (z.B. auf Techniken der empirischen Sozialforschung im Prozeß der Wissensakquisition),
- wo die Grenzen der Plan- und Formalisierbarkeit mentaler Prozesse liegen (nämlich in der Komplexität des Dialoggeschehens),

- welche Wissens-, Kommunikations- und Handlungsbegriffe in welcher Weise und mit welchen Implikationen in die Konzeption der Software eingehen.

Die Unterscheidung von expertensystemspezifischen und -unspezifischen Funktionen hebt darauf ab, bereits aus informatischer Perspektive technische und nicht-technische Aspekte sowie Komponenten der Expertensystemtechnologie und der konventionellen DV voneinander abgrenzen zu können. Innerhalb der exogenen Dimension können Effekte zusätzlich im Hinblick darauf unterschieden werden, ob sie auf das mit der Entwicklung und dem Einsatz zugrundeliegende Zielkonzept zurückführbar sind oder nicht.

2 Das emergente Potential von Expertensystemen

Die Typologie ermöglicht eine idealtypische Kontrastierung: Mit dem Einsatz von Expertensystemen verbinden Akteure eine subjektive Handlungsabsicht. Dabei dient eine explizit formulierte oder implizit rekonstruierbare Zieldefinition als Maßstab bei der Identifikation und Bewertung von Folgen und Funktionen. In eine solche Bewertung gehen vor allem bzw. ausschließlich isolierte technische und ökonomische Faktoren ein, die mit dem formulierten Zielkonzept in einem engen Zusammenhang stehen. Im Gegensatz dazu geht eine systemtheoretische Betrachtung von Handlungsfolgen aus, die nicht auf subjektive Intentionen im Sinne einer Zieldefinition rückführbar sein müssen. Ebenso können damit expertensystemunspezifische Effekte als systemimmanent produziert rekonstruiert werden. Das reduzierte theoretische Instrumentarium informationstechnischer Disziplinen deckt in diesem Spannungsfeld lediglich den Bereich der manifesten, beabsichtigten und technisch beschreibbaren Funktionen ab.[15] Dimensionen, in welchen unbeabsichtigte, expertensystemunspezifische, nicht auf eine Zieldefinition rückführbare Folgen eine Rolle spielen, erfordern einen Mehrebenenzugang, welcher emergente Funktionen in den Vordergrund stellt. Sie oszillieren zwischen den Polen der expertensystemunspezifischen und Zielkonzept-unabhängigen Effekte und

15 Entgegen Merton's Intention ist sein gesamter Funktionsbegriff ebenfalls diesem Spektrum zuzuordnen, weil auch sein Verständnis der latenten Funktion sowohl von einem ex ante definierten Zielkonzept abhängt als auch gegenstandspezifischen Zusammenhängen verhaftet bleibt. Sein entscheidender Fehler besteht darin, intentionales Handeln nicht in eine relationale Betrachtungsweise zu integrieren, die emergente Funktionen erst systemimmanent zu rekonstruieren gestattet.

der manifesten, beabsichtigten und technisch umgesetzten Folgen (vgl. Abb. 24).

	A: Exogen **AA auf Zieldefinition rückführbar**	**AB auf Zieldefinition nicht rückführbar**	**B: Endogen** **emergentes Potential**
1	**positiv bewertet** Wissensmultiplikation Rationalisierung fachliche Hilfe **auftretende Probleme** Aufbau/Zugang Geschwindigkeit Reichweite Expertise	Integration/Zeitaufwand Kontrollverlust/Überblick Entwicklung ohne Ende unausgeschöpfte DV	*sozio-organisatorischer Lebenszyklus/Modularität* - Prototyping - Expertise-Paradoxon - Expertise konstruiert - Modell d. Programms - Nutzermodell - Nutzerfreundlichkeit - Effizienz vs. Flexibilität - Verortung Expertise - Explikations- als Kommunikationsproblem
2	**positiv bewertet** Arztbrief/Verträge fachliche Unterstützung	PC-Wissen/Erfahrung fachliche Unterstützung sekretarielle Effekte Prestige/Akzeptanz Disziplinierungsmittel Legitimation Verantwortungsentlastung **auftretende Probleme** Anforderungsprofil erf. Fachkompetenz Angebotsspektrum Validität Nutzerillusion isolierte Komm.flüsse Wissensreorganisation	**emergente Effekte** *Problemdurchdringung* - Einblick in Korridore - Komplexitätsschwellen - Problemstrukturierung *Aus-Nutzung* - Reorganisation - Problemlösungsmethode **Wissenschaftsebene** - Kultur/Denkstil KI - Rolle Soziologie - Grenzen Planbarkeit - Grenzen Formalisierbarkeit - Mehrebeneneanalyse - Reflexion Wissensbegriff - Reflexion Handlungsbegriff - trinarische Dialogstruktur

Abbildung 24: Emergente Funktionen von Expertensystemen

Die einzigen, strenggenommen "emergenzfreien" Funktionen sind dem Komplex zuzuordnen, der als reduzierte Perspektive qualifiziert werden muß. Empirisch viel bedeutsamer sind nämlich die Funktionen, welche über eine reine Aktorintention hinausgehen - also fast alle.[16] Erst vor diesem Hintergrund können die emergenten Funktionen, die der endogenen und damit reflexiven Dimension zuzuordnen sind, als empirisch und forschungsstrategisch relevantes Potential gewürdigt werden. Manager und Systemingenieure stellen die Dimension der beabsichtigten Folgen (AA1) in den Vordergrund und postulieren implizit eine direkte Verbindung mit daraus resultierenden Lerneffekten (B2). Von einer solchen linearen Beziehung kann dagegen nur in den seltensten Fällen ausgegangen werden. In der Praxis spielen nicht-intendierte, unberücksichtigte, nicht prognostizierbare, den technischen Gegenstand transzendierende und ebenenübergreifende Faktoren, kurz: emergente Effekte, eine viel wesentlichere Rolle, die zwar das emergente Potential keinesfalls schmälern (im Gegenteil), aber dennoch nicht automatisch in diese Dimension münden. Dieses Phänomen kann nur im Kontext des spezifisch menschlichen, und das heißt verkürzten Umgangs mit komplexen Problemen, erklärt werden. Der Schritt von AA1 nach B2 ist also kein direkter, sondern führt über den Umweg AB2 und B1 - und das oftmals als Kapitulation vor auftretenden Problemen. Empirisch gewinnt dieser Zusammenhang folgendermaßen Bedeutung.

Die reflektierte Transformation von AA1 über AB2 und B1 zu B2 stellt somit das eigentliche emergente Potential beim Einsatz von Expertensystemen dar.

Die empirische Relevanz dieser These zeigen vor allem mikroökonomische Beiträge, welche der Herausforderung gesellschaftlicher Instabilitäten mit soziokybernetischen Managementkonzepten begegnen: "Management ist überall dort erforderlich, wo das Verhalten einer Vielzahl von Menschen auf Ziele hin koordiniert werden muß, und zwar unter ständig wechselnden Umständen, die eine exakte Planung unmöglich machen." (Malik 1981: 6) Dieser Managementbegriff ist systemorientiert, berücksichtigt zeitliche Dynamik und zielt auf die Konkretisierung sozialer Funktionen ab. Dahinter steckt die Idee, daß Firmen als selbstorganisierende Systeme ein Eigenleben führen,

16 vgl. zur gesamten exogenen Dimension vor allem die Fallbeispiele in Teil 3, zu B1 Teil 1 und 2, zu B2/emergente Effekte wiederum Teil 3 (mit Bezug auf Teil 1) und zu B2/Wissenschaftsebene vor allem Teil 2 und 4.

weshalb sie nicht in dem Maß steuerbar sind, wie Manager und Systemingenieure sich dies wünschen. Management heißt Bewältigung von Komplexität - und dazu zählt ein angepaßter Umgang mit emergenten Effekten. Das Scheitern von Expertensystemen wurzelt darin, daß Komplexität mit den veralteten Mitteln linearer Steuerung und Planung bewältigt werden soll. Die zuständige Adresse für die Umsetzung passender Organisationskonzepte ist also das Management - das passende Konzept heißt Kontextsteuerung. Was ist damit gemeint?

Weil in Betrieben aufgrund ihrer Einbindung in eine komplexe Umwelt prinzipiell ein Informationsdilemma existiert und weil eine Wissenskonzentration aus diesem Grund zum Scheitern verurteilt ist, soll eine alternative "Sozialisierung des Wissens" das System zur Selbstkontrolle befähigen. Die eigentliche Aufgabe des Mangements besteht somit darin, diejenigen Mechanismen, welche die selbstkontrollierenden und -erhaltenden Kräfte des Systems bestimmen, zu identifizieren und zu fördern (Probst 1984; Ulrich 1984). Dieser Ausblick auf ein "evolutionäres" Management bedeutet keineswegs, daß eine solch langfristig gedachte Entwicklung sich selbst überlassen werden soll. Vielmehr spielen sich Design- und Kontrollaktivitäten innerhalb eines Entwicklungsprozesses ab, den diese beiden Komponenten wiederum beeinflussen. An dieser Stelle schließt sich die Schleife des Modells und qualifiziert es zu einem Konzept der Kontextsteuerung.[17] In diesem Sinn besteht die Funktion des Manangements nicht darin, konkret auf spezifische Ziele hin zu agieren. Vielmehr schafft es - quasi als Nachtwächter - auf einer tieferen Ebene Bedingungen, auf deren Grundlagen sich das System selbst "auf die Ziele hin" bewegt. "Lassen" fungiert dann als aktiver Prozeß zur Unterstützung emergenter Prozesse bzw. emergenter Systembildung und fördert die Eigendynamik systemischer Prozesse.

Für den bislang skizzierten Zusammenhang ist entscheidend, daß die Gestaltung von Bedingungen und die Bewertung von Auswirkungen unter Einbeziehung eventueller Nebenfolgen vor allem soziologischen Sachverstand erfordert. Akzeptanz, Motivation und Identifikation als Voraussetzungen einer Nutzung und eines Nutzens von Expertensystemen lassen sich nicht verord-

17 Den von den St. Gallenern Ökonomen bevorzugten Begriff der Selbstorganisation möchte ich in diesem Zusammenhang vermeiden, da er die Systemdynamik über- und die Eingriffsmöglichkeiten unterbewertet. Der hier verwendete Begriff der Kontextsteuerung dagegen unterstreicht, daß die Entscheidung, der Emergenz und der Dynamik von Systemen Raum zu geben, als aktiver Gestaltungsprozeß bewertet werden muß und nichts mit Luhmannscher Resignation, wonach steuernde Eingriffe aufgrund der Eigendynamik von Systemen in den überwiegenden Fällen zur Erfolglosigkeit verdammt sind, zu tun hat.

nen und noch weniger erzwingen; diese Einstellungen und Verhaltensweisen entstehen "am Rande" - als systemproduzierte, emergente Effekte. Im Sinne einer an Rahmenbedingungen ansetzenden Kontextsteuerung sollte ein Kontrollkonzept auf verschiedene Ebenen verteilt werden. Eine gute Steuerung zeichnet sich dadurch aus, daß sie sich weitgehende Zurückhaltung im "Tagesgeschehen" auferlegt und nur in Krisensituationen (Bifurkationspunkte) als agierend wahrgenommen wird. Weil der konkrete Einsatz von Expertensystemen nicht planerisch vorweggenommen werden kann, gehört zur konstruktiven Bewältigung von Komplexität vor allem die gründliche Ausleuchtung des zu bewältigenden Problems in seiner sozio-organisatorischen Eingebundenheit - wozu Expertensysteme als Problemlösungs*methode* und nicht als Problem*löser* eingesetzt werden sollten. Dann kann eine Kontextsteuerung die Modularität, welche der Expertensystemtechnologie inhärent ist, ausnutzen. Ob Expertensysteme organisationsinnovativ oder als Trendverstärker zu mehr Rationalisierung eingesetzt werden, ist keine technische Entscheidung. Die Herausforderung der Soziologie besteht deshalb nicht darin, als Hilfswissenschaft implementierungsrelevantes Wissen zu liefern. Ebenfalls genügt es nicht, mit erhobenem Zeigefinger auf die Grenzen KI-technischer Formalisierungsbemühungen zu verweisen. Vielmehr sollte die Soziologie selbstbewußt und aus eigenem Antrieb den Weg zur KI suchen: indem sie mit eigenen Konzepten Möglichkeiten einer tatsächlichen Interdisziplinarität aufzeigt.

Verzeichnis der Abbildungen

Literatur

Abu-Hakima, Suhayya/Franz Oppacher (1990), Improving explanation in knowledge-based systems: RATIONALE. in: Knowledge Acquisition 2. S.301-343

Agarwal, Ritu/Mohan R. Tanniru (1990), Knowledge acquisition using structured interviewing: an empirical investigation. in: Journal of management information systems 7. S.123-140

Allgayer, Jürgen/Karin Harbusch/Alfred Kobsa/Carola Reddig/Norbert Reithinger/Dagmar Schmauks (1989), XTRA: a natural-language access system to expert systems. in: International journal of man-machine studies 31. S.161-195

Alonso, Fernando/Jose Luis Maté/Juan Pazos (1990), Knowledge engineering versus software engineering. in: Data & knowledge engineering 5. S.79-91

Amann, Klaus (1990), Natürliche Expertise und Künstliche Intelligenz. Eine empirische Untersuchung naturwissenschaftlicher Laborarbeit. Bielefeld. Unveröff. Dissertation

Ashby, W. Ross (1974), Einführung in die Kybernetik. Ffm

Aulin, Arvid (1986), Notes on the concept of self-steering. in: Felix Geyer/ Johannes van der Zouwen (Hg.), Sociocybernetic paradoxes. London. S.100-118

Bachant, Judith/John McDermott (1984), R1 revisited: four years in the trenches. in: The AI magazine 5. Fall. S.21-32

Bäßler, Robert (1991), Vom Expertenwissen zur Wissensbasis eines Expertensystems. in: IST, Heft 2. S.57-59

Bainbridge, Lisanne (1986), Asking questions and accessing knowledge. in: Future computing systems 1. S.143-149

Bardmann, Theodor M./Karin Dollhausen/Birgit Kleinwellfonder (1992), Technik als Parasit sozialer Kommunikation. Zu einem konstruktivistischen Ansatz sozialwissenschaftlicher Technikforschung. in: Soziale Welt 43. S.201-216

Barlow, Judith/Roy Rada/Dan Diaper (1989), Interacting WITH computers. in: Interacting with computers 1. S.39-42

Barton, Allen H./Paul L. Lazarsfeld (1979), Einige Funktionen von qualitativer Analyse in der Sozialforschung. in: Christel Hopf/Elmar Weingarten (Hg.), Qualitative Sozialforschung. Stuttgart. S.41-89

Bartsch-Spörl, Brigitte (1990), Die Veränderung von (Experten-)Wissen durch den Prozeß der Wissensakquisition. Pro und Contra. in: KI, Heft 2. S.34-36

Bechmann, Gotthard (1987), Sozialwissenschaftliche Forschung und Technikfolgenabschätzung. in: Klaus Lompe (Hg.), Techniktheorie - Technikforschung - Technikgestaltung. Opladen. S.28-58

Beck, Ulrich/Wolfgang Bonß (1989), Verwissenschaftlichung ohne Aufklärung? Zum Strukturwandel von Sozialwissenschaft und Praxis. in: dies. (Hg.), Weder Sozialtechnologie noch Aufklärung? Ffm. S.7-45

Becker, Barbara (1990), Die Veränderung von (Experten-)Wissen durch den Prozeß der Wissensakquisition. Pro und Contra. in: KI, Heft 2. S.31-34

Becker, Barbara (1992), Künstliche Intelligenz. Konzepte, Systeme, Verheißungen. Ffm

Behrendt, Rainer (1987), "Wartung und Pflege" von Expertensystemen. in: Handbuch der modernen Datenverarbeitung, Heft 135/87. S.104-112

Bellman, Kristie (1990), The modeling issues inherent in testing and evaluating knowledge-based systems. in: Expert systems with applications 1. S.199-215

Bench-Capon, T.J.M./A.M. McEnery (1989), People interact through computers not with them. in: Interacting with computers 1. S.31-38

Beniger, James R./Clifford I. Nass (1986), Preprocessing: neglected component of sociocybernetics. in: Felix Geyer/Johannes van der Zouven (Hg.), Sociocybernetic paradoxes. London. S.119-130

Berens, Franz-Josef (1981), Dialogeröffnung in Telefongesprächen: Handlungen und Handlungsschemata der Herstellung sozialer und kommunikativer Beziehungen. in: Peter Schröder/Hugo Steger (Hg.), Dialogforschung. Jahrbuch 1980 des Instituts für deutsche Sprache. Düsseldorf. S.402-417

Berger, Charles R./Royce R. Gardner/Malcolm R. Parks/Linda Schulman/Gerald R. Miller (1976), Interpersonal epistemology and interpersonal communication. in: Gerald E. Miller (Hg.), Explorations in interpersonal communication. London. S.149-171

Bergmann, Jörg R. (1981), Ethnomethodologische Konversationsanalyse. in: Peter Schröder/Hugo Steger (Hg.), Dialogforschung. Jahrbuch 1980 des Instituts für deutsche Sprache. Düsseldorf. S.9-51

Bertalanffy, Ludwig von (1976), The history and development of general system theory. in: Edgar Taschdjian (Hg.), Perspectives on general systems theory. New York. S.149-169

Bischoff, Rainer (1987), Wartung und Pflege von Anwendungssystemen. in: Handbuch der modernen Datenverarbeitung, Heft 135/87. S.3-18

Bloomfield, Brian P. (1987), The culture of artificial intelligence. in: ders. (Hg.), The question of artificial intelligence: philosophical and sociological perspectives. London. S.59-105

Blumer, Herbert (1973), Der methodologische Standort des symbolischen Interaktionismus. in: Arbeitsgruppe Bielefelder Soziologen. Alltagswissen, Interaktion und gesellschaftliche Wirklichkeit. Hamburg S.80-101.

Blümling, Uwe (1990), Wissenserhebung im praktischen Einsatz: Relevante Aspekte und Methoden. in: Reinhardt Behrendt (Hg.), Angewandte Wissensverarbeitung. München. S.77-111

Bogart, Dodd H. (1980), Feedback, feedforward, and feedwithin: strategic information systems. in: Behavioral Science 25. S.237-249

Böhnke, Günter (1990), Projektmanagement wissensbasierter Systeme. in: Reinhardt Behrendt (Hg.), Angewandte Wissensverarbeitung. München. S.179-213

Böse, Reimund/Günter Schiepek (1989), Systemische Theorie und Therapie. Heidelberg

Bohmann, Karin (1989), About the sense of social compatibility. in: AI & society 4. S.323-331

Bollinger, Heinrich/Friedrich Weltz (1989), Zwischen Rezeptwissen und Arbeitnehmerorientierung. Der Arbeitsbezug soziologischer Beratung von Unternehmen. in: Ulrich Beck/Wolfgang Bonß (Hg.), Weder Sozialtechnologie noch Aufklärung? Ffm. S.248-275

Bonsiepen, Lena/Wolfgang Coy (1990), Szenen einer Krise - Ist Knowledge Engineering eine Antwort auf die Dauerkrise des Software Engineering? in: KI, Themenheft Wissensakquisition. S.5-11

Bourdieu, Pierre (1990), Was heißt sprechen? Die Ökonomie des sprachlichen Tauschs. Wien

Buckner, Gary D./Vivek Shah (1990), Knowledge engineering, human experts and intelligent systems. in: Kybernetes 19. S.18-28

Bude, Manfred (1987), Interview. in: Handbuch der modernen Datenverarbeitung, Heft 135/87. S.187

Bühl, Walter L. (1989), Entwicklungslinien einer soziologischen Systemtheorie. in: Annali di Sociologia 5. 1989/II. S.13-46

Bühl, Walter L. (1990), Sozialer Wandel im Ungleichgewicht. Stuttgart

Bühl, Walter L. (1992), Vergebliche Liebe zum Chaos. in: Soziale Welt 43. S.26-47

Bullinger, Hans-Jörg (1990), Integrationspotentiale von Expertensystemen in der Produktion: Das magische Dreieck Mensch-Organisation-Technik. in: Technische Rundschau 31. S.14-28

Bullinger, Hans-Jörg/Georg Wasserloos (1989), Die Entwicklung praxisgerechter Expertensysteme: Knowledge Engineering. Landsberg/Lech

Burton, A.M./N.R. Shadbolt/G. Rugg/A.P. Hedgecock (1990), The efficacy of knowledge elicitation techniques: a comparison across domain and levels of expertise. in: Knowledge Acquisition 2. S.167-178.

Busch, John A. (1979), Cybernetics III. in: Cybernetica 22. S.89-103

Busch, John A./Gladys M. Busch (1984), The elaboration of cybernetics for the study of social systems. in: dies. (Hg.), Issues in sociocybernetics. Seaside/Cal. S.3-8

Chang, C.L./J.B. Combs/R.A. Stachowitz (1990), A report on the expert systems validation associate (EVA), in: Expert systems with applications 1. S.217-230

Chin, David N. (1989), KNOME: modeling what the user knows in UC. in: Alfred Kobsa/Wolfgang Wahlster (Hg.), User models in dialog systems. Heidelberg. S.74-107

Cicourel, Aaron (1975), Sprache in der sozialen Interaktion. München

Cohen, Paul (1991), A survey of the eight national conference on artificial intelligence: pulling together or pulling apart? in: The AI magazine 12. Spring. S.16-41

Cohen, Robin/Marlene Jones (1989), Incorporating user models into expert systems for educational diagnosis. in: Alfred Kobsa/Wolfgang Wahlster (Hg.), User models in dialog systems. Heidelberg. S.313-333

Cohen, Robin/Marlene Jones/Lisa Dent/Amar Sanmugasunderam Bruce Spencer (1989), Providing responsens specific to a user's goals and background. in: International journal of expert systems 2. S.135-162

Collett, Peter/Roger Lamb (1982), Describing sequences of social interaction. in: Mario von Cranach/Rom Harré (Hg.), The analysis of action. Cambridge. S.161-186

Collins, Harry M./R.H. Green/R.C. Draper (1985), Where's the expertise? in: Martin Merry (Hg.), Expert systems 85. Cambridge. S.323-334

Compton, P./R. Jansen (1990), A philosophical basis for knowledge acquisition. in: Knowledge Acquisition 2. S.241-257

Connell, N.A.D. (1987), The current impact of expert systems on the accounting profession and some reasons for hesitancy in the adoption of such systems. in: The knowledge engineering review 2. S.207-211

Constantine, Monica M./Jacob W. Ulvila (1990), Testing knowledge-based systems: the state of the practice and suggestions for improvement. in: Expert systems with applications 1. S.237-248

Coy, Wolfgang/Lena Bonsiepen (1989), Erfahrung und Berechnung. Kritik der Expertensystemtechnik. Berlin/Heidelberg

D'Avis, Winfried (1987), Stand, Perspektiven und Probleme der KI-Forschung. In: Arno Bammé u.a. (Hg.), Technologische Zivilisation. München. S. 255-271

Daniel, Manfred (1990), Ansätze zur menschengerechten Gestaltung von Expertensystemanwendungen. in: KI, Heft 4. S.18-25

Davis, Randall (1989), Expert systems: how far can they go? in: The AI magazine 10. S.61-67

DEC (1986), Künstliche Intelligenz. Sonderdruck aus Labor 2000 der Labor Praxis 85/86

Degele, Nina (1992), Oberflächliche Intelligenz oder Intelligenz auf der Oberfläche? Dialogverhalten muß auf das Vorwissen abgestimmt sein. in: Computerwoche Nr.38. S.43-45

DeGreen, Kenyon B. (1990), Nonlinear management in technological-induced fields. in: Systems Research 7. S.159-168

Dewe, Bernd (1991), Soziologische Erkenntnis und akademische Berufe. in: Sociologia Internationalis 29. S.103-120

Dhaliwal, Jasbir Sing/Izak Benbasat (1990), A framework for the comparative evaluation of knowledge acquisition tools and techniques. in: Knowledge Acquisition 2. S.145-166

Diaper, Dan (1989), The wizard's apprentice: a program to help analyse natural language dialogues. in: Alistair Sutcliffe/Linda Macauley (Hg.), People and computers V. Proceedings of the fifth conference of the British computer society. Cambridge. S.231-243

Dittmann, Jürgen (1979), Einleitung - was ist, zu welchen Zwecken und wie treiben wir Konversationsanalyse? in: ders. (Hg.), Arbeiten zur Konversationsanalyse. Tübingen. S.1-43

Dörner, Dietrich (1989), Von der Logik des Mißlingens. Denken, Planen und Entscheiden in Unbestimmtheit und Komplexität. Memorandum No 54. Bamberg

Dostal, Werner (1990), Expertensysteme in der Technikfolgenabschätzung und -bewertung. in: Reinhardt Behrendt (Hg.), Angewandte Wissensverarbeitung. München. S.357-381

Douglas, Mary (1991), Wie Institutionen denken. Ffm

Dreyfus, Hubert L./Stuart E. Dreyfus (1987), Künstliche Intelligenz. Von den Grenzen der Denkmaschine und dem Wert der Intuition. Reinbek

Duddeck, Heinz (1987), Probleme der TFA aus der Sicht der Ingenieurwissenschaften. in: Klaus Lompe (Hg.), Techniktheorie - Technikforschung - Technikgestaltung. Opladen. S.122-135

Dyke, C. (1990), Expectation and strategy in a nonlinear world. in: Systems Research 7. S.117-125

Dzida, Wolfgang (1982), Dialogfähige Werkzeuge und arbeitsgerechte Dialogformen. in: Helmut Schauer/Michael J. Tauber (Hg.), Informatik und Psychologie. Schriftenreihe der Österreichischen Computer-Gesellschaft. Wien. S.54-86

Eason, Ken (1988), Information technology and organisational change. London

Edelstein, Wolfgang/Monika Keller (1982), Perspektivitität und Interpretation - Zur Entwicklung des sozialen Verstehens. in: dies. (Hg.), Perspektivität und Interpretation. Beiträge zur Entwicklung des sozialen Verstehens. Ffm. S.9-43

Esser, Hartmut (1989), Verfällt die "soziologische Methode?" in: Soziale Welt 40. S.57-75

Feigenbaum, Edward A./Pamela McCorduck (1984), Die fünfte Computer-Generation. Künstliche Intelligenz und die Herausforderung Japans an die Welt. Basel/Stuttgart

Feigenbaum, Edward/Pamela McCorduck/H. Penny Nii (1988), The rise of the expert company. New York

Felgentreu, Kay-Ulrich/Hartmut Krasemann/Jürgen Meßing (1989), Entwicklungsstrategien. in: Handbuch der modernen Datenverarbeitung, Heft 147/89. S.35-43

Finin, Tim (1988), Default reasoning and stereotypes in user modeling. in: International journal of expert systems 1. S.131-158

Fischer, Gerhard (1986), Menschengerechte Computersysteme - mehr als ein Schlagwort? in: ders./Rul Gunzenhäuser (Hg.), Methoden und Werkzeuge zur Gestaltung benutzergerechter Computersysteme. Berlin. S.17-44

Fischer, Klaus (1987), Kognitive Grundlagen der Soziologie. Berlin

Forrester, Jay (1971), Planung unter dem dynamischen Einfluß komplexer sozialer Systeme. in: Volker Ronge/Günter Schmieg (Hg.), Politische Planung in Theorie und Praxis. München. S.81-90

Franke, Wilhelm (1985), Exkurs: Zur Bedeutung von Fragen im Verkaufs-/Einkaufs-Gespräch. in: Franz Hundsnurscher/Wilhelm Franke (Hg.), Das Verkaufs-/Einkaufs-Gespräch. Eine linguistiche Analyse. Stuttgart. S.41-48

Gaines, Brian R. (1989), Social and cognitive processes in knowledge acquisition. in: Knowledge acquisition 1. S.39-58

Gaines, Brian R./Mildred L.G. Shaw (1986), Foundations of dialog engineering: the development of human-computer interaction. Part II. in: International journal of man-machine studies 24. S.101-123

Gardner, Howard (1985), The mind's new science: a history of the cognitive revolution. New York

Garfinkel, Harold (1967), Studies in ethnomethodology. Englewood Cliffs.

Geyer, Felix/Johannes van der Zouwen (1991), Cybernetics and social science: theories and research in sociocybernetics. in: Kybernetes 20. S.81-92

Giddens, Anthony (1984), Interpretative Soziologie. Ffm

Gilbert, Nigel (1989), Explanation and dialogue. in: The knowledge engineering review 4. S.235-247

Gleick, James (1990), Chaos - die Ordnung des Universums. München

Goffman, Erving (1981), Replies and responses. in: ders. Forms of talk. Philadelphia. S.5-77

Golay, Michael W./Poong H. Seong/Vincent P. Manno (1989), A measure of the difficulty of system diagnosis and its relationship to complexity. in: International journal of general systems 16. S.1-23

Gottinger, H.W. (1988), Technology assessment and forecasting of medical expert systems (MEST). in: Methods of information in medicine 27. S.58-66

Grammel, Reinhard (1992), Sicherheitskritische Fehler vorprogrammiert. Im Notfall fragwürdige Gesellen? in: SZ vom 10.3.92. Beilage zur CeBIT 92. S.XI

Grice, H. Paul (1979), Logik und Konversation. in: Georg Meggle (Hg.), Handlung, Kommunikation, Bedeutung. Ffm. S.243-265

Grudin, Jonathan (1992), Utility and usability: research issues and development contexts. in: Interacting with computers 4. S.209-217

Gülich, Elisabeth (1981), Dialogkonstitution in institutionell geregelter Kommunikation. in: Peter Schröder/Hugo Steger (Hg.), Dialogforschung. Jahrbuch 1980 des Instituts für deutsche Sprache. Düsseldorf. S.418-456

Habel, Christopher/Claus-Rainer Rollinger (1980), Konversationsmaximen für die Frage-Beantwortung. in: Gerhard Tschauder/Edda Weigand (Hg.), Perspektive. Akten des 14. linguistischen Kolloquiums Bochum 1979, Bd.2. Tübingen. S.85-96

Habermas, Jürgen (1968), Technik und Wissenschaft als >Ideologie<. in: ders. Technik und Wissenschaft als >Ideologie<. Ffm. S.48-103

Habermas, Jürgen (1973), Stichworte zur Theorie der Sozialisation. in: ders. Kultur und Kritik. Ffm. S.118-194

Habermas, Jürgen (1981), Theorie des kommunikativen Handelns. Ffm. 2 Bde.

Hammond, Nick/Lesley Allinson (1989), Extending hypertext for learning: an investigation of access and guidance tools. in: Alistair Sutcliffe/Linda Macauley (Hg.), People and computers V. Proceedings of the British computer society. S.293-304

Hartmann, Christian (1992), Technische Interaktionskontexte. Aspekte einer sozialwissenschaftlichen Theorie der Mensch-Computer-Interaktion. Wiesbaden

Heilmann, Heidi (1987), Computerunterstützung für das Management. in: Handbuch der modernen Datenverarbeitung, Heft 138/87. S.3-18

Heinemann, Klaus/Peter Ludes (1978), Zeitbewußtsein und Kontrolle der Zeit. in: KZfSS, Sonderheft 20. Opladen. S.220-243

Heinrich, Lutz J./Nicola Hoffellner (1989), Methoden und Techniken der Anwendungssystem-Planung - eine empirische Studie. in: Information Management, Heft 4. S.42-45

Hejl, Peter M. (1992), Selbstorganisation und Emergenz in sozialen Systemen in: Wolfgang Krohn/Günter Küppers (Hg.), Emergenz: die Entstehung von Ordnung, Organisation und Bedeutung. Ffm. S.269-292

Henderson, Kathryn (1991), Introduction: social studies of technical work at the crossroad. in: Science, technology, & human values 16. Spring. S.131-139

Henrichsmeyer, Wilhelm/Oskar Gans/Ingo Evers (1983), Einführung in die Volkswirtschaftslehre. Stuttgart

Hoeppner, Wolfgang/Katharina Morik (1983), Das Dialogsystem HAM-ANS: worauf basiert es, wie funktioniert es und wem antwortet es? in: Linguistische Berichte 88. S.3-36

Hollnagel, Erik (1989), Evaluation of expert systems. in: Giovanni Guida/ Carlo Tasso (Hg.), Topics in expert system design. Methodologies and tools. Amsterdam. S.377-415

Holsapple, Clyde W./Andrew B. Whinston (1987), Knowledge-based organizations. in: The information society 5. S.77-90

Hoppe, Thomas (1991), European workshop on the verification and validation of knowledge based systems. in: KI, Heft 4. S.24-25

Hundsnurscher, Franz (1986), Dialogmuster und authentischer Text. in: ders./Edda Weigand (Hg.), Dialoganalayse. Tübingen. S.35-49

Hutchins, Edwin L./James D. Hollan/Donald A. Norman (1986), Direct manipulation interfaces. in: Donald A. Norman/Stephen W. Draper (Hg.), User centered system design. New perspectives on human-computer interaction. Hillsdale. S.87-124

Infovation GmbH (1990), Berufsbild "Wissensingenieur - Expertenbefragung zu 18 Thesen. Auszüge aus einer unveröffentlichten Studie im Auftrag der GMD. Bonn

Jacob, Robert J.K./Judith N. Froscher (1988), Facilitating change in rule-based systems. in: James A. Hendler (Hg.), The user interface. Norwood. S.249-284

Jain, Hemant K./ Alok R. Chaturvedi (1989), Expert system problem selection: a domain characteristic approach. in: Information & management 17. S.245-253

Jih, Kenny W.J. (1990), Comparing knowledge-based and transaction processing systems development. in: Journals of systems mangement. May. S.23-28

Joerges, Bernward (1989), Computer als Schmetterling und Fledermaus. Über Technikbilder von Techniksoziologen. in: Soziale Welt 40. S.188-204

Johannes, Peter (1990), Expertensysteme: Entscheidungskriterien für Manager. München

John, Ute (1990), 2. Workshop Knowledge Engineering am 26./27.4.1990 in Berlin. in: KI, Heft 3. S.24-25

John, R./R. Engelbrecht/M. Lewis/P. Potthoff/H.-M. Sass/D. Schwefel/W. von Eimeren (1988), Chancen und Risiken des Einsatzes von Expertensystemen in der Medizin. Gutachten im Auftrag der Engqete-Kommission "Technikfolgen-Abschätzung und -Bewertung des 11. Deutschen Bundestags. Neuherberg b. München

Johnson, L. (1989), A note on the evolutionary delivery of information systems. in: Systems research and information science 3. S.53-58

Johnson, N. E./C.M. Tomlinson/L. Johnson (1990), Second generation expert systems and knowledge elicitation. in: Systems research and information science 2. S.87-99

Jones, Sara (1988), Graphical interfaces for knowledge engineering: an overview of relevant literature. in: The knowledge engineering review 3. S.221-247

Joos, Rebecca L. (1990), An intelligent environment for the use and design of reusable modules. in: Expert systems for information management 3. S.25-47

Kallmeyer, Werner (1981), Aushandlung und Bedeutungskonstitution. in: Peter Schröder/Hugo Steger (Hg.), Dialogforschung. Jahrbuch 1980 des Instituts für deutsche Sprache. Düsseldorf. S.89-127

Kallmeyer, Werner/Fritz Schütze (1976), Konversationsanalyse. in: Studium Linguistik 1. S.1-28

Karp, Peter D./David C. Wilkins (1989), An analysis of the distinction between deep and shallow expert systems. in: International journal of expert systems 1. S.1-32

Kass, Robert/Tim Finin (1988a), Modeling the user in natural language systems. in: Computational Linguistics 14. S.5-22

Kass, Robert/Tim Finin (1988b), The need for user models in generating expert system explanation. in: International journal of expert systems 4. S.345-375

Keeler, Mary A./Susan M. Denning (1991), The challenge of interface design for communication theory: from interaction metaphor to contexts of discovery. in: Interacting with computers 3. S.283-301

Keil-Slawik, Reinhard (1988), Integrierte Systementwicklung. in: Erhard Nullmeier/Karl-Heinz Rödiger (Hg.), Dialogsysteme in der Arbeitswelt. Mannheim/Zürich/Wien. S.204-228

Keravnou, E.T./L. Johnson (1984), Design of expert systems from the perspective of conversation theory methodology. in: R. Trappl (Hg.), Cybernetics and systems research 2. Amsterdam. S.651-654

Keravnou, E.T./J. Washbrook (1989), What is a deep expert system? An analysis of the architecture of second-generation expert systems. in: The knowledge engineering review 4. S.205-233

Kharbanda, O.O./E.A. Stallworthy (1990), Managerial decision making: the newer techniques. in: Management decision 28. S.29-35

King, Dave (1990), Intelligent decision support: strategies for integrating decision support, database management, and expert system technologies. in: Expert systems with applications 1. S.23-38

Kirschbaum, Gisela (1991), Das Expertensystem zur Beratungsunterstützung in den Telekomläden (ExTel), - Erstellung eines Arbeitsbehelfs für Telekomladen-Mitarbeiter zur Steigerung der Akzeptanz des ExTel. Unveröff. Projektarbeit. Mönchengladbach

Klammer, Martin (1991), Computerstrukturen häufig anfällig: Zweifelhaftes Geschäft mit der Sicherheit. in: SZ. Beilage zur Systems 91. S.VIII.

Klee, Hans Werner (1989), Relevanz der Erklärungskomponente - Erkenntnisse einer empirischen Untersuchung (Teil I). in: Information Management, Heft 3. S.44-49. Analyse der Angemessenheit von Erklärungskomponenten (Teil II). in: Information Management, Heft 4. S.34-41

Klüting, Rainer (1992), Rechner - immer schneller statt sicherer. in: SZ vom 27.2.92. S.44

Knauth, Bettina/Stephan Wolff (1989), Die Pragmatik von Beratung. in: Verhaltenstherapie und psychosoziale Praxis 21. S.327-344

Knorr Cetina, Karin (1988), Das naturwissenschaftliche Labor als Ort der »Verdichtung« von Gesellschaft. in: Zeitschrift für Soziologie 17. S.85-101

Ko, Chen-En/Thomas W. Lin (1988), Multi criteria decision making and expert systems. in: Efraim Turban/Paul R. Watkins (Hg.), Applied Expert Systems. Amsterdam/North-Holland. S.33-46

Kobsa, Alfred (1985), Benutzermodellierung in Dialogsystemen. Heidelberg

Kobsa, Alfred (1990), User modeling in dialog systems: potentials and hazards. in: AI & society 4. S.214-240

Kobsa, Alfred/Harald Trost/Robert Trappl (1983), Ist benutzerangepaßtes Dialogverhalten auch ohne Dialogpartnermodell möglich? in: Angewandte Informatik, Heft 9. S.383-387

König, Wolfgang/Rainer Behrendt (1989), Die Produktion von Expertensystemen. in: Angewandte Informatik, Heft 3. S.95-102

Kohl, Werner (1990), Mit ExTel 1:0 in Führung. in: Zeitschrift für Post und Telekommunikation. Heft 3. S.38-45

Kok, André J. (1991), A review and synthesis of user modelling in intelligent systems. in: The knowledge engineering review 6. S.21-47

Kolodner, Janet/Chris Riesbeck (1989), Case-based reasoning. Tutorial, IJCAI-89

Kornwachs, Klaus/Hans-Jörg Bullinger (1990), Expertensysteme: Anwendungen und Auswirkungen im Produktionsbetrieb. München

Krause, Jürgen (1988), F&A und Q&A: Informationsabfrage in natürlicher Sprache. Was können die neuen Softwarepakete der Künstlichen Intelligenz leisten? in: Rüdiger Weingarten/Reinhard Fiehler (Hg.), Technisierte Kommunikation. Opladen. S.93-108

Krausser, Peter (1973), Eine kybernetische Systemtheorie des rationalen Verstehens und Erklärens, insbesondere von wissenschaftlichen Revolutionen mit radikalem Bedeutungswandel. in: Ratio 15. S.210-235

Krohn, Wolfgang/Günter Küppers (1989), Rekursives Durcheinander. Wissenschaftsphilosophische Überlegungen. in: Kursbuch 98. Das Chaos. Berlin. S.69-81

Krohn, Wolfgang/Günter Küppers (1992), Selbstorganisation. Zum Stand einer Theorie in den Wissenschaften. in: dies. (Hg.), Emergenz: die Entstehung von Ordnung, Organisation und Bedeutung. Ffm. S.388-395

Kurbel, Karl (1989), Entwicklung und Einsatz von Expertensystemen: eine anwendungsorientierte Einführung in wissensbasierte Systeme. Berlin

Kurz, Eberhard/Michael Thines/Andreas Huthmann (1989), Der Einsatz von Expertensystemen in der Produktion. in: Josef Krems (Hg.), Expertensysteme im Einsatz: Erfahrungsberichte der 1. Generation. München. S.45-63

LaFrance, Marianne (1988), The knowledge acquisition grid: a method for training knowledge engineers. in: Brian R. Gaines/John H. Boose (Hg.), Knowledge acquisition for knowledge-based systems. Vol 1. San Diego. S.81-91

Lamberti, Donna M./Sandra L. Newsome (1989), Presenting abstract versus concrete information in expert systems. in: International journal of man-machine studies 31. S.27-45

Lamnek, Siegfried (1989), Qualitative Sozialforschung, Bd. 2. Methododen und Techniken. München

Laske, Otto E. (1989), Ungelöste Probleme bei der Wissensakquisition für wissensbasierte Systeme. in: KI, Heft 4. S.4-13

Laszlo, Ervin (1972), Introduction to systems philosophy. New York

Lau, Christoph (1990), Sozialwissenschaft und Praxis. in: SLR. Heft 21. S.15-20

Lehman, Jill Fain/Jaime G. Carbonell (1989), Learning the user's language: a step toards automated creation of user models. in: Alfred Kobsa/Wolfgang Wahlster (Hg.), User models in dialog systems. Heidelberg. S.163-194

Leigh, William E./Michael E. Doherty (1986), Decision support and expert systems. Cincinnati

Leiser, R.G. (1989), Exploiting convergence to improve natural language understanding. in: Interacting with computers 1. S.284-298

Leonard-Barton, Dorothy/John J. Sviokla (1988), Putting expert systems to work. in: Harvard business review. March-april. S.91-98

Li, Eldon Y. (1990), Software testing in a system development process: a life cycle perspective. in: Journals of systems management. S.23-31

Liebowitz, Jay (1990), Expert configuration systems: a survey and lessons learned. in: Expert systems with applications 1. S.183-187

Linden, Theodore A. (1990), A meta-level software development model that supports V&V for AI software. in: Expert systems with applications 1. S.271-279

Lipps, Garth/Peter R. Grant (1990), A paticipatory method of assessing program implementation. in: Evaluation review 14. S.427-434

Lipscombe, Barrie (1989), Expert systems and computer-controlled decision making in medicine. in: AI & society 3. S.184-197

List, Elisabeth (1983), Alltagsrationalität und soziologischer Diskurs. Erkenntnis- und wissenschaftstheoretische Implikationen der Ethnomethodologie. Ffm

Littman, David (1989), Constructing expert systems as building mental models or toward a cognitive ontology for expert systems. in: Katharina Morik (Hg.), Knowledge representation and organization in machine learning. Berlin. S.88-106

Luconi, Fred L./Thomas W. Malone/Michael S. Scott Morton (1986), Expert systems: the next challenge for managers. in: Information Management 3. S.6-16

Lüth, Paul (1974), Sprechende und stumme Medizin. Über das Patienten-Arzt-Verhältnis. Ffm

Luhmann, Niklas (1967), Soziologie als Theorie sozialer Systeme. in: KZfSS 19. S.615-644

Luhmann, Niklas (1978), Komplexität als Grundproblem. in: Klaus Türk (Hg.), Handlungssysteme. Opladen. S.12-37

Lutz, Burkart/Manfred Moldaschl (1989), Expertensysteme und industrielle Facharbeit. Ein Gutachten über denkbare qualifikatorische Auswirkungen von Expertensystemen in der fertigenden Industrie. Enquête-Kommission "Technikfolgenabschätzung und -bewertung" des Deutschen Bundestages. Ffm

Maciejewski, Paul G. (1989), Künstliche Intelligenz. Die Bedeutung wissensbasierter Systeme für die Informationsverarbeitung. Heidelberg

Mackinnon, Andrew J./Alexander J. Wearing (1980), Complexity and decison making. in: Behavioral Science 25. S.285-296

Malik, Fredmund (1981), Management - Systeme. in: Die Orientierung Nr.78.

Malsch, Thomas (1991), Expertensysteme in der Krise. Kinderkrankheiten oder frühzeitige Vergreisung? in: KI, Heft 3. S.70-74

Marcuse, Herbert (1967), Der eindimensionale Mensch. Neuwied

Martial, Frank von (1992), Einführung in die Verteilte Künstliche Intelligenz. in: KI, Heft 1. S.6-11

Maruyama, Magoroh (1963), The second cybernetics: deviation-amplifying mutual causal processes. in: American Scientist 51. S.164-179

Masud, Abu S.M./Don Hommertzheim (1988), Selecting a knowledge-based system application: considerations and experiences. in: Efraim Turban/ Paul R. Watkins (Hg.), Applied Expert Systems. Amsterdam/North-Holland. S.3-16

McCoy, Kathleen F. (1988), Reasoning on a dynamically highlighted user model to respond to misconceptions. in: Computational Linguistics 14. S.52-63

McKeown, Kathleen (1988), Generating goal-oriented explanations. in: International journal of expert systems 4. S.377-395

Mehan, Hugh/Houston Wood (1976), Fünf Merkmale der Realität. in: Elmar Weingarten/Fritz Sack/Jim Schenkein (Hg.), Ethnomethodologie - Beiträge zu einer Soziologie des Alltagshandelns. Ffm. S.29-63

Mertens, Peter (1989), Stand der Entwicklung und des Einsatzes von betrieblichen Expertensystemen. Vortrag gehalten auf der BIFOA Fachseminar Expertensysteme in der Unternehmung, Oktober 1989. Köln. basierend auf: P. Mertens/V. Borkowski/W. Geis (1988), Betriebliche Expertensystem-Anwendungen - Eine Materialsammlung. Berlin

Mertens, Peter (1991), Betriebliche Expertensysteme in der Bundesrepublik, in Österreich und in der Schweiz - Bestandsaufnahme und neuere Entwicklungen. in: Stefan Spang/Wolfgang Kraemer (Hg.), Expertensysteme: Entscheidungsgrundlage für das Management. Wiesbaden. S.9-33

Merton, Robert (1957), Social theory and social structure. Glencoe. 2. Aufl.

Meßing, Jürgen/Ingrid Liermann/Mina-Jaqueline Schachter-Radig (1987), Handlungsschemata in Beratungsdialogen. Am Gesprächsgegenstand orientierte Dialoganalyse. Bericht Nr.18 WISBER-Verbundprojekt. Dezember 1987. Hamburg

Miller, Lance A. (1990), Dynamic testing of knowledge bases. Using the heuristic testing approach. in: Expert systems with applications 1. S.249-269

Minsky, Marvin (1990), Mentopolis. Stuttgart

Minsky, Marvin (1991), Logical versus analogical or symbolic versus connectionist or neat versus scruffy. in: The AI magazine 12. Summer. S.34-51

Morik, Katharina (1984), Customer's requirements for natural language systems: results of an inquiry. in: International journal of man-machine studies 21. S.401-414

Morik, Katharina (1985), Partnermodellierung in Beratungsdialogen. in: Brigitte Endres-Niggemeyer/Jürgen Krause (Hg.), Sprachverarbeitung in Information und Dokumentation. S.80-91

Morik, Katharina (1989), User models and conversational settings: modeling the user's wants. in: Alfred Kobsa/Wolfgang Wahlster (Hg.), User models in dialog systems. Heidelberg. S.364-385

Morin, Edgar (1974), Complexity. in: International social science journal 26. S.555-582

Morton, Teru L./James F. Alexander/Irwin Altman (1976), Communication and relationship definition. in: Gerald E. Miller (Hg.), Explorations in interpersonal communication. London. S.105-125

Müller-Böling, Detlef (1987), Akzeptanz der Computerunterstützung durch den Manager. in: Handbuch der modernen Datenverarbeitung, Heft 138/87. S.19-27

Niehüser, Wolfgang (1986), Vermeidung kommunikativer Risiken. in: Franz Hundsnurscher/Edda Weigand (Hg.), Dialoganalayse. Tübingen. S.213-224

Norman, Donald A. (1981), What is cognitive science? in: ders. (Hg.), Perspectives on cognitive science. Norwood. S.1-13

Norman, Donald A./David E. Rumelhart (1978), Referenz und Verständnis. in: dies. (Hg.), Strukturen des Wissens. Stuttgart. S.78-96

Norman, Donald A./Stephen W. Draper/Liam J. Bannon (1986), Glossary. in: dies. (Hg.), User centered system design. New perspectives on human-computer interaction. Hillsdale. S.487-497

Ogden, William/Ann Sorknes (1987), What do users say to their natural language interface? in: Hans-Jörg Bullinger/Brian Shackel (Hg.), Human-computer interaction - Interact '87. Amsterdam. S.561-566

O'Keefe, Robert M./Sunro Lee (1990), An integrative model of expert system verification and validation. in: Expert systems with applications 1. S.231-236

O'Leary, Daniel E. (1988), Expert system prototyping as a research tool. in: Efraim Turban/Paul R. Watkins (Hg.), Applied Expert Systems. Amsterdam/North-Holland. S.17-31

Paris, Cécile L. (1988), Tailoring object descriptions to a user's level of expertise. in: Computational Linguistics 14. S.64-78

Perlstadt, Harry (1981), On the incorporation of the non-rational into sociocybernetics and complex systems. in: G.E. Lasker (Hg.), Applied systems and cybernetics. Vol. III. New York. S.1256-1262

Perrow, Charles (1986), Lernen wir etwas aus den jüngsten Katastrophen? in: Soziale Welt 37. S.390-401

Perrow, Charles (1989), Normale Katastrophen. Die unvermeidlichen Risiken der Großtechnik. Ffm

Pickett, John R./Thomas L. Case (1990), Expert systems and artificial intelligence. Survey of 33 companies shows most users in R&D organizations wish to capture human expertise or understand complex systems better. in: Research, Technology, Management 33, Nr.3. S.35-38

Pinch, Trevor J./Wiebe E. Bijker (1987), The social construction of facts and artifacts: or how the sociology of science and the sociology of technology might benefit each other. in: Wiebe E. Bijker/Thomas P. Hughes/Trevor J. Pinch (Hg.), The social construction of technological systems. New directions in the sociology and history of technology. Cambride, Massachusetts. S.17-50

Polit, Stephen (1985), R1 and beyond: AI technology transfer at DEC. in: The AI magazine 6. Winter. S.76-78

Prerau, David S. (1989), Choosing an expert system domain. in: Giovanni Guida/Carlo Tasso (Hg.), Topics in expert system design, methodologies and tools. Amsterdam. S.27-43

Prerau, David S. (1990), Developing and managing expert systems. Reading, Mass.

Probst, Gilbert J.B. (1984), Cybernetic principles for the design, control, and development of social systems and some afterthoughts, in: Hans Ulrich/ Gilbert J.B. Probst (Hg.), Self-organization and management of social systems. Berlin. S.127-132

Puppe, Bernhard (1986), Mit künstlicher Intelligenz gegen das Wissensdilemma. in: Deutsches Ärzteblatt 83. S.1367-1376

Quilici, Alexander (1989), Detecting and responding to plan-oriented misconception. in: Alfred Kobsa/Wolfgang Wahlster (Hg.), User models in dialog systems. Heidelberg. S.108-132

Rada, Roy/Judith Barlow (1988), Expert systems and hypertext. in: The knowledge engineering review 3. S.285-301

Rammert, Werner (1990), Technikgenese und der Einsatz von Expertensystemen aus sozialwissenschaftlicher Sicht. in: KI, Heft 4. S.26-30

Rammert, Werner (1992), Wer oder was steuert den technischen Fortschritt? Technischer Wandel zwischen Steuerung und Evolution. in: Soziale Welt 43. S.7-25

Rammert, Werner (1993), Wie KI und TA einander näherkommen. in: KI, Heft 3. S.11-16

Rich, Elaine (1979), User modeling via stereotypes. in: Cognitive science 3. S.329-345

Rich, Elaine (1983), Users are individuals: individualizing user models. in: International journal of man-machine studies 18. S.199-214

Ringle, Martin D./Richard Halstead-Nussloch (1989), Shaping user input: a strategy for natural language dialogue design. in: Interacting with computers 1. S.227-244

Rockart, John F. (1979), Chief executives define their own data needs. in: Harvard business review. March-april. S.81-93

Rossi-Mori, Angelo/Fabrizio L. Ricci (1988), On the assessment of medical expert systems. in: Otto Rienhoff/Ursula Piccolo/Bertold Schneider (Hg.), Expert systems and decision support in medicine. Berlin/Springer S.292-297

Rowe, Alan J./Ivan A. Somers/Hal Schutt (1988), Management use of artificial intelligence. in: Efraim Turban/Paul R. Watkins (Hg.), Applied Expert Systems. Amsterdam/North-Holland. S.55-70

Schank, Gerd (1979), Zum Ablauf von Kurzberatungen - Beschreibung einer Gesprächsstruktur. in: Jürgen Dittmann (Hg.), Arbeiten zur Konversationsanalyse. Tübingen. S.176-197

Schank, Roger C. (1982), Dynamic memory: a theory of reminding and learning in computers and people. New York

Schank, Roger C. (1986), Explanation patterns: understanding mechanically and creatively. Hillsdale

Schank, Roger C. (1990), Tell me a story. A new look at real and artificial memory. New York

Schefe, Peter (1983), Natürlichsprachlicher Zugang zu Datenbanken? in: Angewandte Informatik, Heft 10. S.419-423

Schefe, Peter (1990), Gibt es eine sozialorientierte KI? in: KI, Heft 4. S.5-12

Schewe, Stefan (1989), Aufbau, Einsatz und empirische Bewertung eines Computer-Expertensystems zur Diagnoseunterstützung bei Gelenkschmerzen. Unveröffentlichte Habilitationsschrift an der LMU München

Schieferle, Dieter (1985), Erfahrungen beim Einsatz von Expertensystemen und der Integration in die Gesamtorganisation eines Unternehmens. in: Wolfgang Brauer/Bernd Radig (Hg.), Wissensbasierte Systeme. Informatik-Fachberichte 112. Berlin. S.333-357

Schill, Kerstin (1990), Medizinische Expertensysteme. Methoden und Techniken. München

Schoenthal, Gisela (1979), Sprechakttheorie und Konversationsanalyse. in: Jürgen Dittmann (Hg.), Arbeiten zur Konversationsanalyse. Tübingen. S.44-72

Schrefl, Michael (1990), Expertendatenbanksysteme (EDS). in: Georg Gottlob (Hg.), Expertensysteme. Wien. S.215-227

Schroder, Harold M./Michael J. Driver/Siegfried Streufert (1975), Menschliche Informationsverarbeitung. Weinheim

Schröder, Peter (1985), Beratungsgespräche: ein kommentierter Textband. Tübingen

Schütt, Dieter/Heinz Schweppe (1988), Datenbanken und Expertensysteme. in: Siemens Forschungs- und Entwicklungsberichte. Bd. 17, Nr. 2. Berlin. S.74-78

Schutzer, Daniel (1990), Business expert systems: the competitive edge. in: Expert systems with applications 1. S.17-21

Schwarz, Ingeborg/Peter Reuter (1991), Das Expertensystem der DBP Telekom. in: Verwaltungs-Jahrbuch für die Deutsche Bundespost. Bonn. S.67-82

Schwegler, Helmut (1992), Systemtheorie als Weg zur Vereinheitlichung der Wissenschaften? in: Wolfgang Krohn/Günter Küppers (Hg.), Emergenz: die Entstehung von Ordnung, Organisation und Bedeutung. Ffm. S.27-56

Schwitalla, Johannes (1976), Dialogsteuerung. Vorschläge zur Untersuchung. in: Franz-Josef Berens/Karl-Heinz Jäger/Gerd Schank/Johannes Schwitalla (Hg.), Projekt Dialogstrukturen. München. S.73-104

Searle, John (1980), Indirekte Sprechakte. in: Paul Kußmaul (Hg.), Sprechakttheorie. Wiesbaden. S.127-150

Senker, Peter/Joe Townsend/Joanna Buckingham (1989), Working with expert systems: three case studies. in: AI & society 2. S.103-116

Serra, Roberto/Gianni Zanarini (1987), Complexity in natural and cultural systems. in: Systems Research 4. S.111-117

Shackel, Brian (1988), Interface design for usability. in: Thomas Bernold (Hg.), User interfaces. Gateway or bottleneck? Amsterdam. S.59-70

Simon, Herbert A. (1978), Die Architektur der Komplexität. in: Klaus Türk (Hg.), Handlungssysteme. Opladen 1978. S.94-120.

Sneed, H. (1985), Die Wartung bleibt weiter das Stiefkind. in: ÖVD/Online 5. S.22

Steels, Luc (1990), Components of expertise. in: The AI magazine 11. Fall. S.29-49.

Stöckler, Manfred (1990), Emergenz. Bausteine für eine Begriffsexplanation. in: Conceptus 24. S.7-24

Streeck, Jürgen (1978), Sprachliches Handeln und sprachliche Verständigung - Argumente wider den semantischen Absolutismus der Sprechakttheorie. in: Linguistische Berichte 56. S.23-43

Streitz, Norbert A./Will A.C. Spijkers/Lidewij L. van Duren (1987), From novice to expert user: a transfer of learning experiment on different interaction modes. in: Hans-Jörg Bullinger/Brian Shackel (Hg.), Human-computer interaction - Interact '87. Amsterdam. S.841-846

Suchman, Lucy A. (1987), Plans and situated action: the problem of human-machine communication. Cambridge

Suen, Ching Y./Peter D. Grogono/Raijan Shinghal/Francois Coallier (1990), Verifying, validating, and measuring the performance of expert systems. in: Expert systems with applications. S.93-102

Swartout, William R./Stephen W. Smoliar (1989), Explanation: a source of guidance for knowledge representation. in: Katharina Morik (Hg.), Knowledge representation and organization in machine learning. Berlin. S.1-16

Tank, Wolfgang (1990), Über das Selbstverständnis der Disziplin des Knowledge Engineering. in: KI, Heft 2. S.26-30

Taschdjian, Edgar (1974), The entropy of complex dynamic systems. in: Behavioral Science 19. S.93-99

Taschdjian, Edgar (1976), The third cybernetics. in: Cybernetica 19. S.91-104

Taschdjian, Edgar (1978), The third cybernetics and temporal logic. in: Kybernetes 7. S.177-183

Trost, Harald/Ernst Buchberger (1990), Datenbank-DIALOG: how to communicate with your database in German (and enjoy it). in: Interacting with computers 2. S.367-381

Tschiedel, Robert (1989), Sozialverträgliche Technikgestaltung. Opladen

Ulrich, Hans (1984), Management - a misunderstood societal function. in: Hans Ulrich/Gilbert J.B. Probst (Hg.), Self-organization and management of social systems. Berlin. S.80-94

Ulrich, Hans/Gilbert J.B. Probst (1990), Anleitung zum ganzheitlichen Denken und Handeln: ein Brevier für Führungskräfte. Bern/Stuttgart

Varela, Francisco J. (1990), Kognitionswissenschaft - Kognitionstechnik. Ffm

Wahlster, Wolfgang/Alfred Kobsa (1989), User models in dialog systems. in: dies. (Hg.), User models in dialog systems. Heidelberg. S.4-34

Wald, Renate (1987), Professionelle Interaktion und Kommunikation. Zur Sozialisierung junger Frauen und Männer in Verkaufsberufe. Opladen

Waldenfels, Bernhard (1971), Das Zwischenreich des Dialogs. Den Haag

Waldenfels, Bernhard (1980a), Der Sinn zwischen den Zeilen. in: ders. Der Spielraum des Verhaltens. Ffm. S.163-185

Waldenfels, Bernhard (1980b), Vom Ich zum Wir. in: ders. Der Spielraum des Verhaltens. Ffm. S.189-204

Waller, Robert J. (1982), Complexity and the boundaries of human policy making. in: International journal of general systems 9. S.1-11

Weidlich, Wolfgang/Günter Haag (1988), Hg., Interregional migration - dynamic theory and comparative analysis. Berlin

Weingart, Peter (1989), Einleitung. in: ders. (Hg.), Technik als sozialer Prozeß. S.8-14

Weingarten, Rüdiger (1988), Typisierungen technisierter Kommunikation. in: ders./Reinhard Fiehler (Hg.), Technisierte Kommunikation. Opladen. S.57-74

Weingarten, Rüdiger (1990), Selbstreferenz und Begründung. Die unverständliche Faszination des Computers. in: ders. (Hg.), Information ohne Kommunikation? Ffm. S.129-149

Weltz, Friedrich/Rolf Ortmann (1992), Das Softwareprojekt - Projektmanagement in der Praxis. Ffm

Werlen, Iwar (1979), Konversationsrituale. in: Jürgen Dittmann (Hg.), Arbeiten zur Konversationsanalyse. Tübingen. S.144-175

Wexelblatt, Richard L. (1989), On interface requirements for expert systems. in: The AI magazine 10. Fall. S.66-78

Weymann, Ansgar (1989), Soziologie - Schlüsselwissenschaft des 19. oder 20. Jahrhunderts? Der Beitrag der Soziologie zur gesellschaftlichen Wissensproduktion. in: Soziale Welt 40. S.133-141

Wiig, Karl M. (1988), Commercial applications. in: Thomas Bernold/Ulrich Hillenkamp (Hg.), Expert systems in production and services. Impact on qualifications and working life. North-Holland S.13-35

Wilensky, Robert (1983), Planning and understanding. A computational approach to human reasoning. Addison-Wesley

Willke, Helmut (1987), Systemtheorie: eine Einführung in die Grundprobleme. Stuttgart/New York. 2. Aufl.

Wingens, Matthias/Stephan Fuchs (1989), Ist die Soziologie gesellschaftlich irrelevant? Perspektiven einer konstruktivistisch ansetzenden Verwendungsforschung. in: Zeitschrift für Soziologie 18. S.208-219

Witzel, Andreas (1985), Das problemzentrierte Interview. in: Gerd Jüttemann (Hg.), Qualitative Forschung in der Psychologie. Weinheim/Basel. S.227-255

Woherem, Evans E. (1991), Human factors in information technolgy: the socio-organisational aspects of expert systems design. in: AI & society 5. S.18-33

Woods, David D. (1986), Cognitive technologies: the design of joint human-machine cognitive systems. in: The AI magazine 6. S.86-92

Woods, David D./Erik Hollnagel (1988), Mapping cognitive demands in complex problem-solving worlds. in: Brian R. Gaines/John H. Boose (Hg.), Knowledge acquisition for knowledge-based systems. Vol 1. San Diego. S.45-63

Woolgar, Steve (1985), Why not a sociology of machines? The case of sociology and artificial intelligence. in: Sociology 19. S.557-572

Wozny, Lucy Anne (1989), The application of metaphor, analogy, and conceptual models in computer systems. in: Interacting with computers 1. S.273-283

Wunderlich, Dieter (1981), Ein Sequenzmuster für Ratschläge - Analyse eines Beispiels. in: Dieter Metzing (Hg.), Dialogmuster und Dialogprozesse. Hamburg. S.1-30

Wurr, Peter R. (1989), Mitarbeiterwissen, kritischster aller Erfolgsfaktoren in der Finanzdienstleistung: Ansätze zur methodischen Aktivierung und systematischen Nutzung. Vortrag gehalten auf der BIFOA. Fachseminar Expertensysteme in der Unternehmung. Oktober 1989. Köln

Wyatt, Jeremy (1990), Conference reports - Stanford AI in medicine workshop, march 1990. in: Expert systems 7. S.170-173

Young, Jon (1989), Human-centred knowledge based systems design. in: AI & society 2. S.80-87